Juliet Diaz

Plant Witchery – Entdecke die Magie der Pflanzen

Juliet Diaz

PLANT WITCHERY

ENTDECKE DIE MAGIE DER PFLANZEN

Das große Handbuch
der grünen Hexenkunst

Aus dem Amerikanischen übertragen von
Diane von Weltzien

Ansata

Die Originalausgabe erschien 2020 unter dem Titel
Plant Witchery bei Hay House UK Ltd.

Penguin Random House Verlagsgruppe FSC® N001967

2. Auflage

Umschlaggestaltung: Guter Punkt, München,
unter Verwendung von Illustrationen von © digimann/iStock/Getty Images Plus
und © Anastasiaromb/iStock/Getty Images Plus
Redaktion: Kristine Benthaus
Satz: Satzwerk Huber, Germering
Druck und Bindung: GGP Media GmbH, Pößneck
ISBN 978-3-7787-7575-2

www.Integral-Lotos-Ansata.de
www.facebook.com/Integral.Lotos.Ansata

*Für Mutter Erde, die mich auf meinem Weg und in meiner Spiritualität leitet.
Für deine bedingungslose Liebe, mächtige Medizin und deinen zauberhaften Geist,
die mir geholfen haben, das erwachte Wesen zu werden, das ich heute bin.*

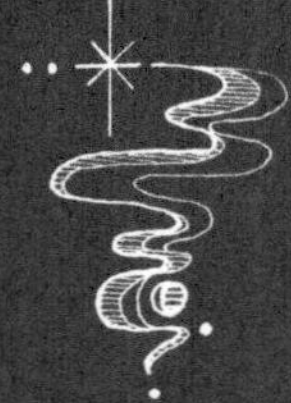

Lass dieses Buch dir helfen, in Verbindung und in Kommunikation mit Mutter Erde zu treten. Beide sind dir angeborene Begabungen. Verkörpere die Pflanzenhexe in dir, mit all ihrer Magie.

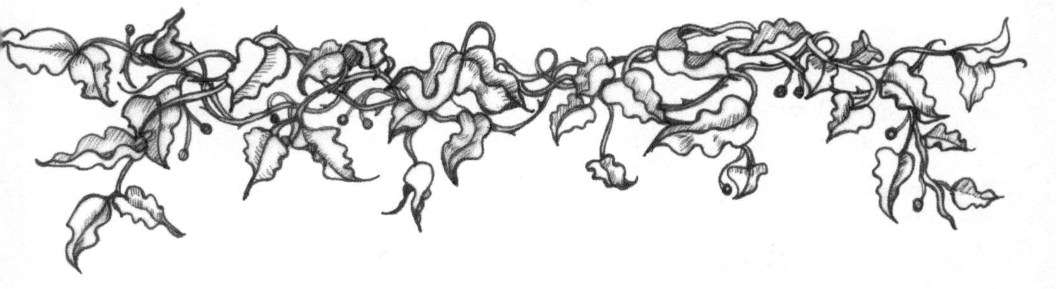

Inhalt

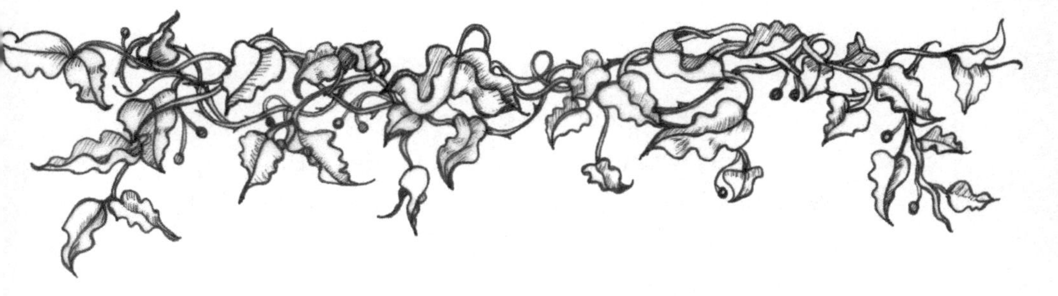

Liste der Rituale, Zauber und Tränke

Rituale

Zauber

Elixiere

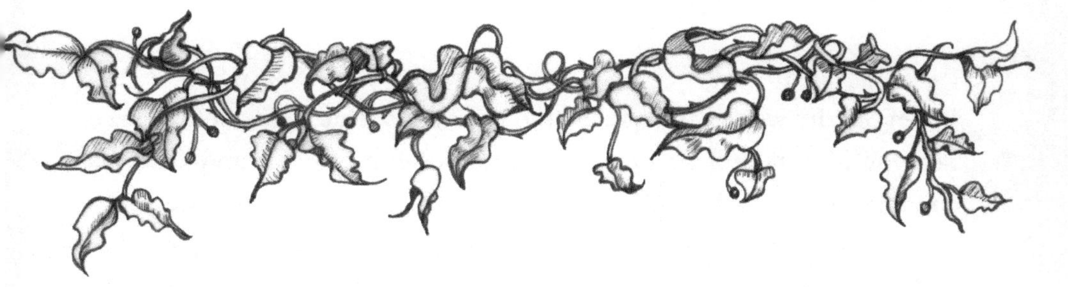

Willkommen in der Magie der Pflanzen

Liebe Leserin,

ich bin eine Pflanzenhexe, eine Heilerin, Seherin und indigene Taíno aus Kuba. Und ich weiß, dass mein Wissen wahr ist: Wir sind verbunden: alle miteinander und mit der Erde, die uns trägt. Diese Magie ist für uns alle zugänglich, aber wir müssen selbst entscheiden, ob wir sie ergreifen wollen und so unsere Kraft freisetzen, um in dieser Welt etwas zu verändern.

Das ist nicht leicht! Es braucht Hingabe und Vertrauen – Vertrauen in dein Tun und in deine Macht. Auch wenn ich aus einer Familie praktizierender Hexen stamme, habe ich selbst auch in schwierigen, niederschmetternden Lebensphasen mit dieser Hingabe und diesem Vertrauen gehadert. Etwas, womit wir alle konfrontiert sind. Doch jedes Mal ließ mich die Magie ein Licht am Ende des Tunnels sehen. Pflanzen halfen mir, meine Ängste zu überwinden, beschützten und ermutigten mich, ließen mich Liebe spüren und sprachen zu mir mit der Stimme von Mutter Erde, einer Stimme, die wir alle in uns hören.

Dir steht der gleiche Weg offen. Du darfst die Augen schließen, in die innere Stille finden und hören, was unsere Mutter dir zuflüstert. Sie sagt: *Du bist mächtig. Du hast Magie. Du bist ein Wesen des Lichts und des Feuers, des Friedens und der Dunkelheit, und trotz all deiner Widersprüche bist du schön.*

So sind Hexen: frei von Angst vor Schwierigkeiten und ohne Scheu davor, ihr eigenes Licht strahlen zu lassen. Eine Pflanzenhexe geht noch einen Schritt weiter, indem sie eine tiefere Beziehung zu allen Lebewesen von Mutter Erde sucht und sich um Zusammenarbeit und liebevolle Freundschaft bemüht. Indem sie ihr Wissen vergrößert, gelangt sie zu größerer Macht und steigert damit gleichzeitig die Macht von Mutter Erde.

Aber unsere Mutter braucht unsere Hilfe. Sie wird jeden Tag angegriffen. Ihre Meere sterben, ihre Wälder verbrennen, und ihre Kreaturen sterben aus. Es ist unsere heilige Pflicht, sie zu lieben und zu beschützen, so wie sie uns immer geliebt und beschützt hat.

Wie kannst du also herausfinden, ob du eine Pflanzenhexe bist?

Die Tatsache, dass du dieses Buch gewählt hast, ist ein Hinweis darauf, dass du eine Grüne Hexe bist. Du wurdest schon von Mutter Erde dazu berufen, ihren Zauber auszuführen, und vermutlich bewirkst du bereits jeden Tag deine eigene Magie, ohne dir dessen bewusst zu sein.

Die Pflanzenhexe ist eins mit der Erde und ist sich deren heiligen Charakters bewusst. Sie ist die Beschützerin ihrer Mutter und die Verkörperung der Magie. Sie versteht die Jahreszeiten und die mit ihnen einhergehenden Botschaften, Lektionen und Weisheiten, die sie für uns bereithalten. Sie erkennt die Schönheit in den Kreisläufen von Leben, Tod und Wiedergeburt. Der Mond und die Sterne sind ihr göttlicher Kompass und helfen ihr, ihrem Weg mit reinem Herzen zu folgen. Die Pflanzenhexe praktiziert Naturmagie. Sie arbeitet mit der Natur, um ihr Leben zu erden, auszugleichen und zu fördern, und sie verwendet Bausteine der Natur, um sich und andere zu heilen. Sie schätzt die Umwelt ebenso, wie sie sich selbst schätzt.

So bin ich. So bist du, wenn du dich dazu entscheidest. Gehe diesen Weg mit mir gemeinsam, und wir werden zusammen die Schwingung der Welt erhöhen und alles Leben auf Erden lieben, beschützen und stärken.

Mit Zuneigung,
Juliet

BUCHWEIHERITUAL

In meinem ersten Buch, *Witchery*, habe ich meine Leserinnen und Leser darin angeleitet, ihr Buch zu weihen, um den zwischen seinen Seiten verborgenen Zauber zu wecken. Auf diese Weise kannst du dich mit deinem Buch verbinden und es in ein Orakel verwandeln, das dich auf deiner magischen Reise beschützt.

Für dieses Buch habe ich mir ein etwas anderes Vorgehen überlegt. Das nachfolgende Ritual wird deine Beziehung sowohl zu Mutter Erde als auch zu deinem inneren Selbst wecken und verstärken. Damit wird das Buch zu einem Symbol des Pakts, den du mit der Erde geschlossen hast – zu einem Versprechen, dass du den Weg der Pflanzenhexe gehen wirst. Dieser Weg würdigt die Weisheit, Medizin und Magie, die unserer Mutter Erde enthält und die wir in uns tragen. Die Geister unserer Ahnen sprechen zu uns durch unseren Planeten, durch Berge, Flüsse, Meere, Himmel, Höhlen, Felsen, Steine, Tiere, Bäume, Pflanzen, Erde, Knochen, Wurzeln … und durch dein Selbst.

Was du brauchst

Für dieses Ritual brauchst du nichts als die Erde. Es kann ein Platz in deinem Garten sein oder, falls dein Garten auf einem Balkon oder in der Wohnung stattfindet, ein mit Erde gefüllter Blumentopf.

Bereite etwas zum Pflanzen vor – den Samen einer Pflanze, die dich anspricht. Vertraue deinem Instinkt und wähle aus, was sich für deine Tätigkeit als Pflanzenhexe richtig anfühlt. Welche Pflanze steht für die Art Magie, die dir vorschwebt?

Wie es geht

- Suche dir einen ruhigen Ort. Falls du dich in einem Park befindest oder im Wald oder in deinem Hinterhof, setz dich in bequemer Position auf die Erde. Falls du in der Wohnung bleibst, öffne das Fenster, und nimm auf dem Boden neben deinem Blumentopf

Platz. Leere deinen Geist von allem Lärm. Atme tief ein, und entspanne deinen Körper.

- Leg deinen Samen auf das Buch und deine Hand darüber. Schließ die Augen, und mach drei tiefe Atemzüge.
- Beim vierten Ausatmen lässt du deine Atemluft mit einem hörbaren Summen entweichen. Wähle eine für dich angenehme Tonhöhe, und visualisiere dabei grünes Licht, das aus deiner Hand in den Samen strömt. Lass sich das grüne Licht ausbreiten, bis es den Topf, das Buch und dich mit seiner Vibration ganz umhüllt. Wiederhole das summende Ausatmen dreimal.
- Während du auf diese Weise im grünen Licht sitzt, nimm den Samen in die Hand. Flüstere ihm zu: »Ich bin du, und du bist ich. Ich verbinde mich mit meinem Selbst, der Erde und den existierenden Mächten.«
- Lege den Samen vorsichtig und liebevoll in die Erde.
- Halte dein Buch an dein Herz und flüstere: »Wir sind miteinander verbunden, diese Bestimmung und Reise gemeinsam zu erfüllen. Leite mich, denn ich bin dir treu ergeben.«

Dieses Buch ist jetzt dein Pflanzenorakel.

Bevor du nicht das Vibrieren deiner Ahnen in allen Pflanzen, Bäumen, Flüssen, Meeren, Bergen und in dir selbst spürst …
kannst du auch nicht deine Wahrheit spüren.

TEIL I:

WAS IST GRÜNE HEXENKUNST?

Wir wollen herausfinden, was es bedeutet, eine Pflanzenhexe zu sein, und ein tieferes Verständnis dafür erlangen, wie der Weg der Pflanzenhexe, auf den du dich ja bereits begeben hast, beschritten werden kann. Zuerst musst du dir bewusst machen, wie alle Lebewesen unserer Welt, die alle im Kern miteinander verbunden sind, zueinander sprechen und miteinander interagieren.

Die Natur kennt keine Eile,
dennoch wird alles vollbracht.
Laotse

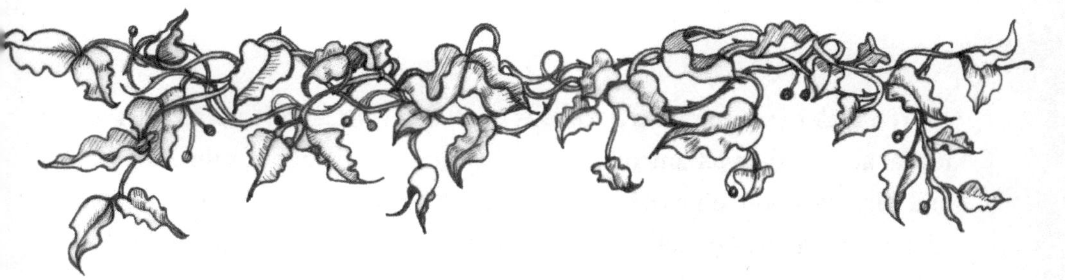

Der Austausch

In der Welt rings um uns findet ein unablässiger Austausch statt. Blumen versorgen Bienen mit Nektar und Pollen, und Bienen ermöglichen es Pflanzen, sich zu vermehren und auszubreiten. Dieser Austausch ist für beide lebenswichtig.

Das Gleiche gilt auch für Menschen, denn jede Verbindung ist ein Austausch.

In meiner Kultur sind wir davon überzeugt, dass alles einen Geist hat und dass alles ebenso lebendig ist wie wir Menschen. Unsere Entfaltung, Entwicklung und Heilung geschieht durch Austausch: Immer, wenn wir geben, empfangen wir auch. Jede Begegnung eröffnet die Gelegenheit zu einem einzigartigen Austausch. Dieser Austausch muss wirklich immer stattfinden, denn wir können nicht nehmen, ohne zurückzugeben. Nur nehmen zu wollen wäre unverschämt und nicht mit dem natürlichen Austausch des Lebens verbunden. Man spaziert ja auch nicht einfach in das Haus eines Mitmenschen, öffnet dessen Kühlschrank, isst, was man dort vorfindet, und geht, ohne sich zu bedanken oder zu verabschieden?

Ein Austausch kann auf vielerlei Arten stattfinden: indem man einfach »Danke« sagt, nachdem man die Mitteilung einer Pflanze empfangen hat, oder einen Baum umarmt, der Schatten vor der heißen Sonne gewährt, oder zu einem Fluss betet, in dessen Wellen man baden durfte, oder indem man sich um die Umwelt kümmert, indem man Abfall einsammelt, den jemand liegen gelassen hat. Indem du in den Austausch mit der Natur gehst, förderst du die Entstehung einer Beziehung, die mit jedem weiteren Austausch stärker und inniger wird und sich in eine wunderbare Bindung verwandelt.

Wenn ich in meinem Garten etwas anpflanze, dann halte ich ein kleines Ritual ab, mit dem ich mich bei Sonne, Regen und Samen für ihr Schaffen und Manifestieren eines opulenten Gartens bedanke. Außerdem bedanke ich mich beim Ernten bei den Pflanzen, dafür, dass sie mich und meine Familie ernähren. Ich nehme nichts von der Erde, auch nicht den kleinsten Zweig, ohne erst um Erlaubnis zu bitten und mich dann zu bedanken. So funktioniert der Austausch.

Als ein solcher heiliger Austausch mit Mutter Erde ist das Leben gemeint, so soll es gespürt und erlebt werden, so ist es natürlich, wie bei den Blumen und den Bienen. Den Weg der Pflanzenhexe zu gehen wird dir helfen, dein Leben in Einklang mit diesem Austausch bringen und dich neu mit deinem Wesenskern, deiner Wirklichkeit und mit deiner Spiritualität zu verbinden.

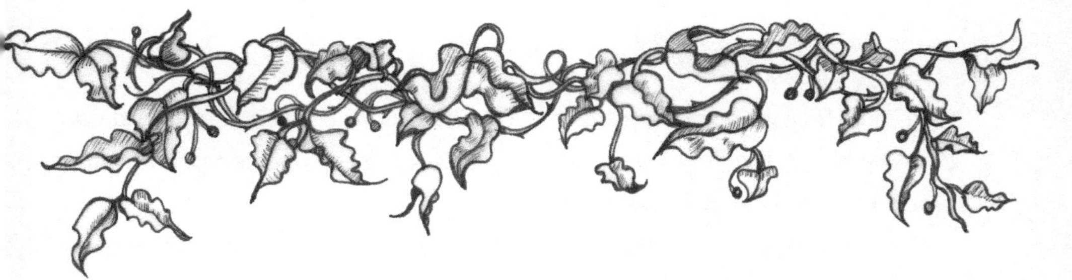

Was ist Magie?

So lauten die Fragen seit Ewigkeiten: Ist Magie real? Was ist Magie? Die einfachste Antwort lautet: Ja, und die Magie bist *du*.

Wir sind magische Wesen, und das sind wir schon, bevor wir Fleisch sind. Magie ist die Sprache, die unsere Wahrheit zum Ausdruck bringt. Sie ist unser Herz im Geist. Sie belebt uns, nährt unsere Emotionen, unsere Liebe, unsere Leidenschaft und unsere Begabungen.

Und deshalb ist Magie tatsächlich etwas sehr Persönliches und bedeutet für jeden Menschen etwas anderes. Für mich ist Magie bedingungslose Liebe. Eine Liebe, die aus meiner Seele strahlt, die in meiner Familie nachhallt, in meinen Ahnen, in der Erde unter meinen Füßen, im Wind in meinen Haaren und in den Grashalmen, die meine Finger berühren.

Frage dich, welche Bedeutung Magie für dich hat. Es gibt dabei keine falschen Antworten, denn Magie ist deine Wahrheit. Zweifle nie, ob du Magie bist. Magie ist nichts, das nur einigen wenigen gehört oder erst dann erscheint, wenn dir all das »hexerische Handwerkszeug« zur Verfügung steht. Magie ist für uns alle da, denn Magie lebt in uns allen.

Magie lebt in dir. *Du bist Magie.*

Du benötigst nichts außer dir selbst, um zu deiner Magie Zugang zu erhalten – alles, was du brauchst, findest du in dir, du musst nur deine Macht entfachen.

Wie dir das gelingen kann? Indem du deine Wahrheit verkörperst. Indem du deinen Geist, deinen Körper und dein Herz heilst. Wenn du dich mit allem Existierenden verbindest, öffnest du deine Welt für grenzenlose Möglichkeiten. Ich habe überall auf der Welt Tausende Frauen dazu inspiriert, die Hexe in ihrem Inneren zu wecken, und hätte nie behauptet, dass das eine besondere Begabung ist, über die nur ich verfüge oder zu der nur besondere Menschen Zugang haben.

Es ist Magie, die realen Kräfte zu erkennen, die in dir bereits vorhanden sind, und zu dem Menschen zu werden, der du wirklich bist.

In meinem ersten Buch *Witchery – Entdecke die Hexe in dir* beschreibe ich Schritt für Schritt, wie du die Magie in deinem Leben wecken kannst. Ich erkläre zum Beispiel, dass deine Magie ihr Potenzial erst dann vollständig entwickeln kann, wenn du weißt, wer du bist. Das bedeutet auch, dass du dazu jede wunderbare und jede nicht so wunderbare Schattierung deiner selbst annimmst und jeden Teil deiner selbst so wohlwollend wie möglich liebst. Du kannst dir die ausgeklügeltsten Zaubersprüche, Elixiere, Mantras und Lebensziele einfallen lassen, doch wenn sich die Energie in dir nicht in einem positiven Zustand befindet und du nicht mit deiner Wahrheit verbunden bist, dann kann nichts davon sich vollständig entfalten.

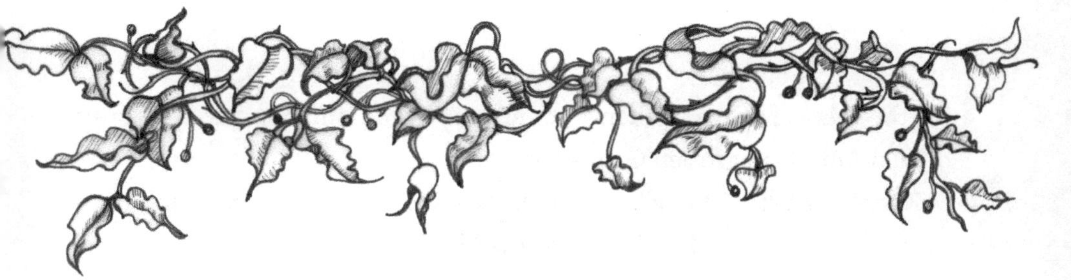

Reale Magie

Ich fühle die Verantwortung, ans Licht zu bringen, was Magie wirklich ist, wie sie wirklich funktioniert und woher sie tatsächlich kommt.

Als kleines Mädchen hatte ich nicht viel. Meine Eltern waren Immigranten aus Kuba, und für einige Jahre bestand unser ganzer Besitz aus Secondhand-Dingen, Fundstücken vom Trödelladen und Kleiderspenden der Gemeinde. Wie konnte meine Mutter, eine echte Hexe, unter diesen Bedingungen praktizieren? Sie nutzte, was immer für sie zugänglich war. Sie schickte mich hinaus, um Blumen zu pflücken, Stöcke, Pinienzapfen, Pilze, Gräser, Pflanzen, Zweige, aber auch Steine aus dem Fluss, Harz von den Bäumen und Kräuter aus ihrem Garten zu sammeln. Ich schaffte alles heran, was sie brauchte. Meine Beutezüge ließen mich erkennen, dass die Natur überall ist und dass wir in ihr alles finden, was wir brauchen, um Magie zu wirken.

Pflanzenzauber ermöglichen dir den Zugang zu dieser Wahrheit, zu diesem wundervollen Wechselspiel von Natur und Magie. Es gibt unendlich viele Möglichkeiten, Pflanzenmagie zu praktizieren, und ich hoffe, du probierst sie alle aus. Die einfachste und direkteste Methode davon ist die Arbeit mit einzelnen Pflanzen.

Dieses Buch stellt dir zweihundert meiner liebsten Pflanzenfreunde und -freundinnen und Führer und Führerinnen vor und erklärt dir ihre medizinischen und magischen Eigenschaften. Du wirst lernen, wie du dich mit ihnen verbindest, wie du sie in deine magische Arbeit einbindest und zu einem festen Bestandteil deines Alltags machst. Während des Lernens wird sich deine Magie entwickeln, ausweiten und zu einem wichtigen

Faktor deines Lebens werden – vorausgesetzt, du nimmst dich selbst und deinen Anteil am großen Ganzen an.

Kehre zurück zu dir selbst, zu deinem eigentlichen und wahren Zuhause. Zu deiner natürlichen Religion, zur Mutter Erde.

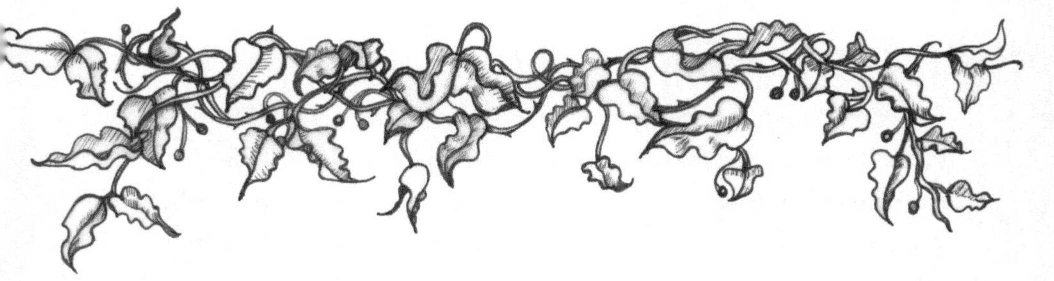

Was ist eine Pflanzenhexe?

Pflanzenzauberei ist mehr als nur ein Weg oder eine Vorgehensweise – sie ist ein heiliger Vertrag zwischen Mutter Erde, den Erdgeistern und deinem inneren Selbst. Sie ist das Versprechen, einen Weg zu wählen, der die Weisheit, Medizin und Magie würdigt, die in unserer Mutter Erde und in uns selbst wohnen. Die Erde bewahrt unsere Ahnengeister, die durch die Natur zu uns sprechen. Eine Pflanzenhexe kommuniziert mit der Magie über Berge, Flüsse, Meere, Himmel, Höhlen, Felsen, Steine, Tiere, Bäume, Sträucher, Erde, Knochen, Wurzeln und ihrem Selbst.

Die Pflanzenhexe ist eins mit der Erde und erkennt die Heiligkeit ihres Wesenskerns an. Sie ehrt die Jahreszeiten sowie die Botschaften, die Lektionen und die Weisheit, die sie ihr zukommen lässt. Sie erkennt die Schönheit im Kreislauf aus Leben, Tod und Wiedergeburt. Der Mond und die Sterne sind ihr göttlicher Kompass, der ihr beim Finden ihres Wegs mit reinem Herzen und mit Wahrheit in ihrer Seele hilft. Die Pflanzenhexe praktiziert mit natürlicher Magie. Indem sie die Natur nutzt, um sich zu erden, ins Gleichgewicht zu bringen und Richtungsänderungen in ihrem Leben vorzunehmen, heilt sie sich selbst und andere. Sie wertschätzt ihre Umwelt ebenso wie sich selbst.

Pflanzenzauberei ist keine Praxis, die man sich aneignet und dann besitzen kann! Dieses Buch greift weltweite indigene und kulturelle Praktiken auf, aber ich käme niemals auf die Idee, sie als mein Eigentum zu bezeichnen oder mir irgendein Anrecht auf sie anzumaßen. Ich bin eine indigene Hexe, das ist wahr, aber ich bediene mich nicht bei indigener amerikanischer Kultur und vermische ihre Praktiken mit meinen eigenen zu einer »neuen Herangehensweise«, die ich dann als »meine eigene« verkaufe. Eine Pflanzenhexe würde sich niemals so verhalten, da sie die Identität anderer respektiert. Die Praxis, die ich dir hier vorstelle, gehört allen Kindern der Erde. Es gibt keine festen Regeln und keine richtige oder falsche Methode, um Pflanzenzauberei auszuüben. Sie ist so angelegt, dass du sie formst und so ausrichtest, damit sie zu dir als Individuum passt.

Ziel und Zweck dieses Buches ist es, Lesern die direkte Verbindung und Kommunikation mit unserer Erde – eine angeborene Gabe, die wir alle mitbekommen haben – und die Verkörperung der Pflanzenhexe mit all ihrer Magie zu ermöglichen.

Dieses Buch vermittelt viel, viel mehr als die medizinischen und magischen Eigenschaften von Pflanzen. Es hält Informationen bereit, die du nur von mir bekommen kannst: unter anderem über meine Erfahrungen mit Pflanzen und ihre Lehren für mich, über ihre Weisheit und die Rolle, die sie als deine Gefährten bei deiner Kunst und in deinem Alltag spielen können. Pflanzen, Kräuter und Wurzeln sind nicht nur ihre Eigenschaften, sie verkörpern atmende und mitteilsame magische Kreaturen. Ich möchte dir beibringen, wie du mit Pflanzen kommunizieren, von ihnen lernen und mit ihnen arbeiten kannst. Woher zum Beispiel weißt du, ob eine Pflanze glücklich ist oder nicht? Wie kannst du hören, was sie dir zu sagen hat? In diesem Buch lernst du, wie du die Sprache der Pflanzen durch Energie und magische Verbindung verstehst.

Grüne Hexerei hilft dir, die Wahrheit im verborgenen Herzschlag unserer Mutter zu entdecken – ein Trommeln, das du nur hörst, wenn du tief in deinen Wesenskern eindringst und deine wahre Weisheit erweckst. Du wirst lernen, die Natur so umfassend anzunehmen wie niemals zuvor, eins mit allen Kreaturen zu werden und deine Magie in ihrem ganzen Potenzial auszuschöpfen. Pflanzenhexerei ist etwas für diejenigen, die es ernst damit meinen, ihr Praktizieren auf ein höheres spirituelles Niveau anheben und sich wirklich mit den weisen Energien der Natur verbinden wollen.

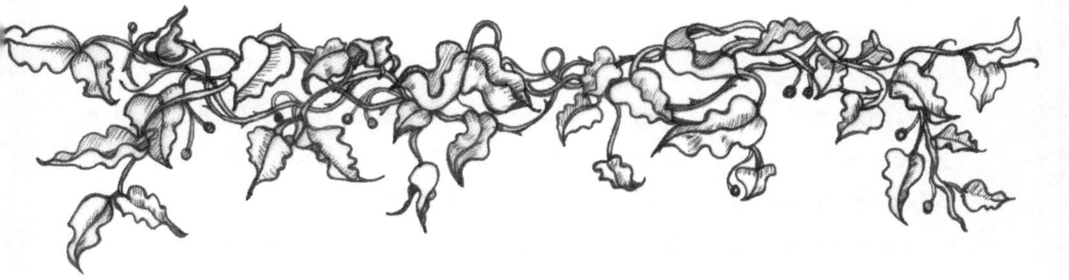

Eine Pflanzenhexe werden

Ich bin eine Pflanzenhexe. Ich hatte schon immer eine enge Verbindung zu Pflanzen und ihrer Magie. Im Alter von sechs Jahren erfuhr ich zum ersten Mal von meiner Begabung. Ich war in der Schule, und die Lehrerin sprach über Samen. Dann nahm sie eine Pflanze aus ihrem Topf und fing an, an den Wurzeln zu ziehen. Ich schrie: »Aufhören, aufhören! Sie bringen sie zum Weinen!« Meine Lehrerin sah mich verwirrt an und wollte wissen: »Also wirklich, Juliet, kann denn eine Pflanze weinen? Ich tue ihr doch nicht weh, ich zeige euch nur ihre Wurzeln.« Und ich antwortete: »Können Sie nicht sehen, wie sie raucht? Hören Sie sie denn nicht? Sie mag es nicht, wenn Sie an ihren Haaren ziehen.« Als Kind bezeichnete ich den oberen Teil der Pflanze als Haare, und ich kann noch immer sehen, wie dort Rauch entsteht, wenn sie in Not sind – etwa, wenn sie unter Krankheiten leiden, wenn sie abgemäht werden, wenn die Leute Blumen abschneiden oder Pflanzen aus dem Boden ziehen.

Mit der Zeit habe ich verstanden, dass der von mir als Kind bezeichnete »Rauch« ein Duft ist, den Pflanzen ausströmen, um andere Pflanzen vor Gefahr zu warnen. Ich kann den Duft riechen, aber ich sehe auch einen feinen Nebel aus Energie, der sich aus ihnen löst.

Die Lehrerin erklärte mir, dass sich die anderen Kinder über mich lustig machen würden, wenn ich weiter Geschichten erfand, und dass sie das nicht wollte. Ich gehorchte und sprach lange Zeit nur in meiner Familie über meine Abenteuer mit Pflanzen und die Geschichten, die sie mir erzählten.

Natürlich wusste ich, dass das, was ich sah und spürte, real war. Über dieses Wissen, diese Magie verfüge nicht nur ich, sondern alle Generationen vor mir – meine Mutter, meine Großmutter, meine Urgroßmutter und so weiter. Sie ist ein Teil meines Erbes. Meine Vorfahren gehören zum Volk der Taíno, die für ihre Fähigkeit, mit Pflanzen zu kommunizieren, bekannt waren. Ganz allgemein sind indigene Völker auf einer Wellenlänge mit der Natur, doch ist das Niveau, das die Taíno dabei erreicht haben, ungewöhnlich. Es kamen Heilerinnen und Heiler von anderen Völkern und Stämmen zu ihnen, um von ihnen zu lernen. Meine Vorfahren hatten die Gabe, mit Pflanzen sprechen zu können, und wussten deshalb, welche Pflanzen, Kräuter und Wurzeln für heilerische und magische Zwecke nutzbar sind. Diese Gabe wurde an mich weitergereicht. Daher kennt man mich in meiner Gemeinschaft als die Pflanzenflüsterin.

Trotz allem, was ich wusste und glaubte, hatte ich eine schwierige Kindheit. Zum Teil lag es gerade an dem, was ich im Gegensatz zu anderen Kindern sah, ihnen aber nicht vermitteln konnte. Ich war immer die »andere«.

Außerdem wurde ich das Opfer von körperlicher und emotionaler Gewalt. Wir lebten in einer Sozialwohnung, und in unserer Gegend gab es immer Konflikte und illegale Geschäfte. Mein Vater war Drogendealer und wurde ermordet, als ich fünf Jahre alt war. Den größten Teil meiner Kindheit verbrachte ich in ständiger Angst.

Also zog ich mich zurück. Meinen Geschwistern und mir war es nicht erlaubt, unsere Freundinnen und Freunde nach der Schule bei ihnen zu Hause zu besuchen. Da ich als die »Verrückte«, die mit Pflanzen sprach, ohnehin niemanden hatte, spielte dieses Verbot für mich jedoch kaum eine Rolle. Aber ich hatte Angst, mich in unserer Gegend überhaupt außerhalb der Wohnung aufzuhalten. Meine Geschwister und ich wagten uns tatsächlich nur bei Sturm oder Regen zum Spielen nach draußen. Meine Mutter glaubte an die Magie des Sturms und an die gute reinigende Wirkung von Regen. Sie schickte uns immer bei starkem Regen zum Spielen und Tanzen nach draußen, damit wir in den riesigen Pfützen, die sich am Fuß unseres Hügels bildeten, unseren Spaß haben konnten.

An den meisten Tagen ging ich zu dem einzigen Ort, an dem ich mich sicher fühlte: zum nahe gelegenen Friedhof. Er war mein Spielplatz, und er war wunderschön. Dort gab es ein riesiges Waldstück, Bäume, Blumen ...

und natürlich Grabsteine. Als Kind sah ich oft Geister (auch heute noch), doch selten auf dem Friedhof. Dort fühlte ich mich nicht heimgesucht. Er war für mich der friedlichste Ort, den ich kannte.

Wie viele Kinder mit meiner Art von Begabung hatte ich viele Fantasiefreunde. Für mich waren es die Pflanzen in ihren Töpfen in unserer Wohnung oder draußen in der Natur. Ständig sprach ich mit ihnen. Ich vermutete, dass dieser Austausch ausschließlich in meinem Kopf stattfand, doch mit der Zeit erkannte ich, dass er keine Einbildung war: Die Gespräche waren real, und meine Freunde hatten sich jahrelang um mich gekümmert. Die Sträucher und Bäume waren meine Rettung. Der Friedhof war durch seine natürliche Umgebung meine geheime, heilsame Rückzugsmöglichkeit.

Ich erinnere mich, wie deutlich ich Pflanzen zu mir sprechen hörte. Ich weiß noch genau, wie ich zum ersten Mal frisch gemähtes Gras roch. Es war an einem Frühlingstag, ich war ungefähr sechs Jahre alt und verbrachte wie so oft Zeit auf dem Friedhof. Als der Friedhofsgärtner auf seinem Rasenmähertraktor mit den wirbelnden Klingen hinter sich Grasfetzen zurückließ, erfüllte mich eine entsetzliche Dumpfheit, dich mich daran hinderte, zu sprechen oder auch nur mich zu bewegen. Die Zeit blieb stehen, und das Sirren der Klingen erfüllte die Luft. Die abgeschlagenen Grashalme schienen in der Luft zu schweben und dann langsam zu Boden zu sinken, und als der Duft des abgemähten Grases mir in die Nase stieg, konnte ich nur noch »Aufhören!« denken.

Ich rannte, so schnell ich konnte, zu dem Friedhofsgärtner auf seinem Traktor. Auf halber Strecke musste ich anhalten, um mich zu übergeben. Ich schnappte nach Luft und zitterte vor Angst. Ich wusste nicht, was mit mir geschah, doch ich wusste, dass er aufhören musste. Er fügte dem Gras Schmerzen zu. Als ich schließlich bei ihm ankam, brüllte er: »Hast du denn den Verstand verloren?« »Sie tun dem Gras weh!«, schrie ich zurück. »Hören Sie auf damit!« Er war verwirrt, wollte sich aber auf keinen Fall auf eine Diskussion mit einem verrückten, schmutzigen Kind einlassen, das sich allein auf einem Friedhof herumdrückte. Er ignorierte mich und setzte seine Arbeit fort.

Ich war verzweifelt. Ich fiel auf die Knie und nahm die abgeschlagenen Grashalme in meine kleinen Hände, weinte und schrie gequält. An jenem Abend weinte ich mich in den Schlaf – ich war vollkommen durcheinander, begriff weder das Leben noch die Menschen, noch, wer ich war oder warum niemand auf mich hören wollte.

Als ich älter wurde, erklärten mir die Pflanzen- und Baumältesten, dass sie den Schmerz, die Liebe, das Glück der jeweils anderen spüren, wenn alle richtig miteinander in Verbindung stehen. Und auch, dass sie einander vor Gefahr warnen können. Ich hatte die Warnungen des Grases gespürt, die es an andere aussandte. Bis zum heutigen Tag weigere ich mich, meinen Rasen zu mähen oder Blumen abzureißen, weil ich sie noch immer schreien hören kann. Wenn mir ein Date Blumen mitbrachte, dann wusste ich, dass wir nicht füreinander bestimmt waren!

Inzwischen ist mir natürlich bewusst, dass manche Blumen, wie etwa Rosen, beschnitten und einige Pflanzen gestutzt werden müssen, damit sie wachsen und gesund bleiben können. Doch ich achte dabei auf ihre Bedürfnisse und tue ihnen niemals weh.

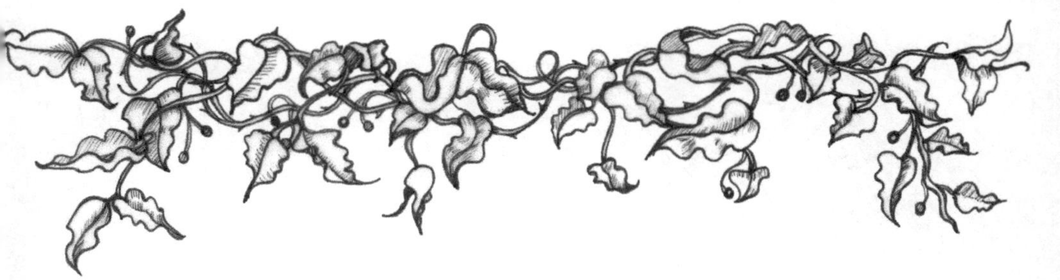

Von meinen Ältesten lernen

Meine Mutter macht Medizin und Magie unter Anleitung von Pflanzen. Als kleines Mädchen beobachtete ich, wie sie mit ihnen sprach. Das war für mich ganz normal, weil ich sie ebenso klar antworten hören konnte, wie ich meine Mutter fragen hörte. Mir gegenüber hat sie nie erwähnt, dass dies etwas Seltenes sei und dass nicht jeder mit Pflanzen sprechen oder sie hören könne. Sie ließ die Kommunikation mit Pflanzen ein natürlicher Bestandteil unseres Alltags sein.

Wenn ich also heute an eine individuellen Zauber für einen Kunden arbeite, eine Heilsitzung halte oder auch nur einen Rat erteile, dann bitte ich immer Mutter Erde um Unterstützung. Ich nehme Kontakt zur Energie des Menschen auf, der vor mir sitzt, gestatte es meiner Verbindung mit der Natur, zum Vorschein zu kommen und mir wertvolle Einblicken zu gewähren. Niemand ist mächtiger als eine Hexe, die ihr innerstes Selbst und die Erde nutzt, um im Netz der Magie zu tanzen.

Weil ich noch viel tieferes Wissen erlangen wollte, habe ich viel gelernt und mich in Kräuterheilkunde ausbilden lassen. Ich verfüge über drei Abschlüsse in Kräuterheilkunde und über einen Master of Science in Kräuterheilkunde. Während meines Studiums stellte sich heraus, dass ich mit meiner Intuition immer richtiglag: Ich lernte zwar viel dazu und wurde eine immer kompetentere Heilerin, aber meine Kurse waren nie besser, als wenn ich meinen Pflanzenverwandten direkt zuhörte.

Dir wird es nicht anders ergehen. Man braucht keinen Abschluss oder irgendein Zertifikat, um eine echte Pflanzenhexe zu werden. Es reicht, der eigenen Intuition zu folgen und durch praktisches Handeln zu lernen.

Wir sind Natur

Für mich ist Mutter Erde meine Religion. Sie ist unvoreingenommen. Alle ihre Kinder sind gleich und gleichermaßen heilig.

Denke einen Moment lang über die Natur nach. Alles Lebendige hängt voneinander ab. Wir alle atmen gemeinsam. Gemeinsam leben, arbeiten, sterben wir und werden wiedergeboren, um andere Lebewesen zu bereichern und ihnen zu helfen. Es ist ein Geben und Nehmen, ein unablässiger Fluss, ein überwältigender Kreislauf. Wir sind Bestandteil dieses magischen Kreislaufs.

Unsere Körper sterben irgendwann und werden von der Erde in ihrem Boden aufgenommen, wo neues Leben entsteht. Wir werden zu diesem neuen Leben, und unsere Weisheit, unser Wissen, unsere Liebe und unsere Erfahrungen haben für immer Bestand. Unsere Vorfahren leben in der Natur weiter und lehren, leiten und lieben uns – sie leben in uns weiter.

Wie Pflanzen werden wir im Schoß unserer Mutter ausgesät, in die Dunkelheit, die unser Leben schützend hält. Mit ihrer Liebe erfüllt sie unseren Geist, und mit ihrem Leib erschafft sie unsere Körper. Durch die Nabelschnur sind wir direkt mit ihr verbunden, tief in ihr verwurzelt – mit ihrem Atem, ihrem Herzschlag, ihren Emotionen, ihren Gedanken und mit ihrem Geist. Wir sind eins mit ihr und warten nur darauf, aus ihrem Schoß ins Licht zu treten.

Um zu überleben, heilen, wachsen und blühen, brauchen Pflanzen die gleichen Dinge wie wir. Wir alle brauchen die richtige Menge Wasser, die richtige Menge Licht und die richtigen Nährstoffe ebenso sehr wie achtsame Fürsorge und Liebe. Diese Ähnlichkeiten gibt es, *weil wir Natur sind.*

Wir sind Erde, Luft, Feuer und Wasser – und wenn wir diese Wahrheit erkennen, dann finden wir die Harmonie mit der Welt in uns und mit der Welt um uns herum.

Natur ist nicht von uns Abgetrenntes. Unsere Beziehung zu allem Lebendigen – auch unsere Beziehung zu uns selbst – ist der Schlüssel zu der Erkenntnis, wer wir wirklich sind. Auf diese Weise wissen wir, was uns Heilung und Gedeihen ermöglicht, was uns verletzt und unser Wachstum hindert und was der Grund für unsere Existenz ist.

Pflanzen führen uns zu unserem wahren Selbst zurück. Sie führen uns zu diesem Ort der Sinnhaftigkeit zurück. Wir sind wichtig. Wir sind verbunden. Wir sind heilig. Wir sind alles, was wir sein müssen. Wir müssen die Erinnerung an diese Wahrheit lediglich in uns erwachen lassen: Wir sind Natur.

Du und der Baum in deinem Hinterhof, ihr habt gemeinsame Vorfahren. Vor anderthalb Milliarden Jahren habt ihr euch voneinander getrennt. Doch auch jetzt noch, nach einer unermesslichen Reise in unterschiedliche Richtungen, teilen dieser Baum und du ein Viertel eurer Gene.

Richard Powers, Die Wurzeln des Lebens

TEIL II:

DIE GEHEIME SPRACHE DER PFLANZEN

Wir wollen tiefer ergründen und verstehen, was es bedeutet, eine Pflanzenhexe zu sein und wie man auf diesem Weg vorankommen kann, auf den du dich schon jetzt begeben hast. Der erste Schritt verlangt von dir, es dir bewusst zu machen, dass alle Wesen in dieser Welt miteinander kommunizieren und interagieren, dass ihre Geister miteinander verwoben sind.

Vermeide Gurus, folge Pflanzen.
Terence McKenna

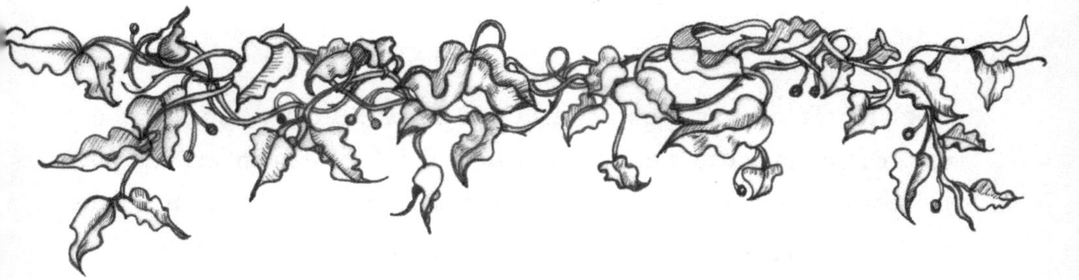

Pflanzensprache

Pflanzen sprechen ständig miteinander.

Hört sich verrückt an, stimmt's? Aber es ist wahr und wissenschaftlich bewiesen. Selbstverständlich brauchen wir für etwas, was Menschen seit Ewigkeiten wissen, keine Beweise – meine Vorfahren hatten sicher keine Wissenschaftler nötig, um ihnen etwas zu erklären, was sie bereits wussten. Doch die auf Wissenschaft Versessene in mir liest natürlich nur zu gerne, wie sich die Welt nach und nach die Wahrheiten erobert, die in unserer Mutter Erde schlummern.

Zum Beispiel zeigen zwei Untersuchungen aus dem Jahr 1983, dass Weiden, Pappeln und Zuckerahorn sich gegenseitig vor Insektenangriffen warnen. Die erste Untersuchung erfolgte durch den Zoologen David Rhoades von der University of Washington. Er stellte außerdem fest, dass die Sitka-Weide tatsächlich die Nährstoffzusammensetzung ihrer Blätter verändern kann, um räuberischen Raupen den Appetit zu verderben. Noch spannender aber war seine Entdeckung, dass die Weiden in der Umgebung, die gar nicht befallen waren, ebenfalls ihre Blätter veränderten.

In einer im gleichen Jahr veröffentlichten Studie von Ian Baldwin und Jack Schultz von der Dartmouth University wurden gesunde Pappel- und Zuckerahornsetzlinge neben infizierte gesetzt, und die gesunden Pflanzen fingen sofort an, Abwehrstoffe zu produzieren.

Irgendwie waren die Bäume darauf aufmerksam geworden, was ihre Nachbarn durchmachten, und reagierten entsprechend, um sich zu schützen.

Pflanzen kommunizieren real miteinander, und ihre Sprache kann man erlernen. Indem du dich mit der Energie einer Pflanze verbindest, wird diese Energie zu einer Sprache, die du in deinem Inneren für dich übersetzt. Diese Art der Kommunikation stellt sich für jeden anders dar, und auch deine ist einzigartig. Ich werde dich darin unterstützen, mit Pflanzen in Verbindung zu treten, damit sie ihre medizinischen und magischen Eigenschaften mit dir teilen und damit auch du Zugang zu der Weisheit erhältst, die sie mir anbieten. So kannst du loslegen und lernen, dich mit der Pflanzenenergie zu verbinden und ihre Sprache zu verstehen.

Wir sind ebenso sehr ein Bestandteil der Erde wie die Pflanzen. Ursprünglich haben wir einmal ihre Sprache genauso gut verstanden wie die Bienen. Allerdings haben wir den Zugang zu diesem Teil von uns selbst verloren, zu dem Teil, der weiß, warum wir hier sind und wer wir wirklich sind.

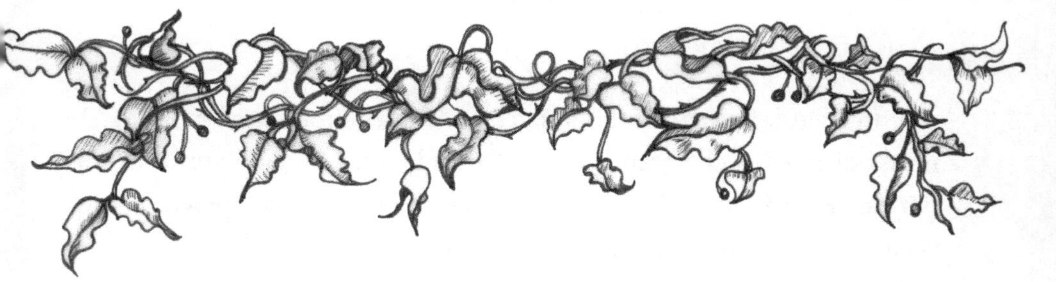

Pflanzenweisheit

Pflanzen sind sehr gesprächige magische Kreaturen. Du kannst dir wahrscheinlich gar nicht vorstellen, wie oft sie ein Gespräch anfangen – ich muss meinen Arbeitsplatz mit den ruhigsten Pflanzen umgeben, die ich kenne, damit ich überhaupt irgendetwas schaffe!

Vor vielen Monden hatte ich eine Verabredung in einem wunderschönen Restaurant mit einem wunderbaren Garten. Dort wuchsen Grünlilien, Schwiegermutterzungen und eine riesige Monsterapflanze, die sich hoch über die Tische erhob, und in der Mitte der Tische standen Kakteen. Ich begrüßte jede einzelne Pflanze, als wir uns hinsetzten.

Mein Date fing an, über seine letzte Beziehung zu reden – nicht gerade das beste Thema bei einer ersten Verabredung! Als er immer weiter und weiter über die Fehler seiner Ex sprach, wurde mir klar, dass er mehr Zeit brauchen würde, um diese Beziehung zu verarbeiten. Ich versank in meinem Stuhl und zog mich in den Raum zurück, den ich mit den Pflanzen um mich herum teilte. Ganz plötzlich schickte mit der Kaktus auf dem Tisch einen Stich, der mir durch Mark und Bein ging. Ich machte vor Schreck einen kleinen Satz – den mein Date in seinem Monolog sowieso nicht bemerkte. Der Kaktus ließ mich wissen, ich hätte Besseres zu tun, als diesem Mann und seinen Ex-Problemen zuzuhören. Und weißt du was? Der Kaktus hatte recht. Ich schlug meinem Begleiter vor, er solle lieber mit seiner Ex essen gehen und brach auf.

Ich führe richtige Gespräche mit Büschen, Bäumen, der Natur und all ihren Geistern. Ich habe das große Glück, aus einer Hexen-Familie zu stammen, bei der sich die Zauberkraft, Spiritualität und Kultur um Pflanzen dreht. Aber solche Verbindungen stehen jedem Menschen offen. Du musst dich lediglich daran erinnern, dass du ein Teil der Natur und eins mit der Pflanze bist. Du wirst deine eigene einzigartige Sprache entwickeln, wenn du den Weg der Pflanzenhexerei gehst.

Pflanzen berühren uns, sprechen mit uns und lehren uns auf unterschiedlichste Arten. Sie sind Weisheitsbewahrer und die natürlichen Heiler der Welt. Du musst dir das so vorstellen: Wenn eine Pflanze krank ist, dann verändern wir nicht die Pflanze, sondern die äußeren Umstände. Mit der Pflanze an sich gibt es kein Problem, vielmehr überprüfen wir, ob sie die richtige Menge Wasser bekommt, das richtige Licht und vielleicht auch ihren Standort. Wir überlegen, ob es möglich sein könnte, dass sie nicht genug Liebe erhält. Klingelt da was in dir? Als Menschen neigen wir leider dazu, das Problem immer in uns selbst zu suchen, doch wie bei Pflanzen auch ist mit uns selbst meist alles in bester Ordnung. In unserer Umgebung muss sich etwas ändern, unsere Lebensweise, unsere Ernährung, die Liebe, die wir empfangen. Es steht uns ja durchaus frei, Pflanzenweisheit auch in unserem Leben zur Anwendung zu bringen.

Mit gerade mal sieben Jahren hatte ich das Leben auf überwältigende Weise satt. Es schien mir unerträglich. Der Aufzug in unserem siebenstöckigen Mietshaus war kaputt, und ich musste alle sieben Etagen hochlaufen und war völlig außer Atem, als ich auf dem Dach ankam. Die Luft war stickig, die Zeit schien stehen zu bleiben, und die Stille war ohrenbetäubend. Am ganzen Leib zitternd, ging ich zum Rand des Flachdachs und sah in den tiefsten Abgrund hinunter, in den ich in meinem Leben je hinabgesehen habe. Ich stand da, schloss meine Augen, lehnte mich mit meinem kleinen Körper nach vorne und bereitete mich auf den Fall vor. Und mit einem Mal erfasste mich ein Windstoß mit einer Kraft wie von einem vorbeifahrenden Güterzug, dass mein Körper zwei Meter weit zurückflog. Benommen lag ich auf dem Dach und öffnete meine Augen, um den erstaunlichsten Anblick zu sehen: Dutzende von Gänseblümchen fielen vom Himmel. Sie schwebten über mir, um dann langsam auf meinem Körper zu landen. Der Wind hatte sie mitgebracht, um mich in eine feste Umarmung einzuhüllen. Ich weinte. Heftig. Und dann hörte ich die Worte: »Du gehörst hierher. Dreh dich um.« Also drehte ich mich auf meinen Bauch, und stellte fest, dass Moos aus der Teerpappe des Daches wuchs. Meine Tränen tropften auf das Moos und wässerten es, und meine Verzweiflung – dieses dringende Bedürfnis, alles hinter mir zu lassen – verflog. Das Moos nahm meinen ganzen Schmerz und meine Ängste auf. Ich verdanke unserer Erde mein Leben.

Wir können von Pflanzen lernen, wie man schwere Zeiten durchsteht. Sie passen sich den Umständen an und stellen sich entsprechend um. Herausforderungen halten sie nicht davon ab, entschlossen zu sein. Denke nur an einen Löwenzahn, der sich durch den Asphalt einer Straße zwängt. Außerdem setzen sich Pflanzen selbst keine Grenzen. Sie wollen so sehr wie möglich gedeihen und sich ausbreiten. Eine Pflanze denkt nie: Jetzt bin ich genug gewachsen, hier bin ich sicher, jetzt höre ich damit auf. Nein, sie wächst und blüht weiter, ohne sich dafür zu entschuldigen, und das sollten wir alle so machen. Wir haben es verdient, grenzenlos zu sein.

Pflanzen gestatten es Hindernissen nicht,
sie in ihrer Konzentration auf die Sonne zu stören.

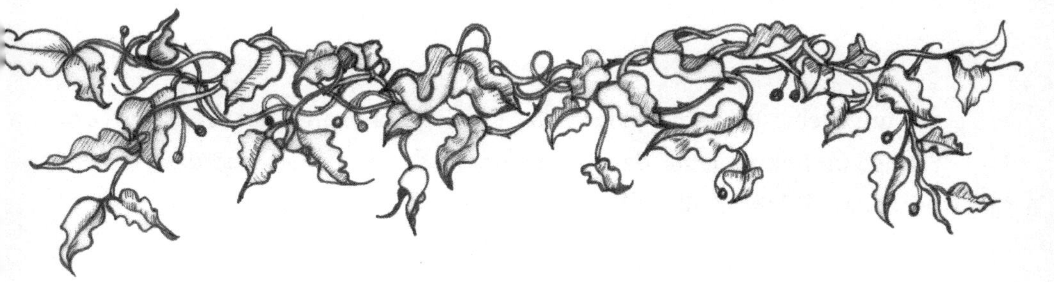

Die Sonne und der Mond

Wie das Leben der Pflanzen ist auch das unsere aufs Engste mit den natürlichen Rhythmen der Erde verbunden, und genauso mit den Himmelskörpern, die sie beeinflussen: mit der Sonne und dem Mond. Diese Verbundenheit ist von immenser Kraft durchdrungen, und dem Lebenskreislauf wohnen Weisheit, Medizin und Magie inne.

Bevor ich auf die Anwendung der Pflanzenmagie eingehe, möchte ich deine Aufmerksamkeit auf die Grundlagen unserer Existenz mit unserer Erde lenken und wie man sie für Selbstheilung und Wachstum nutzen kann. Die Botschaften und Lektionen, die Sprache und Weisheit der Pflanzen, von Sonne, Mond und der Erde empfindet jeder auf ganz eigene Weise. Ich möchte dich dazu inspirieren, eine Praxis zu entwickeln, die Achtsamkeit und Mitgefühl für alles, was ist, und auch für dich, beinhaltet. Die erste Bedingung dafür ist die Kontaktaufnahme mit der Weisheit, die nur darauf wartet, sich mitteilen zu dürfen.

Wir haben uns abgewandt von unserer Verbindung zur Natur und zu allem, was existiert. Das fällt mir besonders auf, wenn ich an unsere Angst vor dem Altern und Sterben denke, an den ständigen Druck, den wir uns machen, anstatt sich dem Fluss des Lebens hinzugeben. Dazu gehört auch unsere Abgeschnittenheit von uns selbst und von unserer Bestimmung auf der Erde.

In Wahrheit sind wir unsterbliche Wesen, die an allen Orten, in allen Dingen gleichzeitig leben. Wenn die Sonne aufgeht, dann geht auch unsere Seele auf, und wenn die Sonne untergeht, dann beeinflusst der Mond die tieferen Bereiche unseres Seins. Wir sind nie allein, nie verloren und nie ungeliebt. Wir sind jede Farbe des Regenbogens, das Glitzern von Schnee im Sonnenlicht, das Flattern des Schmetterlings und das Heulen der Wölfe. Wir sind alles. Wir sind heilig.

Die Sonne

Ich möchte dich einladen: Gib dich für einen Moment lang deinen Sinnen hin. Sieh dich selbst, wie du in einem offenen Feld von Blumen umgeben stehst. Du bist barfuß, deine Zehen graben sich in die Erde, und deine Augen sind geschlossen. Es ist dunkel, kühl und still. Es ist der Moment, kurz bevor die Sonne aufgeht. In dem Augenblick, als sich die Sonne über den Horizont schiebt und dich mit ihrer Wärme und ihrem Glück umfängt, hebst du ihr ganz natürlich dein Gesicht entgegen. Du stehst aufrechter, fester auf deinen Füßen und bist selbstbewusster. Die Sonne richtet dich im wahrsten Sinne des Wortes auf, sie inspiriert dich zu wachsen. Nun lenke deine Sinne auf die Blumen. Was tun sie? Was fühlen sie? Ja, sie bewegen sich genauso wie du, strecken sich, wachsen und umschließen die Sonne auf die gleiche Weise wie du.

Was teilt die Sonne dir mit? Welche Lektionen hält sie für dich bereit? Der Sonne habe ich im Verlauf meiner Reise zahlreiche wertvolle Lehren zu verdanken und Einblicke, die meine Sicht auf meine eigene Bedeutung verändert haben. Mein Leben lang wollte ich geben, helfen und dienen. Ich will in der Welt etwas bewirken, Leben verändern. In dieser Hinsicht ist mir die Sonne ein Vorbild: Die Sonne ist eine Gebende. Sie will nie etwas zurück und hat keine Hintergedanken. Ihr Feuer verbindet sich mit dem Feuer in mir. Wenn ich ein Leben führe, in dem ich gebe und mit Zielsetzung diene, dann hat mein Leben einen Wert und ist entzündet von einer originären Kraft, die mit den Flammen unseres Universums verbunden ist.

Die Sonne hat mir außerdem beigebracht, über den Dingen zu stehen. Anfang 2019 wurde bei mir Lupus erythematodes diagnostiziert, eine seltene Autoimmunerkrankung der Haut. Ich baute sehr schnell ab und schaffte es irgendwann kaum noch aus dem Bett. Mein Körper und mein Geist verblühten vor meinen Augen. Als Mutter von zwei Söhnen und drei geliebten Katzen; als Ehefrau, Geschäftsfrau, Kreative, Heilerin und Aktivistin kam es mir so vor, als würde mir mein Leben unter den Füßen weggezogen. Alle Erfolge, Wunder und erreichten Ziele, für deren Manifestierung in meinem Leben ich so rastlos gekämpft hatte, kamen mir nun sinnlos vor.

Der Lupus breitete sich nicht nach und nach in meinem Leben aus, er nahm sich einen Baseballschläger und machte sich schwingend Platz. Im ersten Augenblick erschien mir mein Vertrauen in meine Bestimmung als der reinste Selbstbetrug. Aber dann strahlte die aufgehende Sonne durch mein Fenster, wie sie es nie zuvor getan hatte, und umarmte mit ihrer Wärme meinen kraftlosen Körper. *Steh auf! Steige aus dem Bett, meine Liebe. Du bist nicht verkümmert oder tot und auch nicht zerbrochen oder nutzlos. Du bist herausgefordert, dich über das alles zu erheben.*

Ich sah mein ganzes Leben vor meinem inneren Auge ablaufen: das Ringen, den Schmerz, die Stürze, die Hindernisse. Ich erkannte, wie ich sie alle irgendwie überwunden, wie ich nicht nur überlebt, sondern wirklich gelebt hatte. Die Sonne erinnerte mich an meine Kraft, an mein unbestreitbares Lebensfeuer und an meine Fähigkeiten, unabhängig von den äußeren Umständen. Ich stand auf. Mit vor Schmerz zitternden Beinen stand ich da und begriff, dass »über allem stehen« nicht bedeutete, in körperlicher Hinsicht an die Spitze zu klettern. Über allem zu stehen bedeutete, meinen Geist zu befreien, ihn zu den höchsten Gipfeln aufsteigen zu lassen, ohne ihn in seinem Potenzial zu beschränken.

SONNENZAUBER

Die Energie der Sonne steht uns immer zur Verfügung – egal, ob Tag oder Nacht, ob bewölkt oder klar. Dieser Zauber wird dir helfen, ihre Energie für dich nutzbar zu machen und tief in dich einzupflanzen, damit sie dir immer dann zur Verfügung steht, wenn du sie am meisten brauchst.

Was du brauchst

eine Handvoll Sonnenblumenkerne, zum Essen
eine Handvoll Sonnenblumenkerne, zum Pflanzen (Sie sehen fast identisch aus, trotzdem ist es besser, eine zum Pflanzen geeignete Packung aus dem Gartenmarkt zu wählen.)
einen kleinen Blumentopf mit Erde

Wie es geht

- Nimm in die eine Hand einen essbaren und in die andere einen pflanzbaren Sonnenblumenkern. Richte deine Intention auf die Kerne, und bitte sie, für dich zu wachsen und sich der Sonne entgegenzustrecken.
- Pflanze den pflanzbaren, und iss den essbaren Sonnenblumenkern, und bedanke dich bei beiden für ihre Dienste.
- Wiederhole das Verfahren mit den übrigen Sonnenblumenkernen, dann bewässere die gepflanzten. Nimm selbst einen großen Schluck Wasser, um die Kerne in dir zu nähren.
- Gieße in den nächsten 7–10 Tagen täglich die Saat und trinke dabei auch immer selbst etwas Wasser. Bringe jeden Tag deine Intentionen zum Ausdruck, flüstere sie jedem gepflanzten Samen zu.
- Sobald die Samen gekeimt sind, danke ihnen zum zweiten Mal. Ihr Wachstum erfolgt so wie das der Sonnenenergie in dir.

Der Mond

Die Schönheit von *La Luna* ist unvergleichlich. Majestätisch, strahlend und magisch. Als kleines Mädchen war ich von seinem Licht wie besessen. Ich erinnere mich noch, wie ich zum ersten Mal bewusst das Verschwinden des Mondes wahrnahm. Ich muss ungefähr sechs Jahre alt gewesen sein und schaute aus meinem Fenster: Der Mond war nicht da! Schnell schlüpfte ich aus dem Haus, wanderte durch die Straßen und suchte den ganzen Himmel ab. Nichts. Wohin war *la luna* verschwunden? Ich fürchtete, etwas Schreckliches könnte geschehen sein. Ich rannte wieder hinauf in den vierten Stock und platzte ins Schlafzimmer meiner Mutter. »Mama! *La luna! La luna no esta en el cielo!*« Mein kleines Herz raste, meine Lungen schafften es kaum, mit meiner Angst Schritt zu halten.

»Der Mond ist nicht fort, Liebling. Er ist nur in einer anderen Phase. Es ist Neumond.«

Ich wusste, dass der Mond zu- und abnimmt, aber jetzt begriff ich zum ersten Mal, dass er von Zeit zu Zeit auch vollständig verschwand. Ich war erschrocken – *la luna* war mein Nachtlicht, das göttliche Wesen, zu dem ich jede Nacht betete. Meine Mutter brachte mich zurück ins Bett, legte sich eine Weile zu mir und erklärte mir die Mondphasen. Ich hörte auf zu weinen, und während sich mein Atem beruhigte, geschah das Allermagischste. »Ay *dios, mira!*«, keuchte meine Mutter. Vor meinem Fenster stiegen glitzernde, hell flackernde Lichtpunkte auf und blieben dort in der Luft stehen. Ehrfürchtig beobachteten wir die Erscheinung. Meine Mutter holte tief Luft und sagte: »Das ist ein Geschenk von *la luna*, die dich wissen lässt, dass sie noch immer für dich da ist. Sie schickt dir Glühwürmchen, damit sie für dich leuchten.«

Nach diesem Ereignis sammelte ich bei jedem Neumond ein paar Glühwürmchen und hielt sie in einem großen Glas auf meinem Fensterbrett. Am Morgen danach ließ ich sie dann, nachdem ich mich für ihr Licht bedankt hatte, zurück in die Freiheit fliegen.

Der Mond hört immer zu, will sich bereitwillig mit dir verbinden und brennt darauf, dass auch du die Verbindung zu ihm suchst. *La luna* hat mich gelehrt, mir Zeit zu nehmen, die Veränderungen in meinem Leben zu wertschätzen und Geduld mit dem Timing des Göttlichen zu haben. Die Mondzyklen schaffen ein Ritual, an dem wir seit unserer Entstehung im Schoß unserer Mutter beteiligt sind.

Der Mond herrscht über alles Fließende auf der Erde, und damit auch über dich. Über deine Stimmungen und Emotionen, über das Empfinden deiner Bestimmung und über deine spirituelle Präsenz. Er hat auf die Ozeane, Pflanzen, Tiere und sogar auf die Erde Einfluss. Seit meiner Kindheit war es für mich selbstverständlich *la luna* in meine Zauber einzubeziehen. Diese Zusammenarbeit hat mir geholfen, mich besser auf meinen Geist, meinen Körper und meine eigene Biochemie einzustimmen. Ich habe gelernt, mich besser zu verstehen, meine eigenen Emotionen, meine Gedanken, meinen Körper und seine Bedürfnisse, und wie ich mich in jeder Phase erden und ins Gleichgewicht bringen kann. *La luna* ist immer da, immer gegenwärtig, auch dann, wenn wir den Erdtrabanten nicht über uns wachen sehen. Jede Phase transportiert eine bestimmte physische und spirituelle Bedeutung mit den dazugehörigen Einflüssen.

Es kann dein Herz und deinen Geist für unglaubliche Weisheit öffnen, wenn du mit dem Mond eng zusammenarbeitest. Die Pflanzenhexe lebt in Harmonie mit dem Mond, genauso wie mit der Sonne und den Jahreszeiten. Die Erde ist ihre Religion, auf sie richtet sie ihre magische Zeremonie. Wir haben die Macht die Energie des Mondes in jeder Phasen zu nutzen.

Die Mondphasen

Neumond

Der Neumond ist die Zeit, um sich der heiligen Erforschung des Inneren zu widmen. In dieser Phase zu Beginn des Mondzyklus sortieren wir die Samen und entscheiden, welche wir zum Anbau nutzen wollen. So legen wir den Grundstein für das, was wir im kommenden Monat wollen und brauchen. Jeder Neumond gestattet es uns, zum Ausgangspunkt zurückzukehren. Er erlaubt uns einen Neuanfang mit endlosen Möglichkeiten und ist ein idealer Zeitpunkt, um Samen zu pflanzen, sowohl im realen als im übertragenen Sinn, denn jetzt ist die Erde am fruchtbarsten.
Geeignete Zauber: *Neuanfänge, Selbstliebe, Frieden, Kreativität*
Geeignete Pflanzen: *Avocado, Usambaraveilchen, Scheidenblatt, Ctenanthe*

Zunehmender Sichelmond

Dreieinhalb bis sieben Tage nach dem Neumond fordert dich der zunehmende Sichelmond dazu auf, mit der Pflege deiner eingepflanzten Samen zu beginnen. In dieser Mondphase musst du Informationen sammeln und beobachten. Achte auf Verschiebungen und Veränderungen zu deinen Gunsten. Das stärker werdende Licht des zunehmenden Sichelmonds gestattet es dir, tief nach innen zu blicken und zu erkennen, was du wirklich im Zusammenhang mit den Veränderungen in deinem Leben empfindest, sowohl in Bezug auf deine Arbeit als auf deine Beziehungen.
Geeignete Zauber: *Erkenntnis, Besinnung, Klarheit, Selbstbewusstsein*
Geeignete Pflanzen: *Kanadische Blutwurz, Echter Farn, Zeder, Schwertlilie*

Zunehmender Halbmond

Den zunehmenden Mond erreichen wir sieben bis zehneinhalb Tage nach dem Neumond. Jetzt beginnt *la luna* sich in ihrer eigenen Kraft zu wärmen, und sie kann dir helfen, das anzuziehen, was auch immer du für die Erfüllung deiner Intentionen benötigst. Was suchst du? Was hat bisher in deinem Leben gefehlt?

Geeignete Zauber: *Glück, Fülle, Manifestation*
Geeignete Pflanzen: *Breitblättriges Pfeilkraut, Birke, Kaktee, Stechpalme*

 *Zunehmender Dreiviertelmond*

Zwischen zehneinhalb und fünfzehn Tagen nach dem Neumond erscheint der zunehmende Dreiviertelmond. In dieser Phase sind wir aufgerufen, dem Universum und unserem Selbst voll zu vertrauen. Jetzt ist der richtige Zeitpunkt gekommen, um dir schwierige Fragen zu stellen: Muss ich meine Ziele überarbeiten? Muss ich sie verändern? Oder muss ich ihnen eine komplett andere Richtung geben? Es ist nicht nötig, sich vor den Gezeiten zu fürchten, denn es gibt kein Richtig oder Falsch, egal wovon du dich angezogen fühlst. Vertraue darauf, dass es für dich immer passend ausgehen wird.

Geeignete Zauber: *Wahrheit, Selbsterkenntnis, Heilung, Klarheit*
Geeignete Pflanzen: *Gewöhnliche Natternzunge, Echter Lorbeer, Knoblauch, Leberblümchen, Echter Farn*

 *Vollmond*

Fünfzehn bis achtzehneinhalb Tage nach dem Neumond erreicht der Mond – voll und strahlend – seinen Höhepunkt. Dies ist die Zeit der Erleuchtung. Da *la luna* dich mit ihrem ganzen Licht bestrahlt, kannst du dich jetzt in deiner vollständigen Kraft sonnen. Falls du irgendwelche Zauber vorbereitet oder geplant hast, ist nun der beste Zeitpunkt, um sie in die Tat umzusetzen.

Geeignete Zauber: *Spirituelle Entwicklung, Heilung, Glück, Fülle, übersinnliche Fähigkeiten, Türöffner zwischen den Reichen*
Geeignete Pflanzen: *Sauerklee, Schlehdorn, Königskerze, Breitblättriger Rohrkolben, Schwarze Tollkirsche*

Abnehmender Dreiviertelmond

Diese Phase findet dreieinhalb bis sieben Tage nach dem Vollmond statt. Der »sich verbreitende« Mond, wie der abnehmende Dreiviertelmond im Englischen auch genannt wird, gestattet es dir, klar zu erkennen, was dir nicht mehr nutzt, und die Wahrheit um dich herum und in dir zu offenbaren. Jetzt ist die Zeit, um sich von Dingen zu trennen, die du nicht mehr brauchst oder willst. Betrachte deine Errungenschaften mit einem Strahlen in den Augen und feiere.

Geeignete Zauber: *Klarheit, Freigabe, Wahrheit, Fülle, Verstärkung*

Geeignete Pflanzen: *Pfeilwurz, Herzblume, Goldrute, Liebstöckel*

Abnehmender Halbmond

Das nächste Viertel des Mondes fällt auf die sieben bis zehneinhalb Tage nach dem Vollmond. Er treibt uns an, das Selbst zu heilen und diese Heilung mit der Welt durch unser Mitgefühl und durch unser helles Strahlen zu teilen. Jetzt ist es an der Zeit, uns von den Dingen zu lösen, die wir bisher gescheut haben loszulassen. Entscheidend auf dem Weg zu deiner Wahrheit und zu deinem bestmöglichen Selbst ist Vergebung. Befreie dich von Dingen, die dich verfolgen, damit du Platz für Neues und Besseres gewinnst.

Geeignete Zauber: *Verbannen, energetische Reinigung, Heilung, Frieden*

Geeignete Pflanzen: *Stechäpfel, Ingwer, Apfel, Echte Mondraute*

Abnehmender Sichelmond

Etwa zehneinhalb Tage nach dem Vollmond steht am Himmel der abnehmende Sichelmond, auch balsamischer Mond genannt. Er gestattet es dir, tief in dein Bewusstsein vorzudringen. In den vorangehenden Phasen hast du herausgefunden, wovon du dich befreien musst. Frage dich also nun: Was ist noch übrig? Es gibt immer Geheimnisse, die wir auch vor uns selbst verbergen, Ängste und uns einschränkende Überzeugungen, die uns im Weg stehen. Nutze diese Phase für hellseherische Arbeit und um alles loszuwerden, was nicht mehr zu dir passt.

Geeignete Zauber: *Neuanfänge, Erkenntnis, Selbsterkenntnis, Intuition*
Geeignete Pflanzen: *Glücksfeder, Goldene Efeutute, Odermennig, Weißdorn*

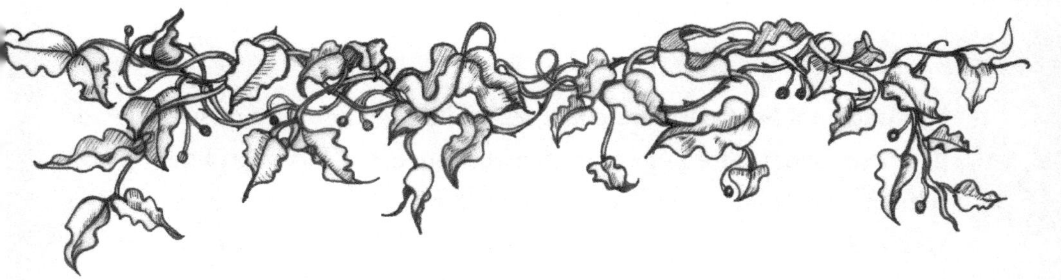

Die Jahreszeiten

Die Jahreszeiten sind die allmächtigen Ältesten der Erde. Frühling, Sommer, Herbst und Winter stellen die ursprünglichsten Zeitmesser dar, die natürlichen Rituale des Lebens. Indem wir uns von den Jahreszeiten leiten lassen, leben wir im Einklang mit der Erde. Wir werden zu Gefäßen, in denen die Erde ihre Weisheit und Medizin umwandeln kann. Und wir werden uns dessen bewusst, dass wir ein Bestandteil des Gesamtbildes sind, was unsere Ängste und unser Bedürfnis nach Kontrolle im Nichts auflöst.

Unsere Vorfahren wussten, dass die Jahreszeiten das Leben auf eine Weise leiten, die für das Überleben, für Heilung und Wachstum essenziell ist. Die Jahreszeiten vermitteln uns die Schönheit des Alterns, von Tod und Wiedergeburt. Die Pflanzenhexe in uns erinnert sich daran, dass wir vom Augenblick unserer Geburt an schön und sterblich sind. Die Blätter, die zu Boden fallen, nähren die Erde, indem sie Nahrung für die Insekten werden und den kleinen Kreaturen des Waldes Unterschlupf geben.

Denke an die Luft, die du einatmest, an den Sauerstoff, den ein Baum für dich umgewandelt hat. Denke an die Luft, die du ausatmest und mit der du im Gegenzug die Bäume versorgst. Das ist der Austausch, das ewige Geben und Nehmen von Leben und Energie. Der Tod ist ein Bestandteil dieses Austausches.

Wir Menschen können viel über uns lernen, indem wir auf unsere Gefühle und Handlungen während jeder einzelnen Jahreszeit achten. Ich zum Beispiel war im Sommer zu nichts mehr zu gebrauchen. Die Hitze und die Helligkeit waren für mich unerträglich, aber ich wollte unbedingt eine Verbindung zum Sommer herstellen. Ich wollte den Sommer so wie alle anderen erleben, wollte Zugang zu seiner Freude, spielerischen Energie und seinem Feuer finden. Also setzte ich mich hin und meditierte. Ich lud den Sommer zum Gespräch ein und erklärte ihm, welche Gefühle er in mir auslöste und wie dringend ich ihn verstehen wollte. Willst du wissen, was er mir antwortete? Er sagte: »Du *bist* ich. Du bist alle Jahreszeiten; du musst nur dein Gleichgewicht finden.« Also habe ich genau das getan. Sobald der Sommer im Anmarsch war, konzentrierte ich mich auf Abkühlung und die Freisetzung von Energie. Ich aß mehr Melonen, trank mehr Wasser und machte Übungen wie Kundalini, Tai-Chi und Sprechsingen, die mir halfen meine überschüssige Energie abzubauen. Außerdem meditierte ich noch vor Sonnenaufgang und machte nach Sonnenuntergang Yoga. Auf der Basis von Versuch und Irrtum fand ich heraus, was mir half.

Frühling

Dieser Jahresabschnitt ist klassisch mit der Wiedergeburt und Erneuerung verbunden und ist eine Zeit zum Feiern. Deine Magie erreicht im Frühling den Höhepunkt ihrer Fruchtbarkeit, und du kannst die Kraft von Mutter Erde nutzen, während sie einen neuen Jahreskreislauf gebärt. Finde deine Vorsätze, arbeite auf neue und kreative Weise, und lass die kindlichen Frühlingsenergie deine Fantasie inspirieren.

Geeignete Zauber: *Kreativität, Glücklichsein, Neuanfänge, Reinigen, Wünsche*

Geeignete Pflanzen: *Prunkwinde, Efeu, Tillandsien, Echter Baldrian*

Sommer

Diese lebhafte Jahreszeit symbolisiert Leidenschaft und Kraft. Wenn du das Feuer des Sommers für deine Zwecke einspannen kannst, statt dich von seiner Hitze erdrückt zu fühlen, kannst du im Sommer alles verbren-

nen, was dich blockiert, und ihn als Brandbeschleuniger deines kreativen Feuers nutzen. Genau wie der Sommer bist du auch von Überfluss und magischer Energie erfüllt. Was kannst du erreichen?
Geeignete Zauber: *Kreativität, Liebe, Fülle, Manifestation*
Geeignete Pflanzen: *Rose, Orchidee, Bergamotte, Haarästige Rispenhirse*

Herbst

Der Herbst ist meine liebste Jahreszeit. Während sich Mutter Erde nach und nach von der Sonne fortbewegt, werden auch wir kühler und dunkler. Der Herbst ist die Zeit für einen Blick in dein Inneres, der Konfrontation mit den eigenen Schatten und deren Auseinandersetzung. Außerdem öffnet sich die Grenze zwischen den Welten, was dir *die* Gelegenheit gibt, um mit deinen Ahnen und Geistführern zu sprechen und sie zu ehren. Welche Botschaften haben sie für dich?
Geeignete Zauber: *spirituelle Entwicklung, Schattenarbeit, Selbsterkenntnis, Besinnung, übersinnliche Fähigkeiten, Türöffnung zwischen den Reichen, Gleichgewicht*
Geeignete Pflanzen: *Weißwurz, Stechapfel, Minze, Schwarzer Holunder*

Winter

Während Mutter Erde schläft, sollst auch du dir die Zeit zum Ausruhen und Regenerieren nehmen. Denke darüber nach, was du der Welt zu bieten hast und was dir die Welt gegeben hat. Nimm eine dankbare Grundhaltung ein, und bereite deine zukünftigen magischen Arbeiten vor. Reinige deinen Geist und dich selbst von allem unnötigen Ballast, und treffe Vorkehrungen für einen Neuanfang. Der Kreislauf setzt sich ewig fort.
Geeignete Zauber: *Selbstliebe, Reinigen, Schutz, Frieden, Heilung, energetische Reinigung, Klarheit*
Geeignete Pflanzen: *Echter Lavendel, Zeder, Kiefer, Virginischer Tabak*

DIALOG MIT DEM JAHRESZEITENTAGEBUCH

Ich führe für jede Jahreszeit ein eigenes Tagebuch und kann es auch dir nur empfehlen. Es wird dir helfen, die Übersicht über deine Gefühle im Jahreslauf zu behalten, über deine Erfahrungen, Lektionen und über die eventuell empfangenen Mitteilungen oder Weisheiten.

Nutze dein Tagebuch für Gespräche mit jeder der Jahreszeiten. Welche von ihnen liebst du besonders? Wenn es der Herbst ist, so wie bei mir, dann mach dir bewusst, wie er dir Gemütlichkeit und Ruhe bringt, und überlege dann, wie du dies ins Gleichgewicht mit der im Sommer aufgenommenen Energie bringen kannst. Wie erlebst du den Winter? Welche Erfahrungen machst du mit dem Frühling?

Achte darauf, wie dein Körper auf die einzelnen Jahreszeiten reagiert. Wie wirken sie sich auf deinen Appetit aus? Welche Nahrungsmittel bekommen dir gut, welche nicht? Welche Pflanzen fallen dir besonders ins Auge, und welche sprechen zu dir und überbringen dir Mitteilungen? Wie kannst du jede Jahreszeit nutzen, um einen Ausgleich mit den anderen herzustellen?

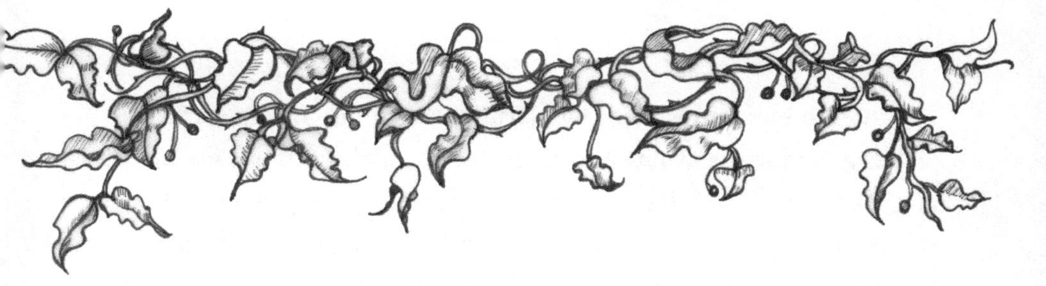

Wie du deine Beziehung zu Pflanzen entwickeln kannst

Manchmal habe ich den Eindruck, als würde sich eine große Pflanzenliebe nur dadurch auszeichnen, wer auf Social Media das schönste Foto der größten Pflanzensammlung postet. Pflanzen sind jedoch mehr als Dekoration. Sie sind lebendige Wesen mit Gefühlen, Gedanken, einer eigenen Sprache und Persönlichkeit. Eine Pflanze zu ziehen oder zu besitzen macht euch zu Pflanzeneltern – jetzt seid ihr für ein lebendiges und atmendes Lebewesen verantwortlich. Es liegt in deiner Verantwortung, es zu lieben, für es zu sorgen und ihm Aufmerksamkeit zu schenken.

Lass dich davon aber nicht einschüchtern. Du musst keine Erfahrungen mit Pflanzen haben, um eine dich gut um eine Pflanze zu kümmern. Ich werde dich mit Unmengen praktischer Tipps versorgen, die dir helfen, den Kontakt zu deinen Pflanzen und eine liebevolle Beziehung zu ihnen herzustellen. Doch zuvor wollen wir uns noch ein wenig mit der Vorstellung befassen, wie man zu Pflanzen überhaupt eine Verbindung aufbauen kann.

Da du dieses Buch liest, hast du vermutlich bereits eine Beziehung zur Natur oder willst eine entwickeln. In einer Welt, die das Äußere der Dinge mehr schätzt als ihren Geist, neigen wir dazu, uns in unserer Verbindung auf ein alltägliches Niveau zu beschränken. Wir gehen in den Park, sehen uns die wunderschönen Blumen und Bäume an und setzen uns vielleicht ins Gras, aber weiter gehen wir nicht. Die Natur sorgt dafür, dass wir uns besser fühlen. Sie spricht etwas tief in uns an und lässt uns vom Alltag erholen, aber wir wissen nicht, wie und warum wir dem weiter nachgehen und unter die Oberfläche an die Wurzeln vordringen sollen.

Echte Verbundenheit mit der Natur entsteht durch eine spirituelle Beziehung. Sie muss gewollt sein, dann wirkt sie sich auf unser ganzes Leben aus. Wenn du dir die Natur auf dieser tieferen Ebene erschließt, dann füllt sie eine Leere in dir, die auf keine andere Weise zugänglich ist, denn deine Beziehung zur Erde ist ein Spiegelbild deiner Beziehung zu dir selbst.

Kultivieren kannst du diese tiefe Verbundenheit nur, indem du sie physisch praktizierst. Die nachfolgenden täglichen Praktiken werden dir helfen, eine authentische und bedeutungsvolle Beziehung zu deinen Pflanzen herzustellen.

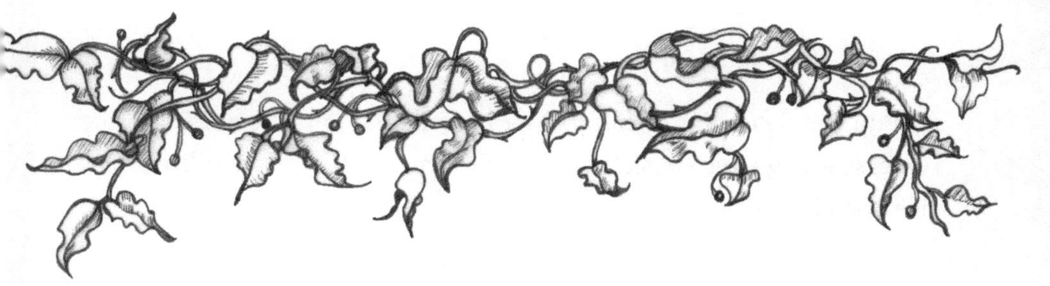

Tägliche Praxis für deine Verbundenheit mit Pflanzen

Entscheide dich für Naturverbundenheit

Falls du daran nicht bereits gewöhnt bist, musst du jetzt lernen *vorausschauend zu planen*. Zuerst musst du ein klares Ziel formulieren: *Ich will eine Beziehung zur Pflanzenmagie aufnehmen und ausbauen*. Grüne Hexerei ist eine praktische Angelegenheit, deren Ausübung fester Bestandteil deines Lebens werden sollte. Das geschieht, wenn du sie tatsächlich in deinen Tagesablauf integrierst. Halte dir Zeit frei, die du ausdrücklich allein mit der Natur verbringst. Diese Zeit sollte innig und persönlich sein, damit deine Beziehung zur Natur ebenso eng wird.

Führe Buch über deine Erfahrungen

Zur Festigung deiner Beziehung zu Pflanzen solltest du ein Tagebuch führen, in das du deine Erfahrungen, Träume und die Mitteilungen einträgst, die du von Pflanzen erhältst. Es könnte das gleiche sein, in das du auch deine Erfahrungen mit den Jahreszeiten einträgst. Um deinen Geist für die Geister der Natur zu öffnen, sag ihnen: »Ich bin bereit, zu empfangen und mich für alles zu öffnen, was ihr von mir braucht.« Achte auf deine Gefühle, auf energetische Verschiebungen, die Winde und sogar auf Stürme während deiner Reise zur Verbindung mit den Pflanzen, und schreibe alles auf. Es ist wichtig, sich Notizen zu machen, weil du gerade die Entstehung einer besonderen Sprache zwischen euch förderst – je weiter sie sich entwickelt, umso selbstverständlicher wird sie für dich.

Verbringe häufiger Zeit in der Natur

Mache ein Picknick oder eine Fahrradtour, geh joggen oder spazieren. Was immer du gerne machst, geh hinaus in die Natur und setze es dort um. Stelle dein Telefon stumm, oder lass es ganz zu Hause, stöpsele dich vollständig aus. Eine wichtige Voraussetzung für die Vertiefung deiner Beziehung zur Natur ist, dass du so viel wie möglich in ihrer Gegenwart bist. Solltest du aus irgendeinem Grund nicht in die Natur gehen können, dann nutze ersatzweise deine Zimmerpflanzen. Sitze bei ihnen, lese in ihrer Nähe, sei bei ihnen kreativ, frühstücke in ihrer Umgebung. Es spielt keine Rolle, was du tust, solange du bewusst und gezielt Zeit mit ihnen verbringst.

Lass die Natur herein

Für diejenigen, die im Betondschungel leben, ist das Folgende besonders wichtig. Die Fenster zu öffnen und die Vorhänge aufzuziehen, Sonnenlicht und natürliche Luft in dein Heim zu lassen, verbinden dich augenblicklich mit der Erde. Deine Zimmerpflanzen werden dich dafür lieben. Besonders gut gefällt es mir, Vorhänge und Fenster für das Mondlicht zu öffnen. Und wenn es regnet oder stürmt, dann bin ich die Erste, die diese Winde in mein Zuhause einlädt, um seine Energien zu reinigen und dabei alle Negativität und jegliche stagnierende Energie wegzupusten.

Gieße deine Pflanzen bewusst

Gieße deine Pflanzen, Blumen und, ja, auch Bäume mit Liebe und heilenden Energien. Da Wasser Emotionen, Gedanken und Intentionen aufnimmt, solltest du dich vor dem Gießen erst sammeln. Atme ein paarmal tief durch, und versetze dann das Wasser in deiner Kanne mit deiner Liebe. Denke an glückliche, von Liebe erfüllte Augenblicke, oder sage etwas Liebevolles, und gieße dann deine Pflanzen. Sie werden deine liebenden und heilenden Energien über das Wasser in sich aufnehmen und sich so mit dir verbinden.

Beobachte die Elemente

Nicht nur Pflanzen sind einzigartig, sondern auch wir. Jeder Mensch fühlt sich zu anderen Elementen und Orten hingezogen. Gehörst du zu denjenigen, die sich in der Nähe eines Gewässers am besten fühlen? Oder hältst du dich am liebsten im Gebirge auf? Vielleicht gehörst du aber auch in den Wald. Versuche, dich so viel wie möglich in der Natur aufzuhalten und deine Umgebung tief in dich aufzunehmen. Achte genau darauf, wie du dich an den unterschiedlichen Orten fühlst. Was hörst du? Was spürst du? Wie fühlt sich deine Energie an? Eine solche Übung kannst du sogar in deinem Garten machen, im Wintergarten, im Park, an einem Fluss oder Bach. Beginne jetzt damit, die verschiedenen Elemente und die einzelnen Bereiche der Natur bewusst wahrzunehmen. So findest du heraus, welche Elemente direkt zu dir sprechen.

Lerne die Umgebung kennen

Als indigene Hexe begegne ich einem Ort mit Respekt. Egal wo ich bin, immer möchte ich etwas über die Region wissen, in der ich mich aufhalte. Wenn ich wandern gehe, dann will ich etwas über die Geschichte der

Gegend erfahren – welche einheimischen Stämme hier ursprünglich zu Hause waren, welche Blumen, Pflanzen und Bäume hier wachsen, welches die heimischen Tiere, Vögel und Reptilien sind. Im Rahmen dieses Prozesses lernen wir die Ahnen, Naturgeister und Landbeschützer einer Gegend kennen und erschaffen eine bedeutende und wirkungsvolle Verbindung zum Land. Die Erde wird sich bei uns für unser fürsorgliches und respektvolles Verhalten revanchieren.

Nimm ein Waldbad

Das Waldbaden, das man in Japan unter dem Namen *shinrin yoku* kennt, ist eine einfache, aber unglaublich transformierende Technik – man muss nichts weiter tun, als in die Natur zu gehen und sie fokussiert zu durchwandern. Am besten geht das in einem Wald, ein Spaziergang durch deinen eigenen Garten ist auch möglich. Natürlich ist bereits ein einfacher Aufenthalt in der Natur ohne bestimmtes Ziel heilsam und magisch, doch hier besteht der Unterschied darin, dass du dich bewusst langsam und zugleich achtsam bewegst. Hier geht es nicht ums Wandern oder irgendeine andere Form von sportlicher Betätigung. Bei einem Waldbad geht es für dich darum, zur Ruhe zu kommen, dich zu entspannen und dabei zu gehen. So kann man Stress und Sorgen abbauen und sich die natürlichen Gerüche, Geräusche und Energien bewusst machen, die eine wichtige Basis der Pflanzenhexerei sind. Höre auf das Flüstern des Windes, achte darauf, ob du dich von irgendetwas oder zu irgendeiner bestimmten Richtung angezogen fühlst. Werde eins mit der Natur, und genieße den Tanz, den du gemeinsam mit deinen Energien entstehen lässt.

Umgib dich mit Pflanzen

Falls du noch keine Pflanzen besitzt, ist jetzt der richtige Zeitpunkt dafür gekommen. Natürlich können Zimmerpflanzen teuer werden, du kannst deshalb auch eine bedeutsame Beziehung zu Pflanzen in deiner Umgebung aufbauen. Es geht vor allem darum, eine enge Beziehung zu einer Pflanze zu entwickeln, die du entweder genau zu diesem Zweck kaufst, die du bereits besitzt oder die du in deiner Umgebung adoptierst. Konzentriere dich einen Monat lang auf eine einzelne Pflanze.

Erst einmal stellst du dich ihr vor. Sag Hallo, und gib ihr einen Namen. Lass sie wissen, dass du für sie da bist, dich mit ihr verbinden und gut für sie sorgen willst. Berühre vorsichtig ihre Blätter, schau sie genau an, nimm ihren Duft und insbesondere ihre Energie mit allen deinen Sinnen wahr. Finde alles über die Pflanze heraus. Ich habe eine App zur Identifizierung von Pflanzen, falls ich mir einmal unsicher bin, welche es ist. Schaue nach, wie du diese Pflanze versorgen musst, welche Erde sie braucht und wie viel Wasser. Mache dich mit ihrer Anatomie vertraut, und lerne nicht nur, was sie braucht, sondern auch, warum.

Arbeite einen Monat lang intensiv daran, eine enge Beziehung zu dieser Pflanze aufzubauen. Selbstverständlich wird eure Beziehung viel länger dauern, doch für diesen einen Monat schenkst du ihr deine ungeteilte Aufmerksamkeit. Vielleicht kommt dir dieser Ansatz albern oder verrückt vor, aber vergiss nicht, dass du es mit einem lebendigen Wesen zu tun hast, das diese Art von Zuwendung durch dich verdient und das außerdem einzigartig und wichtig ist.

Sorge für deine Pflanzen

Indem du deine Pflanze gut versorgst und an ihre Bedürfnisse denkst, entwickelst du eine bessere Beziehung zur Natur und ein tieferes Verständnis für sie. Mach es zu einem Ritual, mit der Pflanze zu sprechen, bevor du dich um sie kümmerst. Begrüße sie, dann nimm dir die Zeit, sie gründlich zu betrachten. Hat sie zu wenig oder zu viel Wasser? Muss sie umgetopft werden? Sieht sie glücklich aus? Dann richte deine Aufmerksamkeit nach innen. Berühre die Pflanze, schließe deine Augen, und frage sie nach ihren Bedürfnissen. Verharre einen Augenblick lang bei und mit ihr, damit ihre Energie Kontakt zu dir aufnehmen kann. Achte dabei auf Vibrationen, die du vielleicht in dir spüren kannst (nicht nur auf die energetischen, obwohl du auch die mit großer Wahrscheinlichkeit wahrnehmen wirst). *Bist du durstig?* Lausche, spüre, und nimm wahr. *Bist du zufrieden mit dem Licht?* Lausche, spüre, und nimm wahr.

Achte auf Mitteilungen aus der Natur

Mutter Natur hat ungeahnte Möglichkeiten, um sich dir mitzuteilen – sie verfügt über einen ganzen Katalog an Weisheit und Medizin, für den du dich nur zu öffnen brauchst. Achte auf Symbole, die sich dir auf eine vielleicht unerwartete Weise mitteilen. Wenn dir eine Blume besonders auffällt oder ein Vogel in deiner Nähe ruft oder sich ein Zweig beim Spazierengehen in deinen Haaren verfängt – all das sind Wege der Natur, um mit dir in Kontakt zu treten. Bitte beachte aufmerksam, was dir ins Auge fällt, was dich anzieht, welche Tiere die Begegnung mit dir suchen, und vor allem auf die Gefühle und Energien, die diese Lebewesen in dir auslösen. Wenn du dich zum Beispiel von einer Trauerweide angezogen fühlst, dann nimm wahr, wie sich dieser zauberhafte Baum in verschiedene Richtungen beugen und biegen kann, ohne dass seine Äste und Zweige abbrechen. Wer sich zu einer Trauerweide hingezogen fühlt, muss sich vielleicht stärker an den Lauf der Dinge anpassen und Veränderungsprozesse akzeptieren, statt sich gegen das Unvermeidliche zu wehren. Die Begegnung mit einem Raubvogel kann ein Hinweis auf eine erforderliche tiefere spirituelle Bewusstwerdung sein und auf eine notwendige Freisetzung deines Geistes.

Meditation

Du benötigst lediglich täglich fünf bis zehn Minuten, um durch Meditation eine Verbindung zu entwickeln. Suche dir einen Ort, an dem du ungestört und bequem liegen oder sitzen kannst. Gestatte es dir, deinen Alltag hinter dir zu lassen, dich fallen zu lassen und von den Energien und der Liebe von Mutter Erde umspült zu werden. Mit der Zeit stärkst du deine Intuition, dein Verständnis und deine Verbindung mit dem grünen, wachsenden Leben um dich. Das wird sich positiv auf deine magische Praxis auswirken.

Die nachfolgende Pflanzenmeditation kannst du machen, um Verbindung aufzunehmen, um zu hören, spüren und empfinden, was die einzelnen Pflanzen dir mitteilen wollen. Ich rate dazu, die Meditation immer nur mit einer Pflanze zu machen und ihr, wie ich es zuvor beschrieben habe, wenigstens einen Monat lang deine ungeteilte Aufmerksamkeit zu schenken, um so eine stärkere und bedeutsamere Beziehung zu entwickeln.

Du kannst diese Meditation täglich oder wöchentlich machen. Nach jeder Meditation wirst du eine Vertiefung deiner Verbindung mit der Pflanze spüren, und du wirst ganz allgemein geduldiger und achtsamer werden. Vor allem aber wirst du offen bleiben und empfänglicher für das werden, was die Erde dir mitteilen will.

Auf den nachfolgenden Seiten wirst du auf ein Kompendium magischer Pflanzen stoßen. Ich werde ihre medizinischen und magischen Eigenschaften und ihre jeweils einzigartige Weisheit erklären, die jede Pflanze mir selbst persönlich mitgeteilt hat. Mache Aufzeichnungen darüber in deinem Tagebuch, wie sich deine Beziehung zu den einzelnen Pflanzen entwickelt.

PFLANZENMEDITATION

Zu Beginn entscheidest du dich für eine Pflanze, mit der du dich verbinden möchtest. Falls du bei dir zu Hause mehrere Pflanzen hast oder eine neue anschaffen möchtest, aber dir unsicher bist, welche, dann gehe langsam an den Pflanzen vorbei, von denen du auswählst. Bewege dich langsam, halte deine Hände über eine jede von ihnen, berühre sie nicht physisch, sondern versuche, ihre Energie zu spüren.

Sei geduldig, und du könntest intuitiv zu der Pflanze geführt werden, die dich ruft. Es ist wichtig, genau hinzuhören, denn jede Pflanze kann dir in einer bestimmten Situation oder zu einem bestimmten Zeitpunkt in deinem Leben als Führer dienen und wird dich wissen lassen, dass sie dir helfen will. Vielleicht spürst du bereits genau, mit welcher Pflanze du Zeit verbringen willst. Vertraue deiner Intuition, und achte auf Zeichen, da Pflanzen mit uns durch verschiedene magische Wege kommunizieren.

Was du brauchst

eine Pflanze

heiligen Rauch (Ich empfehle Beifuß, Weinraute, Rosmarin, Weihrauch, Myrrhe, Bernstein oder Copal. Aber du kannst auch verwenden, was dir zur Verfügung steht oder womit du dich wohlfühlst.)

Wie es geht

- Ich empfehle, eine Viertelstunde vor der Meditation Tee zu trinken, um dein Drittes Auge zu öffnen. Reishi, Ginkgo, Blauer Lotus, Schlafbeere, Lavendel oder Augentrost eignen sich besonders.
- Suche dir einen ruhigen Ort. Wenn es dir gefällt, kannst du leise Musik hören, aber sie sollte deine Gedanken nicht von der Meditation ablenken.
- Reinige deine Energie und dich selbst mit heiligem Rauch.
- Falls du Duftstäbchen benutzt, kannst du es jetzt anzünden und in einen entsprechenden Halter stellen. Verwendest du Harze oder

Kräuter, ist es sinnvoll, eine kleine Menge auf eine der kleinen handelsüblichen Holzkohlescheiben zu geben und dann anzuzünden. Trage dein Räucherwerk durch den Raum, und verteile den Rauch in allen Ecken und über deinem Kopf und deinen Schultern. Dann kannst du sie entweder löschen oder für den Verlauf deiner Meditation weiter glimmen lassen.

- Bringe dich in eine bequeme Sitz- oder Liegeposition. Entscheidend ist, dass du dich wohl und entspannt fühlst. Positioniere die Pflanze so vor dir, dass du sie sehen kannst. Lockere die Muskeln in deinen Schultern und in deinem Gesicht, schließe die Augen, und atme ruhig. Lege deine Hände dort ab, wo es sich für dich am besten anfühlt.
- Nimm dir die Zeit, um deine physische Gegenwart zu würdigen. Atme tief durch die Nase ein und durch den Mund aus. Befreie dich von allen negativen Gedanken, und gestatte es den aufkommenden Gedanken, wieder zu gehen. Sprich stumm die Worte: *Ich bin bereit für deine Weisheit und deine Medizin.* Wiederhole die Worte langsam und intendiert drei weitere Male.
- Befreie dich von allen Erwartungen, und gestatte es deiner Pflanze, so mit dir zu arbeiten, wie sie meint, dass es für dich am besten ist. Erinnere dich daran, dass Pflanzen liebevolle Lebewesen sind. Wenn du also weinen musst, dann weine. Wenn in dir das Bedürfnis aufsteigt zu lachen, dann lache. Erlaube dir eine Reise bis zu den Wurzeln deiner Gefühle. Sie stellen wirkungsvolle Wege zu allen Bereichen deines Geistes dar.
- Fokussiere dich auf deinen Atem. Welche Farben siehst du hinter deinen geschlossenen Augen? Welche Formen? Nimm deinen Geist in der ausgedehnten Dunkelheit war, angestrahlt von reinstem Licht. Konzentriere dich auf deinen Geist, spiele mit ihm, lächle ihn an, umarme und liebe ihn. Sieh dich selbst in dieser heiligen Essenz: ein auf jegliche Weise vollkommenes Lebewesen. Schütze deinen Geist, teile ihm mit, wie du ihn beschützen und versorgen willst. Wie du ihn liebst und wertschätzt. Gib dir selbst das Versprechen, dass du deinen Geist nicht mehr vor anderen verbergen wirst, und

nimm dir fest vor, dich von den Fesseln einer negativen Geisteshaltung zu befreien.

- Atme tief ein und aus. Fokussiere dich auf deinen Atem, und verbinde dich mit seiner vertrauten Wärme. Lass los, ergib dich, sei frei. Verharre in diesem Zustand so lange, wie du willst, während deine Pflanze dich auf dem Weg nach innen führt. Deine Pflanze wird dich anstupsen, um dich daran zu erinnern, dass sie bei dir ist und dass es nichts gibt, worüber du dir Sorgen zu machen brauchst. Sie wird deinen Körper mit liebevoller und beruhigender Energie umgeben und dich auf einer tieferen Ebene nähren.
- Sobald du bereit bist und dich von unangenehmen Gefühlen und Ängsten befreit hast, konzentriere dich auf einen einzelnen Gedanken. Denke an das, was du an dir liebst. Eine Eigenschaft reicht aus. Bleibe bei diesem Gedanken, dann lass ihn fortziehen, halte aber das Gefühl, das er in dir ausgelöst hat, fest. Durchdringe dein ganzes Sein mit diesem liebevollen Gefühl. Nimm dir genug Zeit, um deinen Körper, deinen Geist und deine Seele mit deiner Liebe zu befreien.
- Wenn du bereit dazu bist, stelle dir deine Pflanze vor. Geh in deiner Vorstellung zu ihr hin, und berühre sie sanft. Betrachte sie mit Bewunderung, Liebe und Dankbarkeit. Erfülle sie mit dieser liebevollen Energie, die du gerade für dich erschaffen hast. Beobachte, wie sie direkt vor deinen Augen aufblüht, wie sie wächst und sich ausbreitet. Je mehr du sie mit deiner Liebe erfüllst, umso strahlender blüht sie. Sie ist nun angefüllt mit deiner Energie – du bist jetzt sie, und sie ist du. Gemeinsam heilt, liebt und wachst ihr.
- Jetzt frage sie: *Welche Botschaft hast du heute für mich?* Lausche mit jeder Faser deines Körpers, Geistes und deines Verstandes auf ihre Antwort.
- Wenn du bereit bist, die Meditation zu beenden, auch wenn du meinst, noch keine klare Botschaft empfangen zu haben, bedanke dich bei deiner Pflanze. Die Botschaft ist angekommen und wird sich dir offenbaren, sobald der richtige Zeitpunkt gekommen ist.

*Wenn eine Pflanze nicht wächst und gedeiht, dann versuchst du nicht,
die Pflanze selbst zu reparieren, sondern du nimmst Einfluss auf ihre Umgebung.
Wie die Pflanze musst auch du nicht repariert werden.
Du musst für dich lediglich die richtige Umgebung schaffen,
die dein Wachstum fördert.*

TEIL III:

DAS KOMPENDIUM DER PFLANZEN

Dieser Abschnitt dient als Anleitung für die zweihundert Pflanzen, die ich bei meiner Arbeit als die nützlichsten kennengelernt habe. Sie sind in alphabetischer Reihenfolge ihrer bekannten Namen aufgeführt und werden von ihrer lateinischen und englischen Bezeichnung ergänzt. Jede Beschreibung beinhaltet die für mich wesentlichesten medizinischen und magischen Eigenschaften der Pflanze und wie sie ihre Weisheit mitteilt. Für viele habe ich außerdem die Zubereitung von Zaubern und Elixieren sowie Praktiken zusammengetragen, die deine Beziehungen zu diesen wunderbaren Lebewesen festigen und deine magischen Fähigkeiten stärken. Bei manchen Eintragungen habe ich zwar die lateinische Gattung der Pflanze genannt, nicht aber die spezielle Artenbezeichnung. In diesem Fall verfügt die gesamte Gattung über die gleichen wesentlichen medizinischen und magischen Eigenschaften, und du kannst entscheiden, mit welcher Art du arbeiten willst.

AHORN
Acer *(Maple)*

WESENTLICHE EIGENSCHAFTEN

Schutz, Kreativität, Fülle, Weisheit, Gleichgewicht

Im Herbst ist der Ahorn – mein Lieblingsbaum – unfassbar schön. Seine typisch geformten Blätter nehmen so viele verschiedene Farben an und kommen in allen Schattierungen von Gelb über Orangefarben bis hin zu Rot vor. Das Holz des Baumes wird für vielerlei genutzt, unter anderem für den Möbelbau. Außerdem ist Ahorn ein tonales Holz und ist daher für die Fertigung von Instrumenten geeignet. Insbesondere wird Ahornholz für Geigen, Cellos und Bässe verwendet. Auch zur Papierherstellung wird Ahorn genutzt.

MEDIZINISCHE EIGENSCHAFTEN

Jeder kennt und liebt Ahornsirup, der einen rauen Hals so gut beruhigen kann. Auch die Rinde des Zuckerahorns lässt sich zu einem wirkungsvollen Hustentee verarbeiten. Er ist nicht nur Arznei, sondern auch Zutat zu leckeren Gerichten und kann, vermischt mit Kompost, ein wertvoller Dünger für deine Pflanzen sein.

MAGISCHE EIGENSCHAFTEN

Für manche nordamerikanische indigene Völker wie die Algonkins steht der Ahornbaum für Gleichgewicht. Wir alle müssen in uns beides verwirklichen, Vergnügen und harte Arbeit, und der Ahorn ist hier, um uns dabei zu helfen. Der Baum trägt so viel Weisheit in sich und bringt uns insbesondere die Notwendigkeit davon nahe, Herz und Geist in uns im Gleichgewicht zu halten und miteinander zu vereinbaren. Er will, dass wir herausfinden, wer wir sind, und dass wir unsere Wahrheit mit dem »realen Leben« in Einklang bringen. Für manche von uns ist das ungeheuer schwer, doch der Ahorn macht uns deutlich, dass es nicht unmöglich ist.

Pflanzenweisheit

Lebst du das beste dir mögliche Leben? Führst du das Leben, zu dem zu berufen bist? Hast du herausgefunden, warum du dir die Fragen stellst, die du dir stellst? Der Ahorn kann dich in deiner wichtigen Suche unterstützen und durchdringt dich mit seiner Weisheit, wenn du direkt mit ihm zusammenarbeitest. Du kannst unter seinen Zweigen sitzen und einen Ahornrindentee trinken oder ein wenig Ahornsirup essen. Wenn du die Rinde als Räucherung verbrennst, dann meditiere still, und gestatte es dem Ahorn, dich auf eine Entdeckungsreise mitzunehmen. Eine wirkungsvolle spirituelle Öffnung erreichst du, wenn du Ahornsirup in dein Badewasser gibst (den echten und nicht den billigen Verschnitt für die Pfannkuchen!), etwas Rinde hinzufügst und in der Wanne sitzend Ahorntee trinkst. Böses kannst du mit einem Stück Ahornrinde über deiner Haustür und über jeder anderen Tür vertreiben. Ein Ahornbaum in deinem Garten hält ihn von bösen Entitäten und Dämonen frei. Ein Traum von Ahorn bedeutet Fruchtbarkeit und Fülle, die natürlich zusammengehören, und du darfst Fülle bei allem erwarten, woran du zu diesem Zeitpunkt arbeitest.

AKAZIE
Acacia *(Acacia)*

Wesentliche Eigenschaften

Weisheit, Schutz, Türöffner zwischen den Reichen

Akazien können Büsche sein, aber auch Bäume. Die meisten Arten gibt es in Australien, die Pflanze ist aber weltweit verbreitet. Ihre Samen und Blätter sind lecker und essbar, und einige Arten produzieren einen Milchsaft. Seit Jahrhunderten dient die Akazie als Duft, und eine Essenz aus den Blüten der Süßen Akazie wird noch heute als Grundstoff in der Parfümherstellung verwendet. In der ägyptischen Mythologie war die Akazie ein Symbol für Unsterblichkeit, und es heißt, Moses' brennender Busch sei eine Akazie gewesen.

Medizinische Eigenschaften

Da eine Vielzahl von Kulturen die Akazie seit Jahrtausenden erforscht, gibt es viele verschiedene medizinische Verwendungsmöglichkeiten. Bestimmte Bestandteile der Pflanze dienen der Schmerzlinderung, ihr Milchsaft wirkt besonders bei Magenschmerzen. Akazie hilft außerdem bei der Wundheilung, unterstützt die Mundgesundheit und lindert Husten sowie Halsschmerzen. Übermäßige Verwendung kann jedoch zu Haarausfall führen und sogar das Wachstum hemmen. Nimm also nie mehr als fünfzehn bis dreißig Gramm täglich zu dir, und berate dich am besten mit deinem Arzt oder deiner Ärztin dazu.

Magische Eigenschaften

Das Verbrennen getrockneter Akazienblüten bringt Weisheit und Einsicht. Ich empfehle dir, den Raum zuerst von zurückgebliebener Negativität zu reinigen und entsprechende Schutzmaßnahmen zu ergreifen. Akazie eröffnet die Kommunikation mit der anderen Seite, und du solltest Vorkehrungen treffen, damit keine feindseligen Geister ihren Weg zu dir finden. Am liebsten nutze ich Akazie für meine eigene Sicherheit, indem ich einige ihrer Dornen in ein Glas mit Wasser gebe und es neben mich stelle, wenn ich meditiere oder magisch mit der Pflanze arbeite. Du kannst dich auch einfach unter den Baum setzen, um unter ihm zu meditieren und sein wunderbares Aroma und seine Heilenergie aufzunehmen.

Pflanzenweisheit

Als mir die Akazie zum ersten Mal im Traum erschien, erwachte ich schweißgebadet und außer Atem. Ich hatte zuvor mit der Akazie durch Meditation versucht, Kontrolle über meine Visionen zu erlangen, und begegnete noch am gleichen Abend meinem höheren Selbst: Die Akazie nahm mich bei der Hand und zog mich durch eine Art geometrisches Tor, doch mein physischer Körper konnte damit nicht umgehen und erlitt eine Art Schock. Beim Aufwachen bekam ich kaum Luft. Doch nach ein paar weiteren Monaten Übung gelang es mir schließlich, das Portal spirituell und physisch zu verkraften. Akazie ist wirkungsvoll und auf brutale Weise ehrlich. Sie wird dich zwingen, mit ihr zu arbeiten, bevor sie eine tiefere Beziehung zulässt, deshalb habe ich Respekt vor ihr. Die Träume und Visionen, die sie auslöst, sind persönlich und allein für dich und dein höchstes Wachstum bestimmt.

Wegen ihres hochenergetischen Wesens eignet sich die Akazie nicht so gut als Zimmerpflanze und sollte höchstens auf dem Fensterbrett, besser aber im Garten, auf dem Balkon oder der Veranda oder an den Ecken im Inneren deines Hauses gehalten werden. So wird ihre Energie den natürlichen Fluss nicht behindern, und sie kann dennoch Einsicht und Schutz bewirken.

ECHTE ALOE
Aloe vera *(Aloe Vera)*

WESENTLICHE EIGENSCHAFTEN

Schutz

Diese sanfte und liebevolle Sukkulente hat lange spitze Blätter mit kleinen Zähnen an den Rändern. Sie ist sowohl als Dekoration wie auch medizinisch nutzbar. Die Echte Aloe ist pflegeleicht und wächst fröhlich, ohne viel Aufwand (obwohl du deine Aloe natürlich immer mit Liebe überschütten solltest).

MEDIZINISCHE EIGENSCHAFTEN

Die beruhigende Wirkung von Aloe ist weithin bekannt. Zwar findet du viele Aloeprodukte in Drogerien, aber deine Pflanze um Erlaubnis zu bitten, eines ihrer Blätter abzuschneiden und dessen Saft auf der Haut zu verreiben, gestattet dir eine tiefere und direktere Verbindung mit ihr und lässt dich ihre heilenden Fähigkeiten ohne Umwege erfahren. Aloe Vera hilft bei Verbrennungen und fördert die Heilung. Sie ist allgemein hautpflegend und hilft der Haut, Feuchtigkeit zu speichern. Echte Aloe ist essbar, enthält gesunde Antioxidantien und wirkt antibakteriell. Sie hilft gegen Aphthen oder andere Mundgeschwüre.

Magische Eigenschaften

Aloe ist wegen ihres schützenden Wesens sehr beliebt. Links und rechts vom Hauseingang gepflanzt oder in getrockneter Form über der Haustür aufgehängt, sorgt sie für Sicherheit im Haus. Aloe beschützt uns nicht nur vor äußeren Einflüssen, sondern auch diejenigen von uns, die zu Unfällen neigen. Sie fühlt sich wohl, wenn sie uns helfen kann.

Um meine Kinder zu schützen und sie vor Unfällen zu bewahren, gebe ich getrocknete Aloe in die Taschen ihrer Kleidung, bevor ich sie in die Schule schicke. Falls du Kinder hast – vor allem Jungen –, dann weißt du ja, wie leicht sie sich verletzen!

Ich arbeite häufig mit Geistern und Ahnen. In meiner Kultur ist es üblich, sich den Hals mit Aloe einzureiben, um die Kommunikation mit den Verstorbenen voranzubringen, und sie auf das Dritte Auge zu tupfen, um Visionen in der Meditation zu erhalten. Falls du glaubst, das Opfer eines Fluches zu sein, dann lecke an einem Stück Aloe und verbrenne es dann. Bitte währenddessen darum, alles Böse, was dir vielleicht an den Hals gewünscht wurde, genauso zu verbrennen.

Pflanzenweisheit

In Träumen erscheint Aloe sehr mütterlich – wie ein weiblicher Coach für ein spirituelles Leben. Sie möchte dich wachsen sehen, wie sie es tut. Sie erinnert dich daran, dass es einen eigenen Weg für dich gibt, dass du aus gutem Grund hier bist und eine Aufgabe hast. Meditiere mit ihr, wenn du Inspiration und Stärkung brauchst, insbesondere dann, wenn du mit dem Sinn des Lebens haderst. Aloe wächst gerne am Fenster, neben Eingängen und in der Raummitte – an diesen Plätzen kann sie ihre Arbeit tun und glücklich sein.

ALOKASIE

Alocasia *(Alocasia)*

Wesentliche Eigenschaften

Stärke, Mut, Gleichgewicht

Diese entzückende breitblättrige Pflanze benötigt indirektes Sonnenlicht und kann unglaublich schnell wachsen. Im Sommer kann die Alokasie ein neues Blatt pro Woche produzieren, und jedes neue Blatt wird größer sein als das vorige.

Medizinische Eigenschaften

Zwar geben Alokasien wunderbare Zimmerpflanzen ab, allerdings sind manche Sorten giftig, da sie Calziumoxalatkristalle enthalten (die Kristalle, aus denen Nierensteine bestehen), die Mund und Hals anschwellen lassen und dir das Gefühl geben, als würdest du mit tausend Nadeln gestochen, wenn du die Pflanze halbgar oder roh isst.

Manche Arten sind giftig, andere sind hingegen essbar und finden eine medizinische Verwendung. Ich rate davon ab, Alokasien ohne fundiertes Wissen zu essen oder mit ihr zu experimentieren.

Magische Eigenschaften

Die Alokasie sieht wunderschön und zauberhaft aus. Ihre Energie ist stark und zugleich subtil. Am wohlsten fühlt sie sich auf einer Fläche, die nicht zugestellt ist. Ihr Wesenskern ist Gleichgewicht und deshalb bevorzugt sie einen Raum, der genau diese Energie besitzt. Ich habe meine Alokasie an ein großes Fenster gleich neben ein Wasserspiel gestellt, um Gleichgewicht zu schaffen. Fließendes Wasser macht sie glücklich und verstärkt ihre Energie.

Pflanzenweisheit

Für eine so große Pflanze sieht die Alokasie leicht und majestätisch aus. Sie lehrt uns, Gleichgewicht zu verkörpern und zu unserer Macht zu stehen. Mit einem Geist wie ihrem ist alles erreichbar. Sie fordert dich auf, dem Leben mutig entgegenzutreten, besonders in schweren Zeiten. Du kannst von ihr lernen, dass sich auch in den härtesten Umständen Weichheit finden lässt.

Wenn du nach neuen Optionen in der Zukunft suchst, dann setz dich hin, und sprich mit ihr, meditiere mit ihr, und halte sie in deiner Nähe, wenn du gerade an etwas arbeitest. Sie hilft dir, gute Gelegenheiten so anzunehmen, wie sie kommen, und verleiht deinem Herzen die Kraft, sie dir nicht entgehen zu lassen.

Träume von der schönen Alokasie können bedeuten, dass etwas in deinem Leben oder mit deiner Gesundheit aus dem Gleichgewicht geraten ist. Ich erinnere mich an einen Traum, in dem eine Alokasie wuchs und immer weiterwuchs. Ich kletterte an ihr empor und konnte von oben mein Leben unter mir wie einen Bauplan sehen. In manchen Bereichen war dieser Bauplan dunkler, in anderen undeutlich gezeichnet. Ich blieb dort oben, solange es mir möglich war, und untersuchte, in welchen Lebensbereichen ich besser achtgeben sollte.

ALRAUNE
Mandragora *(Mandrake)*

WESENTLICHE EIGENSCHAFTEN

Schutz, Fülle

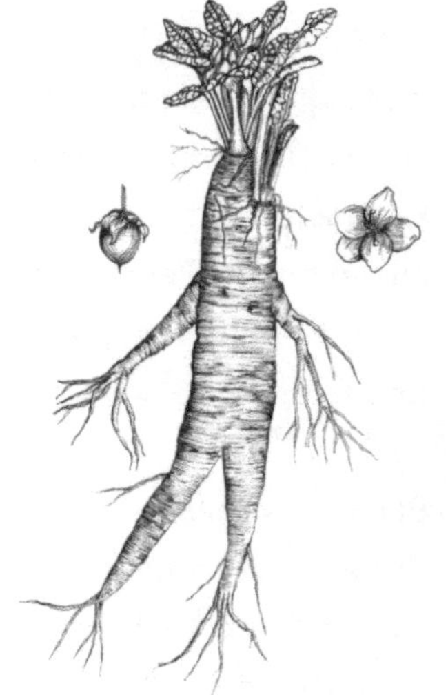

Bemerkenswert an der Alraune ist insbesondere ihre Wurzel, die dick, gerade und recht behaart ist und optisch an einen menschlichen Torso mit Armen und Beinen erinnern kann. Benannt ist die Pflanze nach der germanischen Seherin Albruna. Spätestens seit »Harry Potter« ist die Sage verbreitet, dass die jungen Alraunen schreien, wenn sie umgetopft werden sollen.

Medizinische Eigenschaften

Alraune ist ein Halluzinogen und kann Erbrechen oder Durchfall verursachen. Früher wurde die Pflanze eingesetzt, um Schmerzen zu lindern oder um Patienten vor einer Operation in Narkose zu versetzen. Inzwischen weiß man, dass man mit der Alraune nicht experimentieren sollte.

Außerdem wurde ihr eine die Empfängnis fördernde Wirkung zugeschrieben: In der biblischen Geschichte von Rahel und Lea beendet die Alraune Rahels Unfruchtbarkeit.

Magische Eigenschaften

Die Alraune hat eine lange und tief verwurzelte Geschichte als magische Pflanze. Sie wird häufig für Analogiezauber eingesetzt, die aber nicht immer mit guten Intentionen verbunden sind. Weil ihre Wurzel dem menschlichen Körper so sehr ähnelt, wurde sie vielfach wie eine Voodoopuppe verwendet – alles, was man der Wurzel antut, soll auf den Menschen übergehen, an den man dabei denkt. An dieser Art von Magie will die Alraune nicht teilhaben, außer die mit dem Zauber verbundenen Intentionen dienen dem Schutz oder der Heilung. Die eigentlichen Eigenschaften der Alraune werden oft übersehen: Sie ist eine mächtige Beschützerin und unterstützt Manifestierungs- und Füllezauber. Schreib auf, was du verwirklichen willst, dann stecke deinen Zettel neben die Alraune in die Erde, und sie wird die Energie deines Wunsches verankern und ins Universum schicken.

Pflanzenweisheit

Meine Arbeit führt dazu, dass ich oft von Geistern kontaktiert werde, aber ich bin auch schon energetisch von Dämonen angegriffen worden. Deshalb ist die Alraune für mich besonders wichtig: Sie ist in der Lage, das Böse von mir fernzuhalten. Gib der Alraune überall dort einen Platz, wo du sie brauchst – über deiner Eingangstür, im Schlafzimmer über deinem Kopf oder unter deinem Bett. Jedes meiner Kinder hat eine Alraune im Ranzen, ich habe eine im Auto und trage immer eine bei mir. Die Arbeit mit der Alraune lehrt uns, nach dem zu streben, was wir wirklich wollen, und uns vor nichts zu fürchten. Lade die Alraune in deine Träume ein, damit sie dir mit Selbstvertrauen und Selbstliebe hilft.

AMERIKANISCHE WEISS-EICHE

Quercus alba *(Oak)*

Wesentliche Eigenschaften

Schutz, Verbannung, Türöffner zwischen den Reichen, Stärke, Weisheit

Die Eiche ist die Königin der Bäume und als heiliger Baum die Herrin der Wahrheit. Alle Teile des Baums – die Blätter, die Eicheln, Rinde und Holz – sind wertvoll und nutzbar. Praktisch schon immer war die Eiche ein Symbol der Stärke und Ausdauer und wurde in zahlreichen Religionen und spirituellen Schulen für heilig gehalten – angefangen bei der griechischen und nordischen Mythologie bis hin zu den druidischen Religionen und zum Hexenwesen.

Medizinische Eigenschaften

Die Rinde der Eiche wirkt adstringierend und antiseptisch und in Kombination mit Kamille fiebersenkend. Falls du durch einen Magen-Darm-Infekt dehydriert bist, dann bereite dir einen Aufguss aus Eichenborke zu, um deinen Magen so weit zu beruhigen, dass du wieder Flüssigkeit bei dir behältst. Der gleiche Aufguss lindert auch Halsschmerzen. Ihre Eicheln sind essbar, schmecken jedoch ungekocht bitter. Sie helfen bei Mundgeruch und Verstopfung und unterstützen die Behandlung von Alkoholismus.

Magische Eigenschaften

Die Eiche ist eine Beschützerin: Sie breitet ihre Äste über dir und deinem Zuhause aus und beschützt dich. Wenn du ein Eichenblatt über dem Herzen trägst, dann wird es niemandem gelingen, dich zu belügen. In einem Bad mit Eichenblättern wird dein Geist gereinigt, und du erhältst die Kraft für alles, was auf dich zukommt. Verstärke in der Zusammenarbeit mit Eiche deinen Bann- und Umkehrzauber, denn sie glaubt fest daran, dass alles zurückgeschickt werden muss, was an die falsche Adresse adressiert wurde, insbesondere dann, wenn es mit schlechten Intentionen verbunden war.

Pflanzenweisheit

Eichen gab es auf der Erde schon, lange bevor es Menschen gab – seit fünfundsechzig Millionen Jahren. Sie ist eine Ältestengöttin im Pflanzenreich. Alle unsere Ahnen haben sich mit einer Eiche angefreundet und Spuren ihrer Weisheit und Erleuchtung an deren Wurzeln zurückgelassen. Deshalb wirst du leichter eine Verbindung zur Weisheit deiner Ahnen herstellen, wenn du unter einer Eiche sitzt und meditierst, dort ein Schläfchen hältst oder einfach nur schweigend ausruhst. Entscheide dich für eine Frage, die du so lange wiederholst, bis du spürst, wie Energie durch die Wurzeln hervor in deinen Körper eindringt. Sei dann still in Geist, Körper und Seele, und empfange deine Antwort. Um die Eiche als Begleitung in deinen Visionen oder Träumen zu gewinnen, musst du sie dreizehnmal an dreizehn Tagen aufsuchen und dann geduldig warten, bis ihr Geist in deiner Traumwelt auftaucht.

APFEL
Malus domestica *(Apple)*

Wesentliche Eigenschaften

Spirituelle Entwicklung, Türöffner zwischen den Reichen, Manifestieren, Fülle

Es gibt Tausende Apfelsorten – kein Wunder, da der Baum schon seit Tausenden Jahren kultiviert wird. Äpfel symbolisieren das Leben, weshalb sie in Ritualen häufig Bestandteil sind und wegen ihrer praktischen Verwendung in vielen Kulturen eine wichtige Rolle spielen. In Skandinavien und Griechenland glaubte man, dass man durch das Verspeisen von Äpfeln unsterblich wird – ein Aspekt, der bei Schneewittchen in seiner Umkehrung zum Ausdruck kommt. Da wir gerade von »der Schönsten« sprechen: Der

Trojanische Krieg brach nicht aus, weil Paris Helena entführte, sondern weil die Eris, die Göttin des Streites und der Zwietracht, einen Apfel zwischen die Göttinnen warf, verbunden mit der Bemerkung, er sei für die Schönste unter ihnen.

Medizinische Eigenschaften

»An apple a day keeps the doctor away« (ein Apfel pro Tag hält den Doktor fern) – dieser Ausspruch existiert nicht ohne Grund, denn Äpfel sind reich an Ballaststoffen und Vitaminen. Außerdem ist der Apfelessig in deinem Küchenschrank nicht nur kulinarische interessant, sondern auch ein sehr wirksames Heilmittel. Zerdrückte Apfelbaumblätter auf einer Wunde beugen Entzündungen vor.

Magische Eigenschaften

Lass dir vom Apfel helfen, wenn du an deiner spirituellen Entwicklung arbeitest. Allerdings musst du genau benennen, worauf du dich fokussieren willst. Du kannst den Apfel einfach einbinden, indem du vor Manifestierungszaubern oder vor der Kontaktaufnahme mit deinen Ahnen einen Apfel isst. Oder du reibst den geschälten Apfel über deine Stirn, um dich und dein Drittes Auge für deine Intuition zu öffnen. Äpfel in Träumen sind eine sehr persönliche Angelegenheit; achte also auf Zeichen, Zahlen, Farben, Tiere und einfach auf alles, was für dich in deinem Traum von besonderer Bedeutung sein könnte.

Pflanzenweisheit

Äpfel sind in vielen Kulturen und Praktiken heilig und erfüllen in manchen Religionen als Symbol eine wichtige Aufgabe. Die Frucht ist randvoll mit Energie, was sie zu einem idealen Partner für Fruchtbarkeits- und Liebeszauber macht. Sie eignet sich außerdem hervorragend, um mit Verstorbenen zu arbeiten, weil sie als Opfergabe dienen kann.

APFEL-MANIFESTIERUNGSZAUBER

Mache dir die grenzenlose Fruchtbarkeit des Apfels zunutze, indem du deine Träume vertrauensvoll in seine Hände gibt.

Was du brauchst

1 Apfel
1 Lorbeerblatt
1 Teelöffel Zimt
1 Teelöffel getrocknetes Basilikum
1 Gewürznelke
1 Esslöffel Honig oder Olivenöl
eine gelbe Kerze (Die Farbe Gelb ist mit Manifestierung verbunden.)

Vorgehensweise

- Höhle den Apfel so weit wie möglich aus.
- Vermische Lorbeer, Zimt, Basilikum, Gewürznelke und Honig bzw. Öl miteinander, und zerkleinere die Zutaten in einem Mörser.
- Schreibe auf einen Papierstreifen, was du manifestieren willst.
- Lege den Papierstreifen in den ausgehöhlten Apfel, löffele den Großteil des Gemischs in den Apfel, und setzte den gefüllten Apfel auf deinen Altar.
- Beize die gelbe Kerze mit der verbliebenen Zutatenmischung, und zünde sie an, während du deine Wünsche formulierst.
- Entsorge den Apfel, sobald er zu faulen beginnt – die Fäulnisenergie schadet deinem Altar.

AUGENTROST
Euphrasia *(Eyebright)*

WESENTLICHE EIGENSCHAFTEN
Kreativität, Klarheit, Heilung
Augentrost wird seit Jahrhunderten als Heilmittel eingesetzt. Ihr Name geht auf ihre hohe Wirksamkeit bei Augenentzündungen zurück. Ihre Blüten sind weiß, grün, violett und gelb und gehören zum Entzückendsten, was die Natur hervorbringt.

MEDIZINISCHE EIGENSCHAFTEN
Augentrost wirkt gegen Augenentzündung, stärkt aber auch das Gedächtnis. Am besten eignet sich eine Anwendung als warme Kompressen oder hin und wieder als Tee, aber nicht über einen längeren Zeitraum. Augentrost hilft außerdem bei Allergien, Erkältungen, Ohren-, Kopf- oder Halsschmerzen.

MAGISCHE EIGENSCHAFTEN
Augentrost ist das Kraut der Klarheit. Es hilft dir, Menschen und Situationen unvoreingenommen und klar zu erkennen. Es löst »abgehobene« Visionen bei denjenigen auf, die sich in Angebereien und Luftschlössern verlieren. Augentrost kommt außerdem beim Wahrsagen und in der übersinnlichen Arbeit zum Einsatz und unterstützt vor allem diejenigen, die normalerweise keine klaren spirituellen Anweisungen erhalten. Augentrost hilft dir, das Verborgene zu sehen. Dabei kann es sich um Geheimnisse dir selbst gegenüber handeln oder um eine andere Sichtweise auf die Welt und das Universum, die du bisher nicht in Betracht gezogen hast. Außerdem sorgt sie dafür, dass du Situationen objektiv und ohne emotionale Einfärbungen oder Interpretationen betrachtest.

PFLANZENWEISHEIT
Nutze die Weisheit des Augentrosts, um das bisher Unbemerkte zu sehen. Er lehrt uns, Beobachter zu sein – geduldig, bewusst und unter Berücksichtigung aller Umstände. So oft entgehen uns Hinweise oder Mittei-

lungen, oder wir verstehen eine Person oder eine Situation falsch, weil unsere Sicht – in physischer wie in spiritueller Hinsicht – eingeschränkt ist. Wenn Augentrost dich im Traum besucht, dann ist er ein Hinweis auf kommende Fülle und Heilung. Du darfst dich also auf blauen Himmel und bessere Zeiten freuen.

Augentrost-Elixier zum Öffnen des dritten Auges

Dieser Zaubertrank bringt dir lebhafte Träume, Botschaften oder Visionen, da Augentrost dich an dem teilhaben lässt, was du jetzt gerade am dringendsten wissen musst. Führe diesen Zauber durch, kurz bevor du ins Bett gehst oder meditierst.

Was du brauchst

0,5 Liter Wasser
1 Esslöffel Augentrost, frisch oder getrocknet
1 Teelöffel Rosmarin, frisch oder getrocknet
1 Teelöffel Beifuß, frisch oder getrocknet
1 Teelöffel Lavendel, frisch oder getrocknet
1 Sternanis
1 Teelöffel Salz
1 Teelöffel Traubenkernöl oder ein Öl deiner Wahl
100 g Honig oder Ahornsirup

Wie es geht

- Bring das Wasser zum Kochen, und füge alle Zutaten hinzu bis auf den Honig beziehungsweise den Ahornsirup.
- Lass den Sud 10 Minuten lang kochen, reduziere dann die Hitze, decke den Topf ab, und lass die Mischung noch weitere 5 Minuten köcheln.

- Gieße die Flüssigkeit durch ein Sieb, und vermische 7 Esslöffel davon mit dem Honig beziehungsweise dem Ahornsirup.
- Sobald alles etwas abgekühlt ist, verteile die Mischung in deinen Haaren und verreibe etwas davon auf deiner Stirn.
- Lass alles 3 Minuten lang einziehen, dann spüle deine Haare aus.

AUSTRALISCHER TEEBAUM
Melaleuca alternifolia *(Tea Tree)*

WESENTLICHE EIGENSCHAFTEN

Stärke, Entblockung, Schutz, Reinigen

Die Bestandteile des Australischen Teebaums werden von indigenen Völkern seit Jahrtausenden als Heilmittel genutzt. Der Teebaum ist ein kleiner Baum oder Strauch und stammt aus der Familie der Myrtengewächse. Das weithin bekannte aus den Blättern destilliert ätherische Öl duftet krautig und kampferartig.

MEDIZINISCHE EIGENSCHAFTEN

Teebaumöl wird äußerlich angewendet, um eine Reihe von Hautleiden zu behandeln wie zum Beispiel Infektionen durch Bakterien oder Pilze, Schuppen und Akne. Es vertreibt außerdem Insekten und wirkt gegen Kopfläuse und kann Kindern in dem Fall auf die Haare gesprüht werden. Teebaumöl eignet sich nicht zum Verzehr, da es schläfrig macht, Übelkeit verursacht und in größeren Mengen sogar halluzinogen wirkt. Seit den 1920er-Jahren ist die Nützlichkeit von Teebaumöl dokumentiert, in den 1980er- und 1990er-Jahren hat seine Popularität immer weiter zugenommen und hält bis heute an.

MAGISCHE EIGENSCHAFTEN

Versprühe verdünntes Teebaumöl während deiner magischen Entblockungsarbeit oder für Meditationen, in denen du nach deinen Blockaden suchst. Beize mit Teebaumöl Talismane, Kristalle, Schmuck oder andere magische Werkzeuge, die du zur Verstärkung nutzt, um ihre Kraft noch zu intensivieren. Auch im Badewasser, insbesondere im Fußbad, wirkt das Öl gut.

PFLANZENWEISHEIT

Nicht ohne Grund wird Teebaumöl manchmal als »Engelsöl« bezeichnet – es hilft dir, dich mit den Geistern zu verbinden, die in deinen dunkelsten Zeiten für dich da sind. Teebaumöl kann dir Stärke und Schutz geben, wenn du sie brauchst. Doch mir erscheint es besonders wichtig, dass es Blockierungen auflösen kann. So unterstützt es dich dabei, Hindernisse zu überwinden, einen besseren Zugang zu der in dir wohnenden Macht zu erhalten und dich besser auf dein höheres Selbst einzustimmen. Im Traum erscheint Teebaum oft geflügelt, entweder als Vogel oder als Engel, aber du wirst ihn vor allem an seinem Duft erkennen. Seine Botschaft betrifft mit großer Wahrscheinlichkeit deine Gesundheit.

TEEBAUM-FUSSBAD FÜR DEN NEUSTART

Mit diesem Fußbad kann der Teebaum dich in deine Mitte zurückführen und dir helfen herauszufinden, was dich blockiert.

Was du brauchst

eine große Schüssel
2–3 Tropfen Teebaumöl
1–2 Tropfen Zaubernussöl oder 2 Esslöffel getrocknete Zaubernuss
1 Büschel Florida-Wasserdost
1 Orange, in Scheiben
2 Eicheln
3 Kiefernzapfen
eine schwarze Kerze

Wie es geht

- Setze Wasser in einem großen Topf auf. Sobald es angenehm heiß ist, gieße das Wasser in eine Schüssel, in die deine beiden Füße passen.
- Gib alle Zutaten in das Wasser. Zünde die schwarze Kerze an, und beschäftige dich mit deinen Vorstellungen für die Auflösung deiner Blockaden und deine Neujustierung.
- Sitz wenigstens 10 Minuten lang mit deinen Füßen im Wasser still da; lass dich dabei in deiner Meditation vom Teebaumöl leiten.

AVOCADO

Persea americana *(Avocado)*

WESENTLICHE EIGENSCHAFTEN

Selbstliebe, Liebe

Früher war die Avocado auch unter der Bezeichnung Alligatorbirne oder Butterfrucht bekannt. Lange bevor die Avocado nun allgegenwärtig auf Toast zu sehen ist, war sie in Mexiko und der Karibik als Grundnahrungsmittel hoch geschätzt. Es gibt Hinweise darauf, dass die Frucht bereits vor zehntausend Jahren von unseren Vorfahren gegessen wurde. Die Bezeichnung »Avocado« geht auf das Nahuatl-Wort *ahuacatl* für »Hoden« zurück.

Die Botanik betrachtet die Frucht als große Beere mit sehr großem Kern. Ihre geschmeidige, cremige Konsistenz und ihr Geschmack variieren je nach Sorte. Aus dem Avocadokern lässt sich leicht ein Baum ziehen – du könntest bei dir zu Hause also einen eigenen kleinen Avocadobaum haben.

MEDIZINISCHE EIGENSCHAFTEN

Avocados sind sehr nährstoffreich, enthalten gesunde Fette und Ballaststoffe, die Vitamine C, E, K, B_6 und noch vieles mehr. Die Inhaltsstoffe

Lutein und Zeaxanthin verbessern das Sehvermögen und schützen die Augen vor Schädigungen durch ultraviolettes Licht. Avocado verbessert außerdem die Verdauung, verringert das Depressionsrisiko, wirkt gegen Osteoporose und allgemein entgiftend.

Magische Eigenschaften

In der Avocado wohnt ein sanfter, mitfühlender und fürsorglicher Geist. Sie fordert uns auf, achtsam mit uns selbst umzugehen, und macht uns bewusst, wie wir unseren Körper und uns selbst in spiritueller Hinsicht behandeln. »Ernähre ich mich gesund?«, »Sorge ich gut für Körper, Geist und Seele?« Die Avocado lehrt uns, dass der banale Alltag nur einen kleinen Teil unseres Seins ausmacht und dass wir nur dann unser wahres Selbst verkörpern, wenn wir in allen unseren Bestandteilen gut auf uns aufpassen und für uns sorgen.

Ein Avocadokern unter deinem Bett hilft dir, deine Sexualität, Leidenschaft und dein inneres Feuer zu finden. Avocadopflanzen links und rechts von deinem Bett stärken die Liebe in deiner Beziehung. Verwende Avocadoöl für deine Kerzenmagie bei Liebe- und Selbstliebezaubern sowie für Gleichgewicht. Dies ist eine wichtige Voraussetzung für ein gutes Navigieren zwischen Lust und Liebe.

Pflanzenweisheit

Bevor du die Avocado in deiner magischen Arbeit benutzt, solltest du wissen, dass sie dich auf verschiedene Arten an ihrer Weisheit teilhaben lässt. Von manchen wird sie als »Hochstaplerin« empfunden, doch nach meiner Erfahrung tut sie einfach nur alles Notwendige, damit du dich öffnest, um dein Bewusstsein auf neue Ebenen zu führen und um deinen Geist in Fluss zu bringen. Sie entscheidet selbst, womit dir am besten geholfen ist.

Wenn du von der Avocado träumst, dann macht sie dich auf die Gifte aufmerksam, die du Körper, Geist oder Seele zumutest. Gestatte es ihr, dich in einem solchen Traum zu führen, und achte dabei darauf, was du wo in deinem Körper fühlst, damit du nach dem Aufwachen diesen Bereich mit Heilung und besonderer Pflege versorgen kannst.

AVOCADO-SELBSTLIEBETEE

Dieser sanfte Tee wird dir helfen, Liebe für dich selbst zu empfinden – eine Liebe, die immer da ist, auch wenn es manchmal schwerfällt, den Zugang zu ihr zu finden.

Was du brauchst

1 reife Avocado
1 Liter Wasser
1 Esslöffel Honig
1 Esslöffel getrocknete Kamille
1 Teelöffel Pfeffer (wahlweise)
1 Teelöffel getrocknete Rosenblütenblätter (wahlweise)

Wie es geht

- Nimm den Kern aus der Avocado.
- Bring das Wasser zum Kochen, und gib den Avocadokern hinein. Reduziere die Temperatur, und lass den Kern im Wasser 5 Minuten lang köcheln.
- Inzwischen sollte der Kern weich geworden sein. Nimm ihn vorsichtig aus dem kochenden Wasser, und schneide ihn klein.
- Gib den klein geschnittenen Avocadokern zurück in den Topf mit Wasser, und lass ihn noch einmal 10 Minuten lang ziehen.
- Gieße deinen Tee ab, gib Honig für noch mehr Liebe hinzu und Kamille als Beruhigung für das Herz. Solltest du Leidenschaft entfachten wollen, dann ist Pfeffer die richtige Ergänzung. Möchtest du eine Liebesbeziehung heilen, eignen sich Rosenblätter.

ECHTER BALDRIAN
Valeriana officinalis *(Valerian)*

WESENTLICHE EIGENSCHAFTEN

Reinigen, Schutz, Türöffner zwischen den Reichen

Einige der zahlreiche Baldrianarten werden bereits seit Urzeiten genutzt. Als Heilmittel kommt überwiegend die Wurzel der Pflanze zum Einsatz, ihre Blüten sind zarte, süß duftende Liebeskugeln. Sie zieht zahlreiche Bestäuber an, und Katzen reagieren auf sie ähnlich wie auf Katzenminze.

MEDIZINISCHE EIGENSCHAFTEN

Am bekanntesten ist Echter Baldrian für seine schlaffördernde Wirkung. Die Wurzel kommt zum Einsatz und kann im Tee getrunken werden. Bei Albträumen lege ein paar Baldrianblätter unter dein Kopfkissen, um sie unter Kontrolle zu bringen. Baldrian verringert generell Ängste und Stress, da er eine stark erdende Energie besitzt.

MAGISCHE EIGENSCHAFTEN

Baldrian sorgt für Harmonie, Frieden und Seelenruhe. Man kann ihn wunderbar einsetzen, um neue Objekte oder neuen Wohnraum zu reinigen, weil er negative Energien hervorragend vertreibt. Nimm ihn mit zu Konferenzen, zu Versammlungen und anderen sozialen Ereignissen, um deine gute Erdung aufrechtzuhalten und dich und deine Aura vor den Energien zu schützen, die andere Menschen durch ihre Gedanken, Gefühle und Schwingungen aussenden. Bei einem wichtigen Gespräch mit meinem Partner, halte ich einen Baldrianzweig in der Hand, damit unsere Emotionen nicht die Überhand gewinnen und wir konzentriert und sachlich bleiben.

PFLANZENWEISHEIT

Baldrian ist ein erdendes Gewächs, das dich bei der Öffnung von neuen Kommunikationskanälen zu anderen Welten und Reichen beschützt – auch während du schläfst. Es ist also sinnvoll, eine Pflanze neben deinem Bett aufzustellen. In deinen Träumen passt sie auf, dass du nicht zu Orten aufbrichst, die dir schaden. Außerdem beschützt sie dich davor, Unsinn zu träumen, und öffnet dich stattdessen für lebhafte und bedeutsame Träume. Baldrian vermittelt denjenigen Weisheit, die zu sich selbst zurückfinden und in ihrem Körper bleiben müssen. Liebe Tagträumer: Diese Pflanze ist nur für euch da. Arbeite mit ihr, um Dinge zu erledigen und um Tagträume Wirklichkeit werden zu lassen.

BANANE
Musa *(Banana)*

WESENTLICHE EIGENSCHAFTEN

Kreativität, Fülle

Aus botanischer Sicht ist die Banane kein Baum, sondern eine Staude, und ihre Früchte zählen zu den Beeren. Es gibt viele unterschiedliche Dessertbananensorten: mehlige Kochbananen, kleine Honigbananen oder Rote Bananen – um nur einige zu nennen. Bananen sind aufgrund ihres hohen Kaliumgehalts auf allerniedrigstem Niveau radioaktiv, dabei aber natürlich vollkommen unschädlich. Tatsächlich sind sie sogar äußerst nützlich! Alle Teile der Banane sind essbar. Auch die Blätter und Schalen schmecken köstlich, wenn sie richtig zubereitet werden. Bananenblätter sind außerdem praktisch, weil sie zu Behältern verflochten oder zum Einwickeln von gedämpftem oder gegrilltem Fisch oder für andere Nahrungsmittel genutzt werden können.

MEDIZINISCHE EIGENSCHAFTEN

Der hohe Kaliumgehalt hilft gegen Muskelkrämpfe, reguliert Blutzuckerwerte und wirkt sogar gegen Depressionen.

MAGISCHE EIGENSCHAFTEN

Am besten kann man die Banane für magische Arbeit nutzen, indem man mit ihr nach Küchenhexenart kocht. Füge deinem Speiseplan Bananen hinzu, und setze dir beim Kochen die Ziele, die du erreichen möchtest.

Außerdem kannst du deine Wünsche auf eine Bananenschale schreiben, sie in kleine Teile zerschneiden und in deine Magiearbeit einbeziehen, um deine Energie zu vergrößern. Eventuell möchtest du Bananen außerdem in deine Kreativitätszauber einbinden. Auch hier kann es ausreichen, klare Intentionen beim Kochen oder Essen der Bananen zu benennen und sich so ihre Magie zunutze zu machen.

PFLANZENWEISHEIT

Bananen spielen in den spirituellen Praktiken vieler Kulturen eine Rolle. Bananen fordern dich auf, dein bestmögliches Leben zu führen und anzustreben. Wenn du mit deinem Leben, deiner Arbeit oder deinen Beziehungen unglücklich bist, dann kann dir die Arbeit mit Bananen deine Möglichkeiten vor Augen führen und dir verdeutlichen, dass du Größeres und Besseres verdienst. Oft träumen wir von einem besseren Leben – Bananen drängen uns dazu, an unseren Hoffnungen und Wünschen festzuhalten und an ihrer Verwirklichung zu arbeiten.

Träume von Bananen verweisen auf Gesundheitsprobleme im Zusammenhang mit Fruchtbarkeit, sowohl bei Männern als auch bei Frauen. Lass dir von der Banane helfen, die zugrunde liegenden Ursachen zu finden.

BANANEN-KREATIVITÄTSTRANK

Was willst du in deinem Leben schaffen und erreichen? Die wirkungsvolle Energie der Banane wird dir helfen, deine Wünsche zu manifestieren, und dir die Energie geben, mit der du die Verwirklichung deiner Träume voranbringen kannst.

Was du brauchst

1 gelbe Banane
1 Teelöffel Zimt
1 Teelöffel getrocknete Damiana

1 Teelöffel Wiesenklee, frisch oder getrocknet
1 Zweig frischer Rosmarin
¾ Liter Wasser
rotes Band

Wie es geht

- Schäle die Frucht, und lege sie beiseite. Schreibe in aller Ruhe und ganz bewusst deine Intention im Zusammenhang mit Fruchtbarkeit auf die Außenseite der Schale.
- Zerdrücke die Banane mit den angegebenen Zutaten (ohne das rote Band), dann verstreiche die Mischung auf der Innenseite der Schale.
- Rolle die gefüllte Schale auf, und binde sie, damit sie nicht auseinanderfällt, mit dem roten Band zu einer Rolle.
- Lege deine Banane in eine Schale, und stelle diese an ein Fenster, damit sie dort 3 Tage lang Sonne und 3 Nächte lang Dunkelheit aufnehmen kann.
- Am vierten Tag vergräbst du die Schale draußen in der Erde.

BASILIKUM
Ocimum basilicum *(Basil)*

WESENTLICHE EIGENSCHAFTEN

Schutz, Fülle, Selbstliebe, Liebe

Dieses duftende, hocharomatische Kraut wird in allen Küchen der Welt verwendet. Sein Name ist eine latinisierte Form des Griechischen »basileus« für »König«. Passenderweise wird angenommen, dass Basilikum ursprünglich Bestandteil eines Parfüms war, das für die Mitglieder des Königshauses hergestellt wurde. Es gibt zudem Sagen, in denen Basilikum als Mittel gegen Basiliskengift verwendet wird.

Medizinische Eigenschaften

Basilikum unterstützt den Blutfluss sowie die Milchproduktion. Das ätherische Öl des Krautes hilft, Akne zu bekämpfen, und kann Energieschübe auslösen. Außerdem findet Basilikum in der Behandlung von Schlangenbissen Verwendung – vielleicht eine Erklärung für den Ursprung der Basiliskengifttheorie –, hält Insekten fern und senkt zu hohen Blutdruck.

Magische Eigenschaften

Frisch verheirateten Paaren einen Topf Basilikum zu schenken ist eine schöne Idee, da die Pflanze eine glückliche, leichte Liebe ohne Streit fördert. Sie eignet sich außerdem als Einzugsgeschenk oder für jemanden, der eine neue Arbeitsstelle angetreten hat, um Reichtum und Wohlstand zu bringen. Manchmal wird Basilikum auch als »Hexenkraut« bezeichnet, weil die antiken Griechen es nutzten, um Hexen zu ermitteln. Sie verbrannten das Kraut und nannten dabei den Namen der vermeintlichen Hexe. Wenn das Basilikum »sprach«, beziehungsweise die Flammen knisterten, dann galt die Hexe als überführt.

Basilikum hilft, die Selbstliebe zu steigern. Gib etwas Basilikum in dein Badewasser, um Negativität zu vertreiben und um deinen Geist zur Ruhe zu bringen. Das Würzkraut ist zudem in der Arbeit mit magischen Kerzen relevant, um Reichtum und finanzielle Einnahmen zu bewirken. Beize dafür eine grüne Kerze mit Basilikum, und benenne deine Ziele. Basilikum in den vier Ecken deines Zuhauses vertreibt das Böse. Sollten die Zimmerecken zu dunkel sein, kannst du dort stattdessen auch getrocknetes Basilikum verstreuen. Wo immer du deinen Basilikum auch hinstellst, er wird wunderbare, liebevolle Energie verströmen.

Pflanzenweisheit

In Träumen spielt am ehesten der Duft von Basilikum eine Rolle. Wenn du Basilikum riechst, dann ist Wohlstand auf dem Weg zu dir. Siehst du die Pflanze, darfst du dich auf eine neue Liebe freuen oder auf die Intensivierung der Leidenschaft in einer vorhandenen Beziehung.

BEIFUSS
Artemisia vulgaris *(Mugwort)*

Wesentliche Eigenschaften

Schutz, übersinnliche Eigenschaften

Beifuß ist vermutlich das wertvollste und am leichtesten zugängliche Kraut des Hexengartens. Er ist anspruchslos (manche verwechseln ihn mit Unkraut) und in getrockneter Form in vielen Drogerien, Gewürzregalen und Apotheken zu bekommen.

Medizinische Eigenschaften

Beifuß verdankt seine medizinische Wirksamkeit seinem Inhaltsstoff Thujon, der bewusstseinsverändernd wirkt. Manche halten Beifuß deshalb für gefährlich, allerdings wird das Kraut in Küchen überall auf der Welt und insbesondere in Asien eingesetzt, um Speisen und Getränke zu würzen, Tinkturen und Tees herzustellen. Beifuß verhilft dir zu ruhigem Schlaf, vertreibt Insekten (insbesondere Motten) und erleichtert schwere Geburten.

Magische Eigenschaften

Beifuß eignet sich, um deine übersinnlichen Fähigkeiten zu entwickeln, da er intuitiv deine Fähigkeiten erkennt. Er hilft dir, Mitteilungen durch deine Träume zu empfangen, und vertieft deine spirituelle Praxis.

Pflanzenweisheit

Beifuß wird mit allem Nächtlichen assoziiert. Er ist ein weiches und sanftes Kraut, dessen physische Eigenschaften von seinen spirituellen Qualitäten gespiegelt werden. Seine Energie richtet sich auf den Mond, auf weibliches Wohlergehen, übersinnliches Sehen und auf Traumbotschaften. Beifuß hilft Frauen, den Weg durch die verschiedenen Lebenszyklen mit Leichtigkeit und Anmut zu gehen, und kann außerdem auf göttliche Pfade hinweisen und sie öffnen. Der einzige Wunsch der Pflanze ist es, sich mit dir zu verbinden – für dich stellt eine Verbindung mit ihr den Kontakt zu deinem Selbst und zum Universum her. Gerne hält sie sich als

Beobachterin in Hintergrund. Wie eine weise Älteste, die über ihre Familie wacht, ist sie meist stumm, aber lass dich davon nicht täuschen: Rasch zeigt sie den besten Weg für dich auf, damit du dich entfalten und wachsen kannst.

BEINWELL
Symphytum *(Comfrey)*

WESENTLICHE EIGENSCHAFTEN

Beugt Diebstahl vor, Fülle

Beinwell oder Wallwurz ist ein wirksames Heilkraut. Es bringt wunderschön strahlende lilafarbene, blaue und weiße Blüten hervor, die einen bemerkenswerten Kontrast zu den dunkelgrünen Blättern bilden.

MEDIZINISCHE EIGENSCHAFTEN

Ein Breiumschlag aus Beinwell unterstützt die Heilung von Knochenbrüchen, eine Salbe wirkt gegen Prellungen oder Verstauchungen. Beinwell enthält Allantoin, was auch in der Muttermilch enthalten ist und die Zellbildung beschleunigt. Bei der oralen Verwendung von Beinwell ist jedoch zu beachten, dass die Pflanze in größeren Mengen die Leber schädigt. Verwende sie also nur sparsam. Für die äußerliche Anwendung sind keine Nebenwirkungen bekannt.

MAGISCHE EIGENSCHAFTEN

Beinwell hat eine ausgeprägte Schutzfunktion. Wenn du Beinwellwurzeln in dein Auto oder deine Handtasche legst, beugst du einem Diebstahl vor. Auf Reisen können Beinwellwurzeln im Gepäck verteilt werden, damit es nicht gestohlen wird oder verloren geht. Er besitzt die Fähigkeit, Dinge »zusammenzubinden«, was dein Eigentum an dich binden wird. Beinwellblätter kommen zum Einsatz, wenn es um Wohlstand und insbesondere um Geld geht. Ein paar getrocknete Blätter in deinem Portemonnaie oder in der Kasse deines Geschäfts wirken sich positiv aus.

Pflanzenweisheit

Falls du dir etwas einfach nicht verzeihen kannst, dann ist Beinwell genau das Richtige. Wenn du mit ihm sprichst, nimmt er sanft deine Schuldgefühle von deinem Herzen. Beinwell in Träumen symbolisiert unverarbeitete Probleme oder Situationen. In dem Fall solltest du Tagebuch schreiben und dabei Beinwell an deiner Seite haben, damit er dir helfen kann, für deine nächsten Schritte Klarheit zu finden.

BENEDIKTENKRAUT

Cnicus benedictus *(Blessed Thistle)*

Wesentliche Eigenschaften

Glücklichsein, Stärke, Glück

Wie die meisten distelähnlichen Pflanzen wächst Benediktenkraut wie ein Unkraut und meist dort, wo es unerwünscht ist. Allerdings können die stacheligen Blüten auch als Beschützer wirken: Offenbar trat in einem Krieg zwischen den Dänen und den Schotten ein Däne auf eine Distel und warnte so ungewollt die schlafenden Schotten vor einem bevorstehenden Angriff. Benediktenkraut ist hübsch und flaumig, aber es kann auch gefährlich sein, also sei vorsichtig mit ihm.

Medizinische Eigenschaften

Ein Tee aus den Blättern des Benediktenkrauts schmeckt sehr bitter, hat jedoch großen Nutzen. Beispielsweise lindert er Menstruationsbeschwerden und verbessert das Gedächtnis sowie die Grundstimmung. Der Tee stimuliert außerdem die Leber, befreit von Kopfschmerzen und stärkt das Immunsystem. Da er den Blutfluss im Gehirn unterstützt, verbessert er die Konzentrationsfähigkeit.

Magische Eigenschaften

Da dem Benediktenkraut Kraft und Lebendigkeit zugesprochen werden, verwendet man es gern zur Verbesserung des Durchhaltevermögens. Wenn du gerade eine schwere Zeit durchmachst, dann hilft dir Benediktenkraut, sie auszuhalten. Es unterstützt dich außerdem dabei, Wut loszulassen, damit Freude zu dir durchdringen kann. Trage eine Blüte bei dir, lege sie unter dein Kopfkissen oder auf das Armaturenbrett deines Autos, wenn du dich beim Autofahren schnell aufregst. Bestreue eine schwarze Kerze mit getrocknetem Benediktenkraut, um Neid und Hass fernzuhalten, und achte darauf, genau dieses Ziel zu formulieren, während du die Kerze vorbereitest.

Pflanzenweisheit

Versuche gar nicht erst, dem Benediktenkraut irgendwelche Lügen aufzutischen, da es dir mitten ins Herz schauen kann. Gleichzeitig ist es unvoreingenommen – seine Energie ist sowohl mütterlich als auch beschützend. Je mehr Traurigkeit es wahrnimmt, umso mehr wird es sich bemühen, dir Auftrieb zu geben und dir Positives zuzuspielen.

Damit es dir in einer bestimmten Situation Glück bringen kann, musst du mit ihm meditieren und es freundlich darum bitten. Wundere dich nicht, wenn es in deinen Träumen als Fee im langen grünen Kleid auftaucht. Nimm seine ausgestreckte Hand, und gestatte es ihm, deine Traurigkeit durch magische Visionen zu ersetzen.

BERGAMOTTE

Citrus bergamia *(Bergamot)*

Wesentliche Eigenschaften

Fülle, Manifestieren, Glücklichsein

Die Bergamotte sieht aus wie eine ziemlich knubbelige Zitrone, ist aber eine Hybride aus Süßer Limette und Bitterorange. Die Frucht ist essbar, doch wird normalerweise nicht zum Verzehr oder zum Kochen verwendet. Ihr Öl kommt hingegen in der Parfümindustrie und beim Aromatisieren von Tees (Earl Grey) zur Verwendung.

Medizinische Eigenschaften

Zu viel Bergamotte kann Muskelkrämpfe verursachen. In kleinen Mengen senkt Bergamotte den Cholesterolspiegel und Blutdruck. Bergamotte wirkt antibakteriell, und ihr Saft beschleunigt die Heilung von Lippenherpes. In der Aromatherapie heißt es, Bergamotte bewirke einen natürlichen Auftrieb und schaffe Frieden und Beruhigung.

Magische Eigenschaften

Die strahlende Energie der Bergamotte kann dir bei der Überwindung von Blockaden helfen, die durch Ängste verursacht wurden. Ihre fröhliche Präsenz lässt dich erkennen, dass letztlich alles doch nicht so schlimm ist, und verleiht dir den Mut, weiterzumachen und nach dem zu greifen, was du dir wünschst. Die Bergamotte eignet sich insbesondere zum Manifestieren, um Fülle zu schaffen, Zufriedenheit zu verstärken und um deine Beziehung zu deinem wahren Selbst zu fördern.

Pflanzenweisheit

Bergamotte ist der Schutzengel der Pflanzenwelt. Sie ist hier, um ihr Licht auf deine Bedeutung für die Welt zu richten. Sei in ihrer Nähe, wenn du dich mit einer Traumcollage beschäftigst, die Zukunft visualisierst oder Manifestierungszauber wirkst.

Wenn ich unter Stress stehe und ins Grübeln gerate und deshalb Schwierigkeiten damit habe, meine Schwingungen im hohen Bereich zu halten, dann erinnert mich Bergamotte daran, dass sich alles zum Besten wenden wird. In Träumen hat Bergamotte nur dann einen Auftritt, wenn sie aktiv eingeladen wurde. Möchtest du von Bergamotte träumen, dann bringe klar zum Ausdruck, welche Rolle sie für dich übernehmen soll. Beispielsweise könntest du sie, wenn du gerade niedergeschlagen bist, bitten, bei dir zu sein und dir Gesellschaft zu leisten.

BESENHEIDE
Calluna vulgaris *(Heather)*

Wesentliche Eigenschaften

Schutz, Einfluss auf das Wetter

Besenheide oder Heidekraut ist ein Zwergstrauch, der in den Mooren von Schottland, Irland und England vorkommt und mitunter große Flächen bedecken kann. Sie ist ein bekanntes Färbemittel und als Futterpflanze wichtig für Schafe und Rehe sowie für Schmetterlinge und Bienen. Sie eignet sich, wie der Name es andeutet, zur Herstellung von Besen und Fegern.

Medizinische Eigenschaften

Besenheide lindert Migräne, vermindert Stress und negatives Denken. Weiche die Blüten ein, und gib sie dann ins Badewasser, um deinen Muskeltonus zu verbessern. Mit Besenheidetee kann man Nierenbeschwerden, Arthritis, Schlafstörungen und Husten oder Erkältungen behandeln.

Magische Eigenschaften

Das Heidekraut hat einen starken Beschützerinstinkt, insbesondere wenn es um Gewalt gegen Frauen geht. Es hält Eindringlinge fern, egal, ob sie Körper, Geist oder Seele befallen. Es beschützt die Heiligkeit unseres Körpers und hilft uns, dafür zu sorgen, dass niemand sich ohne unser Einverständnis Zugang dazu verschafft. Verwende Besenheide in Zaubern, mit denen du eine Person oder eine Energie abwehren willst.

Das Verbrennen von Besenheide soll Regen bringen. Aber ich warne dich, dieser Zauber darf nur angewendet werden, wenn Regen tatsächlich nötig ist. Wir verbrennen die Mitglieder unserer Pflanzenfamilie nicht ohne guten Grund. Vergiss nicht, wir benutzen Pflanzen nicht, sondern kooperieren mit ihnen. Außerdem funktioniert Pflanzenmagie nur dann, wenn deine Absichten rein sind.

Pflanzenweisheit

Ich wurde als Kind sexuell, mental und spirituell missbraucht, deshalb hatte ich einen Großteil meines Lebens Schwierigkeiten mit zwischenmenschlichen Beziehungen. Ich konnte mich anderen Menschen nicht öffnen, war geistig oft abwesend. Erst nach der Pubertät arbeitete ich viel mit Heidekraut, und es erzählte mir von der Macht, die wir alle in uns tragen. Es lehrte mich, dass nichts und niemand uns diese Macht wegnehmen kann und dass wir sie auch dann nicht verlieren, wenn wir missbraucht oder traumatisiert werden – sie verbirgt sich mit uns in den Bereichen im Inneren, wo wir uns verstecken, um dort Missbrauch und Trauma zu bewältigen. Besenheide kann dir helfen, deine Macht aus dem Inneren zurückzubekommen und die Heiligkeit seiner reinen Wurzeln zu begreifen. Besenheide im Traum symbolisiert Freiheit, Stille und Widerstandskraft.

BIRKE
Betula *(Birch)*

Wesentliche Eigenschaften

Fülle, Neuanfänge, Liebe, Schutz, Stärke

Die anmutige Birke oder »Weiße Dame des Waldes«, wie sie auch manchmal genannt wird, ist ein hoher, schlanker Baum, der gerne in kleinen Gruppen wächst. Sie hat eine weiße Rinde, die zwischen den Kiefern hindurchleuchtet, mit denen sie sich gerne vergesellschaftet. Rinde und Saft haben ein frisches Aroma. Das Rauschen ihrer Blätter im Wind erzeugt einen wunderbar magischen Ton.

Medizinische Eigenschaften

Birkenrinde lässt sich leicht abziehen. Man kann sie in Wasser einweichen und um einen gebrochenen Arm legen, um daraus eine Art natürlichen Gips zu fertigen. Die Blätter der Birke enthalten viel Vitamin C, und ein aus ihnen zubereiteter Tee wirkt harntreibend und kann bei Harnwegsinfektionen eingesetzt werden. Salben aus Blättern und Rinde sind gut für die Haut.

Magische Eigenschaften

Die Birke gehört zu den Ersten, die im Frühling ihre Blätter austreiben, und ist deshalb ein Symbol für Neuanfänge und Fruchtbarkeit. Die Zartheit der Birke und ihre gleichzeitig offensichtliche Stärke machen sie zu einem Sinnbild des Schutzes. Der psychoaktive Fliegenpilz wächst gerne an ihrem Stamm, weshalb ihr auch die Bildung von Gleichgewicht und der Schutz gegen übersinnliche Kräfte zugeschrieben wird. Du könntest deine Ängste auf einen Streifen Birkenrinde schreiben und sie verbrennen. Oder einen Hexenbesen aus Birkenreisig verwenden, um im Frühling dein Zuhause zu kehren, wodurch du Platz für Neues schaffst.

Pflanzenweisheit

Ich liebe Birken! Sie haben meinen Geist immer besonders angesprochen und sind meiner Seele überall ins Auge gefallen. Und wie sehr sie Hexen lieben! Vor allem Hexen, die sich im Einklang mit der Erde befinden. Besuche Birken häufig, pflanze sie, wenn möglich, in deinem Garten, oder lege im Frühling ein wenig von ihrer Rinde auf deinem Altar. Wie wir Menschen kann die Birke zerbrechlich wirken, doch sie verfügt über immense innere Kräfte. Sie lehrt uns, wie man persönliche Schwierigkeiten überwindet und sich von dem befreit, was einen nicht weiterbringt. Die Birke ermutigt uns zu Neuanfängen und zum Eintauchen in das Unbekannte, im Vertrauen auf den natürlichen Zyklus von Wandel und Sein.

Eine Birke im Traum fordert dich auf, gemeinsam mit ihr an deiner Heilung zu arbeiten. Doch es reicht nicht aus, wenn du dich einfach nur zu ihr setzt, sie will dich singen hören! Mach dir keine Sorgen, falls du dich nicht für eine gute Sängerin hältst: Die Birke will nur deine Stimme hören und ist auch zufrieden, wenn du nur summst. Sie wird den Klang deiner Stimme mit ihren Blättern aufnehmen, sie im Wind wiegen und dein Lied umrühren, als sei die Welt ihr Kessel und du ihre Zutaten. So mischt sie die ideale Medizin für deine Seele zusammen.

BLAUER EISENHUT
Aconitum napellus *(Wolfsbane)*

Wesentliche Eigenschaften

Schutz

Diese Pflanze ist die Königin der Gifte. Ihr langer mit dunkelgrünen Blättern bewachsener Stängel findet seinen Abschluss in einer Blütendolde mit tiefblauen, herabhängenden Blüten, die alle Blicke auf sich zieht. Der Blaue Eisenhut ist atemberaubend schön, aber in allen Teilen hochgiftig: Bereits zwei Gramm der Wurzel können für einen Menschen tödlich sein. Früher setzte man ihn gerne an Weidegrenzen, um Raubtiere wie Wölfe von Schafen und Rindern fernzuhalten. In Deutschland steht Blauer Eisenhut unter Naturschutz.

Medizinische Eigenschaften

Früher verabreichte man Auszüge des Eisenhuts, um Fieber zu senken und um Schmerzen, Entzündungen und Bluthochdruck zu behandeln. Bevor du die Pflanze aber auch nur berührst, solltest du genau informiert sein.

Magische Eigenschaften

Wenn du den Blauen Eisenhut in deinem Garten pflanzt, dann hüllt er dein Haus und Umfeld in eine schützende, kaum zu durchbrechende Aura. Aber du musst dich ihm mit Liebe zuwenden und viel Zeit mit ihm verbringen, damit sein Schutz stark bleibt.

Pflanzenweisheit

Diese Pflanze ist ideal für diejenigen geeignet, die ihr eigenes Ding machen wollen. Der Eisenhut ist ein Beobachter, der sich in seinem Mantel verbirgt und die Welt um sich herum im Blick behält. Er ist sehr still und dennoch ungeheuer mächtig. Die Zusammenarbeit mit ihm wird es dir ermöglichen, dich gegen den Lärm der Welt abzugrenzen und Zugang zu deiner inneren Weisheit zu erhalten. Er lehrt uns, still zu sein und uns selbst zu finden, und zeigt uns, dass wir uns nie verlieren können. Wir sind dort, wo wir uns gerade befinden, immer richtig. Lade den Blauen Eisenhut in deine Träume ein, aber erwarte nicht, dass er sofort erscheint. Er ist, wie gesagt, ein Beobachter und wird erst deine Wahrheit erkennen wollen. Sobald er einmal in deinen Träumen erschienen ist, wird er sich auf einzigartige Weise mit dir verbinden, da er jedem Menschen mit einer individuellen Botschaft begegnet.

BLAUER LOTUS
Nymphaea caerulea *(Blue Lotus)*

WESENTLICHE EIGENSCHAFTEN

Übersinnliche Fähigkeiten, Schutz

Blauer Lotus variiert in der Farbe von Hell- bis Dunkelblau, das zur Mitte hin zu einem goldenen Gelb verblasst. Wie bei allen Seerosen steht die Blüte über der Wasseroberfläche, unter der der Großteil der Pflanze lebt. Die Blüte öffnet sich am Morgen, um sich am späten Nachmittag wieder zu schließen. Vermutlich wuchs der Blaue Lotus unter anderem entlang des Nils, da er für die alten Ägyptern heilig war.

MEDIZINISCHE EIGENSCHAFTEN

Der Blaue Lotus enthält eine psychoaktive Substanz namens Aporphin, weshalb man mit ihm entsprechend vorsichtig umgehen sollte. Vergiss nicht: Es ist nicht das Ziel einer Pflanzenhexe, high zu werden. Nachdem das geklärt ist, muss dennoch erwähnt werden, dass ein Tee aus Blauem Lotus gut gegen Stress und Unruhe wirkt, Entspannung und in Maßen Euphorie und Ekstase fördert.

MAGISCHE EIGENSCHAFTEN

Es heißt, dass die ägyptische Göttin Isis ein Parfüm aus Blauem Lotus bevorzugte und dass Kleopatra in der Essenz der Pflanze badete. Diesen Vorbildern folgend, können auch wir den Blauen Lotus in der Aromatherapie und bei der Körperpflege einsetzen. Außerdem stimuliert die Pflanze das Dritte Auge. Um deine innere Weisheit zu erkennen und Hilfe bei der Wahl der nächsten Schritte zu erhalten, kannst du ein Fußbad mit der Essenz des Blauen Lotus nehmen, sie zusätzlich in deiner Aromatherapielampe einsetzen und dabei den entsprechenden Tee trinken. Ich kombiniere Blauen Lotus gerne mit Kerzenmagie, da die Pflanze in diesem Zusammenhang eine Reihe interessanter Bedeutungen hat. Um innere Heilung, insbesondere des Geistes, zu bewirken, beize eine blaue Kerze mit dem Lotus. Beize eine weiße Kerze, wenn du mehr Verständnis für dich selbst entwickeln willst.

Pflanzenweisheit

Blauer Lotus wirft Licht auf das Ungesehene und die Dinge, die im Dunklen und in uns selbst lauern. Außerdem unterstützt Blauer Lotus luzides Träumen – lade also die Pflanze in deine Träume ein, und erhalte Visionen, die bisher Verborgenes beleuchten.

SCHUTZZAUBER MIT BLAUEM LOTUS

Blauer Lotus errichtet eine schützende Grenze zwischen dir und allem, was du von dir fernhalten willst.

Was du brauchst

1 Eierschale
1 Esslöffel getrockneter Blauer Lotus
ein Glas

Wie es geht

- Gib die Eierschale und den Blauen Lotus in das Glas, und fülle es mit Wasser auf.
- Klopfe dreimal an das Glas, und flüstere dabei den Namen der Person oder der Situation, vor der du beschützt werden willst.

- Stelle das Glas für eine Woche oben auf einen Schrank oder in ein Regal.
- Entsorge den Inhalt nach einer Woche, und bereite einen neuen Schutzzauber mit Blauem Lotus zu.
- Wiederhole diesen Vorgang für drei Wochen.

BORRETSCH

Borago officinalis *(Borage)*

WESENTLICHE EIGENSCHAFTEN

Mut, Selbstliebe, übersinnliche Fähigkeiten

Borretsch oder Gurkenkraut ist eine Heilpflanze. Blätter und Blüten sind essbar und schmecken ein wenig nach Gurken – daher der zweite Name. Borretsch wird gerne neben anderen Nutz- und Zierpflanzen kultiviert, da er Schädlinge abwehrt, aber Bienen anlockt.

MEDIZINISCHE EIGENSCHAFTEN

Plinius der Ältere, ein wichtiger römischer Naturforscher und Philosoph, war der Auffassung, Borretsch wirke antidepressiv. Die Pflanze stärkt die Nebennieren und lindert Stress; sie ist außerdem sehr vitaminreich. Borretsch hilft bei Ekzemen, prämenstruellen Beschwerden, Aufmerksamkeitsdefizit/-Hyperaktivitätsstörung, Atemwegserkrankungen, Husten, Erkältungen und bei Alkoholabhängigkeit. Darüber hinaus ist er entzündungshemmend.

MAGISCHE EIGENSCHAFTEN

Borretsch hat die Eigenschaft, dich von Angst zu befreien, und bereitet dir deshalb den Weg für deine übersinnlichen Kräfte und lässt dich klarer sehen. Mit einer Tasse Borretschtee verstärkt sich deine Intuition – eine gute Voraussetzung für Interpretationen, magische Arbeit oder die Meditation. Ich nutze Borretsch zur Kommunikation mit meinen Ahnen, indem ich ihn auf meinen Altar stelle und ihn beim Meditieren, divinatorischer Arbeit oder beim Sprechgesang an meiner Seite habe. In der Tradition des Voodoo unterstützt Borretsch häusliche Harmonie, wenn man die Wohnung mit Borretschblüten schmückt oder sie ins Bodenwischwasser mischt.

Pflanzenweisheit

Borretsch lehrt uns Selbstakzeptanz, mutig unser eigenes Licht und unsere eigene Macht anzunehmen und den Lärm der Welt zu ignorieren, der uns davon abhält, auf unser innerstes Selbst zu hören. Borretsch unterstützt dich dabei, deine Wahrheit zu erkennen und dich von Ängsten zu befreien, die dich hindern, dein Licht hell erstrahlen zu lassen. Er tritt häufig in Träumen auf, kann aber leicht übersehen werden, wenn du nicht genau auf ihn achtest. Er will dich dazu bringen, deine eigene Schönheit zu sehen und zu spüren. Er lehrt er dich, innezuhalten und dir deine Umgebung wie auch deine Innenwelt bewusst zu machen. Siehst du Borretsch in deinen Träumen, symbolisiert er das Durchbrechen von Kreisläufen, die dich gefangen gehalten haben. Erwarte große Veränderungen.

BREITBLÄTTRIGER ROHRKOLBEN
Typha latifolia *(Cattail)*

Wesentliche Eigenschaften

Fülle, Besinnung, Manifestieren, Liebe

Der Breitblättrige Rohrkolben ist aufgrund seines dicken wurstartigen Blütenstands leicht zu erkennen. Er wächst auf feuchten Böden, an langsam fließenden Gewässern und Sümpfen. Seine Blüte produziert einen Flaum, der als Zunder oder zur Isolierung verwendet werden kann und außerdem Insekten abwehrt. Getrocknet kann man den Blütenkolben in Talg oder Wachs tauchen, um eine Fackel herzustellen. Aus den getrockneten, verzwirbelten Blättern werden Stuhlsitzflächen hergestellt.

Medizinische Eigenschaften

Die Blüten des Rohrkolbens sind essbar und reich an Eiweiß. Die jungen Triebe und Wurzeln, Rhizome genannt, sind ebenfalls verzehrbar und wurden von den indigenen Völkern Nordamerikas wie Mais oder Reis verwendet. Die Wurzeln können wie Kartoffeln zubereitet werden, die jungen Triebe erinnern gekocht an Spargel. Nur wenige Pflanzen sind auf so vielfältige Weise nutzbar!

Als Breiumschlag hilft der Rohrkolben bei Prellungen, Schnittverletzungen, Verbrennungen und in der Narbenbehandlung. Als Tee hilft er bei einem verdorbenen Magen und Verdauungsbeschwerden.

Magische Eigenschaften

Am wirksamsten ist der Breitblättrige Rohrkolben in Liebes- oder Sexzaubern, da er die Leidenschaft verstärkt. Als Trockenpflanze im Schlafzimmer kann er seine volle Wirkung am besten entfalten. Falls du die Pflanze nutzen willst, um die Intimität mit dir selbst intensivieren, umwickle den Kolben mit einem Seidenband, während du dich zugleich in Gedanken mit deinem Vorhaben beschäftigst, und bewahre ihn in deinem Schlafzimmer auf.

Die getrockneten Blätter haben ebenfalls magische Eigenschaften: Indem du sie verwebst und dabei deinen Geist auf die Manifestierung deiner Ziele richtest, verstärkst du deine Magie. Die fertig gewobene Matte kann in deinem geheiligten Raum aufbewahrt werden. Ich verwebe Rohrkolbenblätter zu winzigen Untersetzern, um darauf meine Kristalle zu stellen und so ihre Energie zu verstärken.

Pflanzenweisheit

Der Rohrkolben ist eine Pflanze der Besinnung und ist besonders im Zusammenhang mit persönlicher Entwicklung sehr wirkungsvoll. Er führt uns nach innen, um dort zu ermitteln, was uns am Wachsen, Aufsteigen und am Ausleben unseres besten Selbst hindert. Er vertreibt giftige Energien und Verhaltensweisen. Nutze den Rohrkolben bei deiner Heilarbeit, und spüre, wie er sofort die Themen an die Oberfläche holt, mit denen du dich auseinandersetzen musst. In Träumen kann er wie ein Flüstern des Windes zu dir kommen und sich wiegen, als wolle er dich verzaubern. Er erfasst deinen Wesenskern und hält die Zeit an, damit du dir deines wahren Selbst bewusst werden kannst.

BREITBLÄTTRIGES PFEILKRAUT

Sagittaria latifolia *(Arrowhead)*

Wesentliche Eigenschaften

Heilung, Stärke, Mut, Schutz

Die Blätter dieser Wasser liebenden krautigen Knollenpflanze sehen aus wie – du hast es bestimmt schon erraten – Pfeilspitzen. Die langen, dünnen Blätter stehen in Büscheln über der Wasseroberfläche, während sich die Knolle darunter verbirgt. Wie viele Pflanzen enthält Breitblättriges Pfeilkraut Calciumoxalatkristalle, die roh verzehrt erhebliche Magenschmerzen bewirken können – achte also darauf, dass deine Haustiere die Pflanze nicht erreichen können. Beim Kochen werden die Kristalle zerstört.

Medizinische Eigenschaften

Zahlreiche indigene Völker Nordamerikas nutzen das Pfeilkraut bei Kopfschmerzen. Mit einem Breiumschlag aus der Knollenmasse kann man Wunden behandeln und mit einem aus den getrockneten Knollen zubereiteten Tee für die Beruhigung der Verdauungsorgane sorgen. Die Blätter wirken bei Hautbeschwerden. Die Knollen des Pfeilkrauts sind sehr nahrhaft und enthalten viel Phosphor, der für das Knochenwachstum wichtig ist.

Magische Eigenschaften

Breitblättriges Pfeilkraut unterstützt Visionsreisen – ein meditativer Zustand, in dem man in verschiedene Reiche und Räume gelangen kann. Am besten gelingen mit dem Pfeilkraut Reisen nach innen. Gestatte der Pflanze, dich in bisher unerforschte Innenbereiche zu führen. Sie spürt gerade die vernachlässigten Bereiche besonders zuverlässig auf und ermöglicht es dir so, sie zu heilen.

Idealerweise steht Pfeilkraut in deinem Schlafzimmer, denn dort kann es seine nächtliche Heilwirkung am besten entfalten. Falls deine Kinder in der Schule schikaniert werden oder andere Sorgen haben, kann die Pflanze ihre Herzen beschützen und ihre Gedanken heilen. Ich selbst halte sie wegen ihrer Heilwirkung auch gerne in meinem Meditationsraum.

Pflanzenweisheit

Am effektivsten ist das Pfeilkraut in der Heilung von Traumata. Es verleiht dir Kraft, Mut und Schutz – allesamt Eigenschaften, die du brauchst, um dich der Heilung zu stellen. Ist Heilung etwas Magisches? Selbstverständlich ist es das. Heilen heißt instand setzen und Energien verschieben. Durch die Selbstheilung stärken wir unsere Macht und schaffen Platz für die Dinge, die wir uns am meisten wünschen. Deshalb ist man in vielen indigenen Kulturen davon überzeugt, dass Heilung allem anderen vorausgehen muss. Heilung führt dich zurück zu deinem wahren, zu deinem kraftvollsten Selbst.

Schreibe neben dem Pfeilkraut Tagebuch, meditiere mit ihm, und nimm es sogar mit in dein Badezimmer, wenn du dir ein Bad der Selbstliebe gönnst. Es wird dich sanft leiten und zugleich kraftvoll die Geister in deinem Inneren bekämpfen.

GROSSE BRENNNESSEL

Urtica dioica *(Stinging Nettle)*

WESENTLICHE EIGENSCHAFTEN

Schutz, Geheimnisse, Glücklichsein

Die Große Brennnessel hat Ambitionen – ihre Blätter verursachen wirklich Schmerzen. Bei Berührung brechen die verkieselten Köpfchen der Brennhaare auf den Blättern ab, und die steifen Haare injizieren ein brennendes Gemisch in die Haut. Trotz ihrer Wehrhaftigkeit ist die Brennnessel eine außerordentlich nützliche Pflanze. Sie ist essbar, und ihre Stängel können wie Flachs zu einer Faser gesponnen werden, die so stark wie Hanf und so weich wie Baumwolle ist. Man könnte den aus der Faser entstandenen Stoff sogar mit Brennnessel färben, da sie einen wunderschönen grünen Farbton produziert.

MEDIZINISCHE EIGENSCHAFTEN

Der griechische Arzt Hippokrates zählte im fünften Jahrhundert v. Chr. einundsechzig medizinische Anwendungen für die Große Brennnessel auf: Als Tee lindert sie Heuschnupfen, spült Reizung und Entzündung aus den Harnwegen, fördert bei Stillenden die Milchproduktion und dient als allgemeines Tonikum nach einer Krankheit oder bei chronischen Zuständen. Ihre Blätter sind schmackhaft und enthalten viel Eiweiß und Vitamine, müssen jedoch erst gekocht werden – ihre Brennhaare möchte man weder im Mund noch im Hals zu spüren bekommen.

MAGISCHE EIGENSCHAFTEN

Die Große Brennnessel strahlt so starke positive Energien aus, dass ihre Anwesenheit in deinem Garten bereits ausreicht, um die Eigenschaften aller anderen Pflanzen zu verstärken. Du kannst sie auch in Säckchen oder Amuletten anderen schützenden Gewächsen dazugeben, um deren Wirkung zu verzehnfachen. Gib etwas Brennnessel in ein Wasserglas, und stell eines in jeden Raum deines Zuhauses, um ihre positive Energie in deiner ganzen Wohnung zu verteilen. Ein Wannenbad mit Brennnessel beseitigt

Negativität und bringt positive Energien in deine Aura; du fühlst dich unterstützt und geliebt.

Die Brennnessel deckt außerdem Geheimnisse auf. Wenn du das Gefühl hast, dass dir jemand etwas verheimlicht, dann verbrenne Brennnessel in einer Räucherung, und sprich dabei den Namen dieser Person aus – schon ein paar Tage später wird das Geheimnis gelüftet sein.

Pflanzenweisheit

Die Brennnessel gibt sich große Mühe, sich selbst zu schützen, und das wird sie auch für dich tun – aber nur, wenn du sie gerne hast. Lade sie in deine Träume ein, damit du erholsamen Schlaf findest und dich beruhigt und versorgt fühlst.

CALATHEA

Calathea/Maranta *(Calathea)*

Wesentliche Eigenschaften

Stärke, Gleichgewicht, Klarheit

Jede der zahlreichen Arten der Calathea ist eine wunderbare Zimmerpflanzen, manche haben rote Stängel und zweifarbig grüne Blätter, wie die *Calathea roseopicta*. Ihre Blätter rollen sich in der Nacht ein und öffnen sich am Morgen mit einem zart raschelnden Geräusch. Deshalb wird die Calathea im englischen Sprachraum auch gerne als die »lebendige Pflanze« bezeichnet, obwohl diese Eigenschaft natürlich auf alle Pflanzen zutrifft. Ihre großen und stabilen Blätter kann man zum Einwickeln von Fisch oder als Verpackung für andere kleine Dinge verwenden.

Medizinische Eigenschaften

Diese Pflanze hat keine uns bisher bekannten medizinischen Eigenschaften.

Magische Eigenschaften

Die Arbeit mit dieser Pflanze spielt eine wichtige Rolle bei der Herstellung eines Gleichgewichts zwischen dir und deiner magischen Praxis. Diejenigen, die sowohl Licht als auch Schatten bewundern, fühlen sich mit dieser Pflanze besonders wohl. Auf deinem Altar oder heiligen Bereich bringt sie die Dualität von Licht und Schatten in eine harmonische Balance. Calathea sorgt dafür, dass du in der Mitte bleibst – der Platz, an den ich gehöre und wo ich am liebsten lebe.

Pflanzenweisheit

Wenn du auf der Suche nach Klarheit bist, halte dich in der Nähe einer Calathea auf. Achte darauf, in welche Richtung sie dich zieht, damit du die Wahrheit fühlst und siehst. Die Calathea liebt es, dir in deinen Träumen zu erscheinen. Am Tag steht sie hoch aufgerichtet stolz und prächtig da, aber wenn die Sonne untergeht, dann schläft auch die Calathea. Ihre Blätter hängen herab, und ihre Energie versiegt. Wenn du dich dieser Pflanze nahe fühlst, für sie sorgst und sie in dein Haus bringst, wird sie dich in deinen Träumen besuchen. Sie erscheint dir vor allem, wenn dein Herz erschöpft ist oder du dir Sorgen darüber machst, welche Richtung du einschlagen sollst. Sie wird dir die Klarheit geben, die du brauchst. Die Calathea lehrt uns, dass wir zwar aufwachen, eine starke Position einnehmen und unsere Pflicht tun müssen, dass aber auch wichtig ist zu wissen, wann Ruhepausen angesagt sind.

COPAL

Protium copal *(Copal)*

Wesentliche Eigenschaften

Reinigen, Glücklichsein

Copal ist ein Baumharz, das unter anderem vom *Protium-copal*-Baum gewonnen wird. Das Harz ist weich und ein wenig klebrig. Den indigenen Kulturen Mesoamerikas ist Copal seit Jahrhunderten heilig. Große Mengen an Copal wurden auf den Pyramiden der Maya und Azteken als Räucherwerk in ihren Opferritualen für verschiedene Gottheiten verbrannt.

Medizinische Eigenschaften

Copal wirkt keimtötend, hat auch potenziell gewebeheilende, entzündungshemmende, antibiotische und antimykotische Eigenschaften. Copal-Öl kann man auf eine zu trockene Kopfhaut auftragen, auf Hautreizungen, kleine Schnitte, Verbrennungen, Furunkel, Ausschläge und Akne. Man kann es zur Behandlung von Insektenstichen verwenden, insbesondere dann, wenn mit einer allergischen Reaktion auf den Stich oder Biss zu rechnen ist.

Magische Eigenschaften

Indigene Völker nutzen Copal auch heute noch, insbesondere in geheiligten Schwitzhüttenzeremonien oder bei Ritualen mit psychedelischen Substanzen. Wenn du Copal verwendest, dann solltest du es mit Respekt vor diesen Kulturen tun. Copal eignet sich besonders, um mit ihm als Räucherwerk rituelle Räume zu reinigen, da er ein reines und mit positiven Energien angereichertes Umfeld schafft. Nimm dir die Zeit, den Rauch gut im Raum und in jeder Ecke zu verteilen. Vergiss nicht, dich im Anschluss an die Räucherung bei dem Copal zu bedanken und ihn immer mit Respekt und Liebe zu behandeln.

Pflanzenweisheit

Copal ist ein mächtiges Wesen, das jegliche Dämonen aus deinem Geist vertreiben kann. Falls du jemals in direkten Kontakt mit dem Baum kommst, dann umarme ihn herzlich. Entspanne dabei deinen Körper und Geist. Hohle tief Luft, und bitte ihn, dich an seiner Energie teilhaben zu lassen – das hilft vor allem denjenigen, die unter Depressionen und Ängsten leiden. Der *Protium-copal*-Baum reinigt den Geist und gestattet es dir, wieder Freude zu empfinden und Platz für Licht zu schaffen. Meditiere mit Copal in deiner Hand, wiege dich dabei vor und zurück, da diese meditative Bewegung die Frequenz des Harzes verstärkt. Innerhalb weniger Augenblicke wirst du spüren, dass dein Körper wie von selbst in kreisförmige Schwingung kommt, durch deine Verbindung zum Geist des Copal. Wenn du in einem Land lebst, in dem der *Protium-copal*-Baum wächst, dann besucht er dich vielleicht im Traum und bringt dir Heilung.

CTENANTHE

Ctenanthe oppenheimiana *(Never-Never Plant)*

WESENTLICHE EIGENSCHAFTEN

Selbstliebe, Geheimnisse

Diese vielfältige Pflanze hat schmale, dreifarbige ovale Blätter. Sie ist leicht giftig und eignet sich daher weder für Menschen noch für Tiere zum Verzehr. Die mehrjährige, bei uns als Zimmerpflanze bekannte Ctenanthe stammt aus Mittel- und Südamerika.

MEDIZINISCHE EIGENSCHAFTEN

Diese Pflanze hat keine bekannten medizinischen Eigenschaften.

MAGISCHE EIGENSCHAFTEN

Die Ctenanthe bewahrt deine Geheimnisse sicher für dich auf. Sie verbirgt die Wahrheit unter allen ihren wunderschönen Mustern und Farben fast so, als würde sie sie tarnen wollen. Falls es irgendetwas gibt, was wirklich niemand und absolut niemand wissen soll, dann ist die Ctenanthe deine beste Ansprechpartnerin. Du kannst sie aus einem Samen ziehen und ihr beim Wachsen deine Geheimnisse zuflüstern, die sie in ihren Wurzeln verbergen wird. Falls du sie als bereits ausgewachsene Pflanze kaufst, dann hebe sie vorsichtig aus ihrem Topf, flüstere ihren Wurzeln deine Geheimnisse zu, topfe sie dann wieder ein, und bitte sie dabei, deine Geheimnisse anzunehmen und für immer in ihrem Innersten zu verschließen.

PFLANZENWEISHEIT

Die Ctenanthe ist nicht nur gut darin, dunkle Geheimnisse tief zu verbergen, sie ist außerdem weise und schickt dir Selbstwert und Ehrgeiz.

Sie hat eine hohe Meinung von sich – wie ich finde, vollkommen berechtigt! – und ist gerne dort, wo eine ähnliche Energie herrscht. Sie verstärkt selbstbewusste und ehrgeizige Schwingungen, weshalb du die Ctenanthe am besten an deinem Nordfenster platzierst, sollten dir diese Eigenschaften fehlen. Innerhalb weniger Tage spürst du, wie sich der Wind dreht und wie sich Kraft in deinen Knochen ausbreitet. Ähnlich wirkungsvoll ist es, wenn du sie an deinen Arbeitsplatz stellst. Ein Quarzkristall in ihrem Topf verstärkt noch ihre Energie. Wenn du die Ctenanthe in deine Träume bittest, lässt sie dich von dem Leben träumen, das du dir wünschst, und unterstützt damit deine Manifestierungsarbeit.

DAMIANA

Turnera diffusa *(Damiana)*

WESENTLICHE EIGENSCHAFTEN

Liebe, Kreativität

Diese ein bis zwei Meter hohe Pflanze mit ihren zarten gelben Blüten ist in Mittelamerika und in der Karibik beheimatet. Die Indigenen dieser Regionen haben Damiana als Aphrodisiakum zu schätzen gewusst.

MEDIZINISCHE EIGENSCHAFTEN

Damianablätter stimulieren die weiblichen und männlichen Sexualorgane und können zu einem potenzfördernden Tonikum verarbeitet werden. Bestimmte Bestandteile der Pflanze wirken außerdem gegen Depression, Nervosität sowie Kopfschmerzen, helfen bei Verdauungsbeschwerden und steigern mentales und körperliches Durchhaltevermögen.

MAGISCHE EIGENSCHAFTEN

Damiana ist die Liebes- und Sexkönigin des Pflanzenreichs! Du kannst sie als Tee trinken, sie in Wein ziehen lassen oder in getrockneter Form über das Essen streuen, das du für dich und deinen Liebsten oder deine Liebste zubereitet hast. Damiana peppt Liebe und Leidenschaft auf. Die beste Wirkung mit Damiana erzielt man, indem man die Pflanzenbestandteile gemeinsam mit Rosenblütenblättern, Rosenquarz und rosafarbenem Himalajasalz ins Badewasser gibt. Zünde ein paar Kerzen an, und genieße gemeinsam mit deinem Partner oder deiner Partnerin ein liebevolles, sinnliches Badevergnügen.

PFLANZENWEISHEIT

Damianas hypnotisierende Blüten öffnen den Geist, während das verlockende Dunkelgrün ihrer Blätter den Verstand verführt. Damiana saugt dich auf, um dir ihre Botschaft vom Erwachen mitzuteilen. Sie öffnet dir die Augen für dein Innerstes und für die Schönheit der Welt. Ihre Weisheit ist berauschend, beseelend und intim – und das so intensiv, dass nicht jeder sich mit ihrer direkten Art wohlfühlt. Als ich ihr das erste Mal durch Meditation und Traumarbeit Zugang zu mir gewährte, ging es mir so. Ich bin als Kind missbraucht worden, und sie hat mein Trauma sofort gespürt und meinen Körper verlassen. Sie kommunizierte mit mir aus der Entfernung und riet mir, sie nur in kleinen Mengen – in energetischer wie in physischer Hinsicht – einzunehmen, bis ich mich ausreichend wohl mit ihr fühlte, um vollständig einzutauchen. Inzwischen haben wir eine enge und starke Freundschaft.

DAMIANA-SCHATZKÄSTCHEN

Ein Liebesschatzkästchen mit Damiana intensiviert eine bestehende Liebe oder holt die zurück, die sich verloren hat. Falls du jemanden rufen willst, den du geliebt und verloren hast, sei dir darüber im Klaren, dass das Schatzkästchen denjenigen nicht dazu bringen kann, dich wieder zu lieben. Sollte eure Liebe aber nur verblasst sein, kannst du die Beziehung wieder aufleben lassen. Dieser Zauber eignet sich auch, um in dir die Selbstliebe zu wecken.

Was du brauchst

eine leere Schachtel oder Dose

ein Foto von dir und deinem Partner/deiner Partnerin

2 Haarsträhnen, je eine von dir und deinem Partner/deiner Partnerin, verflochten

einen Gegenstand, der eure Beziehung symbolisiert

eine Handvoll getrockneter Rosenblütenblätter

Einen Rosenquarz

Affirmationen oder Liebesgedichte, um die Art Beziehung heraufzubeschwören, die du dir wünschst

Bilder aus Zeitschriften als Anstoß für das, was du manifestieren willst

eine Handvoll getrocknete Damianablätter

eine rote Kerze

Wie es geht

- Notiere auf einem Zettel deine Wünsche für die Liebe, die du teilen willst, und lege den Zettel in dein Schatzkästchen.
- Lege alle anderen Gegenstände dazu, bis auf die Kerze und die Damianablätter.
- Streue das meiste der Damianablätter über dem gesamten Inhalt aus.
- Schließe das Schatzkästchen, und entzünde die Kerze. Tropfe etwas rotes Wachs auf das Schatzkästchen, bestreue das Wachs mit dem Rest der Damianablätter, und lass das Wachs fest werden.
- Bewahre das Schatzkästchen unter deinem Bett oder an einem sicheren Ort auf.

DIEFFENBACHIE

Dieffenbachia *(Dumb Cane)*

Wesentliche Eigenschaften

Schutz, energetische Reinigung

Wie viele Zimmerpflanzen enthält die Dieffenbachie Calciumoxalatkristalle, weshalb sie nicht zum Verzehr geeignet ist. Auch der Kontakt mit ihrem Pflanzensaft sollte vermieden werden, da er ätzend und giftig ist und die Zunge lähmt. Er macht quasi »sprachlos«, weshalb sie auch unter dem Trivialnamen »Schweigohr« bekannt ist. Als robustes, immergrünes krautiges Gewächs ist sie dennoch als Zimmerpflanze sehr beliebt.

Medizinische Eigenschaften

In Brasilien wird aus ihren Blättern ein Aufguss gekocht, mit dem gegurgelt und Angina behandelt werden kann. Eine Tinktur aus ihren Wurzeln lindert genitalen Juckreiz und Gicht. Native Völker in der Karibik kauen eine Art namens *Dieffenbachia seguine*, um bei Männern eine vorübergehende Unfruchtbarkeit zu bewirken. In Französisch-Guayana werden mit Breiumschlägen aus den Pflanzenstilen Geschwüre behandelt. Der Saft der Dieffenbachie ist giftig und wird für zur Jagd genutzte Pfeilspitzen genommen.

Magische Eigenschaften

Die Dieffenbachie ist der Wachhund im Pflanzenreich, der dich und dein Zuhause vor negativen Energien schützt. Wenn schlechte Entitäten oder negative Energien in der Nähe lauern, dann »bellt« sie ihre Warnung, indem sie ihre Farbe von dunklem zu gelblichem Grün verändert. Bei mir steht sie sowohl innen als auch außen neben meiner Eingangstür, damit sie für mich negative Energien orten kann. Es ist außerdem sinnvoll, sie am Arbeitsplatz aufzustellen, um negative Energien aus dem Kollegium daran zu hindern, dass sie sich in deinem Umfeld ausbreiten, und um deine Aura gegen den bösen Blick zu immunisieren.

Pflanzenweisheit

Die Weisheit der Dieffenbachie hat ihren Schwerpunkt beim Thema Gier. Wenn du zu den Menschen gehörst, die von Zeit zu Zeit eher egoistisch handeln – womit wir alle gelegentlich Mühe haben –, oder Schwierigkeiten hast, eine Beziehung im Gleichgewicht zu halten, eignet sich die Dieffenbachie für dich. Sie wird den Ursprung deiner Gier freilegen und ans Licht bringen, welche Ursachen dahinterstecken. Die Dieffenbachie wird dir helfen, dich von diesem Festhalten zu lösen. Falls du unter Albträumen leidest, gewähre ihr Zugang zu deinen Träumen, denn sie wird deine Monster für dich aufspüren.

DILL

Anethum graveolens *(Dill)*

Wesentliche Eigenschaften

Liebe, Manifestieren, Schutz, Fülle

Diese aromatische, farnartige Pflanze findet mit ihrem ausgeprägten Geschmack in zahlreichen Gerichten Verwendung – nicht nur bei Dillgurken. Im Mittelalter glaubte man, dass Dillkraut vor Hexerei schütze.

Medizinische Eigenschaften

Wer Dillspitzen kaut, ist wacher, beruhigt seinen Magen und erhält außerdem reichlich Vitamine und Mineralstoffe. Darüber hinaus wird Dill gegen Fieber, Erkältungen, Husten, Bronchitis, Entzündungen, Nervenschmerzen, Periodenschmerz und Schlafstörungen eingesetzt. Dillsamen kauen hilft bei Halsschmerzen und Mundgeruch.

Magische Eigenschaften

Dill eignet sich ideal für Manifestierungszauber, da es die erhofften Energien verstärkt. Dill am Fenster oder als Ergänzung eines Kristallgitters bringt Fülle. Eine mit Dillsamen behandelte grüne Kerze fördert Erfolg und Reichtum. Der Samen wirkt schützend, wenn du ihn links und rechts von deiner Eingangstür und an deiner Hintertür streust, oder einen Bund Dill über deiner Wohnungstür aufhängst. Als Bestandteil von Liebeszaubern ist Dill ebenfalls geeignet – Dill in deiner Tasche oder Dillöl auf deinen Handgelenken verstärken deine Energie, Glück und Anziehung, wenn du verabredet bist, ausgehst oder dich mit neuen Menschen triffst.

Pflanzenweisheit

Dill möchte, dass du deiner Macht und deiner inneren Magie vertraust und weißt, dass es für dich keine Grenzen gibt. Er hilft dir, dich von einschränkenden Überzeugungen zu befreien, die dich in deiner magischen Arbeit behindern. Spielen der Duft oder Verzehr von Dill im Traum eine Rolle, dann sind sie ein Symbol für Liebe und Wohlstand. Ein Traum von der Pflanze ist eine Einladung, Dill in einer Mahlzeit für deinen Gefährten zu verarbeiten, um die Liebe zwischen euch neu anzufachen, oder ihn zu nutzen, um neue Liebe anzuziehen. Dill spürt, wenn es in deinem Herzen an Liebe fehlt, und kann dir helfen, die Leere zu füllen.

DILL-VISUALISIERUNGSBAD

Dieser Sud vereint alle Manifestierungspflanzen zu einem einzigartigen Kraftwerk! Er ist außergewöhnlich wirksam, überlege also gut, was du manifestieren willst und ob du damit auch wirklich deine wichtigsten Wünsche unterstützt.

Was du brauchst

eine Handvoll Dill, frisch oder getrocknet
eine Handvoll Jasmin, frisch oder getrocknet
eine Handvoll Zitronengras, frisch oder getrocknet
1 Orangenschale
1 Aventurin-Quarz
180 g koscheres Salz oder Speisesalz
einen Eimer

Wie es geht

- Vermische alle Zutaten in dem Eimer mit heißem Wasser, und lass die Flüssigkeit auf Raumtemperatur abkühlen.
- Begieße deinen Körper, indem du den Sud mit den Händen oder mit einer kleinen Schale aus dem Eimer schöpfst und ihn von unten nach oben bis zum Kopf überall verteilst. Dabei stellst du dir die Verwirklichung deiner Wünsche mindestens dreimal detailliert vor, bevor du den Sud unter der Dusche abspülst.

DOLDEN-WINTERLIEB

Chimaphila umbellate *(Pipsissewa)*

Wesentliche Eigenschaften

Manifestieren, Verbannen

Das Dolden-Winterlieb ist ein seltenes Heidekrautgewächs mit Doldentrauben aus bezaubernden kleinen, glockenförmigen, rosa-weißen Blüten. Es wächst auf der Nordhalbkugel auf trockenen Waldböden, gerne unter Kiefern. In der Cree-Sprache trägt die Pflanze den hübschen Namen Pipsissewa, was »setzt sich zusammen aus kleinen Einzelteilen« bedeutet. Gelegentlich wird sie als Zutat in Rootbeer genutzt. In Deutschland ist Dolden-Winterlieb stark gefährdet und steht unter Naturschutz.

Medizinische Eigenschaften

Die indigenen Kulturen in Nordamerika behandeln eine Reihe von Leiden mit Dolden-Winterlieb, wie Nierensteine, Blasen- und Rückenbeschwerden. Sie wirkt harntreibend und hat den ersten Siedlern bei Nierenproblemen und Rheumatismus geholfen. Du kannst entweder ihre Blättern kauen oder aus den Blättern, Stielen und Wurzeln einen Tee kochen. In Mexiko ist sie ein Bestandteil von Navaitai, einem alkoholischen Getränk aus gekeimtem Mais.

Magische Eigenschaften

Wenn ich Klienten bei einem Neuanfang oder einem neuem Lebensweg unterstützen will, rate ich zur Verwendung von Dolden-Winterlieb, weil es ihnen hilft zu erkennen, wie sie ihre Wünsche erfüllen können – und wovon sie sich trennen müssen, um Platz für Neues zu schaffen. Dolden-Winterlieb funktioniert wie eine Antenne, die sich auf deine Innenwelt einstimmt und zugleich verfolgt, was außerhalb geschieht. Es kreist genau das ein, was du anziehen und was du abstoßen musst.

Die Pflanze in der Wohnung zu haben kann jedoch Verwirrung stiften, da sie jeden Mitbewohner beeinflusst. Das ist natürlich eine gute Sache, außer wenn es bei allen gleichzeitig geschieht. Ich rate dazu, sie im Freien zu halten und sie zu bitten, sich allein auf dich zu konzentrieren, oder auf die Person, die in deinen Augen Hilfe benötigt. Ihren Fokus kannst du aufrechterhalten, indem du ein Foto von dir neben sie stellst. Die Zauber und Intentionen, die du mit der Pflanze erarbeitet hast, halten so eine lange Zeit. Außerdem kannst du ihre Blütenblätter, Blätter und Stängel in deiner Arbeit zum Anziehen und Abwehren nutzen.

PFLANZENWEISHEIT

Das Dolden-Winterlieb hat einen Doppelgeist, der weiß, was die Pflanze will und was sie nicht braucht. Seine Weisheit ist einfach und wird von vielen nicht erkannt: Um etwas Neues zu schaffen, muss etwas Altes gehen.

Es wird dich nicht im Traum besuchen; nimm stattdessen durch Meditation Kontakt mit ihm auf, wie ich es in der Einleitung zum dritten Teil des Buches beschrieben habe.

PIPSISSEWA-ABWEHRELIXIER

Verwende diesen Zauber, um Menschen, Situationen oder Überzeugungen von dir fernzuhalten, die in deinem Leben keinen Platz mehr einnehmen sollen.

Was du brauchst

Blätter, Stängel und Blütenblätter des Dolden-Winterlieb
1 Zweig Rosmarin
1 Teelöffel Mutterkraut, frisch oder getrocknet
1 Teelöffel Wermutkraut, frisch oder getrocknet
2–3 Eukalyptusblätter, frisch oder getrocknet
1 Teelöffel Salz

Wie es geht

- Bring einen Topf mit Wasser zum Kochen. Stell die Flamme herunter, und gib alle Zutaten bis auf das Salz hinein. Decke den Topf ab, und lass den Sud noch 10 Minuten auf kleiner Flamme köcheln, dann nimm ihn vom Feuer.
- Gib das Salz hinzu. Führe dann deine geöffneten Hände nah zu deinem Mund. Blase 3-mal heißen Atem auf deine Handflächen, und flüstere dazu, was du abwehren möchtest.
- Stell dir vor, wie dein Gebräu in Flammen aufgeht und das verbrennt, wovon du dich befreien möchtest.
- Halte deine Handflächen 11 Atemzüge lang dicht an deinen Mund, und entsorge dann das Zaubermittel – in den Ausguss, in die Toilette, wie auch immer. Wasche dir anschließend die Hände.

DRACHENBAUM
Dracaena *(Dracaena)*

Wesentliche Eigenschaften

Fülle, weibliche Energie

Dracaena bedeutet »weiblicher Drache« – vielleicht deshalb, weil die Stämme mancher Arten blutrot sind. Sie sind ideal als Zimmerpflanzen geeignet, müssen nicht viel gegossen werden, aber fühlen sich in feuchtem Klima am wohlsten. Um den Stamm gelegte Steine helfen dabei, die ideale Feuchtigkeit für den Drachenbaum zu regulieren.

Medizinische Eigenschaften

Einigen Drachenbaumarten (*Dracaena cinnabari*) kann man ein Harz – das Drachenblut – entnehmen, das früher in Zahnpasta, zum Färben, zur Behandlung von Rheumatismus und Ruhr sowie als Räuchermittel verwendet wurde. Heute wird das Harz des Drachenbaums vor allem als Holz-

firnis, insbesondere im Geigenbau, eingesetzt. Wie viele Zimmerpflanzen eigenen sich Drachenbäume zur Luftreinigung und verringern – im Innen- wie im Außenbereich – insbesondere den Bleigehalt der Luft.

Magische Eigenschaften

Einige Drachenbaumarten können zu imposanten Bäumen heranwachsen, deren Zweige sich in allen Richtungen hin ausbreiten und an einen vielköpfigen Drachen erinnern. Die Benutzung von Drachenbaum – seien es die Blätter, das Harz, die Borke oder auch nur seine Energie – vergrößert die Wirkung jeden Zaubers. Am besten eignet sich Drachenbaum bei Zaubern, in denen es um Fokus, Antrieb und Selbstvertrauen geht.

Pflanzenweisheit

Drachenbaum ist ideal für die Frau in einer leitenden Funktion – er kann dich beim Führen deiner Firma unterstützen und, um die Wahrheit zu sagen, eigentlich bei allem, was der Führung bedarf. Stell ihn dir als Drachen vor, der mit dir zusammenarbeitet – leidenschaftlich, mächtig und unaufhaltsam. Er hilft dir, aufzusteigen, Ziele zu erreichen und Pläne zu verwirklichen, und sorgt für Klarheit bei allem, was anstrebst. Mit der Unterstützung des Drachenbaums kannst du ein ganzes Firmenimperium aufbauen. Sobald du eng mit ihm kooperierst, darfst du lebhafte Träume über deine mögliche Zukunft erwarten.

DRACHENBLUT
Sanguis draconis *(Dragon's Blood)*

Wesentliche Eigenschaften

Schutz, Verstärkung, Liebe

Drachenblut bezeichnet ein rotes Naturharz, das aus dem Wolfsmilchgewächs Kroton (*Dracaena cinnabbari*), dem Echten Zimtbaum und aus bestimmten Arten der Palmengattung *Daemonorpos* gewonnen wird. Heute wird Drachenblut vorrangig aus *Daemonorpos*-Palmen gewonnen. Das

Harz ist hell- bis dunkelrot und ist als pflanzliches Heilmittel, als Farbstoff und Beschichtungswerkstoff seit der Antike bekannt.

Medizinische Eigenschaften

Drachenblut wirkt virenhemmend und wundheilend. Viele Naturheilmittel und Naturkosmetika enthalten Drachenblut, weil es nicht nur Alterserscheinungen vorbeugt, sondern auch verjüngt und schützt. Entzündungen können ebenfalls mit dem Harz behandelt werden.

Magische Eigenschaften

Im Handel sind Drachenblutharzklumpen erhältlich, die man mit dem Hammer zerkleinern und dann im Mörser zu Pulver vermahlen kann. Vermischt man das Pulver mit Wasser, kann man es als Tinte oder Farbe verwenden. Mit dieser Tinte kannst du Zaubersprüche, Vorsätze und sogar Liebesbriefe schreiben, um sie noch zu verstärken. Liebesbriefe können sich an einen geliebten Menschen richten, an dich selbst oder an eine Person, in die du dich frisch verliebt hast. Du musst sie nicht zwangsläufig absenden; schon allein das Schreiben gewährt dir Zugang zu der Energie des Drachenblutes.

Pflanzenweisheit

Es wäre unmöglich gewesen, in diesem Buch auf Drachenblut zu verzichten, da das Harz ein so mächtiger Zauberverstärker ist! Darüber hinaus wirkt es schützend und reinigend. Du kannst Drachenblut in einer Räucherung verbrennen, um negative Energien zu vertreiben oder einfach um die Vibrationskraft deiner magischen Arbeit zu erhöhen. Zwar wirkt es insbesondere verstärkend auf Liebe und Geld, doch kann es auch für die Heilung und den Schutz deines Zuhauses zum Einsatz kommen.

DREIBLÄTTRIGER FEUERKOLBEN

Arisaema triphyllum *(Jack-in-the-Pulpit)*

Wesentliche Eigenschaften

Gleichgewicht, Schutz

Der Dreiblättrige Feuerkolben oder auch die Dreiblättrige Kobralilie gehört in die Gattung der Aronstabgewächse. Eine Pflanze kann von einer Saison zur nächsten und mehrmals im Verlauf ihres Lebens ihr Geschlecht wechseln. In der Jugend ist sie meist männlich, im späteren Leben weiblich oder hermaphroditisch. Die Blüten haben ein phallisches Aussehen.

Medizinische Eigenschaften

Passenderweise vermag der Feuerkolben die Fruchtbarkeit sowohl bei Männern als auch bei Frauen zu steigern. Ihre bitteren und wärmenden Eigenschaften werden in der Traditionellen Chinesischen chinesischen Medizin bei Atemstörungen eingesetzt. Vergiss nicht, diese Pflanze vor dem Verzehr sorgfältig zu kochen, denn sie enthält Calciumoxalatkristalle, die im rohen Zustand giftig sind.

Magische Eigenschaften

Die Zweigeschlechtigkeit des Feuerkolbens kann uns als Inspiration dienen. Wir alle vereinen gegensätzliche Kräfte in uns, und der Dreiblättrige Feuerkolben kann uns lehren, wie uns beide Möglichkeiten zugänglich bleiben. Der Feuerkolben kann dir beispielsweise helfen, bei einem Streit beide Seiten zu verstehen.

Ich selbst bin bisexuell und habe festgestellt, dass der Feuerkolben mich ohne Wenn und Aber so akzeptiert, wie ich bin. Die Pflanze heilt diejenigen besonders gut, die ihr ähnlich sind. Wenn ich Klienten aus der LGBT-Community habe, bringe ich immer den Dreiblättrigen Feuerkolben ein, um ihnen die herzliche Umarmung zu geben, nach der sie sich meistens sehnen, und biete ihrem Geist auf diese Weise Akzeptanz an.

Bewahre den Feuerkolben für alle Gebete und Heilarbeit in deinem geheiligten Raum auf.

Pflanzenweisheit

Wenn der Dreiblättrige Feuerkolben in deinen Träumen auftaucht, dann übermittelt er dem Träumenden eine einzigartige Botschaft. Beispielsweise hat die Pflanze viel mit den verborgenen Aspekten des Selbst zu tun. Also mit Dingen, von denen man selbst oft gar nichts weiß. Sie lehrt dich, alle deine Seiten und Schatten anzunehmen. Am besten gedeiht der Feuerkolben im Freien, wo er mit seiner ausgleichenden Energie eine wunderbare, sichere Sphäre um dein Zuhause erschaffen kann.

Feuerkolben-Schutzglas

Dieses Schutzglas ermöglicht es dir, sehr konkret festzulegen, wovor es dich beschützen soll. Der Dreiblättrige Feuerkolben wird dir dabei helfen.

Was du brauchst

Räucherwerk (Ich empfehle Zeder, Copal, Weihrauch, Myrrhe oder Lavendel.)
1 Esslöffel Schwarzen Pfeffer
Zitronenschale von einer Zitrone
eine Haarsträhne von dir
ein Schraubglas mit Deckel
3–6 Samenkörner des Dreiblättrigen Feuerkolbens
Olivenöl oder ein anderes Öl deiner Wahl

Wie es geht

- Reinige mit dem Räucherwerk deinen Raum und dein Werkzeug.
- Sobald du bereit bist, gib alle Zutaten bis auf die Samenkörner und das Öl in das Gefäß.
- Gib deine Samen einen nach dem anderen hinzu, und verbinde jeden mit der Intention, einen bestimmten Bereich in deinem Leben zu schützen. Verbinde jeden Samen mit einer eigenen Intention,

zum Beispiel »Schutz vor Verurteilung« oder »Schutz für mein Herz«.

- Zum Schluss füllst du das Gefäß bis zum Rand mit dem Öl auf.
- Verschließe es fest, und stelle es für 30 Tage auf das Fensterbrett.
- Nach dem 30. Tag bringst du das Gefäß ins Freie und begräbst es in der Erde.

EFEU
Hedera *(Ivy)*

WESENTLICHE EIGENSCHAFTEN

Neuanfänge

Efeu wird häufig über den Eingangstüren von Pubs abgebildet, weil man meinte, er könnte Betrunkenheit abmildern ... aber das tut er natürlich nicht. Vielmehr trifft sogar das Gegenteil zu: Ausgerechnet aus Efeu lässt sich ein Gebräu herstellen, das besonders die Anhänger von Dionysos, dem griechischen Gott des Rausches, zu schätzen wussten.

MEDIZINISCHE EIGENSCHAFTEN

Mit Efeu kann man Keuchhusten behandeln, da er eine milde krampflösende Wirkung hat. Deshalb hilft er auch gegen Bronchitis. Außerdem hilft ein Breiumschlag aus seinen Blättern bei Schwellungen. Ich rate jedoch zu Vorsicht bei der Verwendung, da manche Menschen Efeu nicht vertragen, egal ob sie ihn einnehmen oder äußerlich anwenden.

MAGISCHE EIGENSCHAFTEN

Viele Menschen betrachten Efeu als Unkraut, weil die Pflanze überall und in jede Richtung wächst – nach oben wie zur Seite. Aber er kann uns gerade in dieser Hinsicht ein Vorbild sein und uns dazu inspirieren, hartnäckig zu bleiben und immer wieder neue Versuche zu starten, auch dann, wenn wir Erfolg für unmöglich halten. Efeu erinnert uns an alles, was wir durchgestanden haben, an die Niederlagen, das Versagen und die Hindernisse, die wir erlebt haben – und die wir nicht nur überstanden sondern die uns stärker gemacht und uns besser auf das vorbereitet haben, was uns noch bevorsteht.

PFLANZENWEISHEIT
Efeu zeigt uns, dass Veränderungen nicht immer etwas Schlechtes sind. Man kann neue Wege gehen, Beziehungen, Gewohnheiten, ja alles Mögliche auch zum Besseren verändern. Du musst vor Veränderungen keine Angst haben, weil du immer Führung durch deine Ahnen erhältst. Wenn du dich in einem Übergang unsicher fühlst, dann bringt Efeu dir Seelenfrieden. Er ist der König des Reisens, da er dorthin klettert, sich windet und nach allem greift, wohin ihn sein Geist führt. Diese Art Vertrauen ins Universum sollten wir uns alle zum Vorbild nehmen.

ECHTER EIBISCH
Althaea officialis *(Althaea)*

WESENTLICHE EIGENSCHAFTEN
Heilung, übersinnliche Fähigkeiten
Im Englischen ist die Pflanze auch als Marshmallow bekannt (deutsch: Sumpf-Malve), daher auch der Name der Süßigkeit, da zu deren Herstellung neben Eiern und Zucker auch die Wurzel des Eibischs verwendet wurden. Die Blüten des Eibischs wirken leicht und luftig und sind überwiegend weiß. Ihr lateinischer Name bedeutet »die Heilsame«. Sie wächst in Sumpfgebieten oder an Bächen und bevorzugt feuchte und sandige Böden.

MEDIZINISCHE EIGENSCHAFTEN
Im antiken Griechenland war Eibisch eine der bedeutendsten Heilpflanzen. Die Wurzeln sind nahrhaft und reich an Ballaststoffen, weshalb sie hilfreich bei Verdauungsproblemen sind. Darüber hinaus lindert die

Pflanze Husten und Erkältungen, wirkt bei Halsschmerzen und beruhigt Hautreizungen. Heutzutage ist sie ein häufiger Bestandteil von Kosmetikartikeln.

Magische Eigenschaften

Eibisch ist eine gastfreundliche Pflanze und lockt wohlwollende Geister in dein Heim. Du kannst sie auf deinem Altar aufstellen und bitten, Geistern mit freundlichen Absichten Zugang zu deinem Raum zu verschaffen. Vergiss nicht, ein Wasserglas neben die Pflanze zu stellen. So sorgst du dafür, dass die Geister in diesem Raum bleiben und sich nicht überall in deinem Zuhause ausbreiten. Außerdem solltest du getrockneten Echten Eibisch zusammen mit Copal, Myrrhe oder Weihrauch verbrennen, damit du bei der Zusammenarbeit mit diesen Geistern ausreichend geschützt bist und deine übersinnlichen Fähigkeiten noch ausbauen kannst. Wenn ich das Zuhause eines Klienten reinige, dann befestige ich etwas Echten Eibisch in meinen Haaren, die ich bei der Arbeit immer hochstecke. Trage Echten Eibisch bei dir, um dich zu schützen.

Pflanzenweisheit

Wenn Eibisch in deinen Träumen vorkommt, dann wirst du mit großer Wahrscheinlichkeit davon träumen, wie die Pflanze verbrennt oder im Wasser treibt. Diese beiden sind die einzigen Arten, auf die ich bei meinen Nachforschungen bei indigenen Völkern und im Gespräch mit anderen Pflanzenflüsterern gestoßen bin. Echter Eibisch erscheint mit Feuer, um vor Gefahr, Bösem oder schlechten Absichten zu warnen, die in deiner Wohnung auf der Lauer liegen könnten. Wenn er in Verbindung mit Wasser erscheint, dann will er dich heilen. Er hat sich mit deinem Geist verbunden und sucht die Zusammenarbeit mit dir bei der Heilung deiner alten Traumata.

Um Schutz zu erhalten und Böses fernzuhalten, pflanze Eibisch an den Haus- oder Grundstücksecken. Er gewährt außerdem guten Geistern Zugang, um dein Heim zu schützen. Seine Gegenwart ist tröstlich und kann dein Zuhause zu einem glücklicheren und friedlicheren Ort machen.

EINJÄHRIGES SILBERBLATT

Lunaria annua *(Honesty)*

WESENTLICHE EIGENSCHAFTEN

Mondmagie, Klarheit

Der lateinische Name des Einjährigen Silberblatts geht auf ihre scheibenförmigen, schimmernden Samenschoten zurück, die an den Vollmond erinnern. Die Pflanze wird wegen ihrer duftenden Blüten und wegen ihrer papierdünnen Samenschoten sehr geschätzt und oft in Trockenblumensträußen verwendet.

MEDIZINISCHE EIGENSCHAFTEN

Die Wurzeln und Samen der Pflanze sind essbar. Aus ihren Samen kann man eine Würzpaste herstellen, die Senf ähnelt: Dazu mahlt man die Samen in einem Mörser, gibt ein wenig kaltes Wasser hinzu und lässt die Mischung zehn bis fünfzehn Minuten ruhen. In dieser Zeit wird sie einen starken Duft entwickeln. Dann verdünnt man das Ganze mit heißem Wasser oder ein wenig Essig und gibt etwas Salz dazu.

MAGISCHE EIGENSCHAFTEN

Die Samenschoten des Silberblatts sind so dünn, dass man fast durch sie hindurchsehen kann. Diese Transparenz ist ein Hinweis auf ihre Fähigkeit, die Wahrheit ans Licht zu bringen und dich zu spiegeln. Nutze es, wenn du Klarheit suchst. Ein Silberblatt im Haus bringt dir und deinen Mitbewohnern gegenseitige Transparenz. Du kannst sie auf den Esstisch stellen oder in den Raum, in dem ihr als Familie zusammenkommt, oder dorthin, wo du schwierige Gespräche mit deinem Partner oder deiner Partnerin führst. In jedem Fall wird sie die wahren Gefühle und Gedanken an die Oberfläche holen während sie gleichzeitig darauf achtet, dass es friedlich bleibt. Ich halte gerne einen Strauß aus Einjährigem Silberblatt in der Hand, wenn ich mir schwere Fragen stellen muss – die Pflanze hilft mir, meinen Selbstbetrug zu entlarven. Sie unterstützt dich beim Reflektieren, dabei, dir deine Gedanken bewusst zu machen und zu deinen Handlungen zu stehen.

Pflanzenweisheit

Silberblatt unterstützt die Ziele, die du im Rahmen eines Vollmondzaubers ins Auge fasst. Falls dir der Zugang zu anderen Welten oder der Kontakt mit Geistern oder deinem höheren Selbst schwerfällt, dann lass das Einjährige Silberblatt dir helfen. Es wird das Unsichtbare ausleuchten. Wenn ich mir eine ungeliebte Gewohnheit abtrainieren möchte, dann lade ich die Pflanze in meine Träume ein, damit sie mich führt. Sie bringt mir Klarheit über die Motive, die meinen Gewohnheiten zugrunde liegen, und zeigt mir, warum ich immer wieder zu Gedanken und Verhaltensweisen zurückkehre, die mir nicht guttun.

Reflektion mit dem Einjährigen Silberblatt

Ich unterziehe mich dieser Selbstüberprüfung mindestens einmal im Monat. Sie hilft mir, meine Intentionen zu ergründen, und führt mich direkt an den Ursprung meines Denkens, Fühlens und Handelns. Kein Mensch ist vollkommen, und wir alle haben Fehler, mit denen wir uns auseinandersetzen und die wir abstellen müssen. Das Einjährige Silberblatt hilft dir, dich selbst zu überprüfen, und sorgt dafür, dass du auf deine höhere Berufung hin ausgerichtet bist. Scanne dich immer dann, wenn du das Gefühl hast, ein bisschen neben der Spur zu sein, oder unterziehe dich einmal im Monat dieser Selbstprüfung, damit du auf dem aktuellen Stand bleibst.

Was du brauchst

einen Spiegel
eine Schüssel mit Wasser

eine Handvoll Blütenblätter des Einjährigen Silberblatts
eine weiße Kerze
1 Bündel getrocknete Samenschoten des Einjährigen Silberblatts

Wie es geht

- Setz dich an einem ruhigen Ort vor deinen Spiegel.
- Stell die Schüssel mit dem Wasser vor dich hin, und lasse ein paar Blütenblätter des Silberblatts auf der Wasseroberfläche schwimmen.
- Zünde die weiße Kerze an, und stelle sie neben die Schüssel.
- Streiche mit dem Bündel Samenschoten über deinen Körper, vom Kopf bis zu den Füßen.
- Verbinde die Bewegung mit zischenden oder rauschenden Lauten, und stelle dir vor, dass du dunkle Wolken von deinem Körper forttreibst.
- Wiederhole das Verfahren dreimal. Anschließend hältst du ruhig das Bündel mit den Samenschoten in der Hand.
- Schaue dir im Spiegel tief in die Augen, und hole 7–10-mal tief Luft. Das kann sich sehr überwältigend anfühlen, also atme tief ein, und beruhige deinen Geist.
- Führe ein Gespräch mit deinem Spiegelbild. Stelle ihm im Geiste Fragen, und gestatte es ihm, dir zu antworten. Dein höheres Selbst wendet sich durch den Spiegel an dich.

ELEFANTENFUSS
Beaucarnea recurvata *(Ponytail Palm)*

WESENTLICHE EIGENSCHAFTEN
Gleichgewicht, übersinnliche Fähigkeiten, Glücklichsein
Der Elefantenfuß ist in mehreren Regionen im Osten von Mexiko zu Hause. Er ist anspruchslos und ungiftig (falls deine Katze auf den schmalen

Blättern herumkauen will). Im englischen Sprachraum ist die Pflanze als Ponytail Palm bekannt, obwohl sie nicht zu den Palmen-, sondern zu den Spargelgewächsen gehört. In frostfreien Regionen eignet sie sich ideal für den Vorgarten, kann eine Wuchshöhe von bis zu zehn Metern erreichen und sehr alt werden. Im Haus gehalten, bleibt sie klein. Ihre schlanken Blätter wachsen gleichmäßig auf allen Seiten wie Haare von einem Kopf herab.

Medizinische Eigenschaften

Diese Pflanze hat keine bekannten medizinischen Eigenschaften.

Magische Eigenschaften

Der Elefantenfuß ist ein Feng-Shui-Liebling, denn er verkörpert das perfekte innere Gleichgewicht von Yin und Yang. Wir alle suchen nach Gleichgewicht in unserem Leben, und der Elefantenfuß zeigt dir, wie du es erreichen kannst. Deinen Elefantenfuß wird sich wohlfühlen, wenn du ihn im Sommer nach draußen stellst und im Winter ins Haus holst. Er mag sowohl schattige als auch sonnige Standorte – darin liegt seine Stärke. Am liebsten habe ich ihn auf meinem Schreibtisch, in meinem geheiligten Raum – aber eigentlich überall dort, wo ich für einen ausgeglichenen Energiefluss sorgen will.

Pflanzenweisheit

Wenn ich an einem wichtigen Projekt mit Abgabetermin arbeite, stelle ich meinen Elefantenfuß an einen anderen Ort. Elefantenfuß verbindet sich mit meinem freien Geist, und wenn das geschieht, dann bin ich zu entspannt und zu glücklich, um mir über irgendetwas Sorgen zu machen – was ja im Prinzip wunderbar ist, außer man muss einen Abgabetermin einhalten.

Also steht der Elefantenfuß doch am besten im Wohnzimmer, wo er der ganzen Familie hilft, sich zu entspannen. Falls es dir schwerfällt, Stress abzubauen, und du dich frei und wild fühlen willst, dann tue dich mit dieser Pflanze zusammen. Er holt in uns allen das Kind und den Freigeist an die Oberfläche – und mit ihnen die Freude und eine glückliche Energie, die wir alle in unserem Leben haben sollten. Lernt euch erst ein paar Wochen lang kennen, bevor du den Elefantenfuß in deine Träume einlädst, doch wenn er dort erst einmal erscheint, dann wird er dir bei der Entfaltung deiner übersinnlichen Fähigkeiten helfen.

ENGELWURZ
Angelica *(Angelica)*

Wesentliche Eigenschaften

Schutz, Heilung, energetische Reinigung

Engelwurzen haben einen bitteren und erdigen Geschmack und werden häufig zum Aromatisieren von Alkohol verwendet – am bekanntesten sind wahrscheinlich Gin und Chartreuse. Ihren Namen hat die Pflanzenart erhalten, weil man glaubte, dass sie vor der Pest schützt und mit dem Erzengel Michael in Verbindung steht. Sie blüht um den Michaelistag am 29. September herum, und es heißt, dass er in einer Vision erschien, um zu erklären, wie die Engelwurzen gegen das Böse schützen. Ihre Blüten fächern sich weit auf wie ein Strahlenkranz.

Medizinische Eigenschaften

Engelwurzen haben viele heilende Eigenschaften, doch ist Vorsicht geboten. Schwangere sollten sie meiden, da sie möglicherweise eine Straffung im Beckenraum bewirkt, was zu einer Fehlgeburt führen kann. Außerdem enthalten sie Furocumarine, die die Haut besonders sensibel auf UV-Strahlung reagieren lassen. Bei vorsichtiger Handhabung kann die Pflanzenart Erkältungen und andere Atemwegserkrankungen heilen, Wundheilung beschleunigen und Kopfschmerzen und Sodbrennen lindern.

Magische Eigenschaften

Engelwurzen wirken insbesondere für Frauen schützend. Man kann ihre Wurzeln mahlen und als Tonikum verwenden oder eine getrocknete Wurzel als Amulett tragen. Das Verbrennen ihrer getrockneten Blätter vertreibt negative Energien;

Engelwurzen im Badewasser fangen böse Wünsche ab.

Ich arbeite gerne mit Engeln, seit ich sie zum ersten Mal gesehen habe, und Engelwurzen erscheinen mir auf göttliche Weise mit dem Engel- und Feenreich verbunden. Wenn du beim Beten Engelwurzen in der Hand hältst, dann verstärkst du deine Intention und kannst deine Wünsche klar und deutlich übermitteln.

Pflanzenweisheit

Träume von Engelwurzen werden mit Träumen von Engeln gleichgesetzt. In Träumen wirken sie schützend und verwandeln einen Albtraum in einem schönen Traum, wenn du dir die Pflanze dabei vorstellt.

Engelwurzen eignen sich besonders gut, um dich von negativen Gedanken zu befreien, weshalb ich ein Exemplar neben meinen Spiegel und mein Bett stelle, wenn ich mit meinem nackten Körper unzufrieden bin. Sie strahlen Frieden und Liebe aus und sollten dort stehen, wo die Familie zusammenkommt, damit sie Negativität und Streit auflöst.

ENZIAN

Gentiana *(Gentian)*

Wesentliche Eigenschaften

Spirituelle Entwicklung

Enzian hat seinen lateinischen Namen von dem illyrischen König Genthios, der als Erster die Heilwirkung der Pflanze entdeckt haben soll … vor über zweitausend Jahren. Der meist strahlend blaue Enzian wird auch heute noch verarbeitet, in der Regel vor allem zu Schnaps und als Magenbitter wie Angostura Bitter oder Peychaud's Bitter. Es gibt viele verschiedene Enzian-Arten, die vorwiegend im Gebirge gedeihen. In Deutschland steht er unter Naturschutz.

Medizinische Eigenschaften

Mit Enzian kann man die Leberfunktion und die Verdauung verbessern, die Nieren entgiften und Parasiten bekämpfen. Er wirkt sich außerdem positiv auf den Kreislauf aus, indem er den Blutfluss zu den Extremitäten verbessert. Angstzustände und Konzentrationsschwäche lassen sich ebenfalls mit Enzian behandeln. Äußerlich angewandt, beschleunigt er die Wundheilung. Übermäßige Inanspruchnahme kann zu Reizüberflutung führen, Enzian sollte spätestens nach zwei bis drei Wochen abgesetzt werden.

Magische Eigenschaften

Enzian kommt weniger im Zusammenhang mit Zaubern zum Einsatz; er ist eher ein spiritueller Partner. Die Pflanze macht dir bewusst, welche Lektionen du im Leben bereits gelernt hast, und zeigt dir so, dass du Schwierigkeiten schon immer gut bewältigt hast. Enzian hilft dir, die Höhen und Tiefen des Lebens zu akzeptieren.

Pflanzenweisheit

Wenn du dich auf einer spirituellen Reise befindest oder deine spirituelle Praxis vertiefen willst, dann solltest du zum Enzian eine Beziehung aufbauen. Er wird dir helfen, deine innere Wahrheit zu finden. Er ist warmherzig und mitfühlend und strahlt eine heitere Energie aus. Er ermutigt dich zum Weitermachen und gibt dir das Vertrauen, dass du letztlich erfolgreich sein wirst, ungeachtet der Rückschläge auf dem Weg dorthin. Enzian lehrt uns, wie wichtig es ist, mit uns selbst und mit dem Leben Geduld zu haben, und erinnert uns daran, die Dinge gelassen anzugehen und für alles offen zu bleiben. Hindernisse sind keine Energieverschwendung – sie sind wie Werkzeuge, die wir für unseren weiteren Lebensweg erwerben. Falls du gerade Schwierigkeiten hast, dich in einer komplizierten Situation zurechtzufinden, dann lasse Enzian in deine Träume. Er wird dir deinen Weg zeigen.

ERLENBLÄTTRIGER SCHNEEBALL
Viburnum alnifolium/lantanoides *(Devil's Shoestring)*

WESENTLICHE EIGENSCHAFTEN

Schutz, Glück, Achtsamkeit, Verbannen

Als »Teufelsschnürsenkel« werden im Englischen die getrockneten Wurzeln von Schneeballarten bezeichnet, die im östlichen Nordamerika verbreitet sind. Die Wurzeln sind lang und dünn wie Schnürsenkel und zugleich fest und elastisch wie eine Schlingpflanze. Es gibt eine ganze Reihe von Pflanzen, deren Wurzeln als »Teufelsschnürsenkel« bezeichnet werden, doch in der Magiearbeit von lateinamerikanischen und Hoodoo-Kulturen werden nur die Wurzeln des Erlenblättrigen Schneeballs (*Viburnum alnifolium = lantanoides*) verwendet.

MEDIZINISCHE EIGENSCHAFTEN

Die Wurzeln des Erlenblättrigen Schneeballs wirken krampflösend, und ein aus ihnen zubereiteter Tee hilft gegen Periodenkrämpfe und andere Schmerzen.

MAGISCHE EIGENSCHAFTEN

Negative Energien, den bösen Blick und andere energetische Angriffe kann man abwehren, indem man ein Bündel der Wurzeln über der Haustür befestigt oder neben ihr eingräbt. Außerdem kannst du den Strauch natürlich in deinen Garten pflanzen, wo sich seine Wurzeln ausbreiten und verflechten und so eine Barriere in der Erde bilden werden. In Whiskey oder Wodka eingelegte Wurzeln ergeben eine Tinktur, die du zum Schutz oder für Glück entweder trinken oder auf deinen Handgelenken verteilen kannst. Der »Teufelsschnürsenkel« ist in einem Schutz- oder Bannzauber äußerst wirksam.

Pflanzenweisheit

Die Zusammenarbeit mit dem »Teufelsschnürsenkel« ist sehr intim. Er sagt dir: »Liebes Kind, kümmere dich nicht um die Schatten, die sich anschleichen.« Er wird dir zeigen, wenn dir spirituelle Angriffe drohen, und er wird dich vor ihnen zu beschützen. Außerdem bringt er dir Glück, indem er dich vor Ignoranz bewahrt und davor, zu verlieren oder zu versagen. Die Zusammenarbeit mit den Wurzeln des Erlenblättrigen Schneeballs bedeutet ultimativen Schutz, denn sie retten dich auch vor dir selbst – vor Ablenkung, Prokrastination oder Selbstsabotage. Beim Schreiben habe ich immer ein Stück Teufelsschnürsenkel in der Tasche, vor allem dann, wenn der Abgabetermin näher rückt. Im Traum wird dir die Pflanze nicht begegnen, aber in der Meditation wird sie immer für dich da sein.

EUKALYPTUS
Eucalyptus *(Eucalyptus)*

Wesentliche Eigenschaften

Kreativität, Klarheit, energetische Reinigung, Heilung

Zur Pflanzengattung der Eukalypten gehören mehr als vierhundert unterschiedliche Arten, die überwiegend in Australien beheimatet sind. Die Art Blauer Eukalyptus ist die Hauptquelle von Eukalyptusöl. Die Bäume verströmen einen starken, erfrischenden Duft. Sie wachsen schnell und hoch, und manche Arten speichern so viel Wasser, dass es austritt, sobald man Druck auf die Borke ausübt.

Medizinische Eigenschaften

Eukalyptus ist erstaunlich antimikrobiell und wird in der Behandlung von Erkältungen und anderen Atemwegserkrankungen, gegen Pilzinfektionen und in der Wundversorgung eingesetzt. Außerdem spielt Eukalyptus eine

Rolle in der Zahnpflege, wehrt Insekten ab, lindert Schmerzen und regt das Immunsystem an.

Magische Eigenschaften

Mir ist natürlich klar, dass nicht jeder einen Eukalyptusbaum im Garten haben kann, aber es ist auch ohne direkten Kontakt möglich, eine gute Beziehung zu der Art aufzubauen. Die Blätter fördern als Räucherwerk Kreativität und vertreiben Negativität. Für Heilzwecke kannst du mit Eukalyptusöl eine blaue Kerze salben oder es auf deine Handgelenke tupfen, um deine Meditation zu vertiefen. Im Bodenwischwasser wirkt Eukalyptusöl reinigend. Ich fege mit den Blättern meinen Altar ab, um seine positive Energie zu steigern. Diese Energie nutze ich wiederum für Heilzauber, um kreativ und künstlerisch zu arbeiten, und sogar als Schutz gegen den bösen Blick. Außerdem befestige ich zweimal im Jahr ein Büschel Eukalyptusblätter an meinem Duschkopf, denn so aktiviert der Wasserstrahl die Heilkraft der Pflanze und führt sie meinem Körper direkt zu. Allein schon der Duft wirkt beruhigend für Geist und Körper.

Pflanzenweisheit

Eukalyptus hat wahrscheinlich die süßeste Pflanzenseele, die mir jemals begegnet ist. In ihrer Weisheit lehrt er dich, deinen Körper, deinen Geist und deine Seele heilig und gesund zu halten. Ich habe einen eigenen Eukalyptusbaum, und die entwickelte Tiefe der spirituellen Verbindung ist mit Worten kaum zu fassen. Er gibt dir alles zurück, was du ihm gegeben hast, und seine Geschenke sind schlicht Leben verändernd. Er gibt mir einen Rat, wenn mir Entscheidungen schwerfallen, er stupst mich an, wenn ich mehr spirituelle Heilarbeit leisten sollte, und er flüstert mir zu, wann ich mich oder meinen Arbeitsbereich reinigen sollte. Auf gewisse Weise ist er ein spiritueller Führer, und ich wünsche dir sehr eine solche Beziehung zu ihm. Wenn dich der Eukalyptus in deinen Träumen besucht, dann ist dies ein Hinweis auf eine spirituelle Blockierung. Höre ihm zu, und folge seinem Rat, indem du die Blockade auflöst.

FÄDIGE PALMLILIE

Yucca filamentosa *(Yucca)*

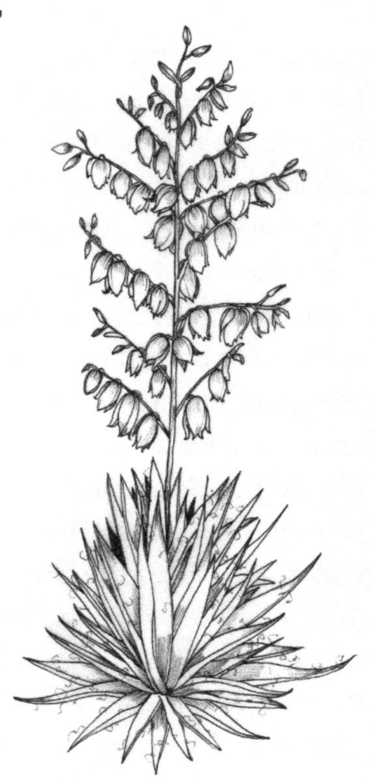

WESENTLICHE EIGENSCHAFTEN

Reinigen, Schutz

Die Fädige Palmlilie ist als die beliebte Zimmerpflanze unter dem Namen Yuccapalme bekannt. Diesen Namen hat die Pflanze von meinen Ahnen erhalten, vom Volk der Taíno, wurde aber in vielen anderen indigenen Kulturen als Nahrung, Medizin und für spirituelle Zwecke genutzt. Sie kommt ursprünglich in Nord- und Mittelamerika und der Karibik vor und weist etwa vierzig Arten und vierundzwanzig Unterarten auf. Fast alle sind essbar, allerdings müssen bestimmte Stämme richtig zubereitet werden, weil sie sonst giftig sein können.

MEDIZINISCHE EIGENSCHAFTEN

Die Wurzeln der Palmlilie sind nicht nur lecker und nährstoffreich, sie sind auch sehr gesund: Sie senken den Blutdruck und den Cholesterolspiegel und helfen bei Migräne. Zu Salbe verarbeitet, helfen die Wurzeln gegen Verstauchungen und Gelenkschmerzen und verringern sogar Kopfschuppen. In einer Studie hat die NASA ermittelt, dass Yucca wie kaum eine zweite Pflanze die Luft filtert. In deiner Wohnung kann sie deshalb die Luftqualität deutlich verbessern.

MAGISCHE EIGENSCHAFTEN

Zur Reinigung kannst du ein paar Yuccablätter an ihrem unteren Ende zusammenbinden und das Büschel dann wie einen Besen nutzen, um deinen Körper vom Kopf bis zu den Füßen abzufegen. Wenn dich dein Energielevel überfordert, weil du besorgt oder gestresst bist oder dich nur schwer konzentrieren kannst, dann schneide ein Stück Yuccawurzel ab, und reibe damit über deinen Bauch. Dann meditierst du mit der Wurzel in der Hand. Sie wird dich von deiner überschüssigen Energie befreien.

Pflanzenweisheit

Schon meine Vorfahren haben mit der Palmlilie zusammengearbeitet, dementsprechend steht sie mir sehr nah. Es reicht schon aus, sie im Haus zu haben, und sie beschützt seine Bewohner: Wenn böse Geister sich nähern, schüttelt sie ihre Blätter. Je mehr du mit Yucca arbeitest, umso mehr wird sie zu dir auf einer physischen, spirituellen und energetischen Ebene sprechen. Falls auch deine Vorfahren schon mit Yucca gearbeitet haben, wird sie dich in deinen Träumen besuchen und für dich die Verbindung zu ihnen herstellen. Ansonsten bringt sie dir friedlichen und harmonischen Schlaf.

YUCCAWURZEL-REINIGUNGSBAD

Dieses reinigende Bad eignet sich als Vorbereitung auf deine Zauberarbeit oder löst im Anschluss alle zurückgebliebenen Wirkungen auf.

Was du brauchst

3–4 Yuccawurzeln
1 Esslöffel geriebenen Ingwer
1 zerdrückte Knoblauchzehe
1 Teelöffel rosafarbenes Himalajasalz
Yuccapulver
3–4 Yuccablätter
eine weiße Kerze
Holzkohleplättchen

Wie es geht

- Zerteile deine Yuccawurzeln, und gib sie in einen Topf mit kochendem Wasser.
- Füge nach 5 Minuten Ingwer, Knoblauch und Salz hinzu, und lass den Sud noch 5 Minuten kochen.
- Nimm den Topf vom Feuer, gieße den Inhalt durch ein Sieb, und lass die Flüssigkeit abkühlen.
- Zerhacke die Yuccablätter fein, und vermische sie mit dem Yuccapulver, um ein Räucherwerk herzustellen.
- Lass deine Badewanne einlaufen, und gib den abgekühlten Yuccasud hinzu.
- Zünde deine Kerze an und auf den Holzkohleplättchen das Yuccaräucherwerk.
- Entspanne dich in der Badewanne, und lass Yucca dich von allem reinigen, was sich an dir festgemacht hat. Falls du das Gefühl hast, dass es sich um zu viel negative Energie handelt oder du den bösen Blick abwehren musst, wiederhole das Bad an drei aufeinanderfolgenden Tagen.

ECHTER FARN
Polypodiopsida *(Fern)*

WESENTLICHE EIGENSCHAFTEN

Schutz, Selbsterkenntnis, Intuition

Echter Farn ist wenig anspruchsvoll und gedeiht sowohl im Freien als auch im Haus. Seine luftig leichten Wedel bevorzugen warme, feuchte Luft, weshalb er gerne im Regenwald oder entlang eines Flusslaufs wächst. Farne lieben Schatten. Farn gibt es in den verschiedensten Formen: von zartesten Frauenhaarfarnen, die in Felsspalten wachsen, bis hin zu gigantischen Baumfarnen, die sich bis zu zwanzig Metern hoch über die Erde erheben.

Medizinische Eigenschaften

Die kleinen fast offenen Spitzen einiger Farne – man kennt sie unter dem Namen Straußen- oder Becherfarn – sind essbar und schmecken wie eine Kombination aus Spargel und Okra. Auch die knollenartigen Wurzeln einiger Farnarten sind für den Verzehr geeignet. Frauenhaarfarn, Schildfarn und Adlerfarn werden zur Behandlung von Rheuma und Asthma eingesetzt.

Magische Eigenschaften

Obwohl Farne sich nicht durch Blüten, sondern wie Pilze durch Sporen vermehren, gibt es dennoch Geschichten von Farnblüten und -samen. In Finnland besagt der Volksglaube, dass derjenige, der am Tag der Mittsommerwende ein blühendes Farnsamenkorn findet, von einem Irrlicht zu einem verborgenen Schatz geführt und dass er dabei unsichtbar sein wird. In den Vereinigten Staaten werden Farnblätter oft ins Feuer geworfen, um den Regen anzulocken und um böse Geister zu vertreiben. Du musst keinen Farn anzünden, damit er dir hilft. Ein Farn auf deinem Grundstück beschützt für dich dein Land und dein Heim gegen negative Energien und vor Menschen mit schlechten Absichten.

Pflanzenweisheit

Wenn du an einen Ort gehst, an dem sich viele Menschen gleichzeitig aufhalten und der deshalb hochenergetisch aufgeladen ist, dann beschützt dich ein Farnwedel in deiner Tasche vor Energievampiren. Trägst du Farn in den Haaren, beschützt er dich vor jenen, die in deinen Geist eindringen wollen. Er sorgt außerdem für gute Erdung – deshalb habe ich mehrere Farne in meinem Schlafzimmer, da sie mir Ruhe und guten Schlaf bringen. Ich nehme sie gerne mit ins Badezimmer, wenn ich ein entspannendes, erdendes Bad genießen möchte. Arbeite mit ihm, sooft du kannst, meditiere mit ihm, kümmere dich liebevoll um ihn, und er wird dir deine Liebe um ein Vielfaches zurückgeben.

Farne beleben deine Sinne – wenn du sie in deine Träumen einlädst, werden sie dir bei der Entwicklung deiner Selbsterkenntnis und Intuition helfen.

FENCHEL
Foeniculum vulgare *(Fennel)*

WESENTLICHE EIGENSCHAFTEN

Schutz, Mut, Stärke, Reinigen

Diese duftende Pflanze ist in vielerlei Hinsicht hilfreich und schmeckt außerdem noch! Fenchelsamen werden zum Würzen verwendet, die dünnen Blätter als Kräuter und ihre Knolle kann man in dünne Streifen schneiden und roh essen, braten oder dünsten.

MEDIZINISCHE EIGENSCHAFTEN

Mit Fencheltee lassen sich Blähungen und Krämpfe lindern, die Samen helfen gegen Übelkeit. Außerdem enthält Fenchel gesunde Antioxidantien und wirkt entzündungshemmend und antibakteriell.

MAGISCHE EIGENSCHAFTEN

Fenchel bemüht sich darum, sowohl unseren Körper als auch unseren Geist gesund zu halten und zu schützen. Er bewacht unser Zuhause und unsere Aura und hilft uns, Negativität zu vertreiben – sowohl Negativität aus dem Außen als auch aus unserem Inneren. Fenchel verleiht dir die nötige Stärke, um der Mensch zu werden, der du wirklich bist. Er verleiht dir den Mut, deiner Wahrheit zu folgen, und öffnet das Halschakra, damit du deine Wahrheit besser mitteilen kannst. Fenchel unterstützt außerdem diejenigen, die bereit sind, positive Transformationen zu sehen oder schlechte Gewohnheiten aufzugeben.

PFLANZENWEISHEIT

Verwende Fenchel in deiner Arbeit, wenn du einen neuen Weg oder einen Neuanfang suchst. Er verleiht dir die Macht, der Mensch zu sein, als den du dich selbst siehst. Träume von Fenchel symbolisieren eine sich verändernde Reise – keine kleine subtile Veränderung, sondern vielleicht ein ganz und gar neuer Weg. Wenn du nach einem Traum mit Fenchel aufwachst, dann behalte ihn in den kommenden Tagen nahe bei dir, nutze ihn, um dein Innerstes zu erspüren und klar zu sehen, wo du deinen Samen als Nächstes einpflanzen sollst.

FINGERHUT
Digitalis *(Foxglove)*

WESENTLICHE EIGENSCHAFTEN

Schutz, Türöffner zwischen den Reichen

Diese klassische Bauerngartenpflanze wächst hoch aufragend und hat wunderschöne traubenartig angeordnete, glockenförmige Blüten. Die Pflanze mit den gefleckten Blüten hat viele weitere Namen wie Fuchskraut, Unserer-lieben-Frauen-Handschuh oder Waldglöckchen. Die Flecken in der Blüte sollen die Stellen kennzeichnen, an denen die Feen sich in der Blüte ausgeruht haben. Alle drei in Deutschland vorkommenden Fingerhutarten stehen unter Naturschutz.

MEDIZINISCHE EIGENSCHAFTEN

Auch wenn Fingerhut sehr giftig ist, kann er, fachkundig angewendet, bei Herzleiden hilfreich sein. Kardiologen verschreiben Digitalis vor allem bei Herzrhythmusstörungen, insbesondere bei drohender Herzinsuffizienz.

MAGISCHE EIGENSCHAFTEN

Die Fingerhutpflanze will man nicht verärgern! Kümmere dich gut um sie, sie ist die Hexenzirkelanführerin der Anderswelt, die Brücke zur anderen Seite. Wenn du mit einer Fee in Kontakt treten willst, dann darfst du dich vertrauensvoll an die Fingerhutpflanze wenden, da sie eine Verbindung zu allen Kreaturen herstellen kann: zu Geistern oder Entitäten, Göttern oder Göttinnen. Sie erkennt Feindseligkeit und böse Absichten, du solltest also nicht mit ihr arbeiten, wenn du nicht ganz sicher bist, dass du nur Gutes tun willst.

Pflanzenweisheit

Pflanze Fingerhut um dein Haus herum, um es zu schützen und sichere Übergänge zu gewährleisten. Dein Heim wird so zu einem magischen und spirituellen Zufluchtsort. Fingerhut eignet sich gut, um dir die innere Schönheit deines Selbst, aller anderen Dinge und Wesen zu zeigen. Die Pflanze weiß, dass die Innenwelt viel schöner ist als die Außenwelt – eine Vorstellung, die schwer nachzuvollziehen ist, insbesondere da unsere Natur so wunderschön ist. Sie lässt die mächtige Kraft im Inneren aufleuchten, damit wir uns selbst endlich die Liebe entgegenbringen können, die wir verdienen. Lade den Fingerhut in deine Träume ein, falls du dich selbst bisher nicht lieben kannst. Er zeigt dir deine Reinheit und verbindet dich mit deiner Wahrheit.

FINGERKRAUT

Potentilla *(Cinquefoil)*

Wesentliche Eigenschaften

Liebe, Schutz, Weisheit, Fülle, Intuition

Fingerkräuter sind weitverbreitete mehrjährige Pflanzen, die vor allem auf der Nordhalbkugel vorkommen und weiße bis gelbe Blüten tragen. Sie wächst an den ungewöhnlichsten Standorten wie am Straßenrand oder Müllhalden. Ihren fünf Blüten- und Laubblättern verdankt sie ihren Namen.

Medizinische Eigenschaften

Fingerkräuter kommen in Mundspülungen, Hauttonika, in Salben gegen Windelausschlag und in anderen Kosmetikprodukten zur Anwendung. Sie erhalten Tannine und verfügen daher in großen Mengen über eine gute adstringierende Wirkung. Fingerkrautaufguss wirkt gegen Durchfall, Fieber, Zahnschmerzen, Gelbsucht und Ruhr – daher sein alter Name »Ruhrkraut«. Vermischt mit Honig, lindert Fingerkraut Halsschmerzen und wirkt gegen Husten.

Magische Eigenschaften

Im Mittelalter wurde behauptet, man könne mit Fingerkraut Hexen vertreiben – eine merkwürdige Vorstellung angesichts der Tatsache, dass die Pflanze zum Grundbestand eines Hexengartens gehört. Sinnvoll kommt das Kraut im Zusammenhang mit Gesundheit, Geld, Schutz, Liebe und Macht zum Einsatz. Alle Fingerkräuter haben einen starken Beschützerinstinkt und vertreiben hartnäckig stagnierende Energien in deiner Aura und schlechte Schwingungen aus deinem Heim. Außerdem lösen sie Blockierungen deines Dritten Auges auf. Ein Säckchen mit Fingerkraut unter deinem Kopfkissen öffnet dich für prophetische Träume.

Pflanzenweisheit

Um ehrlich zu sein, macht mir Fingerkraut ein wenig Angst. Meine Mutter hat Fingerkraut benutzt, solange ich denken kann, und anschließend haben mich jedes Mal Visionen an die verrücktesten Orte geführt. Vermutlich geschah dies aber nur, weil ich noch so jung war und noch keine Kontrolle über meine Sehergabe hatte. Fingerkraut spricht in tiefen Tönen, in der Form eines vibrierenden Echos, das ein wenig unheimlich klingt – das mag überraschend sein, da die Pflanze so niedlich und süß aussieht. Aber sie hat nur gute Absichten und klingt nur deshalb so intensiv, weil sie dir so dringend dabei helfen möchte, das zu durchschauen, was dir im Weg steht. Sie richtet ihre Energie auf das äußere wie auf das innere Sehen. Ihre Blüten unterstützen dich darin, sämtliche Schichten deines gesamten Wesens zu durchdringen. Fingerkraut erscheint nicht in Träumen, aber du kannst mit ihm über die Meditation Verbindung aufnehmen und es in deine Magiearbeit einbeziehen.

FINGERKRAUT-RÄUCHERWERK ZUM VERTREIBEN VON NEGATIVITÄT

Negativität kann man mit einer ganzen Reihe von Pflanzen vertreiben, doch Fingerkraut verfügt über die einzigartige Gabe, das Unsichtbare sichtbar zu machen und in dir Vertrauen in deine innere Weisheit zu wecken. Es ermöglicht dir, dich sogar von den negativen Energien zu befreien, deren Existenz dir vielleicht nicht einmal bewusst ist.

Was du brauchst

1 Teelöffel Sandelholzbaumpulver
1 Teelöffel trockenes Zedernholz
1 Esslöffel getrocknetes Fingerkraut
1 kleines Stück Weihrauchharz
1 Teelöffel getrockneter Lavendel
eine Seeohrenschale oder eine Untertasse

Wie es geht

- Öffne als Erstes alle Fenster deiner Wohnung.
- Vermenge alle Zutaten zu einem Räucherwerk.
- Entzünde das Räucherwerk in der Seeohrenschale oder auf der Untertasse.
- Trage die Räucherung durch alle Räume, und achte darauf, dass sich der Rauch bis in alle Ecken ausbreitet.
- Lass im Anschluss an die Räucherung die Fenster mindestens noch 15–20 Minuten lang offen.

FLIEDER
Syringa *(Lilac)*

Wesentliche Eigenschaften

Weisheit, übersinnliche Fähigkeiten, spirituelle Entwicklung

Der himmlische Duft des Flieders ist so zart, dass er nur für den Augenblick bestimmt zu sein scheint. Tatsächlich hält er sich aber eine recht lange Zeit, und die Blüten sind so widerstandsfähig, dass sie ein paar Tage lang in einer Vase überdauern. Flieder blüht im Spätfrühling, wie ein letztes Geschenk vor der Hitze des Sommers. Die Blütenfarbe variiert von Dunkellila bis Weiß.

Medizinische Eigenschaften

Flieder ist essbar, und in Fett ausgebackene Fliederblüten mit Honig sind ein wunderbarer, duftender Leckerbissen. Früher wurden Nierenbeschwerden mit Flieder behandelt, inzwischen wird er jedoch mehr wegen seiner adstringierenden Wirkung geschätzt. Ein gutes Gesichtswasser erhält man, wenn man Fliederblüten in destilliertem Wasser einweicht.

Magische Eigenschaften

Manche Menschen glauben, dass Flieder Unglück bringt, was ich nicht bestätigen kann. Flieder im Garten oder als Blumenstrauß auf dem Tisch reichert dein Umfeld mit positiven Schwingungen und fröhlichen Energien an.

Pflanzenweisheit

Flieder hat große magische Potenz gepaart mit positiver Energie. Allerdings kann seine hohe Frequenz für jemanden zu intensiv sein, der noch nicht viel an sich gearbeitet hat. Sie können Flieder als überfordernd oder sogar »böse« empfinden. Falls du schon eine Zeit lang Selbstliebe und Wachstumsmagie praktizierst, nimmst du Flieder wahrscheinlich eher als clever, witzig und weise wahr. Von Flieder zu träumen symbolisiert Neuanfänge, insbesondere in Beziehungen. Er kommt, um dir mitzuteilen, dass du die richtige Entscheidung getroffen hast, oder um dich zu veranlassen, eine toxische Beziehung zu beenden.

ANTWORTENFINDEZAUBER MIT FLIEDER

Allein schon der Duft von Flieder ist reinste Magie und kann dir zu schnellen, aber doch wertvollen Antworten auf drängende Fragen verhelfen.

Was du brauchst

einen Strauß Fliederblüten

Wie es geht

- Hol tief Luft, und summe den höchsten Ton, den du treffen kannst. Halte deinen Mund geschlossen – vergiss nicht, du singst nicht, du summst.
- Halte den Ton für die Dauer des Ausatmens. Dann holst du wieder Luft, und atmest bewusst den Duft des Flieders durch die Nase ein.
- Wiederhole den Ablauf insgesamt dreimal. Beim dritten Mal schließt du die Augen und stellst dem Flieder deine Frage. Er wird dir antworten.

FLORIDA-WASSERDOST
Koanophyllon villosum *(Abre Camino)*

WESENTLICHE EIGENSCHAFTEN

Entblockung, energetische Reinigung

Der spanische Name der Pflanze lautet Abre Camino und bedeutet »Wegbereiter«. Dieses Gewächs gehört wie die Sonnenblumen zur Gattung der

Korbblütler und gedeiht in den tropischen Regionen von Florida, Kuba, auf den Bahamas und auf Jamaika. In der afrokubanischen Tradition der Santería wird der Florida-Wasserdost für eine der wirkungsvollsten magischen Pflanzen gehalten.

Medizinische Eigenschaften

Die Pflanze hilft bei Erkältungen, Verstopfung, Kopfschmerzen, Muskelkrämpfen, Beklemmung und Halsschmerzen und kann als Tee eingenommen werden. Am allerbesten wirkt sie jedoch bei Blasenbeschwerden wie Blasensteinen oder Harnwegsinfektionen.

Magische Eigenschaften

Der Florida-Wasserdost löst Hindernisse auf und stellt sich dir als »Wegbereiter« zu deinen Zielen und für die Verwirklichung deiner Träume zur Verfügung. Was immer dich blockiert hat – ob es aus deinem Inneren kommt oder von außen –, die Pflanze löst die Blockierung auf und macht den Weg frei, damit du deine Träume verwirklichen kannst.

Pflanzenweisheit

Der Florida-Wasserdost ist eine wirksame spirituelle Pflanze, die gerne verehrt wird. In Träumen taucht sie selten auf, aber wenn doch, dann bei denjenigen, die ihr ergeben sind, um ihnen ihre Blockaden zu zeigen. Ich habe die Erfahrung gemacht, dass mich Florida-Wasserdost mit einem hochfrequenten Klingeln in meinem linken Ohr warnt, wenn sich mir etwas in den Weg stellt oder den Energiefluss in meinem Heim stört.

Hänge getrockneten Florida-Wasserdost an deinem Arbeitsplatz oder über deiner Haustür auf, um die Energien im freien Fluss zu halten. Falls nötig, kannst du ihn auch über deinem Bett befestigen, um Blockierungen in deiner Beziehung aufzulösen. Florida-Wasserdost als Topfpflanze in deiner Wohnung schafft eine friedliche und liebevolle Atmosphäre.

BODENWISCHWASSER MIT FLORIDA-WASSERDOST

Bodenwischwasser ist ein hilfreiches Mittel, um unerwünschte Einflüsse aus deinem Zuhause zu entfernen. Das nachfolgende Rezept hilft dir, dein Heim von Negativität zu befreien, löst persönliche Hindernisse auf, die dich bisher am Vorankommen gehindert haben, und reinigt deine vier Wände energetisch.

Was du brauchst

4 Esslöffel Zitronenmelisse, frisch oder getrocknet
4 Esslöffel Kiefer, frisch oder getrocknet
2 Esslöffel Weinraute, frisch oder getrocknet
6 Esslöffel Florida-Wasserdost, frisch oder getrocknet (Falls du vollständige Pflanzen verwendest, nimm ein mittelgroßes Stück, und zerschneide es in kleinere Portionen.)

Wie es geht

- Bring 1 bis 1,5 Liter Wasser in einem Topf zum Kochen, gib all die Zutaten hinein, und lass die Mischung 30 Minuten lang ziehen.
- Nutze die Wartezeit, um die Fenster zu öffnen, eine weiße Kerze anzuzünden, belebende Musik anzumachen und Räucherwerk zu verbrennen.
- Kehre im ganzen Haus. Wenn dein Wischwasser fertig gezogen hat, siebst du die eingeweichten Pflanzen heraus und wischst den Boden auf. Achte bei der Arbeit darauf, keine negativen Gedanken zuzulassen, und festige deine Intentionen mit deiner inneren Magie und der der Pflanze.

GAGELSTRAUCH
Myrica *(Bayberry)*

Wesentliche Eigenschaften

Fülle

Beim Gagel- oder Talgstrauch handelt es sich um ein weiteres für den Hexengarten typisches Gewächs, das mit Geld assoziiert wird. Gagel kommt als Strauch oder als kleinerer Baum vor. Zwar sind seine Beeren essbar, allerdings ist er vor allem wegen der wachsartigen Substanz, die sich auf seiner Rinde bildet, bekannt. Man kann sie zur Herrstellung von Kerzen nutzen. Der Gagelstrauch steht in Deutschland auf der Roten Liste der gefährdeten Pflanzenarten.

Medizinische Eigenschaften

Mit Wurzeln, Rinde und Beeren werden Erkältungen, Dickdarmentzündung, Durchfall und Übelkeit behandelt und der Blutkreislauf stimuliert. In großen Mengen eingenommen, verursacht Gagel Erbrechen. Überlege also genau, wofür oder wogegen du die Pflanze einsetzen willst, und verwende sie gewissenhaft. Die Blätter des Gagelstrauchs sind ein natürlicher Schutz gegen Insekten.

Magische Eigenschaften

Der Gagelstrauch ist mit jeglicher Geldmagie verbunden. Er kann finanzielle Fülle und Stabilität bewirken. Er hilft außerdem gequälten Geistern, Frieden zu finden, und schützt die Lebenden.

Pflanzenweisheit

Wenn du Geldsorgen hast oder du unter einem allgemeinen Mangelgefühl leidest, dann ist Gagel das Richtige für dich. Er hat einen positiven und beruhigenden Einfluss auf den Geist, insbesondere im materiellen Zusammenhang. Er hilft dir, dich auf die wirklich wichtigen Sinne zu besinnen, hebt dich aus einer niedrigeren Frequenz in eine höhere Stimmung, die es dir leichter macht, Fülle anzuziehen. Gagel im Traum verweist auf innere Konflikte und ist mit der Aufforderung verbunden, ruhiger zu werden. Meditiere, nimm eine Auszeit, entrümpele oder, was am besten wirkt, verbring Zeit in der Natur.

GÄNSEBLÜMCHEN
Bellis perennis *(Daisy)*

Wesentliche Eigenschaften

Freundschaft, Glücklichsein

Das wild wachsende Gänseblümchen und gezüchtete Arten sind weit verbreitet und verfügen alle über die gleichen Eigenschaften. Die Blüte schließt in der Nacht und zeigt ihr strahlendes Gesicht erst wieder am Morgen. Die Pflanzen wachsen auf Wiesenflächen und in Gärten und sind generell weit verbreitet. Stadthexen können dir bestätigen, dass sie auch auf Liegewiesen und sogar im Straßengraben wachsen. Es kann also jede und jeder Gänseblümchen finden, um mit ihnen zu arbeiten.

Medizinische Eigenschaften

Gänseblümchen sind essbar und unterstützen die Wundheilung. Ihr Saft desinfiziert Verbände, beschleunigt die Heilung und verhindert Entzündungen. Als Tee helfen Gänseblümchen gegen Husten, Bronchitis, Leber- und Nierenbeschwerden und gegen allgemeine Entzündungszustände.

Magische Eigenschaften

Das charmante Gänseblümchen ist die Blume der Freundschaft, und ein Sträußchen dieser hinreißenden Blüten zaubert ein Lächeln auf das Gesicht einer Freundin oder eines Freundes – egal, ob die Freundschaft alt oder neu ist oder du jemandem ein Sträußchen mitbringst, mit dem du dich auf andere Art verbunden fühlst. Die stärkste Wirkung der Gänseblümchen ist ihre Fähigkeit, unsere kindliche Energie zum Vorschein zu bringen. Gänseblümchen in deiner Nähe, ob im Topf, als Sträußchen oder sogar als Blütenkranz auf deinem Kopf, verbindet dich mit deinem inneren Kind und seiner kindlichen, vibrierenden Freude, Verspieltheit und emotionalen Freiheit. Du kannst mehr Fröhlichkeit in dein Zuhause holen, indem du Gänseblümchen an der Eingangstür aufstellst oder einen Trockenstrauß in das Zimmer deiner Kinder hängst, damit sie in der Nacht süße und glückliche Träume haben.

Pflanzenweisheit

Gänseblümchen verbindet man mit der Art Freundschaft, die für alle Zeiten besteht und von solchen Freunden, die mit dir durch dick und dünn gehen und dich so lieben und akzeptieren, wie du bist. Sie unterstützen dich und spornen dich an. Falls du meinst, dass dir solche Freundinnen und Freunde fehlen, dann arbeite mit Gänseblümchen, um sie in dein Leben einzuladen. Du kannst Gänseblümchen in deine Träume holen, um herauszufinden, ob es irgendetwas gibt, was dich davon abhält, dich zu öffnen und den potenziellen Freunden zu vertrauen, die dir begegnen.

GARTEN-RINGELBLUME

Calendula officinalis *(Calendula)*

Wesentliche Eigenschaften

Glücklichsein, Liebe, Türöffner zwischen den Reichen

Die Garten-Ringelblume ist ein bezaubernder kleiner Ball aus Sonnenschein. Sie variiert in ihrer Färbung von strahlend Gelb bis Tieforange und ist als Farbtupfen im Garten unverzichtbar. Sie wehrt auf natürliche Weise Schädlinge ab, da sich viele Schnecken- und Insektenarten nicht gerne in ihrer Nähe aufhalten. Ihre Blüten sind essbar und ein wunderbares Färbemittel.

Medizinische Eigenschaften

Die Ringelblume spielt in der Pflanzenheilkunde eine wichtige Rolle. Sie sorgt dafür, dass eine ausgebliebene Menstruation einsetzt, und wirkt gegen die mit der Periode einhergehenden Krämpfe. Sie senkt Fieber und wurde früher in der Behandlung von Windpocken, Masern und Gelbsucht eingesetzt. Sie fördert das Gewebewachstum und damit die Wundheilung – aus diesem Grund kam sie schon auf vielen Schlachtfeldern zum Einsatz. Heute ist sie oft in Cremes enthalten aufgrund ihrer hautpflegenden und -beruhigenden Wirkung.

Magische Eigenschaften

Die Ringelblume fördert die Kommunikation mit den Verstorbenen und lässt sie in unserem Leben präsent bleiben. Sie ist außerdem die traditionelle »Er liebt mich, er liebt mich nicht«-Blume und steht für Liebe und Beständigkeit. Ihre Verbindung mit der Sonne erklärt, warum sie am stärksten wirkt, wenn man sie in der Mittagszeit pflückt. Berücksichtige das also bei der Planung deiner Zauber. Ein Bad mit getrockneten Ringelblumen bringt dir gute Träume.

Pflanzenweisheit

Ich nenne die Garten-Ringelblume auch gerne Little Miss Sunshine: Sie ist immer fröhlich und erfüllt jede Situation mit Licht. Ich freue mich, wenn ich sie auf einem Friedhof und in einer opulenten lateinamerikanischen Nachbarschaft sehe. Indigene Kulturen, insbesondere in Mexiko, glauben daran, dass Ringelblumen auf den Gräbern der geliebten Verstorbenen sie trösten und ihnen helfen, mit uns zu kommunizieren. Wie du ja weißt, wuchs ich in unmittelbarer Nachbarschaft zu einem Friedhof auf, spielte dort und verbrachte dort den größten Teil meiner Freizeit. Und dort, wo es Ringelblumen gab, nahm ich eindeutig mehr Geisteraktivität wahr.

Pflanze die Ringelblume in deinen Garten, oder halte sie als Topfpflanze in deinem Zuhause, und sie wird dir in so großer Menge Botschaften und Energie der Liebe und Licht bringen, dass sogar die am negativsten eingestellten Menschen sich in ihrer Gegenwart besser fühlen.

Ich rate davon ab, die Ringelblume in deine Träume einzuladen. Im Alltag ist sie eine echte Freude, doch in der Traumwelt ist sie zu verspielt. Ja, im Traum kann sie gemeine Streiche spielen und ist deshalb nicht die beste Begleiterin für jemanden, der sich nach erholsamem Schlaf sehnt.

GEFLECKTES LUNGENKRAUT
Pulmonaria officinalis *(Lungwort)*

WESENTLICHE EIGENSCHAFTEN

Heilung, Mut

Pflanzen der Gattung Lungenkräuter wurden bei Lungenerkrankungen gegeben und verdanken diesem Umstand ihren Namen. Die interessantesten Trivialnamen des Gefleckten Lungenkrauts sind: Hänsel und Gretel, Blaue Schlüsselblume und Schlotterhose. Schnecken lieben Lungenkraut, die Pflanze eignet sich also hervorragend, um diese unerwünschten Gartenbesucher von den wichtigeren Beständen abzulenken.

MEDIZINISCHE EIGENSCHAFTEN

Die schleimartige Substanz in den Blättern des Lungenkrauts, wirkt gegen Bronchitis und beruhigt einen rauen Hals. Das Kraut hilft außerdem bei der Wundheilung und stoppt Blutungen. Lungenkraut hat kein ausgeprägtes Aroma, und die Blätter sind etwas zu behaart und schleimig, aber im gegarten Zustand sind sie eine schöne Beilage, die gekochtem Babyspinat ähnelt.

MAGISCHE EIGENSCHAFTEN

Das Gefleckte Lungenkraut fördert die Beziehung zwischen dem äußeren Selbst und dem inneren Sein – es hilft uns, Stress abzubauen und Zeit für die Selbstheilung frei zu machen. Es beruhigt den Geist, federt die Hektik des Alltags ab und schafft dir damit Raum, damit du deine innere Wahrheit hören kannst.

PFLANZENWEISHEIT

Meine *abuela* hat es mir immer wieder gesagt: Es sind nur deshalb so viele Menschen erfolglos, weil sie sich vor ihrer eigenen Macht fürchten. Das Gefleckte Lungenkraut kann dir helfen, deine eigene Macht anzunehmen, dein wahres Selbst zu finden und zu begreifen, wozu du wirklich fähig bist. Wir alle verlieren uns von Zeit zu Zeit, doch das Lungenkraut gibt dir den Mut, damit du den Weg zu dir finden kannst. Vergiss nicht, es ist nicht zwangsläufig schlecht, verloren zu gehen. Es kann sogar heilsam sein, denn sind wir verloren, dann müssen wir zurückkehren zu unserem wahren Selbst.

GEIGEN-FEIGE

Ficus lyrata *(Fiddle-Leaf Fig)*

WESENTLICHE EIGENSCHAFTEN

Fülle, energetische Reinigung, Glücklichsein

Die Geigen-Feige ist eine tropische Regenwaldpflanze. Obwohl sie sich nicht gerne in Innenräumen aufhält, ist sie eine beliebte Zimmerpflanze. Du machst sie glücklich, indem du ihre Umgebung feucht hältst (eventuell mit einem Luftbefeuchter) und ihr viel Zuwendung und Fürsorge entgegenbringst. Wenn man die Pflanze im Haus hält, kann sie nicht bestäubt werden und bildet daher weder Früchte noch Blüten aus. Ihre Blätter haben einen ausgeprägten »Hals« und »Bauch«, deren Form an den Körper einer Geige erinnern – daher der Name.

MEDIZINISCHE EIGENSCHAFTEN

Diese Pflanze hat keine bekannten medizinischen Eigenschaften.

MAGISCHE EIGENSCHAFTEN

Das Spezialgebiet der Geigen-Feige ist Fülle; sie wächst und wächst und das voller Selbstvertrauen. Sie kann dir helfen, dir ein Beispiel an ihr zu nehmen. Stell sie auf deinen Altar, wenn du an Manifestierungen arbeitest, auch wenn es sich nur um einfache Tagebucheinträge, Planungen oder Traumcollagen handelt. Falls du dringendere Probleme hast und sofort gute Eingebungen brauchst, dann notiere deine Fragen auf einem Zettel, und lege ihn auf die Erde über ihren Wurzeln. Lass ihn dort drei Tage lang, und nimm ihn dann weg.

Bitte beauftrage weder diese Pflanze noch eine andere jemals mit einem Fluch – keine Pflanze sollte dieser Energie ausgesetzt sein. Hier geht es lediglich darum, um ein wenig Hilfe und vielleicht auch ein bisschen Glück zu bitten.

Pflanzenweisheit

Die Geigen-Feige ist ein sanfter Riese. Sie hält sich abseits und beschränkt sich darauf, ihre positive Energie in den Raum zu verströmen. Kümmerst du dich nicht gut genug um sie, dann wird ihre Energie Turbulenzen verursachen und Chaos in deinen Lebensraum bringen. Das tut sie nicht, weil sie rachsüchtig ist oder kleinlich, sondern weil sie deine Aufmerksamkeit und deine Hilfe braucht. Wenn du ihr die Zuwendung schenkst, die sie braucht, dann erfüllt sie dein Zuhause mit positiven Energien und filtert alles Negative heraus.

GELDBAUM
Crassula ovata *(Jade)*

Wesentliche Eigenschaften

Fülle, Freundschaft, Glück

Der Geldbaum ist eine beliebte Zimmerpflanze. Sie hat fleischige ovale bis runde glatte Blätter und bringt bei guter Pflege im späten Winter eine weiße, leicht duftende Blüte hervor. Geldbäume können mehrere Jahrzehnte alt werden, wobei sie kein sehr starkes Wachstum entwickeln. Das macht sie zu idealen Bonsai-Pflanzen.

Medizinische Eigenschaften

In der Volksmedizin werden mit Geldbaum Warzen entfernt, und in Afrika, wo der Geldbaum herkommt, behandelt man mit seinen Bestandteilen Epilepsie und Durchfall.

Magische Eigenschaften

Im Feng-Shui wird der Geldbaum mit finanzieller Energie verbunden und sehr geschätzt. Allerdings kann man die Pflanze nicht einfach in einen Topf setzen und dann erwarten, dass Geld ins Haus gespült wird. Intensiviere seine Energie, indem du Zitrin, Katzengold, grüne Jade und grünen Sonnenstein in seiner Nähe aufstellst, und gib ihm einen Platz in deinem geheiligten Raum oder auf deinem Altar, wenn du dich in deiner magischen Arbeit mit Fülle beschäftigst. Ich lege gerne ein Geldstück unter seinen Topf, platziere die Kristalle um ihn herum und verbrenne drei Tage lang Zimträucherwerk, nachdem ich an Fülle gearbeitet habe, um die verstärkten Energien auf diesem Niveau zu halten.

Pflanzenweisheit

Der Geldbaum eignet sich ebenfalls, um Glück anzuziehen. Mit dem von ihm bewirkten Glück kann man jede Art von Fülle erreichen, nicht nur finanzielle. Außerdem ist der Geldbaum ein Freundschaftsbaum und unterstützt, so wie es ein guter Freund eben tun sollte. Zugleich erinnert er dich daran, für dich selbst und andere einzustehen, denn das ist das Wichtigste im Leben. Wenn du einen neuen Freund oder eine neue Freundin gewinnst, dann schenke ihm oder ihr einen Geldbaum, um eure Beziehung zu stärken. Die Pflanze kann dir auch helfen, eine alte Freundschaft, die inzwischen vielleicht etwas distanziert geworden ist, wieder aufzufrischen. Geldbaum berührt das Herz und öffnet es, falls nötig, für Vergebung. Wenn Geldbaum im Traum erscheint, dann bedeutet es, dass Glück und Wunder auf dem Weg zu dir sind.

GERBER-SUMACH

Rhus coriaria *(Sicilian Sumac)*

Wesentliche Eigenschaften

Da manche Sumacharten giftig sind, musst du darauf achten, auch wirklich mit *Rhus coriaria,* dem Gerber- oder Sizilianischen Sumach, zu arbeiten. Dieser kleine Baum oder Strauch, der mit dem uns besser bekannten Essigbaum verwandt ist, bildet rispenartige Blüten und Früchte von dunkelroter bis violetter Färbung, die man zu einem leicht sauren Gewürz vermahlen kann, das in der Küche des Nahen Ostens viel verwendet wird. Die Blätter und die Rinde des Baumes enthalten pflanzliche Gerbstoffe, die zum Gerben von Leder und zum Färben dienen.

Medizinische Eigenschaften

Der Gerber-Sumach ist reich an gesunden Antioxidantien – diese neutralisieren freie Radikale, die ansonsten Krebs, Herzerkrankungen oder eine Beschleunigung des Alterungsprozesses verursachen würden. Er ist außerdem eine gute Ergänzung zu einer entzündungshemmenden Ernährung. Die Pflanze versorgt dich mit mehr Energie und unterstützt den Stoffwechsel. Ihre gekochten Früchte helfen bei Periodenschmerzen. In kochendem Wasser eingelegte Wurzeln und Beeren ergeben eine Wundspülung.

Magische Eigenschaften

Der Gerber-Sumach verkörpert eine spürbar heiße Energie, die sich sowohl in seiner Färbung als auch in seinem leidenschaftlichem Wesen widerspiegelt. Wenn du in deiner Magiearbeit das Element Feuer brauchst, dann verwende den Gerber-Sumach. Er kann sich auch als Feuerersatz auf deinem Altar befinden. Das Feuer der Pflanze ist schützend, wie Flammen, die die Dunkelheit vertreiben. Verteile ihn auf deiner Liebeskerze, um Leidenschaft auszulösen. Suchst du feurige Liebe zu einem anderen Menschen, dann verwende eine rote Kerze. Geht es dir darum, solche Leidenschaft in dir selbst zu entdecken, dann nimm eine rosafarbene Kerze.

Für Kreativitätszauber füge Safran hinzu, um auch diesen Bereich mit Leidenschaft anzureichern.

Pflanzenweisheit

Der Gerber-Sumach ist eine unglaublich vielseitige Pflanze. Er lehrt uns, wie wichtig es ist, unterschiedliche Perspektiven einzunehmen, und dass wir uns niemals in eine Schublade stecken lassen – oder uns freiwillig hineinbegeben sollten. Oft genug vergessen wir, dass wir mehr sind als eine Bezeichnung: Mutter, Anwältin, Gärtnerin, sogar Hexe. Aber wir verkörpern unendlich viele mögliche Biografien. Gerber-Sumach weiß das und hilft uns zu erkennen, dass diese anderen, uns manchmal fremden Teile dennoch zu uns gehören und uns zu einem harmonischen Ganzen machen. Wir sind ausdehnungsfähige Wesen, und keine Schublade und kein Titel könnte uns jemals gerecht werden oder vollständig beschreiben.

GEWÜRZNELKENBAUM
Syzygium aromaticum *(Clove)*

Wesentliche Eigenschaften

Fülle, Neuanfänge, Schutz, Liebe

Das aromatische Gewürz ist die getrocknete Blütenknospe des Gewürznelkenbaums. Die Blüten dieses immergrünen Baumes verfärben sich von Blassgrün zu Dunkelrot und sind mit dieser Färbung erntereif. Sie werden in diesem Knospenzustand geerntet und getrocknet. Gewürznelken haben in der Küche, als Heilmittel und in der magischen Verwendung einen hohen Stellenwert.

Medizinische Eigenschaften

Gewürznelken wirken als Insektenschutz vor allem gegen Ameisen. Nelkenöl hilft gegen Zahnschmerzen, senkt Fieber und verhindert vorzeitigen Samenerguss. Bei Lebererkrankungen, Blutgerinnungs- und Immunsystembeschwerden sollten Gewürznelken nicht oral eingenommen werden, da sich dies negativ auswirken kann.

Magische Eigenschaften

Üblicherweise sind Nelken ein Bestandteil von Liebeszaubern, vermutlich, weil man ihnen nachsagt, dass sie die Libido steigern. Man kann eine Kerze in gemahlenen Nelken wälzen und mit ihr neue Liebe anlocken oder eine bereits vorhandene Liebe stärken. Gewürznelken haben einen ausgeprägten Beschützerinstinkt und wehren – über der Eingangstür angebracht – Feindseligkeit und – am Kopfende des Bettes – Albträume ab. Für deine Kinder kannst du aus Gewürznelken Armbänder oder Ketten herstellen, die sie vor dem bösen Blick schützen. Ein Tropfen Nelkenöl auf der Stirn hindert fremde Energien daran, in deinen Geist einzudringen.

Für Schutzzauber mischst du gemahlene Nelken mit Salz – am besten zerstößt du beides selbst in einem Mörser – und verstreust die Mischung als Barriere zwischen dir und dem, was dir schaden könnte, oder einfach überall in deinem Zuhause. Der freundliche, vielschichtige und warme Duft des Gewürzes stimuliert deine mentalen Prozesse, insbesondere dein Gedächtnis, und öffnet außerdem das Herz, um mehr Platz für deine Mitmenschen zu schaffen.

Pflanzenweisheit

Gewürznelken berichten von Neuanfängen. Falls ein Gewürznelkenbaum in deiner Umgebung wächst, dann lege dich unter ihn, und schaue durch seine Äste hindurch in den Himmel. Konzentriere dich am besten auf eine bestimmte Stelle. Dies ist eine Form des Hellsehens, denn was du siehst, ist das, was du tun musst, damit du wiedergeboren werden kannst. Mit Nelken unter deinem Kopfkissen lädst du sie in deine Träume ein. Deine Träume werden abhängig davon sein, welche notwendige Führung die Pflanze bei dir ortet. Überwiegend wird sie jedoch dir die Ängste nehmen, die dich daran hindern, dich auf einen neuen Weg zu begeben.

GINKGO
Ginkgo biloba *(Ginkgo)*

Wesentliche Eigenschaften

Intuition, übersinnliche Fähigkeiten

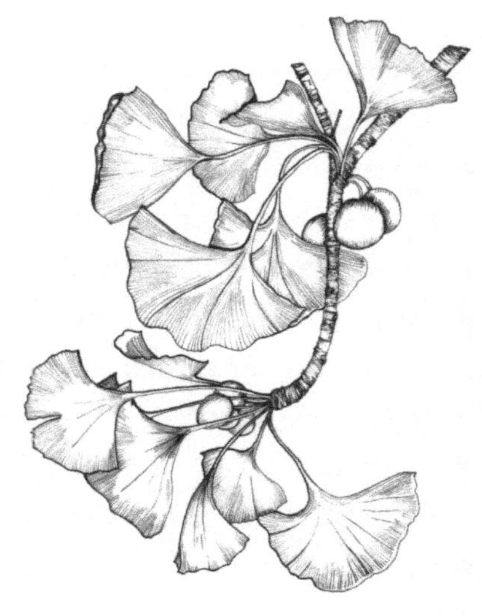

Die Blätter des Ginkgobaums sind in der Pflanzenwelt durch ihre charakteristische fächerförmige Form unverwechselbar. Im Herbst nehmen sie eine leuchtend gelbe Färbung an. Der Baum gilt als lebendes Fossil, da er bereits seit zweihundertsiebzig Millionen Jahren existiert. Das Ursprungsgebiet des Baumes ist China, wo man seit jeher seine medizinischen wie nahrhaften Eigenschaften zu schätzen weiß. Ginkgonüsse riechen zwar nicht gut, wenn sie von den Bäumen fallen, doch richtig zubereitet sind sie eine Delikatesse und werden zum chinesischen Neujahrsfest gereicht.

Medizinische Eigenschaften

Ginkgo wird sehr für seine Fähigkeit geschätzt, die Gedächtnisleistung zu unterstützen, und wird seit Langem in der Behandlung von Alzheimerpatienten eingesetzt. Bei übermäßiger Einnahme von Ginkgoextrakten kann es zu Nebenwirkungen wie Übelkeit, Herzklopfen und Kopfschmerzen kommen.

Magische Eigenschaften

Ein Ginkgobaum kann mehr als tausend Jahre alt werden und fördert deshalb die Verbindung zu unseren Ahnen. Ein frischer Ginkgozweig bei der Arbeit mit deinen Vorfahren auf deinem Altar hilft dir, die verborgenen Welten zu sehen und zu hören. Er öffnet dein Drittes Auge und richtet dich auf das Göttliche aus. Allerdings kann er weniger ein direktes Gespräch mit deinen Ahnen herstellen, sondern vor allem den Zugang zu den für dich bestimmten Lektionen und Lehren ermöglichen.

Um deine übersinnlichen Fähigkeiten zu aktivieren, kannst du eine Ginkgonuss in ein Wasserglas legen, eine Prise Pfeffer und ein oder zwei Ginkgoblätter hinzufügen. Stelle das Glas beim Meditieren vor dich hin. Wenn du an Weissagungen mithilfe von Tarotkarten oder Runen arbeitest, kannst du ein paar Ginkgoblätter bei dir haben oder vorher eine Tasse Ginkgotee trinken, um deine Intuition zu wecken.

Pflanzenweisheit

Die Weisheit des Ginkgobaums gründet sich auf seine jahrtausendelange Entwicklung und Ausbreitung. Er weiß, dass die von uns gesuchte Weisheit bereits in uns schlummert. Wenn er uns also mit unseren Ahnen verbindet, dann erinnert er uns daran, dass sie bei uns sind, in unserem Blut und in unseren Knochen. In Träumen lässt sich der Ginkgo nur selten blicken. Er tut es gelegentlich, um uns unsere geistigen Blockierungen zu zeigen, die uns daran hindern, Zugang zu unseren Gaben zu finden.

GLADIOLE

Gladiolus *(Gladiolus)*

Wesentliche Eigenschaften

Schutz, Türöffner zwischen den Reichen

Auch unter dem Namen Schwertblume oder Siegwurz bekannt, gedeiht die Gladiole in Asien, Afrika und im Mittelmeerraum. Ihre Blätter sind schmal und fest wie kleine Schwerter. Die Blüten wachsen direkt aus dem Stängel und kommen in den Farben Weiß über Rot bis Dunkelviolett vor. Bestäubt werden sie überwiegend von Bienen, noch häufiger werden sie von Motten aufgesucht. Ein Märchen handelt von einem Mädchen namens Glad, das von einem bösen Zauberer gefangen gehalten wurde. Prinz Iolus machte sich auf die Suche nach ihr und rettete sie, doch der Zauberer spürte sie auf und verwandelte die Liebenden in seiner Wut in Blumen – die Gladiolen.

Medizinische Eigenschaften

Gladiolen helfen gegen Verdauungsbeschwerden, heben das Energieniveau an und können zu einem Tonikum verarbeitet werden. Richtig zubereitet kann die Knolle gegessen werden und wirkt gegen Menstruationsschmerz und Rheumatismus.

Magische Eigenschaften

Die schwertförmigen Blätter der Gladiole eigenen sich gut für Schutzzauber. Gerne binde ich mehrere Blätter zusammen und hänge sie mit der Spitze nach unten neben meine Eingangstür. So wehren sie alles Böse ab, das in dein Heim eindringen will. Falls du im Traum gerne wandelst und im Schlaf von Dämonen oder bösen Geister aufgesucht wirst, kannst du auch ein Bündel Gladiolenschwerter über deinem Bett aufhängen. Die Pflanze beschützt dich sogar in deinen Träumen.

Um eine mächtige Kommunikationspraxis mit deinen Ahnen zu ermöglichen, stellst du eine kleine Schale mit Wasser auf deinen Altar und lässt darin Gladiolenblütenblätter schwimmen. Breite auf dem Altar außerdem ein paar ihrer Blätter aus. So kann die Gladiole dir die Tür öffnen und dich gleichzeitig vor allem beschützen, mit dem du keinen Kontakt haben willst.

Pflanzenweisheit

Ich verstehe überhaupt nicht, warum nicht alle Gladiolen in ihren Gärten haben – sie ist eine so unglaubliche Pflanze, so fröhlich und freundlich. Aber lass dich nicht täuschen: Sie kann außerordentlich brutal sein, wenn es erforderlich ist. Sie hat einen stark ausgeprägten Beschützerinstinkt und wird dich und dein Zuhause gegen alles Böse beschützen. Sie zieht Geister an, wenn du sie speziell darum bittest – ansonsten hält sie deine magische Tür fest verschlossen. Wenn Ärger im Anmarsch ist, wird sie dich mit einem Glockenläuten in den Ohren warnen. Du kannst dir immer sicher sein, dass sie dir loyal zur Seite steht und dir den Rücken deckt. In Träumen übermittelt die Gladiole Botschaften deiner Engel, Geistführer oder geliebten Verstorbenen.

GLÜCKSFEDER

Zamioculcas zamiifolia *(ZZ Plant)*

Wesentliche Eigenschaften

Weisheit, Selbsterkenntnis, spirituelle Entwicklung

Die Glücksfeder gehört zu den Aronstabgewächsen und stammt ursprünglich aus Afrika. Für uns ist sie eine pflegeleichte Zimmerpflanze geworden, die mit wenig Licht und unregelmäßiger Bewässerung zurechtkommt. An soliden Stielen wachsen fünf bis acht länglich-ovale Blattpaare, die mit ihrer dunkelgrünen Färbung die Attraktivität der Pflanze ausmachen. Wie viele Zimmerpflanzen enthält auch die Glücksfeder Oxalsäurekristalle, die für Haustiere und Menschen giftig sind.

Medizinische Eigenschaften

Verschiedene indigene Völker, insbesondere in Afrika, nutzten die Glücksfeder bei Bauchschmerzen. Ihr Saft lindert Ohrenschmerzen, und ein Breiumschlag aus den Blättern wirkt entzündungshemmend.

Magische Eigenschaften

Die Glücksfeder fällt durch ihr langsames, aber stetiges Wachstum auf und kann uns mit ihrer Geduld und Ausdauer ein Vorbild sein. Wenn ich mich mit einer neuen Pflanze befasse, ein neues Buch lese oder an einem Online-Kurs teilnehme, hole ich sie zu mir, damit sie mich beim Wachsen und Lernen unterstützt. Außerdem habe ich sie gerne in der Nähe, wenn ich mit anderen Pflanzen meditiere, weil sie mir hilft, deren Mitteilungen aufzunehmen. Eine Blattfeder im Büro, am Arbeitsplatz oder in einem Klassenzimmer sorgt dafür, dass die Anwesenden leistungsfähiger und aufmerksamer sind.

Pflanzenweisheit

Die Glücksfeder ist eine wunderbare Unterstützerin für Kinder. Ihre Energie fördert Lernen, Entwicklung und Wachstum, und sie lehrt Kinder, sich gut zu konzentrieren und Informationen auch wirklich aufzunehmen. Außerdem bringt sie ihnen Verständnis entgegen und unterstützt sie darin, ihr wahres Selbst zu verstehen. So können sie sich trotz der Veränderungen durch das Erwachsenwerden sicher sein, dass sie tief in ihrem Inneren noch immer der gleiche Mensch sind.

GOLDENE EFEUTUTE

Epipremnum aureum *(Pothos)*

WESENTLICHE EIGENSCHAFTEN

Erfolg, Wohlstand, spirituelle Entwicklung

Die Goldene Efeutute gehört zu den Aronstabgewächsen und ist eine Kletterpflanze. Sie eignet sich als Zimmerpflanze auch in eher dunklen Räumen – ihre Blätter behalten auch dort ihre grüne Farbe. Häufig sieht man sie hängend in einem Korb oder als Pflanze im Aquarium, wo sie mit ihren ins Wasser hängenden Luftwurzeln die Wasserqualität verbessert. Für Katzen und Hunde ist die Pflanze giftig. Erstaunlicherweise kann sie sich vermehren, obwohl sie nur selten blüht.

MEDIZINISCHE EIGENSCHAFTEN

Diese Pflanze hat keine bekannten medizinischen Eigenschaften.

MAGISCHE EIGENSCHAFTEN

Die Goldene Efeutute eignet sich wunderbar als Zimmerpflanze. Sie ist immer wach und ausgeruht, egal ob Tag oder Nacht, was sie zu einer guten Beobachterin macht, die die Augen für dich offen hält und aufpasst. Besonders gefällt mir an ihr, dass sie beim Anblick von negativer Energie zu schaukeln beginnt und mich darauf aufmerksam macht, dass ich meinen Raum reinigen und sorgfältiger auswählen muss, mit welchen Menschen ich mich umgebe. Efeututen sind sehr mächtige spirituelle Wesen und vermitteln uns, wie man sowohl im Licht als auch im Schatten gedeihen kann.

Pflanzenweisheit

Die Botschaft der Efeutute lautet Lernen, Gedeihen und sich Ausbreiten. Sie lehrt uns, wie wir unsere schweren oder auch traumatischen Erfahrungen als Treibstoff für unser Wachstum nutzen können. Lass dir von ihr helfen, wenn du deine inneres Wachstum voranbringen, tief in dein Inneres vordringen und von den Wurzeln aufwärts heilen willst. Deine Tränen wässern dich und lassen dich wachsen. Ihre Widerstandsfähigkeit verbreitet die Energien des Erfolgs und befähigt sie, für dich das anzulocken, was du dir erträumst.

An deinem Schreibtisch ist sie gut aufgehoben, um »Chef-Energie«, Konzentration, Entschlossenheit und Leistungsfähigkeit zu fördern, was ihren grundlegenden Eigenschaften entspricht. Am ehesten erscheint die Efeutute bei denjenigen im Traum, die sich am meisten mit ihr verbunden fühlen. Sorge gut für sie, arbeite häufig mit ihr zusammen, und sie wird dir häufig Träume mit Botschaften von deinen Vorfahren übermitteln.

GOLDFRUCHTPALME
Dypsis lutescens *(Areca Palm)*

Wesentliche Eigenschaften

Klarheit, Widerstandsfähigkeit, Erfolg, Leistungsfähigkeit

Die Goldfruchtpalme ist als Zimmerpflanze geeignet. Sie ist schnell wachsend und hat wunderschön lanzettenförmig gefiederte Blätter. Wie die meisten Palmen braucht sie ein wenig zusätzliche Pflege, in Form von ausreichend Licht und Dünger. Bei Magnesium- oder Eisenmangel verfärbt sie sich braun und entwickelt Flecken.

Medizinische Eigenschaften

Das bisschen Mühe ist die Goldfruchtpalme allemal wert (wie natürlich alle Pflanzen!), denn sie tut im Gegenzug sehr viel für dich. Alle Pflanzen reinigen die Luft, indem sie Kohlendioxid aus ihr herausfiltern und Sauerstoff freisetzen, doch die Goldfruchtpalme setzt außerdem negativ aufgeladene Ionen frei, die Schimmel, Staubsporen, Bakterien und alle möglichen Allergene binden und damit aus unserer Atemluft entfernen. Außerdem nimmt die Pflanze noch andere schädliche Gase auf und unterstützt auf diese Weise die Gesunderhaltung deines Nervensystems und deine gute Stimmung.

Magische Eigenschaften

Die Goldfruchtpalme eignet sich wunderbar, um deine Karriere und dein Geschäft voranzubringen. Ich empfehle Geschäftsinhabern und Firmenkunden immer, einige dieser magischen Pflanzen in ihren Büros zu verteilen, da sie Prokrastination und geistiger Erschöpfung entgegenwirkt. Die Goldfruchtpalme hilft dir, den Kurs zu halten und deine Arbeit voranzubringen. Schreibst du gerade an einem Buch? Schließt du ein Projekt ab, oder hast du einen neuen Auftrag akquiriert? Oder bist du mit deinen To-do-Liste im Rückstand? Dann meditiere morgens mit ihr, und bitte sie, ihre guten Eigenschaften in dir zutage zu fördern. Und dann sieh zu, wie dein Tag aufblüht! Das Arbeiten mit der Goldfruchtpalme wirkt wie ein Energy-Drink für den Geist.

Pflanzenweisheit

Ich freue mich immer, wenn die Goldfruchtpalme in meinen Träumen auftaucht. Wenn ich mich auf ein Projekt konzentrieren muss oder kreativ tätig bin, dann lasse ich mir gerne von ihr dabei helfen, meine Gedanken zu ordnen. Schreibblockade? Kreative Hemmungen? Diese Pflanze hilft dir in deinen Träumen, solche Krisen zu bewältigen.

Am besten steht die Goldfruchtpalme in deinem Büro neben deinem Arbeitsplatz – so hilft sie dir, fokussiert und kreativ zu bleiben. Du kannst sie außerdem in deine Küche stellen, wo sie dich daran hindert, zu viel Essen liefern zu lassen oder die immer gleichen Gerichte zuzubereiten.

GOLDRUTE
Solidago *(Goldenrod)*

Wesentliche Eigenschaften

Liebe, übersinnliche Fähigkeiten

Goldrute hat eine unverwechselbare gelbe Farbe, die an Senf erinnert. Sie wächst gerne am Ackerrand. Ihre jungen Blätter sind essbar, die Blüten ziehen verschiedene Insekten an. Der Honig aus ihrem Nektar ist fast klar und hat ein einzigartiges, würziges Aroma. Die ursprünglich in Nordamerika beheimatete und mit lediglich drei Arten in Europa eingeführte Pflanze vermehrt sich über ihre Wurzeln, Rhizome, Stängel und Samen.

Medizinische Eigenschaften

Goldrute wirkt gegen bakterielle Entzündungen und andere Infektionsherde, vor allem bei Nierensteinen. Beim Fasten unterstützt sie die Entgiftung des Körpers. Manche indigene Kulturen in Nordamerika kauen Goldrutenblätter, um Halsschmerzen zu lindern, und verwenden die Wurzeln, um Zahnschmerzen zu bekämpfen. Als Salbe oder Tee reinigt sie die Haut.

Magische Eigenschaften

Goldrute wird mit der Göttin Venus und daher mit der Liebe in Verbindung gebracht. Die Pflanze ist eine wunderbare Ergänzung in Liebeszaubern, und wenn du deinem Liebsten Goldrute gibst, ist die Beziehung besiegelt, heißt es. Verwende Goldrute in Selbstliebebädern und in der Kerzenmagie, um Liebe zu verstärken.

Goldrute unterstützt außerdem deinen Blick in die Zukunft, wenn du sie über dem Tisch verteilst, an dem du daran arbeitest. Besonders geeignet ist sie, um Klarfühlen anzuregen – die Fähigkeit, Emotionen, Vibrationen und Energien deutlich voneinander unterscheidbar zu spüren. Um diese Fähigkeit in dir zu stimulieren, bereite dir einen Tee aus Goldrute und Sternanis zu, gib Goldrute in dein Badewasser, lasse sich den Dampf in deiner Aura ausbreiten, und zünde schließlich eine gelbe Kerze an, die du mit Goldrute behandelt hast. Bitte schön! Und damit steht dir ein vollständiges Ritual zur Verfügung, mit dem du Klarfühlen wecken kannst.

Pflanzenweisheit

Die Botschaft der Goldrute ist liebevoll und sanft. Falls du Schwierigkeiten hast, erwachsen zu werden, oder du Angst vor dem Altwerden hast, dann ist sie die perfekte Pflanze für dich. Sie wird deine Perspektive auf das Alter verändern, dich seine wahre Schönheit erkennen lassen und dich in das weise Wesen verwandeln, zu dem du bestimmt bist. Falls du unter Panikattacken im Zusammenhang mit Todesangst oder Furcht vor dem Altern leidest, dann lade sie in deine Träume ein. Sie wird dich von deiner Panik befreien und dir die wahren Ursachen deiner Ängste zeigen.

GRÜNLILIE
Chlorophytum comosum *(Spider Plant)*

Wesentliche Eigenschaften

Fülle, energetische Reinigung

Die aus Afrika stammende Grünlilie ist eine beliebte Zimmerpflanze und hat lange schmale Laubblätter, die komplett grün oder grün-weiß gestreift sind. Im Sommer treibt sie lange Blütentriebe mit weißen Blüten und Ablegern, die nach den Seiten eigene kleine Blattrosetten ausbilden. Grünlilien bilden auf kleinem Raum eine so große Zahl von Blättern aus, dass sie ideal die Luft filtern.

Medizinische Eigenschaften

Diese Pflanze hat keine bekannten medizinischen Eigenschaften.

Magische Eigenschaften

Wenn man sich gut um Grünlilien kümmert, dann bilden sie dutzendweise Ableger aus, kein Wunder also, dass die Pflanze im Zusammenhang mit Fruchtbarkeit, Fülle und Manifestierungsarbeit gute Wirkung zeigt. Ihre Ableger in eigene Töpfe zu setzen ist an sich bereits ein spiritueller Akt: Mit jeder eingetopften Jungpflanze kannst du eines deiner Vorhaben verbinden, wodurch sie Fülle in dein Leben bringen werden. Grünlilien sind außerdem Energiefilter – eine Art Traumfänger für Negativität. Ein Topf mit einer Grünlilie in jedem Raum deines Hauses erzeugt einen Energieschild, der jegliche negative Schwingung, die dir entgangen sein mag, einfängt und vernichtet. Eine Grünlilie im Hauseingang schützt dein gesamtes Haus und befördert friedliche Energien, denn die Pflanze ist eine Botin der Achtsamkeit.

Pflanzenweisheit

Die Grünlilie zeigt dir, dass du dich mit offenem Herzen und hoher Aufmerksamkeit bestimmten Details widmen solltest.

Praktizierst du als Heilerin? Dann halte die Pflanze dort, wo du deiner Heilarbeit nachgehst, und sie wird dir helfen, Zugang zu den Energien deiner Patienten zu erlangen. Stell Grünlilien in deinen geheiligten Raum, wo du Meditation, Yoga oder Heilung ausübst oder an kreativen Projekten arbeitest. Von Grünlilien zu träumen kommt selten vor, falls doch, dann symbolisiert der Traum die Vernetzungen des Lebens – in solchen Träumen kannst du auf Forschungsreise gehen und herausfinden, wie sich die Zukunft vielleicht für dich entwickeln wird.

HAARÄSTIGE RISPENHIRSE

Panicum capillare *(Witchgrass)*

WESENTLICHE EIGENSCHAFTEN

Verbannen, Schutz, Manifestieren

Die Haarästige Rispenhirse kann man leicht übersehen, wenn man nicht gezielt nach ihr sucht. Sie ist eines der für die Great Plains in Nordamerika typischen Gräser, inzwischen aber auch in Europa heimisch, wo sie als Ziergras in Gärten wächst, aber auch auf mageren Böden. Ihre Blätter sind grün bis violett, und ihre Ähren neigen sich wie ein Besen in einem großzügigen Bogen nach unten.

MEDIZINISCHE EIGENSCHAFTEN

Die Samen der Rispenhirse sind essbar und können entweder ganz oder gemahlen ähnlich wie Hirse gekocht werden. Ein Tee aus den Blättern wirkt als Brechmittel. Die Wurzeln sind schmackhaft, mild und ein wenig süß. Sie enthalten einen Schleimstoff, der Halsschmerzen lindert

MEDIZINISCHE EIGENSCHAFTEN

Um negative Kräfte aus deinem Leben zu verbannen, solltest du mit der Rispenhirse über das sprechen, was du verbannen willst, und verbrenne sie im Anschluss, um diese negative Kraft in Asche zu verwandeln. Zum Schutz kannst du die Pflanze über deiner Tür oder über deinen Fenstern befestigen, um Eindringlinge, bösartige Menschen oder Geister fernzuhalten. Du kannst auch deine Intentionen und Schutzgebete laut aussprechen, während du mehrere der Grashalme miteinander verflechtest. Bei mir hängt ein solcher Zopf über meinem Kamin und über meinem Ofen, da das Feuer und die Hitze den Schutz noch weiter anheizen. Du kannst auch einen Zopf flechten, um dich oder eine andere Person zu binden, und euch so vor Unglück schützen. Es ist sehr wichtig, dass du die Rispenhirse nie für negative Zwecke verwendest, sonst kehrt sie deine Intentionen um und richtet sie stattdessen gegen dich selbst.

Pflanzenweisheit

Manifestieren mit Haarästiger Rispenhirse macht einen Riesenspaß! Sie führt dich in eine Trance, in der du spirituell damit experimentieren kannst, was du in deinem Leben etablieren willst. Sammle genug Rispenhirse, um daraus zwei Zöpfe zu flechten und sprich beim Flechten deine Ziele immer wieder laut aus. Wenn du fertig bist, dann leg einen Zopf auf deinen Altar oder in deinen geheiligten Raum. Den anderen Zopf vergräbst du in der Erde und bittest Mutter Erde, deinen Zielen Wurzeln zu geben. Wenn du von Rispenhirse träumst, dann ist dies ein Hinweis darauf, dass jemand schlecht über dich spricht. Nimm dir nach dem Aufwachen ein wenig Zeit, um die Lästereien zu binden, indem du sie in einen Zopf einflechtest.

HASEL

Corylus *(Hazel)*

Wesentliche Eigenschaften

Weisheit, übersinnliche Fähigkeiten

In der keltisch-irischen Kultur war die Hasel so heilig, dass auf das Fällen des Strauches die Todesstrafe stand. In einem Märchen heißt es, dass neun Haselsträucher so um einen heiligen Teich standen, dass ihre ins Wasser fallenden Nüsse von dem Lachs, der darin lebte, gegessen wurden und dass er mit ihnen auch die Weisheit der Hasel aufnahm. Ein Druide und sein Lehrling machten an dem Teich Rast, und der Lehrling wurde angewiesen, den Fisch zu fangen und auszunehmen. Er sollte den Fisch nicht essen, doch beim Säubern schnitt er sich in den Finger, und sein Blut vermischte sich mit dem des Tiers, und der Lehrling erlangte auf diesem Weg dessen Weisheit. Der Lehrling war Fionn MacCumhaill, eine legendäre irische Sagengestalt.

Medizinische Eigenschaften

Haselnüsse schmecken gut und sind voller Nährstoffe, Vitamine und Mineralien, Antioxidantien und gesunder Fette. Sie verbessern die Blutzuckerwerte, regulieren den Blutdruck und mindern Entzündungen. Plinius der Ältere empfahl die Rinde des Strauches für die Behandlung von Husten und einen Breiumschlag aus den Nüssen für die Linderung von Rheumatismus.

Magische Eigenschaften

Haselnüsse sind mächtig und heilig, werden aber häufig nicht beachtet – wie viele andere Nüsse auch. Nussmagie sollte aber zu den Praktiken jeder Pflanzenhexe gehören – sie verstärkt deine Arbeit und erhöht die Schwingungen deiner Zauber. Wenn du deine angelegten Talente wecken willst, dann unterstützt dich Hasel.

Pflanzenweisheit

Die Hasel lehrt uns, dass alles, was wir brauchen, bereits in uns ist. Nutze die Hasel, um dich mit deiner inneren Weisheit zu verbinden. Lerne durch sie, wie du dich selbst zu einem Werkzeug der Weissagung machen kannst. Hasel in deinen Träumen bedeutet, dass gute Neuigkeiten auf dem Weg sind. Falls du keinen Haselnussstrauch finden kannst, um bei ihm zu sitzen, dann nimm bei der Meditation einfach ein paar Nüsse in die Hand, oder lege einige auf deinen Altar oder an deinen geheiligten Ort. Ich habe sie gerne in der Tasche, wenn ich spazieren gehe, weil sie uns mit den Naturgeistern verbinden.

HECKENKIRSCHE

Lonicera *(Honeysuckle)*

Wesentliche Eigenschaften

Verbannen, Schutz, übersinnliche Fähigkeiten

Heckenkirschen oder Geißblätter sind eine weitverbreitete, strauchig wachsende Pflanzengattung, die in Parks oder Gärten oft zu sehen ist. Die Heckenkirschen mit lianenartiger Wuchsform heißen umgangssprachlich Jelängerjelieber. Die roten bis schwarzen Beeren aller Arten sind nicht essbar.

Medizinische Eigenschaften

Blätter, Samen und Blüten der Heckenkirsche wurden zur Behandlung von Verdauungsbeschwerden, Erkrankungen der oberen Atemwege, bei bakteriellen Entzündungen, Hirnschwellung, Fieber, Harnwegsproblemen, Kopfschmerzen und bei vielem mehr verwendet. In Honig eingelegte Blüten helfen gegen Halsschmerzen und Husten. Bei Entzündung, Juckreiz und zum Abtöten von Keimen wurden Teile der Heckenkirsche auch schon direkt auf die Haut gelegt. Doch wie bei allen Pflanzen ist es auch hier wichtig, zuerst auf einer kleinen Hautfläche die Verträglichkeit zu testen, da sie bei manchen Menschen Hautirritationen verursachen können.

Magische Eigenschaften

Die Heckenkirsche liebt Frieden und Freiheit, und sie beschützt, was sie liebt – ich verwende sie, um meine Familie, die Erde und alle Kinder unserer Mutter zu beschützen. Gib ihren Nektar auf deine Schutzkerzen, oder bringe ihn in deiner Arbeit mit Intentionen ein, um ihre Schwingungen zu verstärken.

Pflanzenweisheit

Die Weisheit der Heckenkirsche lebt im Geist der Wahrnehmung, mit der du deiner Umgebung und deinem inneren Selbst begegnest. Sie sorgt dafür, dass deine spirituelle Antenne auf das ausgerichtet bleibt, was dich beschützt. Ein Traum, in dem Heckenkirsche vorkommt, kann für deine Angst stehen, jemanden oder etwas Wertvolles zu verlieren. Wenn du im Traum aus ihrer Blüte den Nektar saugst, dann wird die Pflanze dir sagen, um wen oder was es sich handelt.

HECKENKIRSCHEN-BANNDAMPF

Meditiere erst mit der Heckenkirsche, bevor du diesen Zauber ausprobierst, denn zuerst muss dir die Pflanze vertrauen. Bitte sie um Unterstützung, und pflücke selbst ihre Blüten, um deinen Zauber zu verstärken.

Was du brauchst

4–5 Heckenkirscheblüten
eine Tasse
500 ml Wasser

Wie es geht

- Sauge den Nektar aus den Heckenkirscheblüten. Schlucke ihn nicht herunter. Lass ihn sich mit deinem Speichel vermischen, und spucke ihn dann in die Tasse.
- Bring 500 ml Wasser zum Kochen, leg dann die Blüten hinein, und schalte die Herdplatte aus.
- Gieße das gekochte Wasser in die Tasse mit dem Nektar und deinem Speichel, decke die Tasse ab, und lass die Mischung 3 Minuten lang ziehen.
- In der Zwischenzeit schreibst du auf einen Zettel, was du bannen willst. Vergiss nicht, du darfst niemals einen Menschen bannen, sondern höchstens um Schutz vor dieser Person bitten.
- Wenn du bereit bist, nimm die Abdeckung von der Tasse, halte den Zettel in den aufsteigenden Dampf, und lass die Feuchtigkeit in die Worte deines Zaubers eindringen – 1 Minute von jeder Seite ist ausreichend.
- Sobald du fertig bist, rollst du den Zettel ein und begräbst ihn.

HELMKRAUT

Scutellaria *(Skullcap)*

WESENTLICHE EIGENSCHAFTEN

Frieden

Diese Pflanze verdankt ihren Namen der Form ihrer Blüte, die an einen Helm erinnert, wie er im Mittelalter üblich war. Es wächst am Rand von Feuchtgebieten und gehört wie die Minze zu den Lippenblütlern. Helmkraut blüht in strahlenden, lebhaften Farben, die jeden Garten schmücken.

MEDIZINISCHE EIGENSCHAFTEN

In der Traditionellen Chinesischen Medizin wird Helmkraut bei Gelbsucht, Entzündungen und Durchfall eingesetzt. Indigene Stämme Nordamerikas haben mit ihm gynäkologische Probleme behandelt, doch heutzutage kommt es meist zur Muskelentspannung und bei Angstzuständen zum Einsatz.

MAGISCHE EIGENSCHAFTEN

Helmkraut gehört zu den besten Entspannungsmitteln im Pflanzenreich und wirkt sowohl auf den physischen wie auch auf den spirituellen Körper. Außerdem ist es eine hervorragende Wahl, um den Übergang von einem Seinszustand in einen anderen zu erleichtern. Helmkraut fördert außerdem die Bereitschaft, sich in bestehenden Beziehungen einzubringen.

PFLANZENWEISHEIT

Helmkraut beruhigt unser Leben, schafft einen stillen Ort, an dem wir einfach nur sein und uns über unsere Existenz freuen dürfen. Falls du ein Mensch bist, der immer beschäftigt ist und sehr wenig Zeit für sich selbst zur Verfügung hat, dann lade Helmkraut in deine Träume ein. Es wird dir zeigen, was dir in deiner Hektik alles entgeht, Klarheit schaffen und dir zeigen, was wirklich wichtig für dich ist.

HERZBLUME
Dicentra *(Bleeding Heart)*

WESENTLICHE EIGENSCHAFTEN

Liebe, Heilung

Diese ikonische Pflanze macht ihrem Namen alle Ehre: Ihre Blüten sehen aus wie Herzen. Viele Arten dieser ursprünglich aus Nordamerika stammenden Gattung sind als Zierpflanzen auch in Europa weit verbreitet und sind pflegeleicht, weil sie schattige Plätze hellem Sonnenlicht vorzieht. Bei Berührung kann die Pflanze leichten Hautausschlag verursachen, sei also vorsichtig, und halte deine Haustiere fern.

MEDIZINISCHE EIGENSCHAFTEN

Herzblumen lassen sich zu einer Tinktur verarbeiten, die gegen Unruhe oder bei Trauer hilft und beruhigend und stimmungsaufhellend wirkt. Bei Zahnschmerzen kann man auf einer Herzblumenwurzel kauen.

MAGISCHE EIGENSCHAFTEN

Die Herzblume zeigt uns, dass Liebe mächtiger ist, als wir vermuten: Sie schenkt Leben und bringt den Tod. Wir lernen von der Herzblume, dass wir die Wirkung der Liebe anerkennen sollen. Natürlich eignet sich die Pflanze am besten für Liebesmagie, um Liebe anzuziehen und um eine bestehende Beziehung zu heilen.

PFLANZENWEISHEIT

Die Herzblume hat Verständnis für das, was du gerade durchmachst. Sie ist äußerst mitfühlend und wird für dich da sein, egal, wie groß deine

Schwierigkeiten auch sind. Sie verwandelt den Schmerz eines gebrochenen Herzens in etwas Wunderschönes und gibt dir Frieden und Heilung. Triff eine Entscheidung darüber, wovon du dich befreien möchtest, und dann verbrenne ihre Blütenblätter, um die Freisetzung zu verstärken.

Solltest du ein Päckchen aus deiner Kindheit zu tragen haben – etwa Eltern gehabt haben, die nicht für dich da waren –, dann wird dich die Herzblume in ihrem Geist aufnehmen und dich wie eine liebende Mutter in ihren Armen halten. Sie holt diejenigen zu sich, die sie brauchen, damit sie sich um sie kümmern kann. Nur wer sie wirklich braucht, wird im Traum von ihr besucht.

ECHTES HERZGESPANN
Leonurus cadiaca *(Motherwort)*

WESENTLICHE EIGENSCHAFTEN

Schutz, Intuition

Echtes Herzgespann, auch Löwenschwanz oder Herzspannkraut genannt, gehört wie Minze zur Familie der Lippenblütler und war früher typisch für Bauerngärten. Das Kraut wächst an allen möglichen Orten, am Straßenrand, auf Halden und auf Friedhöfen. Einer Legende zufolge gab es einmal ein Dorf, dessen Bewohner ihr Trinkwasser aus einer Quelle nahmen, die durch ein Beet aus Herzgespann floss. Angeblich wurden sie alle über hundert Jahre alt. Herzgespann ist in Deutschland eine gefährdete Pflanzenart.

MEDIZINISCHE EIGENSCHAFTEN

Die oberirdisch wachsenden Teile dieser Pflanze finden Verwendung in der Heilung. Herzgespann wirkt beruhigend, reguliert die Menstruation und unterstützt die Ausscheidung der Plazenta. Es hilft auch gegen Herzbeschwerden wie Herzrhythmusstörung oder Herzrasen.

Magische Eigenschaften

Echtes Herzgespann unterstützt alle Schutzzauber, du kannst es jedem Zauber hinzufügen, der lange Zeit wirken sollen – das Kraut wird deren Energie vergrößern. Besonders nützlich ist dies bei Geld-, Erfolgs- und Gesundheitszaubern. Herzgespann verstärkt auch deine eigene innere Weisheit und deine Intuition, vor allem, wenn du es selbst anbaust, statt es in getrockneter Form zu kaufen. Wenn du deine Pflanzen versorgst, dann stell dir dabei vor, wie sich deine Aura und dein Drittes Auge ausdehnen, und sie wird genau das für dich veranlassen.

Pflanzenweisheit

Herzgespann hat nicht nur einen ausgeprägten Beschützerinstinkt, wenn nötig, ist es auch wild wie ein Löwe – passend zu seinem weiteren Namen »Löwenschwanz«. Herzgespann ist die Beschützerin von Müttern und Kindern. Falls du alleinerziehende Mutter bist, dann binde es in dein Leben ein, damit es dir in schweren Zeiten beisteht. Wenn dein Kind geärgert wird oder sich ausgeschlossen fühlt, wenn es immer traurig und zu viel alleine ist oder sich vor anderen Menschen verschließt, dann hilft euch das Herzgespann. Das Kraut schafft eine neue Perspektive und erzeugt ein Gefühl der Zugehörigkeit. Du kannst dein Kind in die Pflege der Pflanze einbinden und ihm zeigen, wie man mit Pflanzen meditiert, oder einfach etwas Herzgespann in seine Taschen stecken, bevor es in die Schule geht. Lass die Pflanze in deine Träume herein, um verborgene Talente zu entdecken oder eine Gabe, von der du nicht wusstest, dass du sie hast.

GROSSES HEXENKRAUT

Circaea lutetiana *(Enchanter's Nightshade)*

Wesentliche Eigenschaften

Neuanfänge, Gleichgewicht, Manifestieren

Dieses Kraut mit den breiten Blättern wächst bevorzugt auf schattigen Waldböden. Die Blüten sind winzig und haben nur zwei tief gekerbte

Staubblätter. Der lateinische Namen des Großen Hexenkrauts setzt sich zusammen aus dem der griechischen Zauberin Circe und aus Lutetia, dem lateinischen Namen für Paris, der die schöne Helena ihrem Ehemann geraubt und damit den Trojanischen Krieg ausgelöst hat. Großes Hexenkraut befand sich angeblich in dem Trank, den Circe Odysseus' Gefährten gab, um sie in Schweine zu verwandeln.

Medizinische Eigenschaften

In Österreich ist Großes Hexenkraut weit verbreitet, und wird dort zu einem Tee gegen Rheumatismus, Gicht und Fieber zubereitet. Doch Achtung, denn es ist als giftig eingestuft. Informiere dich also gründlich, und verwende es mit Vorsicht.

Magische Eigenschaften

Das Hexenkraut ist eine Pflanze der Transformation – damit ist aber nicht die Verwandlung von Menschen in Schweine gemeint. Hier geht es um eine innere Transformation, die in dir die Selbstliebe und den Mut weckt, damit du zu deinem wahren Selbst wirst. Die Arbeit mit dem Kraut unterstützt dich dabei, dich zu verändern, zu wachsen, zu entwickeln und einen Neuanfang zu finden. Es hilft dir, die Person zu manifestieren, die du sein möchtest, sowohl in Bezug auf deine Gesundheit als auch auf deinen Charakter. Es macht dich zu einem vollkommen neuen Menschen.

Pflanzenweisheit

Hexenkraut kann dir helfen, ein energetisches Gleichgewicht zwischen dem Hellen und dem Dunklen zu finden. Wir alle müssen lernen, dieses Gleichgewicht herbeizuführen und zu bewahren – weder das Helle noch das Dunkle sollte mächtiger sein als das andere. Wenn du beide Teile in dir in Balance bringst, kannst du mit deinem Leben in der Welt wirklich etwas bewegen.

Erscheint dir das Große Hexenkraut im Traum, weist es dich auf ein Geheimnis hin – vielleicht auf einen noch verborgenen Teil deiner selbst, auf eine Begabung, die dir noch nicht bewusst ist. Bitte die Pflanze, das bisher Verborgene ans Licht zu bringen.

HIBISKUS
Hibiscus *(Hibiscus)*

WESENTLICHE EIGENSCHAFTEN

Liebe, Frieden, Heilung

Der Hibiskus oder Eibisch ist vor allem für seine großen spektakulären Blüten bekannt, die richtig Farbe in deinen Garten oder in dein Zuhause bringen.

Die Pflanze hat aber noch viele weitere Anwendungsmöglichkeiten. Aus den Blüten lässt sich ein klebriger Saft ausdrücken, mit dem man Seifenblasen herstellen kann. Der leckere, etwas herbe Hibiskustee wird überall auf der Welt wegen seines hohen Vitamin-C-Gehalts geschätzt. Die Blüten der Pflanze können rot, gelb, pfirsichfarben oder weiß sein. In der Hindutradition symbolisiert der rote Hibiskus die Göttin Kali. In Tahiti und auf Hawaii tragen die Frauen gerne Hibiskusblüten im Haar.

MEDIZINISCHE EIGENSCHAFTEN

Hibiskustees und -extrakte helfen bei der Behandlung einer Reihe von Beschwerden. Im Ayurveda wird Hibiskus zur Steigerung des Haarwachstums eingesetzt und um das Ergrauen der Haare zu verhindern. Die Pflanze wirkt ausgleichend auf die Hormone und sorgt für eine kühle Körpertemperatur. Hibiskus ist außerdem gut für die Haut und verringert Akne.

Magische Eigenschaften

Hibiskus fühlt sich mit Liebe und Leidenschaft verbunden. Er wirkt auf das Sakralchakra und hilft dir, deine Lebenslust neu zu entdecken. Zwar wird die Pflanze überwiegend eingesetzt, um romantische Liebe zu fördern, doch eigentlich unterstützt sie jede Form von Liebe, auch die zu deiner Bestimmung im Leben. Vom Hibiskus lernst du, dich dem Fluss des Lebens hinzugeben, statt dich gegen ihn zu stemmen, und Harmonie in allem zu finden, was du tust.

Pflanzenweisheit

Hibiskus bereichert uns alle mit Harmonie. Ein frischer Strauß mit Hibiskusblüten im Frühling und Sommer an einem beliebigen Ort in deinem Haus sorgt bei offenem Fenster dafür, dass sich seine ausgleichenden Energien und seine liebevolle Atmosphäre überall ausbreiten. Wenn dir Hibiskus im Traum erscheint, dann als Mahnung, dass du deine Zeit mit Selbstmitleid und Selbsthass verschwendest; er erscheint, um dir bei der Rückkehr ans Licht zu helfen. Hibiskus schenkt deinem Leben neuen Atem.

HIBISKUS-HEILRITUAL

Dieser wirkungsvolle und zugleich sanfte Zauber macht dir eine beruhigende Vibration zugänglich, die sich aus dem Wasser in der Luft um dich verteilt und dein Energiefeld durchdringt.

Was du brauchst

- eine durchsichtige Glasschüssel
- 5–7 frische Hibiskusblüten
- 1 Rosenquarz
- 1–2 Tropfen ätherisches Rosenöl

Wie es geht

- Fülle die Glasschüssel mit Wasser.
- Lege die Hibiskusblüten so in das Wasser, dass sie schwimmen.
- Lege den Rosenquarz auf den Boden der Schüssel, und füge dann die 1–2 Tropfen ätherisches Rosenöl hinzu.
- Stell die Schüssel in den Raum, der Harmonie und Liebe am meisten braucht – entweder ins Wohnzimmer, wo alle zusammenkommen, um dort Spannungen abzubauen, oder ins Schlafzimmer, um Leidenschaft zu entfachen. Um dein Herz zu heilen, setzt du dich einfach neben die Schüssel, während du Tagebuch oder über Selbstliebe schreibst.

HICKORY

Carya *(Hickory)*

WESENTLICHE EIGENSCHAFTEN

Stärke, Heilung, spirituelle Entwicklung

Hickorybäume wachsen sehr langsam, weshalb ihr Holz extrem hart ist. Es gibt härtere Hölzer, doch Hickory verbindet Härte mit Belastbarkeit und Haltbarkeit, was es zu einem bevorzugten Material für Werkzeuge macht. Unter anderem war es als Bogenholz beliebt und wurde für die Herstellung von Paddeln und Radspeichen verwendet. Hickoryrinde lässt sich zu einem Sirup verarbeiten, der an eine dunklere und trübere Variante von Ahornsirup erinnert. Die Nüsse einiger der Arten sind essbar, andere schmecken sehr bitter.

MEDIZINISCHE EIGENSCHAFTEN

Indigene Kulturen haben Hickoryrinde für verschiedene Zwecke eingesetzt, unter anderem zur Linderung von Arthritis oder Kopfschmerzen.

Magische Eigenschaften

Hickoryrinde eignet sich für die Arbeit mit Kraft- und Heilungszaubern. Wenn du an manchen Tagen spürst, dass größere Aufmerksamkeit oder Geduld erforderlich ist, kannst du die Rinde bei dir tragen. Habe sie nahe an deinem Herzzentrum, beispielsweise an einer Kette oder in der entsprechenden Brusttasche. Nach dem Tod meines Vaters klebte meine Mutter mir Hickoryrinde auf die Brust.

Pflanzenweisheit

Hickory inspiriert uns mit seiner Kraft und Geduld. Zwar wächst der Baum nur langsam, aber dafür ist er ausgewachsen an Pracht und Entschlossenheit kaum zu überbieten. Wir lernen von ihm, uns Zeit zu nehmen und unsere Reise einen Tag nach dem anderen anzugehen – seine Botschaft vermittelt uns Achtsamkeit und, im Augenblick zu leben. Die Arbeit mit dem Hickorybaum entspricht der Arbeit am innersten Selbst, am Selbstwachstum und an der eigenen spirituellen Entwicklung.

Lass Hickory in deine Träume, wenn du Hilfe bei der Kommunikation mit einem Verstorbenen oder mit dem Durchstehen schwieriger Phasen brauchst – der Baum bringt dir Frieden und Klarheit. Probier es aus, vor dem Schlafengehen Hickorytee zu trinken; er beruhigt dein Herz und verschafft dir friedlichen Schlaf.

HICKORY-KRAFTSIRUP

Dieser Sirup gibt dir in schwierigen Zeit die nötige Stärke. Du kannst mit ihm deinen Hickorytee süßen und so seine Heilwirkung verdoppeln oder ihn in deinen Speiseplan und deine magische Arbeit einbinden. Falls du selbst Zugang zu Hickorybäumen hast, dann nimm vorzugsweise die Rinde von abgebrochenen Ästen – die Rinde direkt am Baum braucht der Hickory selbst. Putze die Rinde sorgfältig, indem du sie von beiden Seiten unter fließendem Wasser abschrubbst und möglicherweise vorhandene Insekten absammelst. Danach legst du die Rinde entweder zum Trocknen beiseite oder tupfst sie mit einem Tuch trocken.

Was du brauchst

1 großes Stück saubere Hickoryrinde, ungefähr 30 Zentimeter lang
1 Liter gefiltertes Wasser
800 g Rohrzucker

Vorgehensweise

- Heize deinen Backofen auf 180°C vor.
- Zerbrich die Rinde in Stücke von etwa 10 Zentimetern Länge.
- Breite die Rindenstücke auf Backpapier aus.
- Röste die Rinde 25–35 Minuten – du solltest dann deutlich den bezaubernden Hickoryduft wahrnehmen.
- Gib die geröstete Rinde in einen großen Topf, und bedecke sie mit dem gefilterten Wasser.
- Bring das Wasser zum Kochen, senke dann sofort die Temperatur, und lass es bei niedrigster Stufe 20–30 Minuten köcheln. Danach gießt du die Flüssigkeit durch ein Sieb in einen Topf und gibst für je 250 ml Hickorywasser 200 g Rohrzucker hinzu. Rühre gut um, und bringe die Flüssigkeit zum Kochen. Lass sie so lange kochen, bis die von dir gewünschte Sirupkonsistenz erreicht ist.
- Fülle den Sirup in ein Glas mit einem starken Randabschluss.

HIMBEERE
Rubus *(Raspberry)*

Wesentliche Eigenschaften

Weibliche Energie, Liebe, Schutz

Obwohl es zahlreiche Arten von Himbeeren in unterschiedlichen Farben gibt, ist die *Rubus strigosus* die in Nordamerika am weitesten verbreitete. Die *Rubus idaeus* ist in Eurasien die häufigste Art. Kommerziell angebaute Sorten sind meist Hybride dieser Arten. Die Beeren kann zum Färben, aber auch als Medizin verwenden, und die Blätter der Pflanze werden von traditionellen Heilern ebenso wie von Naturheilpraktikern als Tee verabreicht.

Medizinische Eigenschaften

Die Früchte und Blätter von Himbeeren haben verschiedene Verwendungszwecke. Auf Wehen- und Geburtsschmerzen hat Himbeerblättertee eine positive und lindernde Wirkung. Die Blätter helfen außerdem bei Durchfall, sind gut für die Bronchien, beugen möglicherweise Herzproblemen und altersbedingtem geistigem Verfall vor.

Magische Eigenschaften

Die Himbeere hat eine mütterliche, ernährende Ausstrahlung. Sie erleichtert die verschiedenen Stufen des weiblichen Mondzyklus, macht die Menstruation erträglich, unterstützt die Geburt und Menopause. Die Fruchtbarkeit kann gestört sein, wenn das Sakralchakra unter Stress steht. Himbeere lindert alte Traumata und Schmerzen, die du dort möglicherweise gespeichert hast, heilt dich und fördert so die Fortpflanzungsgesundheit. Himbeere unterstützt außerdem Selbstvertrauen ebenso wie Vertrauen in die Beziehung.

Pflanzenweisheit

Die Weisheit der Himbeere ist mächtig und ihre heilende Umarmung noch viel mehr. Arbeite mit ihr, wenn du deinen Unterleib heilen möchtest, insbesondere dann, wenn du sexuell missbraucht wurdest oder Schwierigkeiten hast, schwanger zu werden. Himbeere übermittelt jedem eine eigenen Botschaft, und sie zeigt sich dir nur dann im Traum, wenn sie dich konkret auf etwas hinweisen will, um deine Heilung voranzubringen oder deine Ziele für dich greifbarer zu machen.

GEWÖHNLICHES HIRTENTÄSCHEL
Capsella bursa-pastoris *(Shepherd's Purse)*

WESENTLICHE EIGENSCHAFTEN

Heilung, Schutz

Das Gewöhnliche Hirtentäschel ist ein weltweit verbreitetes Unkraut, das mit Senf und Kohl verwandt ist. Seine Früchte sind flach und dreieckig, und ihnen verdankt das Kraut seinen Namen. Der Schleim in seinen Samen fängt Nematoden, und die Pflanze ist deshalb im Garten als Schädlingsfalle sehr nützlich.

MEDIZINISCHE EIGENSCHAFTEN

Das Hirtentäschel hilft bei Herz- und Kreislaufproblemen sowie bei niedrigem Blutdruck. Es kuriert Blasenentzündungen, lindert Kopfschmerzen, wirkt adstringent sowie antidiarrhoisch und kann auch bei Menstruationsbeschwerden nützlich sein. Die Pflanze enthält entzündungshemmende und als Antioxidantien wirkende Substanzen. In zu großen Mengen kann sie jedoch Schläfrigkeit verursachen.

MAGISCHE EIGENSCHAFTEN

Am bekanntesten ist das Hirtentäschel für seine blutstillenden Eigenschaften – sowohl im physischen als auch im übertragenen, spirituellen Sinne. Sie beendet geistiges Ausbluten und verschließt Wunden in deiner Aura. Wenn Risse in deinem Energiekörper verschlossen werden, erhält dein Geist seine ganze Kraft zurück.

Pflanzenweisheit

Das Gewöhnliche Hirtentäschel kann dir bei jeder Heilreise zur Seite stehen, insbesondere dann, wenn du einen anderen Menschen heilen willst. Die Präsenz der Pflanze unterstützt dich darin, die Bedürfnisse Kranker zu erkennen und zu erspüren, und verstärkt deine Fähigkeit, ihnen zu helfen. Du träumst nur dann vom Hirtentäschel, wenn du es schon lange verehrst. Aber hast du einmal angefangen, das Kraut in deine Arbeit einzubeziehen, dann wirst du es nicht so schnell aufgeben. Mit jedem Traum erhältst du als eine Art Zugabe eine Information, die dich als Heiler weiterbringt.

HONDURAS-STECHWINDE

Smilax ornata *(Sarsaparilla)*

Wesentliche Eigenschaften

Fülle, Glücklichsein

Am bekanntesten ist Honduras-Stechwinde für die Verwendung ihrer Wurzeln zum Würzen von Getränken und Nahrungsmitteln wie beispielsweise Root Beer. Außerdem werden ihre Bestandteile von einer ganzen Reihe indigener amerikanischer Kulturen seit Jahrhunderten auch als Heilmittel verwendet. Das Gewächs ist eine Kletterpflanze, aber für magische Zwecke werden ausschließlich die Wurzeln genutzt.

Medizinische Eigenschaften

Bis Anfang des 20. Jahrhunderts war die Wurzel das Mittel erster Wahl gegen Syphilis. Sie hilft außerdem gegen Schuppenflechte, Rheumatoide Arthritis und Nierenbeschwerden. Die Einnahme bewirkt Harndrang und verringert Wassereinlagerung. Angeblich wirkt die Honduras-Stechwinde vorzeitigem Altern entgegen.

Magische Eigenschaften

Gib der Stechwinde möglichst einen Platz in deinem Zuhause, insbesondere in der Küche, und sie wird für gute Gesundheit bei dir und deinen

Mitbewohnern sorgen. Leg ein Stück ihrer Wurzel in deinen Kleiderschrank, damit dir die Pflanze neue, bessere Perspektiven eröffnen kann, die auch deine Spiritualität fördern. Arbeite mit ihr, wenn du krank bist und schnellere Genesung brauchst. Sie kann dich zu mehr Selbstfürsorge motivieren, indem sie deinem Herzen zeigt, wie sich tatsächlich echte Selbstfürsorge anfühlen würde. Zur Unterstützung von Füllezaubern und für die deutlichere Ermittlung deiner Intentionen kannst du die Pflanze in deiner Nähe oder auf deinem Altar halten. Wirkungsvoll ist Stechwinde auch im Zusammenhang mit Manifestierungszaubern.

Pflanzenweisheit

Die Honduras-Stechwinde bringt Zufriedenheit und Fröhlichkeit zu dir, was wiederum deine Schwingungsfrequenz anhebt und Fülle in dein Leben zieht. Ihre Wurzel ist so wild und glücklich, dass es ansteckend wirkt. Sie liebt das Leben mit solcher Leidenschaft, dass sie alle erleuchtet, die mit ihr zusammenarbeiten. Ein Traum, in dem die Honduras-Stechwinde vorkommt, ist ein Hinweis auf ein tief verwurzeltes Trauma, das sich möglicherweise auf deine Gesundheit auswirkt. Bitte die Pflanze um Mithilfe bei deiner Heilung.

ECHTER HOPFEN
Humulus lupulus *(Hops)*

Wesentliche Eigenschaften

Frieden, Tiermagie

Echter Hopfen produziert grüne, zapfenartige Blüten an langen dünnen Stängeln. Die Pflanze spielt seit Jahrhunderten eine wichtige Rolle beim Brauen von Bier und tritt geschmacklich am stärksten wohl in einem India Pale Ale hervor. Hopfen kann auch ein Bestandteil von Teemischungen und Erfrischungsgetränken sein. Der junge Hopfenspross ist essbar und schmeckt ähnlich wie Spargel.

Medizinische Eigenschaften

Auch in unfermentiertem Zustand unterstützen Hopfendolden ähnlich wie Baldrianwurzeln guten Schlaf. Sie wirken beruhigend und dämpfen Ängste. Mit ihrem bitteren Geschmack fördern sie außerdem die Verdauung und wirken stark antibakteriell.

Magische Eigenschaften

Hopfen wird mit Schlaf und der Beruhigung des Geistes in Verbindung gebracht. Er gilt als ein sanftes Beruhigungsmittel, unterstützt luzides Träumen und vertreibt Albträume. Wenn du deine Träume häufig vergisst oder wenn du Probleme mit dem Schlafen hast, dann ist Hopfen das Richtige für dich. Füge ihn deiner Pflanzensammlung hinzu, die du für die Unterstützung von Visionen, lebhaften Träumen oder auch nur für die Meditation verwendest. Hopfen beruhigt deinen Geist, während du meditierst, und du kannst den erwünschten Geisteszustand deshalb länger aufrechterhalten.

Pflanzenweisheit

Hopfen wird mit Tier- und insbesondere mit Wolfsmagie in Verbindung gebracht. Nimm eine Pflanze mit in die Natur, und achte darauf, wie du dich in ihrer Begleitung fühlst und wohin es dich zieht – sie wird dich dorthin bringen, wo Tiere eine Botschaft für dich haben. Hopfen ist außerdem ein Traumweltführer: Er beruhigt deinen rasenden Verstand und verhilft dir zu klarer Wahrnehmung. Er ist ein unverfälschtes, hilfreiches Wesen – wir alle können uns seine Eigenschaften zum Vorbild nehmen.

HORTENSIE
Hydrangea *(Hydrangea)*

Wesentliche Eigenschaften

Heilung

Die Wildform der Hortensie stammt aus Japan und heißt dort Ajisai. Ihr lateinischer Name nimmt auf ihren starken Wasserbedarf Bezug und setzt sich zusammen aus den altgriechischen Wörtern *hydros* (Wasser) und *angos* (Behälter). Ihre Blüten sind überwiegend weiß, kommen aber auch in Rosafarben, Lila oder Blau vor. Der japanische Tee Amacha aus den geriebenen Hortensienblättern ist Bestandteil eines buddhistischen Reinigungsrituals.

Medizinische Eigenschaften

Mit den Wurzeln und unterirdisch wachsenden Pflanzenteilen der Hortensie kann man Blasenentzündungen behandeln, Heuschnupfen und andere Allergien lindern und eine vergrößerte Prostata beruhigen. Indigene Völker verwenden Hortensienwurzeln als harntreibendes Mittel und ihre Rinde zur Behandlung von Muskelschmerzen und Verbrennungen.

Magische Eigenschaften

Die Hortensie ist eine Botin der Vergebung – sie weiß, dass Vergebung Befreiung bedeutet. Arbeite mit ihr, um Vergebung zu finden, sowohl für dich als auch für andere. Falls es dir schwerfällt ein erlittenes Trauma zu vergeben, dann lass die Hortensie in deine Träume, und sie wird dir sanft und liebevoll helfen, Erleichterung zu finden.

Pflanzenweisheit

Die Hortensie ist eine freundliche und fürsorgliche Pflanze. Sie ist mitfühlend, verständnisvoll und versöhnlich, und ich habe am liebsten so viel wie möglich von ihrer Energie in meiner Nähe. Bei der Arbeit mit Hortensie lernen wir, ihre Eigenschaften zu verinnerlichen. Und wenn es uns gelingt, dann lösen wir unser größtes Potenzial aus, sowohl in magischer wie in spiritueller Hinsicht. Als Hexen müssen wir mitfühlend sein. Ohne Mitgefühl ist unsere Fähigkeit, uns mit unterschiedlichen Energien zu verbinden, stark eingeschränkt. Mitgefühl kommt aus dem Herzen und dem Geist und lässt andere verstehen, was sie brauchen, sei es Führung, Heilung oder Magiearbeit. Mitgefühl ist eine Sprache, die es uns erlaubt, unterschiedliche Energien zu begreifen.

HUFLATTICH
Tussilago farfara *(Coltsfoot)*

WESENTLICHE EIGENSCHAFTEN
Frieden, übersinnliche Fähigkeiten
Huflattich ist der kleine Cousin von Löwenzahn und Sonnenblume. Die Pflanze ist unter zahlreichen weiteren Namen bekannt wie Fohlenfuß, Hufblatt oder Ackerlatsche. In indigenen Kulturen wird der Flaum auf den jungen Blättern gerne als Zunder verwendet.

MEDIZINISCHE EIGENSCHAFTEN
Huflattich eignet sich insbesondere als Mittel gegen Husten, weil der aus den Blättern zubereitete Tee schleimlösend wirkt. Allerdings sollten nicht mehr als drei Tassen täglich getrunken werden. Weiterhin werden die Blätter zu Heilmitteln gegen Bronchitis, Asthma, Halsschmerzen und Heiserkeit verarbeitet.

MAGISCHE EIGENSCHAFTEN
Bei vielen indigenen Völkern wird Huflattich neben anderen Kräutern zum Rauchen aufbereitet, um Visionen auszulösen. In Räucherungen bringt Huflattich Freude und beruhigt den Geist, und wenn man ihn gemeinsam

mit Lavendel und Orangenschalen verbrennt, fühlt man sich sogar mitten im Winter wie an einem Sommertag. Sein aufgewecktes, fröhliches Wesen bringt Gelassenheit, und allein seine Gegenwart, gibt einem Beruhigung und Zufriedenheit. Du kannst getrocknete Huflattichblätter rund um den Altar verteilen oder in Prophezeihungszauber einbeziehen, um klarer zu sehen, da Huflattich voller Energien steckt, die den Nebel vor deinem Dritten Auge auflösen.

Pflanzenweisheit

Huflattich übermittelt dir die Freiheit, ohne Wenn und Aber du selbst zu sein. Wer gerade Veränderungen durchläuft und liebevolle Unterstützung dabei braucht, sollte Huflattich griffbereit haben. In Träumen kommt Huflattich selten vor. Falls doch, dann wird dir damit übermittelt, dass ein Geist mit dir in Kontakt treten will – für gewöhnlich ein Familienmitglied oder ein kürzlich verstorbener enger Freund oder Freundin. Geh auf die Pflanze zu, und zupfe langsam ein Blütenblatt nach dem anderen aus, und der Traum wird mit dem letzten Blütenblatt enden.

INDIANISCHER HANF
Apocynum cannabinum *(Dogbane Hemp)*

Wesentliche Eigenschaften

Erkenntnis, Klarheit

Indianischer Hanf gehört in die Familie der Hundsgiftgewächse und ist, der Name sagt es bereits, für Haustiere giftig. Obwohl die Pflanze mit ihrem Trivial- wie mit ihrem botanischen Namen als Hanf bezeichnet wird, gehört sie nicht in diese Pflanzengattung. Diese Bezeichnung bezieht sich auf ihre langen Pflanzenfasern, aus denen man, wie ja auch aus Hanf, starke Seile drehen kann.

Medizinische Eigenschaften

Indianischer Hanf wächst in Nordamerika, und seine Samen sind essbar. Aus dem Pflanzensaft kann man eine Art Kaugummi herstellen. Die Wurzeln, Blätter und Stängel der Pflanze verursachen Herzklopfen und Übelkeit und sollten daher besser nicht gegessen werden, auch wenn native amerikanische Völker sie nutzen, um damit Verdauungsstörungen, Fieber, Herz- und Niereninsuffizienz sowie Leberstörungen zu behandeln.

Magische Eigenschaften

Traditionell machen Frauen indigener Kulturen Knoten in ein Seil aus Indianischem Hanf, um wichtige Ereignisse in ihrem Leben zu kennzeichnen. Knotenmagie hat eine lange Tradition. Du kannst Knoten in eine Schnur aus Indianischem Hanf binden, um das darzustellen, was du manifestieren willst, da diese Pflanze sehr gewissenhaft das Unsichtbare verwirklicht. Indianischer Hanf, der bei Neumond auf deinem Altar liegt, lenkt deine Aufmerksamkeit auf bisher verborgene Dinge. Er hat außerdem große Kraft, wenn der Schleier zwischen unserer Welt und der der Geister am dünnsten ist, und kann die Geister um uns herum sichtbar machen.

Pflanzenweisheit

Die Arbeit mit Indianischem Hanf eignet sich vermutlich nicht für Menschen, die leicht beleidigt sind, da die Wahrheit mit Sicherheit ans Licht kommen wird – ob vorbereitet oder nicht. Doch wenn du darauf eingestellt bist und wissen willst, was in deinem Leben noch Arbeit, Heilung und Feinschliff nötig hat, dann ist Indianischer Hanf genau richtig für dich. In Träumen symbolisiert er eine Art Coming-out – dein neues Selbst.

INGWER
Zingiber officinale *(Ginger)*

Wesentliche Eigenschaften

Selbsterkenntnis, Entblockung, Stärke

Der würzige, unverwechselbare Geschmack von Ingwer macht die Wurzel überall auf der Welt zu einer gerne verwendeten Zutat. Die Stängel erreichen große Wuchshöhen und haben lange schilfartige Blätter. Einige Arten (leider nicht die essbaren) haben duftende Blüten, die an Orchideen erinnern.

Medizinische Eigenschaften

Zwar wirken viele Pflanzen gegen Magenverstimmung, aber Ingwer ist in diese Hinsicht unschlagbar. Er hilft er auch wunderbar bei Erkältung, gegen Entzündungen, lindert Husten und Halsschmerzen, und seine wärmende Wirkung lindert Muskelkater. Im Ayurveda wird Ingwer so vielseitig verwendet, dass er trotz seiner weiten Verbreitung ohne Zweifel die wohl bedeutendste Zutat ist.

Magische Eigenschaften

Ingwer fördert ganz allgemein das Wohlbefinden. Er gibt Energie, spendet deinem Körper Kraft und stärkt deine Magie. Zauberarbeit für Liebe und Geld kommt ohne Ingwer nicht aus, insbesondere bei der Überwindung von Schwierigkeiten oder emotionalem Stress. Ingwer unter deinem Kopfkissen beschert dir ruhigen und ungestörten Nachtschlaf. Zu deiner Reinigung kannst du ein Stück Ingwer nehmen und damit deinen Körper vom Kopf bis zu den Füßen scannen. Der Ingwer bekommt alle unangenehmen und schmerzhaften Energien zu fassen. Besonders hilfreich ist diese Fähigkeit für Menschen, die überdurchschnittlich emphatisch sind. Im Anschluss an deine Selbstreinigung ist es empfehlenswert, das Ingwerstück zehn bis fünfzehn Minuten zu kochen, damit die aufgenommenen Energien verdampfen können, und dann wegzuschmeißen oder, noch besser, in der Erde zu vergraben.

Pflanzenweisheit

Ingwer entfernt Blockierungen, Hindernisse und Gewohnheiten, die dich am Vorankommen hindern. Falls du nach deiner Wahrheit oder Bestimmung suchst, gibt dir Ingwer einen Schubs auf den richtigen Weg und zur Selbstentdeckung. Besonders geeignet ist Ingwer für Unternehmer, Kreative und Geschäftsinhaber – er hilft ihnen, aufzubauen, zu wachsen und zu expandieren. Falls du Ingwer in deinen Träumen sehen möchtest, musst du dir zuerst Klarheit über deine Ziele verschaffen, damit er weiß, auf welchem Gebiet du Führung brauchst.

IRISWURZEL

Iris *(Orris Root)*

Wesentliche Eigenschaften

Liebe, Schutz

Der Wurzelstock beziehungsweise das Rhizom der Deutschen Schwertlilie, auch Veilchenwurzel oder Violwurtz genannt. Das aus ihr gewonnene Öl hat einen intensiven, veilchenartigen Duft und wird zur Parfümherstellung genutzt. Irisöl wird außerdem als Aroma Gin zugesetzt und schmeckt nach Himbeere.

Medizinische Eigenschaften

Iriswurzel reinigt das Blut, verbessert die Nierenfunktion und unterstützt die Verdauung. Sie lindert außerdem Kopf-, Zahn- und Gelenkschmerzen. Iriswurzel wirkt schleimlösend und kann allgemein bei Erkältungen und Husten im Besonderen zum Einsatz kommen.

Magische Eigenschaften

Iriswurzel eignet sich wie kein zweiter Pflanzenbestandteil für Liebeszauber – sie ist sogar noch mächtiger als die Rose. Obwohl sie von Frauen überwiegend genutzt wird, um neue Liebe anzuziehen, ist sie auch bei jeder anderen Form von Liebesmagie wirkungsvoll. Iriswurzel steigert deine

Schönheit und macht dich für potenzielle Liebhaber attraktiver. Außerdem bewirkt Iriswurzel spirituelle Unterstützung, die dich liebevoll beschützt.

Pflanzenweisheit

Die Weisheit der Iriswurzel ist rein und so poetisch, dass du sie einfach nicht missverstehen kannst. Die Art, wie sie sich über das Wesen der Liebe und der Magie mitteilt, ist inspirierend und mächtig. Falls du dir eine neue Perspektive auf die Liebe wünschst oder Liebe in ihrer reinsten Form erleben möchtest, dann musst du mit Iriswurzel arbeiten. Sie sucht dich im Traum auf, aber du solltest sie nur einladen, wenn du ihren Rat im Hinblick auf eine bestehende Beziehung suchst.

JALAPE

Ipomoea purga *(High John the Conqueror)*

Wesentliche Eigenschaften

Fülle, Neuanfänge, Entblockung, Glück

Jalape ist der gebräuchliche Name für die mexikanische Purgierwinde aus der Familie der Windengewächse, deren bekannteste Art die Süßkartoffel ist. Die Jalape hat einen angenehm erdigen Duft, der dich sofort, ja, eben erdet. Seit Jahrhunderten ist sie ein fester Bestandteil magischer Arbeit, insbesondere im Hoodoo. Im Englischen wurde die Wurzel der Pflanze angeblich nach einem versklavten afrikanischen Prinzen benannt, der nie die Hoffnung auf Freiheit aufgab: High John the Conqueror.

Medizinische Eigenschaften

Die Wurzel der Jalape ist Bestandteil von Heilmitteln; sie wirkt gegen Verstopfung, Bauchschmerzen und Darmparasiten.

Magische Eigenschaften

Was kann die Wurzel eigentlich nicht?! Die Wurzel ist essenziell bei Glücks- und Erfolgszaubern und kann deine andere Magiearbeit insgesamt verstärken. Doch für mich hat sie den kostbarsten Einfluss auf Erneuer und im Auflösen von Hindernissen. Ein Bodenwischwasser mit Jalapew zelextrakt räumt fast alles aus dem Weg, was dich bisher auf dem Weg zum Neubeginn möglicherweise blockiert hat. Verwende es beim Frühjahrsputz, um seine Kraft durch die Weisheit des Frühlings zu verstärken. Lege die Wurzeln in deine Tasche, oder bewahre sie in deiner Nähe auf, um Ängste und Sorgen zu überwinden und um dich von Prokrastination abzuhalten, damit du deine Aufgaben in Angriff nehmen kannst. Mit der Jalapewurzel in der Tasche wirst du in einer Besprechung selbstbewusst auftreten, und du kannst dir sicher sein, dass du mit deiner Energie die Aufmerksamkeit aller anderen gewinnen kannst.

Pflanzenweisheit

Die Jalapewurzel wird mit Erfolg und der Überwindung von Hindernissen assoziiert. Es ist gut, sie bei sich zu haben, da sie auch Lösungen für die schwierigsten Probleme parat hat. Wegen der Legende um den afrikanischen Prinzen wird sie auch mit Glücklichsein in Verbindung gebracht: High John konnte dem Teufel entfliehen und mit seiner Liebsten, der Tochter des Teufels, zusammen sein. Lade »High John the Conqueror« in deine Träume ein, damit du deine innere Kraft findest, vor allem dann, wenn dir ein Neuanfang oder eine Veränderung bevorsteht.

JAPANISCHE BLÜTENKIRSCHE
Prunus serrulata *(Cherry Blossom)*

Wesentliche Eigenschaften

Türöffner zwischen den Reichen, Neuanfänge, Verbannen

Ein blühender japanischer Kirschbaum gehört zu den friedlichsten und am meisten verehrten Pflanzen, die ich kenne. Die Japanische Blütenkirsche verkündet mit ihrer üppigen Blütenpracht den nahenden Frühling, und wenn ihre Blütenblätter fallen, dann bedecken sie den eben aufgetauten Boden wie Schnee.

Medizinische Eigenschaften

Als Tee aufgebrüht, sind Kirschblüten reich an gesunden Antioxidantien und essenziellen Fettsäuren. Sie sind gut für die Haut und beugen Alterserscheinungen vor. Außerdem wirken sie entzündungshemmend und verringern Schwellungen und Schmerzen.

Magische Eigenschaften

Im Frühling sammle ich die herabgefallenen Kirschblüten und fülle sie für meine Magiearbeit in ein Glas. Die Blütenstiele bewahre ich auf, wenn ich einen Neustart oder Neuanfang brauche, die Blüten nutze ich zum Bannen, einer alten Gewohnheit beispielsweise.

Pflanzenweisheit

Kirschblüten symbolisieren Neuanfänge und die Vergänglichkeit des Lebens. Nur für eine kurze Zeitspanne dürfen wir uns an ihr erfreuen, und schon zwei Wochen nach dem Höhepunkt ihrer Schönheit fallen sie zu Boden. Indem du dich in dieser kurzen Phase dem Baum zuwendest, kannst du seine Führung für dich nutzen. Ich liebe es, in seiner Nähe Tagebuch zu schreiben oder zu meditieren, oder mit ihm zu kommunizieren, um so viel wie möglich von seiner Weisheit aufzunehmen. Jede neue Blüte gibt mir neue Einsichten – wie ein Besuch bei einem Tarotleser oder Medium. Wir lernen von dem Baum, dass wir unendlich oft neu beginnen können und dass wir uns von Mal zu Mal entwickeln. Das Leben ist kurz, und wir sollten unsere Zeit nicht verschwenden. Falls es dir schwerfällt, innezuhalten oder die heilige Macht deiner Zeit auf der Erde zu schätzen, dann kann die Japanische Blütenkirsche helfen. Kirschblüten im Traum bringen deinem Herzen Frieden. Falls du um den Tod eines geliebten Menschen trauerst oder den Tod einer früheren Version deiner selbst, dann bitte den Baum vor dem Schlafengehen um seine heilige Gegenwart.

JAPANISCHER SAGOPALMFARN

Cycas revoluta *(Sago Palm)*

Wesentliche Eigenschaften

Resilienz

Trotz seines Namens gehört der Japanische Palmfarm nicht zu den Palmen und ist auch nicht mit der Sagopalme verwandt, aus der Sago gewonnen wird. Vielmehr gehört er zu den *Cycadopsida*, die seit prähistorischen Zeiten – ja seit den Dinosauriern! – auf allen Kontinenten vorkommen. Der männliche Palmfarn bringt einen goldenen Zapfen hervor, von denen einige über einen halben Meter groß werden. Die weiblichen Palmfarne hingegen schmücken sich mit einer wunderschönen großen goldenen Blüte, die sich langsam öffnet, wenn sie reif zur Bestäubung ist. Sie blüht nur jedes zweite oder dritte Jahr. In den Jahren, in denen sie nicht blüht, produziert sie neue Frühlingsblätter.

Medizinische Eigenschaften

Sagopalmfarnrinde und -samen können zu einer Paste verarbeitet werden, die Wunden und Schwellungen heilt. Doch die Samen sind giftig und müssen entsprechend vorsichtig gebraucht werden. Mit dem Saft junger Sagopalmfarne kann man Blähungen und Übelkeit behandeln; der Pollen der Pflanze wirkt narkotisierend.

Magische Eigenschaften

Die Arbeit mit dem Sagopalmfarn verschafft dir Zugang zu deiner Resilienz. Es wird dir leichter fallen, schwierige Zeiten durchzustehen, dich im Anschluss wieder aufzurappeln und großartige Dinge zu erreichen. Stell die Pflanze zu deinem Altar und/oder in deinen geheiligten Raum, wenn du Fülle- und Erfolgszauber wirkst. Sie während der Abschlussphase eines Projekts in der Nähe zu haben wird dich motivieren, inspirieren und deine Leistungsfähigkeit steigern. Außerdem hilft dir die Pflanze, wenn du vor schweren Entscheidungen stehst: Meditiere mit ihr, und tauscht euren Atem aus. Wenn du zum Kern deiner Frage gelangst, wir dir der Sagopalmfarn zeigen, welche Entscheidung du treffen sollst. Du kannst seinen Rat auch einholen, indem du ihn in deine Träume hinein einlädst.

Pflanzenweisheit

Die uralte Medizin und Weisheit des Sagopalmfarns wird häufig übersehen, und er auf sein Dasein als Zierpflanze reduziert. Doch diese Einschätzung wird ihm nicht gerecht. In meinem Heim behandle ich die Pflanze wie eine Göttin – ich spreche mit ihr und sorge für sie, jeden einzelnen Tag. Ein Gespräch mit ihr ist so, als würde man sich das leckerste Stück Schokolade gönnen. Ihre Weisheit und ihr Blick auf das Leben kann deine Sicht auf die Dinge auf fast jede nur erdenkliche Weise verschieben.

ECHTER JASMIN

Jasminum officinale *(Jasmine)*

Wesentliche Eigenschaften

Liebe, Kreativität, weibliche Energie

Das Wort »Jasmin« kommt aus dem Persischen und bedeutet »wohlriechendes Öl«, was sehr passend ist, da die Pflanze für ihren sinnlichen, verzaubernden Duft berühmt ist. In Indien wird sie auch »Königin der Nacht« genannt, weil ihre zarten weißen Blüten sich am Abend öffnen und mit ihrem Duft einen erholsamen und friedlichen Tagesausklang einläuten.

Medizinische Eigenschaften

Mit Jasmin parfümierter grüner Tee kann deine Stimmung aufhellen und die Symptome von Leberzirrhose lindern. Außerdem wirkt Jasmin entspannend, steigert sexuelles Verlangen (er ist ein weithin bekanntes Aphrodisiakum) und wird im Zusammenhang mit der Krebsbehandlung erforscht.

Magische Eigenschaften

Jasmin kann die Magie in Fruchtbarkeitszaubern verstärken, neue kreative Projekte, Reichtum oder eine Schwangerschaft unterstützen. Bereite dir einen Jasmintee zum Trinken oder als Badezusatz zu – beides gleichzeitig zu genießen ermöglicht dir, tief in deinen Herzraum vorzudringen. Oft fürchten wir uns davor, diesen Ort zu betreten. Doch die Energie des Herzraums gehört zu den mächtigsten Energien der Welt überhaupt – was könnte schließlich mächtiger sein als die Liebe? Herzraumenergie ist die Brücke zwischen Leben und Tod.

Jasmin am Körper zu tragen zieht wahre Liebe an – Menschen mit reinen Herzen, die dir treu sein und dich herzlich lieben werden. Jasmin im Schlafzimmer steigert die romantischen Energien und schafft Raum für einen innigen Austausch.

Pflanzenweisheit

Jasmin hilft dir, deine göttliche Weiblichkeit anzunehmen. Er schenkt dir das Selbstvertrauen, sie mit all ihrer Schönheit, Verletzlichkeit, Intuition und Weisheit auszufüllen. Pflanze Jasmin in deinen Garten gleich neben der Eingangstür, um gute Gesellschaft und Fülle in dein Heim zu locken. Wenn Jasmin dich im Traum besucht, dann darfst du mit Liebe rechnen.

JAVA-SCHAMBLUME

Aeschynanthus radicans *(Lipstick Plant)*

WESENTLICHE EIGENSCHAFTEN

Kreativität, Fülle, Glücklichsein

Die Java-Schamblume ist eine Aufsitzerpflanze, was bedeutet, dass sie auf anderen Pflanzen oder in der Luft wächst. Diese immergrüne Liane hat glänzende Blätter und gedeiht gut in hängenden Pflanzenschalen. Bei ausreichendem Sonnenlicht kannst du dich über eine große Blütenpracht freuen.

MEDIZINISCHE EIGENSCHAFTEN

Diese Pflanze besitzt keine bekannten medizinischen Eigenschaften.

MAGISCHE EIGENSCHAFTEN

Die Macht der Java-Schamblume liegt in ihrer Fähigkeit, das Feld der Kreativität und das der Fülle miteinander zu kombinieren. Falls du ein Kind zeugen und deine Fruchtbarkeit steigern willst, solltest du die Pflanze in dein Schlafzimmer stellen – allerdings muss sie dort ausreichend natürliches Licht bekommen. Wenn du sie an deinen Arbeitsplatz stellst, bringt sie dir Fülle in Form von Geld, Kunden und Erfolg.

Schneide ihr für deine Magiearbeit keine Blätter oder Blüten ab, denn damit würdest du sie sehr unglücklich machen. Sammle stattdessen die abgefallenen Blätter und Blüten und bewahre sie in einem geeigneten Behälter auf, bis du sie brauchst. Falls du so wie ich mehrere Schamblumen besitzt, kannst du jede von ihnen mit einer eigenen Aufgabe verbinden. Dann musst du aber auch ihre Blätter und Blüten getrennt voneinander aufbewahren, da sie unterschiedliche Bedeutungen haben.

Pflanzenweisheit

Die Schamblume ist so fröhlich, dass sie auch noch den finstersten Blick in ein Lächeln verwandelt. Du musst sie dir wie ein Kätzchen vorstellen, denn von dieser Art ist ihre Energie. Ihr Platz in deinem Zuhause zu geben wird wunderbaren Energiefluss schaffen und eine Fülle von Liebe, Gesundheit und Fröhlichkeit hereinhohlen. Solange du ihr ausreichend Sonnenlicht zukommen lässt, wird sie es dir danken, indem sie jegliche Negativität in der Luft in positive Energie umwandelt. Schamblumen in deinen Träumen teilen dir mit, dass du bald etwas Wichtiges erschaffst – das kann ein Baby sein, aber auch eine nahende berufliche Chance.

BEWEGUNGSZAUBER MIT JAVA-SCHAMBLUME

Dieser Zauber nutzt nicht nur die Macht der Java-Schamblume, er bedient sich deines physischen Körpers, um kreative, energetische Bewegung zu schaffen, die dir das gibt, was du manifestieren willst.

Was du brauchst

Sonnenlicht
Zimträucherung
Trommelmusik
1 Glas mit Wasser
1 Prise Salz
eine grüne Kerze
3 Blütenblätter der Java-Schamblume

Wie es geht

- Am besten ist dieser Zauber unter freiem Himmel aufgehoben. Wenn das nicht möglich ist, tut es auch ein Platz am offenen Fenster, auf den Sonnenlicht fällt.

- Zünde deine Zimträucherung an, und spiele deine Trommelmusik ab. Denke sorgfältig darüber nach, welche Intentionen du manifestieren willst, bevor du dich zu bewegen beginnst.
- Bewege dich anschließend zum Rhythmus der Trommeln. Falls sich das anfangs merkwürdig anfühlt, dann gib dir mehr Zeit, um dich in die Musik fallen zu lassen. Spüre die Erde unter deinen Füßen. Lass los! Entspanne deinen Geist, und überlass deinem Körper die Entscheidung über seine Bewegungen.
- Bleib auf deine Intention fokussiert, und passe dich dem Tempo an. Bewege dich, bis du merkst, dass du ins Schwitzen kommst.
- Streiche deinen Schweiß mit dem Finger ab, und lass ihn in das Glas mit dem Wasser und dem Salz tropfen.
- Nimm das Glas, und halte es der Sonne entgegen. Sprich deine Intention dazu laut aus.
- Nimm einen Schluck in den Mund, aber schlucke nicht runter. Behalte die Flüssigkeit einen Moment lang in deinem Mund, dann pruste sie hinaus in Richtung Norden. Einen weiteren Schluck bläst du in den Osten, dann einen in den Süden und schließlich den letzten in den Westen.
- Bewege dich weiterhin zum Rhythmus der Trommeln, und stell dir dabei so lange und so deutlich die Verwirklichung deiner Intention vor, bis du ein Feuer in deinem Wesenskern entfacht hast.
- Schließlich setzt du dich zu deiner Kerze und zündest sie an. Hol dreimal tief Luft.
- Halte eines der Blütenblätter der Java-Schamblume an deinen Unterleib, damit es dein Feuer spürt. Halte das Blütenblatt in die Kerzenflamme, und lege es dann beiseite.
- Wiederhole den Vorgang mit den restlichen Blütenblättern. Dann setz dich still hin, und gestatte es deinem Atem, sich zu normalisieren, und deinem Feuer, sich zu legen.

ECHTES JOHANNISKRAUT

Hypericum perforatum *(Saint John's Wort)*

Wesentliche Eigenschaften

Schutz, übersinnliche Fähigkeiten, Klarheit

Echtes Johanniskraut ist ein genügsamer Bodendecker, der so gut wächst, dass er einen Garten gelegentlich auch übernehmen kann. Im englischen Sprachraum kennt man das Kraut auch als *fuga daemonum* – »Dämonenvertreiber« – und als *sol terrestris* – »Erdensonne«.

Medizinische Eigenschaften

Johanniskraut ist dafür bekannt, dass es die Stimmung aufhellt und gegen leichte Depressionen und deren Symptome wie Nervosität, Besorgnis, Erschöpfung, Appetitlosigkeit und Schlafprobleme wirkt. Seit mehr als zweitausendvierhundert Jahren kommt die Pflanze bereits als Heilmittel zum Einsatz. Griechen, Römer und indigene Kulturen wussten, dass sie bei Reptilienbissen, Krämpfen und oberflächlichen Verletzungen hilft.

Magische Eigenschaften

Johanniskraut ist ein mächtiger Beschützer, der mit seinem hellen Licht das versteckte Böse aufspürt und vertreibt. In deinen Garten wirkt es wie eine sichernde Barriere rings um dein Haus, im Haus gehalten schützt es dich und deine Mitbewohner. Über den Fenstern hängend, hindert die Pflanze alles Böse daran, in dein Heim zu gelangen. Außerdem eignet sich Johanniskraut hervorragend für divinatorische Arbeit, da es deine übersinnlichen Fähigkeiten unterstützt und dich außerdem vor allem Negativen bewahrt. Für die Kommunikation mit Geistern solltest du die Pflanze nur nutzen, wenn du genug Erfahrung mit ihr gesammelt hast. Aber du kannst sie in deine Nähe stellen, wenn du mit divinatorischen Werkzeugen wie mit Tarot- oder Orakelkarten arbeitest oder dich anders mit deinem höheren Selbst verbindest.

Pflanzenweisheit

Die Arbeit mit Johanniskraut wird dir ein Gefühl dafür geben, wer du wirklich bist, und die in dir verborgenen Wahrheiten ans Licht holen. Eine Verbindung mit Johanniskraut bringt dir Klarheit und lässt dich dein einzigartiges, mächtiges Ich erkennen. Ein Traum, in dem Johanniskraut vorkommt, symbolisiert Zufriedenheit und Seelenfrieden.

KAKTEE

Cactaceae *(Cactus)*

Wesentliche Eigenschaften

Schutz, Heilung, Klarheit, Stärke

Pflanzenhexen mit einer besonderen Begabung für Mitgefühl und Empathie fühlen sich oft zu Kakteen hingezogen. Kakteen sind großartige Heiler und mütterliche Pflanzen, die eine beruhigende Wirkung haben. Sie gedeihen in der härtesten Umgebung und ertragen Trockenheit und Überflutung ebenso wie extreme Hitze und extreme Kälte.

Medizinische Eigenschaften

In Südamerika dienen mehrere Kakteenarten als Grundnahrungsmittel, weil sie so zahlreiche nützliche Heileigenschaften besitzen. Kakteen wirken auf natürliche Weise keimtötend und kommen bei Schnitten und Verbrennungen zur Anwendung. Der Feigenkaktus unterstützt die Atmung, reinigt die Luft, entfernt Gifte und sogar Hintergrundstrahlung. Kakteen schärfen außerdem den Fokus, steigern Klarheit und Produktivität, womit sie sich ideal für Büros und kreative Köpfe eignen, die sich etwas besser organisieren sollten. Kakteen helfen außerdem bei Diabetes, einem zu hohen Cholesterolspiegel, Fettleibigkeit und noch bei vielem anderen.

Magische Eigenschaften

Kakteen sind mächtige magische Begleiter und wenden sich insbesondere denjenigen zu, die Schutz, Heilung und persönliches Wachstum brauchen.

Die Pflanzen filtern nicht nur Gifte aus der Luft, sondern auch aus dem Geist. Gemäß den Prinzipien des Feng-Shui (die Kunst, den Wohnraum so zu gestalten, dass nichts den Energiefluss stört) soll alles, was spitz ist oder Stacheln und Dornen trägt, dem Glück im Wege stehen, doch dem muss ich im Zusammenhang mit Kakteen widersprechen. Weil sie schlechte Energie beseitigen und bis in die Tiefen deiner Seele eindringen, wirken sie manchmal aufwühlend oder unangenehm. Aber vergiss nicht, das ist nur vorübergehend und die Voraussetzung für Wachstum und Heilung. Zwar möchte man eine derart aktive Energie nicht im Schlafzimmer haben (oder überhaupt irgendwo, wo man Ruhe und Entspannung sucht), doch du kannst dir die erdenden und schützenden Eigenschaften der Kakteen zunutze machen, indem du sie in den vier Ecken deines Zuhause aufstellst, damit sie Eindringlinge und Feindseligkeit abwehren.

Pflanzenweisheit

Wenn ich mit Kakteen spreche, dann erzählen sie mir Geschichten von Liebe und Frieden. Sie erinnern mich an meine Stärken und daran, dass alle Lebewesen reine, mit einem Kampfgeist ausgestattete Liebe sind. Kakteen waren immer eine riesige Unterstützung und haben mir geholfen, mich von alten Erinnerungen und von Schmerz zu befreien. Sie eigenen sich ideal, um tief vergrabene, fast unauffindbare Probleme wiederzufinden. Kakteenstacheln helfen dabei, ungesunde Gewohnheiten abzulegen, da sie auch das schwierigste Thema durchdringen und eine neue Richtung, Perspektive oder einen neuen Weg eröffnen. Auch wenn Kakteen mit ihren Stacheln eher abweisend wirken, habe ich festgestellt, dass sie gerne am Morgen ein Schwätzchen halten – sie lieben den Sonnenaufgang.

Träume von Kakteen können unterschiedliche Bedeutungen haben. Wenn dich ihre Stacheln stechen, dann könnte das etwas Bevorstehendes symbolisieren oder für ein Problem stehen, das du nicht mehr länger ignorieren darfst. Wenn du in deinem Traum von Kakteen umgeben bist, die dich aber nicht stechen, dann heißt das, dass dir stark und unverwüstlich deine ganze Kraft zur Verfügung steht. Du bist bereit für Großes und Veränderungen.

KAKTEEN-ZAUBER GEGEN SELBSTSABOTAGE

Wir alle neigen dazu, uns manchmal unbewusst selbst zu sabotieren. Wir stehen uns selbst im Weg, zu wachsen, nach Höherem zu streben, uns auszubreiten und zu heilen. Kakteen helfen dir. Sich neue Ziele zu setzen fällt niemandem leicht, und noch schwerer kann man die nötige Kraft und den Willen aufbringen, um diese Ziele zu verfolgen. Dieser Zauber wird dir helfen, deinen Fokus zu halten und dranzubleiben. Du kannst ihn nutzen, um alte Gewohnheiten, Süchte und Gedankenmuster, die nicht mehr länger zu dir passen, zu durchbrechen.

Was du brauchst

1 kleinen, stacheligen Kaktus
eine kleine Glocke oder heiliges Räucherwerk (Ich empfehle Zeder oder Beifuß, aber du kannst auch ein anderes vorhandenes Kraut verwenden.)
Regenwasser
1 Bananenblatt oder 1 Tabakblatt oder 1 Bananenschale

Wie es geht

- Stell deine Kaktee vor dich hin. Reinige die Energie deines Umfelds, indem du mit einem Glöckchen läutest oder ein Räuchergefäß mit heiligem Räucherwerk schwenkst.
- Halte ein mit Regenwasser gefülltes Glas in den Händen, schließe deine Augen, und benenne deine Ziele. Gute Beispiele für in diesem Zusammenhang sinnvolle Intentionen wären: »Hilf mir, fokussiert und stark zu bleiben, während ich meinen Körper heile«, oder: »Bewahre mich davor, die Versprechen zu brechen, die ich mir selbst gebe.« Die Beispiele sind sehr allgemein gehalten, achte also darauf, konkreter zu formulieren, damit dein Ziel verstanden wird. Das Regenwasser lädst du mit deinen Gebeten beziehungsweise mit deinem

Zauber auf. Nimm dir Zeit, und konzentriere dich auf die Energie, die von deinen Händen aus in das Wasser fließt.

- Öffne deine Augen, und gieß den Kaktus mit dem Regenwasser, das nun deine Intentionen trägt. Eine kleine Menge hat schon große Wirkung, und du kannst den Rest so lange stehen lassen, bis du deine Pflanze das nächste Mal gießen willst.
- Bitte die Kaktee während des Gießens deine Intention gut aufzunehmen und sich um sie zu kümmern. Verbinde jeweils nur eine einzige Intention mit dieser einen Kaktee; die Pflanze soll die alleinige Trägerin dieses einen Vorhabens sein. Es wird von ihr aufgenommen, wächst in ihr, wird widerstandsfähiger, kräftiger und von der Pflanze beschützt.
- Wenn du zur Verstärkung deiner Intention gleichzeitig Ballast abwerfen musst, dann halte einen Stachel zwischen den Fingern. Erkläre ihm, was es ist, das du loswerden musst. Zum Beispiel »Faulheit«, »Selbsthass« und so weiter. Pikse diesen Stachel in ein Bananenblatt, in ein Tabakblatt oder in eine Bananenschale, und vergrabe sie im Anschluss.
- Schreib dein Vorhaben auf einen Zettel, und leg ihn unter die Kaktee, damit du dich an deinen Zauber erinnerst. Deine Kaktee wird den Zauber so lange für dich aufrechterhalten, wie er dir wichtig ist. Wenn du dein Vorhaben abgeschlossen hast und die Hilfe der Pflanze nicht mehr länger benötigst, dann gieße sie mit normalem Wasser, und bedanke dich bei ihr dafür, dass sie dir bei diesem Zauber zur Seite gestanden hat. Erkläre ihr, dass du den Zauber nicht mehr länger aufrechterhalten musst.

KALADIE
Caladium *(Angel Wings)*

WESENTLICHE EIGENSCHAFTEN
Glück, Fülle, Liebe
Die zweifarbigen schildförmigen Blätter dieser entzückenden Pflanze sind leicht und durchscheinend und wirken, als könnten sie in der Luft schweben. Es gibt die Pflanze in vielen unterschiedlich Färbungen wie Weiß, Rosa, Rot und Grün. Kaladien sind in Mittel- und Südamerika heimisch und lieben ein feuchtes Klima, wie man es auch in Innenräumen herstellen kann.

MEDIZINISCHE EIGENSCHAFTEN
Es sind keine medizinischen Eigenschaften dieser Pflanze bekannt.

MAGISCHE EIGENSCHAFTEN
Kaladien sind als magische Zauberpflanzen bekannt. Indigene Völker in Mittel- und Südamerika nutzen sie, um bei Fischfang und Jagd, bei Liebe und Sicherheit und in vielen anderen Bereichen für Glück und Erfolg zu sorgen. Lass du dir auch von der Pflanze dabei helfen, Fülle und Glück in dein Leben zu holen, aber mach dir bewusst, dass du deine Wünsche klar benennen können musst. Hier geht es nicht um allgemeines Glück. Es braucht eindeutige Intentionen kombiniert mit aktiver Mitwirkung. Die Kaladie sorgt gerne für dein Glück und die ersehnte Fülle, wenn du deine Wünsche unmissverständlich formulierst.

Falls du dich in einer Langzeitbeziehung befindest, die schon etwas von ihrem Feuer verloren hat, dann stelle eine Kaladie in dein Schafzimmer. Wenn es kommunikative Schwierigkeiten in dieser Beziehung gibt, dann ist die Kaladie im Wohnzimmer oder in die Nähe des Esstischs gut aufgehoben. Dort kann die Pflanze für Klarheit im Herzen sorgen und dir helfen, auf das für dich wirklich Wichtige zu achten. Sei dir aber bewusst, dass die gewonnene Klarheit möglicherweise auch den Wunsch in dir hervorrufen kann, diese Beziehung zu beenden. Schneide in diesem Fall ein

Blatt der Kaladie ab, und lass es sieben Tage lang trocknen. Am siebten Tag verbrennst du es und sprichst dabei dein Ziel, die Beziehung zu beenden, laut aus. Die bevorstehenden Gespräche werden dir so weniger schwerfallen.

Pflanzenweisheit

Schon das Aussehen von Kaladien erinnert uns an die Magie, von der wir umgeben sind. Sie wirkt wie eine Erscheinung in einem Märchenwald, die den Weg zu einem Hexenhäuschen einfasst. Sie wird deinem Geist ihre Weisheit zugänglich machen und den Weg zu deinen Zielen und Wünschen frei machen. Wenn sie dich in deinen Träumen besucht, dann darfst du eine neue Beziehung erwarten oder Glück in einer anderen Form.

KALMUS

Acorus calamus *(Calamus)*

Wesentliche Eigenschaften

Kontrolle, Gleichgewicht

Kalmus ist eine Sumpfpflanze, die überall in Europa, Afrika, Indien, einem Großteil von Asien und Nordamerika vorkommt. Bereits im antiken Ägypten wurde, wie auch heute noch, aus Kalmus Parfüm hergestellt. Auch als Küchengewürz kommt die Pflanze zur Anwendung.

Medizinische Eigenschaften

Indigene nordamerikanische Völker, insbesondere die Chipewyan, nutzen Kalmus, um mit ihm Hals- und Bauchschmerzen zu behandeln. Auch im Ayurveda und in der chinesischen Medizin wird Kalmus sehr geschätzt. Berichte von schwerem Erbrechen haben jedoch dazu geführt, dass Kalmus in den Vereinigten Staaten als natürliches Nahrungsergänzungsmittel verboten wurde – ein Umstand, der allen zu verdanken ist, die sich nicht an Dosierungsvorschriften halten.

Magische Eigenschaften

Kalmuswurzelspäne sind ein wichtiger Bestandteil von Kontrollpulver, und spielen in dieser Funktion im Voodoo eine wichtige Rolle. Kalmuswurzeln können dich dabei unterstützen, die Kontrolle über eine Situation – oder über dich selbst – zurückzuerlangen. Mich bringt Kalmuswurzel ins Gleichgewicht. Wenn du unruhig bist oder dich überfordert fühlst, dann verbrenne Kalmuswurzel oder -blätter, oder binde sie in einen Zauber ein. So findest du deine innere Ruhe und dein Gleichgewicht wieder – die Voraussetzung, um wieder Herrin der Lage zu sein.

Pflanzenweisheit

In Träumen erscheinen Kalmuswurzeln, wenn du darum bittest. Wenn du mit einem Stück Kalmus in der Hand meditierst und seinen Geist bittest, sich in deinen Träumen zu zeigen und dich bei deinen Schwierigkeiten zu unterstützen. Kalmus kann dir gut helfen, wenn du die Kontrolle über dich selbst zurückbekommen oder schlechte Gewohnheiten abbauen willst. Die Wurzel lehrt uns, unsere ganz persönliche Macht in den Griff zu bekommen und aus unserer gewaltigen Kraft heraus furchtlos zu sein.

KANADISCHE BLUTWURZ
Sanguinaria canadensis *(Bloodroot)*

Wesentliche Eigenschaften

Liebe, Selbsterkenntnis, Mut

Traditioniell verwenden indigene Völker in Nordamerika den blutroten Saft der Kanadischen Blutwurz zum Färben von Kleidung und ihrer Haut. Der Saft ist auch Bestandteil einiger Heilmittel, muss jedoch mit Vorsicht verwendet werden, da er sehr giftig ist.

Medizinische Eigenschaften

Die Kanadische Blutwurz enthält bakterien- und plaquebekämpfende Stoffe und hilft bei Entzündungen und Infektionen. Die Indigenen bedienen sich der Pflanze seit Langem, um Husten zu heilen, Erbrechen zu verursachen und Wunden zu säubern.

Magische Eigenschaften

Kanadische Blutwurz stärkt die Beziehung innerhalb der Familie, sorgt für Harmonie bei Familienfeiern oder auch nur im Haushalt. Unter dem Esstisch, über der Wohnungstür oder in der Handtasche platziert, schafft Kanadische Blutwurz eine friedliche Atmosphäre. Wenn deine Ehe gerade in einem Tief steckt, kann die Pflanze unter der Matratze eure Verbindung stärken ... und vielleicht macht dann das Insbettgehen wieder Spaß. Über der Schlafzimmertür befestigt, hält Kanadische Blutwurz Streit aus dem Raum fern und zieht stattdessen Liebe an.

Pflanzenweisheit

Kanadische Blutwurz verringert Ängste und stärkt das Selbstwertgefühl von allen, die meinen, nicht liebenswert genug zu sein. Oft geht eine solche Selbsteinschätzung auf die Kindheit zurück und hindert uns daran, uns komplett zu öffnen und aus vollem Herzen zu lieben. Kanadische Blutwurz arbeitet an den Wurzeln dieses Übels, kümmert sich um die Narben, löst Illusionen auf und weckt die reine Liebe in uns. Wenn du von der Pflanze träumst, dann ist dies ein Hinweis darauf, dass grenzenlose Liebe zu dir auf dem Weg ist oder dass sich in dir endlich Selbstliebe einstellt.

KATZENKRALLE
Uncaria tomentosa *(Cat's Claw)*

Wesentliche Eigenschaften

Übersinnliche Fähigkeiten, Entblockung, Fülle

Ihren sichelförmig gebogenen Halteorganen verdankt die holzige Kletterpflanze in vielen Sprachen ihren Namen. Sie kann mithilfe ihrer »Krallen« mehr als zwanzig Meter hoch klettern.

Medizinische Eigenschaften

Katzenkralle kommt in Mittel- und Südamerika vor, wo sie seit Jahrhunderten bei der Behandlung von Gelenkentzündungen und Verdauungsbeschwerden eingesetzt wird. Ihre entzündungshemmenden Eigenschaften unterstützen die Regulierung des Immunsystems und finden sogar in der Krebsbehandlung Anwendung.

Magische Eigenschaften

Der Tee aus der Rindeninnenseite oder den Wurzeln von Katzenkralle ist sehr bitter, dagegen hilft etwas Honig. Peruanische Schamanen nutzen Katzenkralle, um Menschen zurück ins Gleichgewicht zu führen – bei Unsicherheit oder Unausgeglichenheit kann Katzenkralle die Balance wiederherstellen. Die Pflanze verstärkt übersinnliche Fähigkeiten und stärkt die Intuition, weshalb sie sich ideal für Visionssuchen eignet. Sie löst auf, was dich blockiert oder aus dem Gleichgewicht bringt, und ist dadurch ein mächtiger Manifestierungsverstärker, besonders bei den Themen Reichtum und Geld. Die Pflanze ist robust und großzügig und durchdringt deine Magiearbeit mit dieser Energie.

Katzenkrallenrinde eignet sich als Bestandteil von Räuchermischungen, die deine übersinnlichen Fähigkeiten steigern sollen, und von Zaubern und Kräuterbeuteln, die Geld anziehen sollen. Ich lege sie gerne zwischen die Seiten meines Tagebuchs, wenn ich Fülle-Affirmationen aufschreibe.

Pflanzenweisheit

»Wachse, meine Liebe, wachse! Und sieh nicht hinunter, denn es ist deine Bestimmung bis hinauf in den Himmel zu gelangen, mächtig und hoch.« – Wie sehr Katzenkralle es doch liebt, mir vom Greifen nach den Sternen zu erzählen oder von einem erzielten Durchbruch trotz aller Widrigkeiten. Sie ist nicht nur unverwüstlich, sondern vermag diese wirkungsvolle Energie auch in allen zu entfachen, die sie in ihrer Arbeit nutzen. Da ich dies häufig tue, erscheint sie mir, wenn ich träume zu fallen. Sie spürt meine Verzweiflung und erscheint, um mich zu packen, aufzuheben und sogar noch über meinen ursprünglichen Standpunkt hinaus zu führen. Ihr verdanke ich es, dass ich mich nicht davor fürchte, den entscheidenden Sprung zu tun, auch dann nicht, wenn ich nicht weiß, wo ich lande.

ECHTE KATZENMINZE

Nepeta cataria *(Catnip)*

WESENTLICHE EIGENSCHAFTEN

Liebe, Glück, Glücklichsein

Wenn wir an Katzenminze denken, dann fallen uns sofort süße Kätzchen ein, die außer Rand und Band geraten. Und es stimmt: Ungefähr zwei Drittel aller Katzen fühlen sich stark von Katzenminze angezogen, rollen sich auf den Rücken, lecken an der Pflanze, springen unvermittelt in die Höhe, galoppieren umher und schnurren, bevor sie schließlich einschlafen. Natürlich interessiert sich ein Drittel nicht im Geringsten für die Pflanze – ebenfalls sehr katzentypisch.

MEDIZINISCHE EIGENSCHAFTEN

Katzenminze ist wie Pfefferminze essbar. Sie lindert Krämpfe, fördert den Appetit, senkt Fieber und bewirkt ganz allgemein Entspannung. Falls dir morgens häufig übel ist, dann gib ein wenig Katzenminze in deinen Ingwertee. Um ihre Wirkung nicht zu beeinträchtigen, ist es besser, sie nicht in kochendes, sondern nur in siedendes Wasser zu geben. Katzenminzetee sorgt für sanftes Einschlafen.

MAGISCHE EIGENSCHAFTEN

Katzenminze wird manchmal auch als Frauenliebeskraut bezeichnet, da sie unsere guten Eigenschaften verstärkt und uns selbstbewusster und attraktiver macht. Nimm Katzenminze in die Hand, und lasse sie sich in deiner Hand aufwärmen. Gib dann der Person die Hand, mit der du gerne eine Beziehung aufbauen möchtest, egal ob Freundschaft oder Liebesbeziehung. Wenn du diesen Zweig Katzenminze sorgfältig aufbewahrst, dann wird die Beziehung stark und dauerhaft sein.

Katzenminze in einem Topf neben der Eingangstür oder als Büschel darüber aufgehängt, bringt Glück und Fröhlichkeit in dein Zuhause. Selbstliebe kannst du fördern, indem du deinen Namen in eine rosafarbene Kerze ritzt, sie mit Rosenöl einreibst und mit Katzenminze bestreust. Zünde die Kerze an, und bitte dein Herz, sich für dich zu öffnen.

PFLANZENWEISHEIT

Wie du bestimmt schon vermutet hast, ist die Katzenminze die Botschafterin von Glück und Fröhlichkeit. Auf mich wirkt sie wie ein lässiges, entspanntes Wesen, mit dem man Oldies anhören und dazu ein Glas Wein trinken könnte. Sie bringt uns bei, uns nicht sinnlos aufzuregen, Ruhe zu bewahren und auch beim Anblick größerer Herausforderungen nicht die Fassung zu verlieren. Ich baue sie in meinem Garten an und habe für meine Katzen auch einen Topf Katzenminze im Haus, ihre stressmindernde Energie ist mir also vertraut.

Falls deine Beziehungen zu Hause eher turbulenter Natur oder deine Kinder überdurchschnittlich aktiv sind, dann trägt ein Topf mit Katzenminze auf dem Fensterbrett im Kinderzimmer zur Beruhigung bei. Bei der Meditation mit Katzenminze kehren Frieden und Ruhe in dein Herz und in deinen Geist ein. Im Traum symbolisiert sie Bedrängnis, entweder in Bezug auf dich oder auf dein Zuhause.

KIEFER
Pinus *(Pine)*

WESENTLICHE EIGENSCHAFTEN

Fülle, Heilung, Türöffner zwischen den Reichen, Weisheit

Ich kenne niemanden, der den unwiderstehlichen Duft der Kiefer nicht mag, der durch den chemischen Bestandteil namens Terpen hervorgerufen wird. Kiefern sind die größte Gattung innerhalb der Familie der *Pinaceae.* Sie haben sich vor hundertdreiundfünfzig Millionen Jahren entwickelt und stellen die älteste und größte Koniferenfamilie dar. Die Bäume bilden Zapfen aus, in denen ihre Samen enthalten sind und die sowohl männlich als auch weiblich sein können.

Medizinische Eigenschaften

Das Öl der Kiefer lockert festsitzenden Husten und lindert andere Atem- oder Nasennebenhöhlenprobleme. Von der Italienischen Steinkiefer stammen die Pinienkerne, die als echte Delikatesse auch ziemlich teuer sind. Kiefernharz als Bestandteil von Räucherungen ist leicht zu gewinnen. Die weiße innere Rinde des Baumes ist essbar und nährstoffreich. Aus Kiefernnadeln kann man einen belebenden Tee kochen.

Magische Eigenschaften

Die Kiefer ist eine Botin der Fülle und eignet sich als Unterstützerin von Geld-, Gesundheits-, Liebes- und Erfolgszaubern, da sie die dazugehörigen Vibrationen verstärkt. Es gibt mehrere unterschiedliche Vorgehensweisen. Bei Frühlingsanfang kannst du Kiefernöl in dein Bodenwischwasser geben, damit die Saat deiner Intentionen aufgeht. Du hast auch die Möglichkeit, deine Ziele mit einer einzelnen Kiefernnadel zu verbinden, sie in der Flamme einer grünen Kerze zu verbrennen und sie so an das Universum zu übermitteln. Auf diese Weise kannst du beliebig viele Intentionen auf den Weg zur Manifestierung senden. Ein Kranz aus Kiefernzweigen an deiner Eingangstür im Winter beschützt die Menschen in deinem Haus vor Krankheit und segnet sie.

Pflanzenweisheit

Kiefern gibt es schon so lange auf dieser Erde, dass sie alles gesehen und erlebt haben. Als unsere Ältesten sollten wir sie beschützen, respektieren und ehren. Ihre tiefe Weisheit ist von unsterblicher Präsenz und dringt tief in unsere Knochen ein. Falls in deiner Nähe eine Kiefer wächst, kannst du mit ihr Zeit verbringen oder meditieren, damit du Zugang zu ihrer Weisheit erhältst, die wie ein Fluss aus ihr herausströmt. Kiefernnadeln haben den gleichen Effekt – gib sie einfach in eine mit Wasser gefüllte Klangschale. Wenn du sie anschlägst, dann wirst du durch die Vibration ihre Weisheit und Heilung erfahren. Wenn die Kiefer nicht von sich aus in deinen Träumen erscheint, dann kannst du sie einladen – ein Traum von Kiefern stellt Kontakt zu Engeln her, da das Wesen der Kiefern eine Brücke zum Reich der Engel schlägt.

KLEE
Trifolium *(Clover)*

WESENTLICHE EIGENSCHAFTEN

Liebe, Glück, Erfolg, Schutz

Nicht nur vierblättrige Kleeblätter sind wertvoll und magisch! Die am weitesten verbreitete Kleeart hat drei Blätter und weiße oder rote Blüten. Das »Dreiblatt«, so die Übersetzung seines lateinischen Namens, findet in der Magie vielerlei Verwendung, da Klee bereits seit vielen Jahrhunderten ein fester Bestandteil im Repertoire von Pflanzenhexen ist. In Irland ist Klee unter dem Namen »Shamrock« ein Symbol des irisch-keltischen Nationalbewusstseins.

MEDIZINISCHE EIGENSCHAFTEN

Die Blüten des Rotklees werden bei der Behandlung von Atemwegserkrankungen wie Asthma und Husten eingesetzt. Außerdem beugt Klee Krebs vor, lindert Verdauungsbeschwerden, reguliert einen zu hohen Cholesterolspiegeln, hilft bei Hautproblemen und Entzündungen und unterstützt allgemein die weibliche Gesundheit.

MAGISCHE EIGENSCHAFTEN

Das gewöhnliche dreiblättrige Kleeblatt wirkt vor allem schützend. Du kannst ein getrocknetes Blatt in deinem Portemonnaie oder im Schuh tragen, damit du es immer bei dir hast und es Schaden von dir fernhält. Ein vierblättriges Kleeblatt bringt nicht nur Glück: Es stärkt außerdem deine übersinnlichen Fähigkeiten. Du kannst es nutzen, um die Schwingungen von Glück, Erfolg und Liebe in dir zu intensivieren. Weißklee eignet sich am besten für Schutz- und Bannzauber. Um Zufriedenheit und Glück in deinem Zuhause zu festigen, kannst du ein Töpfchen Klee auf die Fensterbank stellen. Die Pflanze ist außerdem ein geeignetes Geschenk für Menschen, die Auftrieb brauchen, oder für einen neu gewonnenen Freund oder Freundin.

Pflanzenweisheit

Klee ist auf unserer Reise der Selbstentdeckung und Selbstwahrnehmung äußerst hilfreich, insbesondere innerhalb der Hexengemeinschaft. Viele von uns sind in einer Gesellschaft aufgewachsen, die auf Hexen und andere begabte Wesen herabgeschaut hat, weshalb wir uns unser Leben lang verängstigt versteckt haben. Klee hilft uns, diese in der Kindheit empfangenen Programmierungen, wegen der wir unsere Gaben geheim gehalten haben, aus unserem Leben zu verbannen. Zu diesem Zweck und zur Findung deiner Wahrheit musst du am besten bei Vollmond mit Klee meditieren. Die Blüten sind sanfte Wesen, die nur deinen Tag aufhellen wollen. Klee im Traum symbolisiert Gutes, das auf dem Weg zu dir ist. Ist der Klee allerdings verwelkt, verweist er auf Gefahren in deinem direkten Umfeld.

KLETTE
Arctium *(Burdock)*

Wesentliche Eigenschaften

Weibliche Energie, Heilung, Schutz

Die Klette hat große, flächige Blätter und eine distelähnliche, kratzige Blütenkrone, deren Samen so stark anhaften, dass sie zur Erfindung des textilen Klettverschlusses inspirierten. Sie wächst nahezu überall und kann daher leicht in freier Natur geerntet werden. Ihre wunderschönen lilafarbenen Blüten kann man vom Spätsommer bis in den Herbst hinein bewundern. Klette kann wie ein Wurzelgemüse gegessen werden, da sie einen süßlichen, milden Geschmack hat.

Medizinische Eigenschaften

Eine Tinktur oder ein Sud aus den Wurzeln oder den Samen der Klette eignet sich für die Blutreinigung, und ein Umschlag aus ihren Blättern lindert Prellungen. Mit Klette kann man außerdem Schuppen und andere Erkrankungen der Kopfhaut bekämpfen. Sie enthält sehr viele Vitamine und Mineralstoffe wie etwa Kalium, Magnesium, Eisen und Mangan und ist ein wirksames Präbiotikum.

Magische Eigenschaften

Das beruhigende und gesundheitsfördernde Wesen der Klette macht sie zu einer wunderbaren nützlichen Allheilpflanze. Durch einen Besuch in der Natur kann man leicht eine Beziehung zu ihren Energien aufbauen. Diese Energien sind vom Wesen her schützend, ähnlich wie bei einer Löwin. Klettenwurzeln auf dem Fensterbrett lassen schlechte Energien nicht ins Haus gelangen. In einen Topf eingegrabene Klettenwurzeln neben deiner Haustür beschützen dein Zuhause.

Pflanzenweisheit

Die Klette ist eine zweijährige Pflanze: Im ersten Jahr scheinen ihre großen Blätter direkt aus der Erde zu wachsen, während im zweiten Jahr diese Blätter als Stängel in die Höhe schießen. Damit lehrt uns die Pflanze, dass sich Heilung und Kraft im Wachstum befinden, damit du geduldiger mit deinen Fähigkeiten wirst. Klette ist reine Medizin für Körper, Geist und Seele, weil die Energie und die Weisheit der Pflanze von nichts anderem als von persönlicher Entwicklung und spirituellem Wachstum sprechen.

In der Klette leben übrigens zwei Geister: Die Wurzel ist der eine und die Blüte der andere. Wenn du also mit Klette arbeitest, wirst du eine starke Ausgeglichenheit empfinden, da weibliche und männliche Energien sich zusammentun, um deinen Geist zu versorgen. Ich rate allen, mit Klette zu arbeiten, die sich verloren oder alleine fühlen und Zugang zu ihrer eigenen Wahrheit suchen. Du kannst die Klette bitten, dich in deinen Träumen zu besuchen, oder dich neben sie setzen und mit ihr meditieren, damit sie dir bewusst macht, wer du wirklich bist.

KNOBLAUCH
Allium sativum *(Garlic)*

WESENTLICHE EIGENSCHAFTEN

Schutz, Klarheit

Fast ausschließlich essen wir die Zehen vom Knoblauch, obwohl tatsächlich alle Bestandteile der Pflanze essbar und schmackhaft sind. Wegen seines starken Geruchs hat Knoblauch einen gewissen Ruf, aber ich verwende ihn trotzdem sehr gerne. Vor allem mag ich Knoblauchsprossen – die jungen Keime, die der Ausbildung der Knolle vorausgehen – und »schwarzen Knoblauch« – die Knollen, die man über einen langen Zeitraum, für Wochen oder Monate, langsam erhitzt und so fermentiert, bis sie tatsächlich schwarz werden und einen süßen, sirupartigen, kräftigen Geschmack entwickeln.

MEDIZINISCHE EIGENSCHAFTEN

Knoblauch wird seit Jahrhunderten in der Heilkunst eingesetzt. Er senkt die Cholesterinwerte und Bluthochdruck, beugt verschiedenen Krebsarten vor und wirkt antibiotisch (deshalb solltest du unbedingt Knoblauch essen, wenn du krank bist). Knoblauch stärkt außerdem das Immunsystem und verleiht dir mehr Energie.

MAGISCHE EIGENSCHAFTEN

Knoblauch ist ein großer Beschützer und wehrt schlechte Energie, Flüche und Klatsch ab. Er vertreibt außerdem Menschen, die du nicht mehr länger in deinem Leben haben willst. Deshalb empfehle ich die Arbeit mit Knoblauch, um dich und andere vor missbräuchlichen Beziehungen zu schützen. Knoblauch unterstützt dich außerdem, wenn du etwas brechen willst, wie beispielsweise mit einer Beziehung oder einem Fluch. Er kommt daher häufig bei Exorzismen zum Einsatz. Außerdem stärkt Knoblauch dein Energiefeld.

PFLANZENWEISHEIT

Knoblauch ist die Königin der sprechenden Wahrheit. Wie die Knolle haben auch wir schützende Schichten, in die wir uns hüllen, um uns zu verstecken, uns sicher zu fühlen und um uns vor der Außenwelt zu verbergen. Wenn wir im Leben Missbrauch, Verletzung, Schmerz oder Trauma erfahren haben, dann lässt Knoblauch uns beschützt fühlen und deckt gleichzeitig die wunderschönen Wahrheiten frei, die wir verborgen haben. Er holt uns aus dem Dunkel und führt uns zurück ins Licht, wo wir hingehören. Lade Knoblauch in deine Träumen ein, um die Geheimnisse und Wahrheiten zu enthüllen, die du dir vielleicht selbst vorenthalten hast. Falls du nicht genau weißt, wo deine Begabungen liegen, dann wird Knoblauch dir helfen, sie zu erkennen.

KOLBENFADEN

Aglaonema *(Chinese Evergreen)*

WESENTLICHE EIGENSCHAFTEN

Glück, Frieden

Kolbenfaden ist eine tropische Pflanze, die in Asien seit Jahrhunderten wegen ihrer Glück bringenden Eigenschaften geschätzt wird. Da sie schattige Standorte gut verträgt, eignet sie sich hervorragend als Zimmerpflanze. Ihr lateinischer Name bedeutet »herrlicher Faden« und bezieht sich auf ihre eindrucksvollen glänzenden Staubfäden. Sie ist ein robustes, langlebiges Gewächs und damit eine ideale erste Pflanze für jemanden, der seinen grünen Daumen trainieren will.

MEDIZINISCHE EIGENSCHAFTEN

Bei dieser Pflanze sind keine medizinischen Eigenschaften bekannt.

Magische Eigenschaften

Die Glück bringenden Eigenschaften des Kolbenfadens sind nicht auf einen einzelnen Augenblick gerichtet, sondern ganz allgemein auf Wohlwollen, gute Dinge und gute Zeiten. Ein Standort neben der Eingangstür zieht gutherzige, freundliche Menschen und vielleicht sogar verirrte Fremde an, die zu Freunden werden können. Der Kolbenfaden verträgt auch ein Nordfenster und holt auch dort fröhliche Energie in dein Heim.

Pflanzenweisheit

Hast du vielleicht eine Freundin, die emotional hochsensibel ist, deren Gefühle leicht verletzt werden, die häufig weint und die große Menschenansammlungen nicht ertragen kann? Diese Pflanze ist für deine Freundin ideal geeignet. Der Kolbenfaden hat eine fadenartige Energie, die sich überall verbreitet und wie Spinweben durch den Raum fliegt. Wenn ich sehr sensibel bin und weder meine Gedanken noch meine Gefühle unter Kontrolle bekomme, dann stelle ich mich gerne neben ihn. Seine Fäden fangen abgehobene Gefühle ein und binden sie an dich, um deinen Körper zu erden. Der Kolbenfaden besitzt eine ganz eigene Sprache: Während ich mit den meisten anderen Pflanzen regelrecht sprechen kann, bevorzugt der Kolbenfaden die energetische Kommunikation, als ob er sich den Kopf gerne davon frei halten möchte. Er eignet sich nicht für Träume, aber ich empfehle ihn unbedingt als Hausgefährten, insbesondere neben deinem Bett, denn er strahlt friedliche Energie aus und hält Nachtängste fern.

KÖNIGSKERZE

Verbascum *(Mullein)*

Wesentliche Eigenschaften

Schutz, Schattenarbeit

Diese wollige kleine Pflanze mit ihren lieblichen gelben Blüten wird seit Jahrhunderten in der Magie und in der Medizin verwendet. Bereits Römische Legionäre tauchten die Stängel der Königskerze in Wachs, um sie bei Beerdigungen als Fackeln zu nutzen – eine Praxis, die bis weit ins Mittelalter hinein aufrechterhalten wurde. Der Überlieferung zufolge benutzte die Zauberin Circe häufig Königskerze in ihrer Magie, und Odysseus setzte Königskerze ein, um sich vor Circe zu schützen. Die vielen Geschichten, die sich um die Pflanze ranken, lassen keinen Zweifel an ihrer weitverbreiteten Verwendung zu.

Medizinische Eigenschaften

Heute verwenden wir Königskerze überwiegend zur Hustenlinderung, insbesondere bei der trockenen Art, die so unangenehm im Rachen kitzelt und sich nicht auflösen lassen will. Königskerzenblätter lassen die Lungenmembranen weich werden, öffnen die Brust und lassen dich endlich wieder mühelos und tief atmen. Eine aus Königskerze gefertigte Salbe oder Tinktur kann rund um das Ohr verrieben werden, um Entzündungen herauszuziehen. Aus Königskerzenwurzeln wird ein ausgezeichnetes Tonikum gemacht, das gut gegen Schmerzen wirkt, insbesondere gegen Nerven- und Kopfschmerzen, die von einer geschädigten Wirbelsäule hervorgerufen werden. Die Pflanze hilft außerdem bei Arthritis und Knochenbrüchen.

Magische Eigenschaften

Die Königskerze steht direkt neben dem Schleier, der die Reiche voneinander trennt, und eignet sich daher ideal für Schutzzauber oder für die Kontaktaufnahme mit der jenseitigen Welt. Während des Schlafs oder bei divinatorischer Arbeit öffnen wir ganz automatisch unsere Aura. Das bringt allerdings die Gefahr mit sich, auch dunklen Kräften Zugang zu gewähren. Königskerze hüllt dich in einen Mantel der Unsichtbarkeit und erlaubt es dir, ohne Sorgen in geistige Reiche zu gelangen – sie ist also die beste Partnerin für Astralprojektionen und Schattenarbeit.

PFLANZENWEISHEIT

Die Arbeit in und mit den Schatten ist heilig, denn im Dunklen findet sich Zugang zu Weisheit und Wachstum. Einer Pflanzenhexe ist das bekannt: Der Geist erblüht im Licht, aber Samen und Wurzeln gedeihen in der Dunkelheit. Wir verkörpern beides und können weder auf das eine noch auf das andere verzichten. Die Vorstellung, sich nur mit Licht und Liebe zu befassen, hat mir nie gefallen, da ich nun einmal nicht nur aus Licht und Liebe bestehe und nicht ich selbst sein kann, wenn ich die andere Seite unterschlage. Als ich mich vollständig zu akzeptieren lernte, erkannte ich, dass Licht nicht ohne Dunkelheit auskommen kann – beides ist heilig, und beides ist für Magie, Heilung und Wachstum erforderlich. Die Zusammenarbeit mit der Königskerze wird dir helfen, dich in den Reichen von Licht und Dunkelheit zurechtzufinden, und in all den Grauabstufungen zwischen Weiß und Schwarz. Wenn du in deiner Arbeit Wahrheit, Identität und Kraft suchst, dann ist das unverzichtbar.

Wenn du von Königskerzen träumst, dann darfst du dich darüber freuen, eine mächtige Hexe zu sein! Königskerzen besuchen nur Menschen, die sie für begabt halten, Seelenreisen zu unternehmen und sich im Unsichtbaren zurechtzufinden. Lass dich von der Pflanze an unbekannte Orte führen, und du kehrst mit der Weisheit aus den Tiefen der verborgenen Welten ausgestattet zurück.

KORNBLUME

Centauria cyanus *(Cornflower)*

WESENTLICHE EIGENSCHAFTEN

Übersinnliche Fähigkeiten, Schutz, Glücklichsein, Liebe

Die Kornblume ist ein charmantes, strahlend blaues Mitglied der asternartigen Korbblütlerfamilie, zu der auch das Gänseblümchen gehört. Sie wächst auf Äckern und sogar in Betonritzen mitten in der Stadt. Das strahlende Blau von Kornblumen ergibt eine wundervolle Tinte, auch wenn sie schnell wieder verblasst. Kornblumenblüten sind essbar und daher häufig in Teemischungen zu finden.

Medizinische Eigenschaften

Die ersten Erfahrungen mit Kornblumen habe ich gemacht, als meine Mutter einen Sud daraus zubereitete. Ich hatte im Dreck gespielt und davon etwas ins Auge bekommen. Es war entzündet und geschwollen, und meine Mutter wusch es mit dem Kornblumensud aus.

Kornblume ist zudem fiebersenkend und lindert Menstruationsschmerz, wirkt entwässernd und entzündungshemmend. Sie wird auch vorbeugend als Stärkungsmittel oder Magenbitter für die Leber- und Gallengesundheit eingenommen und hilft bekanntermaßen bei Scheidenpilzentzündung.

Magische Eigenschaften

Im englischen Sprachraum hatte die Kornblume eine ähnliche Bedeutung wie die Ringelblume beim »Er liebt mich, er liebt mich nicht«-Abzählreim: Junge Männer trugen die Blüte im Knopfloch (der Ursprung ihres Trivialnamens »Junggesellenknopf«, bachelor's button, im Englischen) und gingen davon aus, dass ihre Liebe unerwidert bleiben würde, wenn die blaue Farbe der Blüte rasch verblasste, oder dass sie erwidert wird, wenn das Kornblumenblau strahlend und frisch blieb.

Frische oder getrocknete Kornblumenblüten auf dem Altar verstärken deine übersinnlichen Fähigkeiten, und wenn du die sie bittest, dann bringen sie Liebe in dein Leben. Kornblumentee hat eine ähnliche Wirkung und steigert außerdem die Fruchtbarkeit.

Pflanzenweisheit

Wenn du dir die Kornblumenblüte genau ansiehst, dann könntest du fast glauben, dass sie dich hypnotisieren will. Sie verbindet sich mit deinem Dritten Auge, stimuliert es und weckt so in dir Wissen und Weisheit. Am leichtesten kannst du die Blüte verwenden, indem du sie als Tee zu dir nimmst oder dich zu ihr setzt, sie betrachtest und als Hilfsmittel für Prophezeiungen nutzt. Sie wird dich auf eine Reise zu geometrischer Heiligkeit mitnehmen und dein Bewusstsein anzapfen. Mit ihrer Hilfe kannst du die Wahrheit erkennen und neue Wege erkunden, um deine Magie zu verstärken. Eine solche Reise ist etwas sehr Einzigartiges, also behalte deine Entdeckungen für dich, sie sollten dir heilig sein.

KÖSTLICHES FENSTERBLATT
Monstera deliciosa *(Monstera)*

WESENTLICHE EIGENSCHAFTEN

Kreativität, Fülle, Liebe

Das Köstliche Fensterblatt, inzwischen auch unter dem Namen Monstera gut bekannt, gehört in die Familie der Aronstabgewächse. Junge Blätter sind groß und herzförmig, ausgewachsene Blätter sind noch größer und löchrig wie ein Schweizerkäse. Die Pflanze kann zu enormer Größe heranwachsen, was zur Namensgebung »Monstera« inspirierte. Als immergrüne Luftwurzeln bildende Kletterpflanze kann sie mehrere Meter hoch werden. Nur wenige wissen, dass sie blüht und Blütenstände ausbildet, die denen des Aronstabs ähneln. Geschmacklich erinnern ihre Früchte an eine Mischung aus Jackfrucht und Ananas. Wie eine Ananas bilden sie sechseckige Schalenplättchen, die sie mit zunehmender Reife der Frucht abwirft. Die reife Frucht duftet stark fruchtig. Die unreife Frucht enthält Calciumoxalatkristalle, die die Schleimhäute reizen können.

Medizinische Eigenschaften

Diese Pflanze hat keine bekannten medizinischen Eigenschaften.

Magische Eigenschaften

Stell dein Fensterblatt an ein Fenster mit indirektem Licht, wo sie an Größe und Fülle zulegt und auch dir Fülle zukommen lassen kann. Wie jede gute Freundin tut sie sich gerne mit dir zusammen und wird dich unterstützen, wenn du versuchst, ein Baby zu bekommen oder schöpferische Vorhaben hast.

Pflanzenweisheit

Das Fensterblatt sendet viel Liebe aus, und es ist immer für ein Schwätzchen oder einen Tratsch zu haben. Die Pflanze ist eine wunderbare Hausgenossin, insbesondere dann, wenn du alleine lebst oder dich einsam fühlst. Ich spreche täglich mit ihr, auch wenn sie es mir tatsächlich manchmal schwer macht, mich zu konzentrieren. Sie ist fordernd wie eine jüngere Schwester, pfeift und singt, bis ich mich endlich mit ihr beschäftige. Meine Familie hört mich, wenn ich manchmal »Jetzt nicht, bitte!« rufe, und dann weiß sie, dass ich gerade mit der Monstera rede. Doch das unglaublich starke Band, das sie zu dir entwickeln kann, hilft dir, deine Wünsche zu manifestieren, und holt für dich die Fülle in dein Zuhause. Mit der Monstera zaubert man nicht, stattdessen sprichst du einfach mit ihr. Erzähle ihr deine Geschichten, sag ihr, wie du dich fühlst, was du manifestieren willst, und so weiter. Sie wird mit deinen Intentionen wachsen und auf diese Weise ihren Beitrag leisten, damit du dich verwirklichen kannst. Im Traum wirst du ihr nicht begegnen, da das Fensterblatt es vorzieht, sich im realen Leben mit dir zu verbinden.

KROTON

Codiaeum variegatum *(Croton)*

Wesentliche Eigenschaften

Schutz, Verbannen

Diese unverwechselbare Pflanze hat vielfältige Blätter in Rot-, Grün- und Gelbtönen mit orangefarbenen Flecken – alle Farben des Herbstes versammelt in einer einzigen Pflanze und das zu allen Jahreszeiten. Für Menschen, die den Herbst lieben, ist sie eine wahre Schönheit. Beim Umgang mit Kroton ist Vorsicht geboten: Aus Bruchstellen tritt ein milchiger Saft aus, der zu Hautirritationen führen kann. Alle Teile des Kroton dürfen nicht verzehrt werden, da sie für Mensch und Tier giftig sind.

Medizinische Eigenschaften

Trotz des Risikos werden Krotonsamen zur Magen- und Darmreinigung, bei Gallenblasenbeschwerden und gegen Malaria eingesetzt. Verwendung findet die Pflanze außerdem äußerlich bei Muskel- und Gelenkschmerzen. Das nur der Vollständigkeit halber, generell rate ich von derartigem Gebrauch der Pflanze ab, da es zahlreiche andere ungefährliche Gewächse mit gleicher Wirkung gibt.

Magische Eigenschaften

Wenn du einen handfesten Kerl als Beschützer brauchst, dann, liebe Hexe, ist Kroton ein geeigneter Kandidat. Die größte Wirkung entfaltet die Pflanze, wenn du sie selbst aus dem Samen ziehst, da du ihr direkt mitgeben kannst, wen oder was sie beschützen soll. Falls dir das nicht möglich ist, dann erwirbst du die Pflanze im Laden und gibst ihr deine Vorstellungen beim Gießen. Ich ziehe einige dieser Pflanzen in meinem Haus und Garten und stelle sie hoch oben in die Ecken von Regalen, an die meine Katzen nicht herankommen. Neben meinen Kroton stelle ich immer ein mit Wasser gefülltes Glas, um seine Schutzwirkung, insbesondere vor negativen Energien, noch zu verstärken. Von Kroton prallen alle Anfeindungen, bösen Blicke und Verfluchungen ab und wenden sich direkt zurück an den Absender. Mit dem Pflanzensaft kann man Kerzen weihen damit sie schützen, verbannen und Flüche brechen. Eine solche Verstärkung ist äußerst wirksam, aber sei vorsichtig, und trage sicherheitshalber Handschuhe.

PFLANZENWEISHEIT

Kroton ist die schützende Mutter des Pflanzenreichs, also leg dich nicht mit ihren Kindern an! Und zweifle nie daran, dass du selbst eines ihrer Kinder bist, denn als Mensch bist du ein Kind dieser Erde, und Kroton wird dich mit aller Macht beschützen. Jegliche Art von Schutzzaubern ist bei ihm hervorragend aufgehoben. Falls du meinst, eine Pechsträhne zu haben oder verhext beziehungsweise verflucht worden zu sein, dann lade Kroton in deine Träume ein. Er wird erklären, was wirklich dahintersteckt, und gibt dir vielleicht sogar einen Hinweis, wer dir seine negativen Gedanken schickt.

ECHTER KÜMMEL
Carum carvi *(Caraway)*

WESENTLICHE EIGENSCHAFTEN

Liebe, Schutz, beugt Diebstahl vor

Die Kümmelkörner, die wir für Samen halten, sind tatsächlich die Früchte der Pflanze: Ihr lakritzartiger Geschmack wird zum Würzen zahlreicher unterschiedlichster Gerichte verwendet, insbesondere aber für Roggenbrot. Echter Kümmel ist außerdem eine Zutat in Salaten, Desserts, Sauerkonserven und in anderen Speisen überall auf der Welt.

MEDIZINISCHE EIGENSCHAFTEN

Echter Kümmel ist gut für die Verdauung, insbesondere bei Sodbrennen oder Blähungen. Außerdem reduziert er Entzündungen und unterstützt die Gewichtsreduktion.

Magische Eigenschaften

Aus dem deutschen Volksglauben ist übermittelt, dass Kümmel auf dem Sarg eines geliebten Verstorbenen dafür sorge, dass dieser vor bösen Geistern geschützt ist.

Kümmel im Auto oder im Portemonnaie verhindert Diebstahl.

Am häufigsten kommt Kümmel in Liebeszaubern vor. Vor einem Kuss Kümmel zu kauen soll dabei helfen, dass sich die andere Person in dich verliebt – vielleicht wegen der den Magen beruhigenden Wirkung und des Dufts.

Das eigentliche Geschenk des Kümmels ist es, dass er die Liebe verstärkt, die bereits vorhanden ist. Ein Beutelchen mit Kümmel unter dem Bett kann deine Ehe verbessern. Falls dein Partner oder deine Partnerin auf Geschäftsreise muss, gib etwas Kümmel in das Gepäck, damit die Verbindung zwischen euch stark bleibt.

Pflanzenweisheit

Von Kümmel zu träumen bedeutet, dass jemand in deinem direkten Umfeld mit dem Tod in Berührung kommt. Träumst du davon, selbst Kümmel zu essen, dann geht es um deinen Tod – nicht um deinen realen Tod, sondern um das Sterben von etwas Altem in dir. Deine Wiedergeburt steht vor der Tür – ein neues Du, ein neues Leben, eine neue Richtung. Kümmel vermittelt uns, an Veränderungen zu glauben und darauf zu vertrauen, dass ein Verlust immer einen Neuanfang mit sich bringt. Falls du um den Verlust eines geliebten Menschen trauerst, trage Kümmel bei dir, und bitte ihn, dir beim Übergang zu helfen und deinen Schmerz zu lindern.

Falls du dein altes Ich abstreifen und neu anfangen willst, dann kaue auf Kümmel, während du eine Traumcollage darüber erstellst, wer du in Zukunft sein und welches Leben du führen möchtest. Meditiere mit Kümmel, während du ihn in der Hand hältst, und stell dir vor, wovon du dich befreien willst.

KURKUMA
Curcuma longa *(Turmeric)*

WESENTLICHE EIGENSCHAFTEN

Frieden, Kreativität, Liebe

Kurkuma, auch unter dem Namen Gelbwurz bekannt, ist ein Mitglied der Familie der Ingwergewächse und hat ein intensiv gelbes Rhizom, das frisch und getrocknet sowohl als Gewürz wie auch als Farbstoff dient. Insbesondere in Indien, Südostasien und im Nahen Osten ist Kurkuma ein viel verwendetes Gewürz.

MEDIZINISCHE EIGENSCHAFTEN

Kurkuma hat eine äußerst positive Wirkung auf das Gehirn – sie verbessert die Stimmung, hilft bei Depression und kann sogar den Folgen von Alzheimer entgegenwirken. Kurkuma entgiftet den Körper sowie den Geist hervorragend.

MAGISCHE EIGENSCHAFTEN

Die Macht der Kurkuma stärkt Selbstvertrauen und Wohlergehen. Sie beseitigt stagnierte Energien und macht den Weg frei für hochfrequente positive Kräfte. Die Pflanze wirkt sowohl erdend als auch erhebend und erzeugt ein angenehmes Gefühl von Ausgeglichenheit. Kurkuma wird zudem mit Leidenschaft in Zusammenhang gebracht – verwende sie, um lustvolle Energie zu intensivieren.

PFLANZENWEISHEIT

Die Weisheit der Kurkuma ist uralt und hat auf viele Wesen einen immensen Einfluss. Sie teilt dir mit: »Du bist heilig.« Dank ihrer Führung wirst du dich daran erinnern, dass du dich zuerst um dich selbst kümmern musst. Du kannst nur erfolgreich sein und Dinge bewegen, wenn es dir gut geht. Kurkuma ist für dich da und spornt dich an, damit du deinen Weg durchs Leben mit ihrer Unterstützung fortsetzen kannst. Wenn Kurkuma in deinen Träumen erscheint, dann ist sie ein Hinweis auf gesteigerte Leidenschaft in deinem Leben, entweder durch die Liebe oder bewirkt durch deine kreativen Vorhaben.

KURKUMA-LUSTZAUBER

Dieser Zauber wird deine Beziehung oder das Projekt, an dem du gerade arbeitest, mit mehr Leidenschaft versorgen. Er kann dir sogar helfen, in deiner Beziehung zu dir selbst mehr Leidenschaft zu entwickeln.

Was du brauchst

eine große Schüssel
1 Esslöffel Kurkuma, frisch oder getrocknet
eine Handvoll rote Rosen
1 ganze rote Chilischote, frisch oder getrocknet
11 Sonnenblumenkerne
750–1250 ml Wasser
1 Esslöffel rosafarbenes Himalajasalz

Wie es geht

- Gib alle Zutaten in die große Schüssel.
- Stell sie unter dein Bett, um Leidenschaft in deine Beziehung zu deinem Partner/deiner Partnerin oder zu dir selbst zu holen.
- Du kannst die Schüssel auch neben dich stellen, während du an deinem Projekt arbeitest.

LANDNELKE

Dianthus caryophyllus *(Carnation)*

Wesentliche Eigenschaften

Heilung, Verstärkung

Landnelken sind zwar in Blumensträußen beliebt, ihre starken magischen Kräfte und ihre Weisheit werden jedoch meistens übersehen. Das ist wirklich jammerschade, denn ihre Geschichte reicht mehr als zweitausend Jahre zurück. Die Griechen der Antike bezeichneten sie als »die göttliche Blume«. Die symmetrisch angeordneten Blütenblätter der Nelke können viele verschiedene Farben haben, und jede hat eine eigene symbolische Bedeutung.

Medizinische Eigenschaften

Landnelken senken Fieber und beruhigen einen verstimmten Magen. Sie finden außerdem in der Behandlung von Nervenstörungen und bei Herzbeschwerden Anwendung, ebenso wie bei Angstzuständen und Stress. Eine Tasse Landnelkentee verbessert die Herzgesundheit und entspannt die Muskulatur. Sie wurde außerdem Essig, Bier und Wein als Gewürz und als Heilmittel zugesetzt.

Magische Eigenschaften

Im Allgemeinen verstärkt die Landnelke deine Zauber und deren Dauer. Du kannst ihre Blütenblätter bei egal welcher Magiearbeit einsetzen, um diese zu verstärken und langanhaltender zu machen. Ich selbst nutze die Blütenblätter gerne in Traumcollagen oder für Manifestierungszauber zur Aufrechterhaltung meiner Zielsetzungen. Nelken im Haus verbreiten eine fröhliche Heilenergie, und die Luft fühlt sich leichter und heller an. Die einzelnen Farbtöne der Landnelke sind mit unterschiedlichen spirituellen und magischen Bedeutungen und Zweckbestimmungen verbunden und ermöglichen es dir, sie in deiner Arbeit zielgerichtet einzusetzen:

Weiß: Kommunikation mit der Geistwelt, Neuanfänge
Hellrot: Herzheilung, Mitgefühl, Selbstliebe
Dunkelrot: Leidenschaft, Liebe, Schutz
Lila: Bannen, Befreien, Intuition
Rosa: Reinigung, Veredelung

Pflanzenweisheit

Landnelken sind kluge und aufmerksame Lebewesen, die ihre Beziehung zu dir sehr ernst nehmen. Wie alle Pflanzen lassen sie sich nicht gerne »benutzen«, sondern bevorzugen eine partnerschaftliche, freundschaftliche Zusammenarbeit. Sobald man erst einmal angefangen hat, Landnelken in die eigene Arbeit einzubeziehen, entsteht typischerweise eine lange Beziehung mit ihnen, die der herzlichen Verbindung zu einer besten Freundin gleicht. Dieser Art anhaltender Hingabe verdanken sie ihre verstärkende Wirkung in der Heilarbeit. Du kannst deine Beziehung zu Landnelken fördern, indem du sie in deinem Garten anpflanzt, am besten in jeder Farbschattierung, denn sie liebt es, sich in allen Aspekten ihrer selbst zu präsentieren – so wie wir es auch tun sollten.

Von Landnelken zu träumen symbolisiert den Tod eines Menschen, deiner Karriere, eines Projekts – etwas, das dir sehr wichtig ist und was du nur schwer loslassen kannst. Das mag überraschend sein, ist sie doch eine so gute, unterstützende Pflanzenfreundin. Doch das ist es, was sie am besten kann: Herzen heilen und dich mit Mitgefühl und Liebe vor etwas warnen.

LAPACHO

Tabebuia/Handroanthus *(Pau d'Arco)*

Wesentliche Eigenschaften

Heilung, Reinigen, Glücklichsein

Lapacho ist der umgangssprachliche Name für eine in Mittel- und Südamerika vorkommende Baumart, aus deren Rinde der gleichnamige Tee zubereitet wird. Lapacho gehört in die Familie der Trompetenbaumgewächse, weil sich seine Blütenrispen aus zahllosen kleinen Trompeten zusammensetzen. Zur Blütezeit ist der Baum ein einzigartiger Anblick.

Medizinische Eigenschaften

Lapacho ist als Nahrungsergänzungsmittel und als Tee erhältlich und enthält eine Reihe von Wirkstoffen, die gegen Parasiten, Viren, Bakterien und Pilze wirken, Entzündungen lindern und den Organismus mit wertvollen Antioxidantien versorgen. Lapacho ist ein wirkungsvolles Mittel zur Stärkung des Immunsystems und hilft möglicherweise auch gegen Krebs.

Magische Eigenschaften

Mehrere indigene Kulturen schätzen Lapacho nicht nur wegen seiner medizinischen, sondern auch wegen seiner spirituellen und magischen Anwendungsmöglichkeiten. Vor allem wird er wegen seines beschützenden Wesens, seiner positiven Art und seiner reinigenden Wirkung geschätzt. Wenn du dich mit deinen Wurzeln und deinem göttlichen Wesenskern neu verbinden willst, dann ist Lapacho der ideale Partner. Er vermittelt dir Zugehörigkeitsgefühl und zeigt dir, dass du zur richtigen Zeit am richtigen Ort bist. Er reinigt den Geist und löscht jegliche negativen Selbstgespräche.

Lapacho passt gut zu Zaubern, die Glück, Reichtum und Wohlstand bewirken sollen, und unterstützt dich, wenn du entsprechende Wünsche ins Universum hinausschickst.

Wenn du dein Heim mit lautem Lachen erfüllen willst, dann verstreue ein wenig Lapachorinde in den vier Ecken in deinem Zuhause, vor allem im Wohnzimmer. Inspiration ist dir sicher, wenn du beim Tagebuchschreiben eine Tasse Lapachotee trinkst – er fördert zutage, was dich umtreibt, und hilft dir, die richtigen Worte zu finden. Lapachorinde als Räucherung reinigt dein Zuhause, dein Werkzeug, deinen Altarraum, deine Kristalle – alles, womit sein heiliger Rauch in Berührung kommt, wird sofort in die richtigen energetischen Bahnen gelenkt.

Pflanzenweisheit

Die Weisheit von Lapacho bringt allen Frieden, die Führung für ihr Leben brauchen, die sich festgefahren oder verirrt oder keine Vorstellung von ihrer Bestimmung haben. Lapacho lehrt uns, dass alles und jeder wichtig ist und dass jeder eine Bestimmung hat. Er macht den Weg frei, damit du herausfindest, welche Aufgabe du in diesem Leben hast. Wenn du von Lapacho träumst, erhältst du Besuch von der anderen Seite – oftmals durch einen Ältesten oder einen Ahnen, der dir eine Botschaft bringt.

ECHTER LAVENDEL
Lavendula *(Lavender)*

Wesentliche Eigenschaften

Frieden, Intuition, Heilung, Achtsamkeit

Im Kräutergarten der Pflanzenhexe ist Lavendel vermutlich das Gewächs, das die beruhigendste Wirkung hat. Sein süßer und zugleich würziger Duft machte ihn so besonders beliebt. Lavendelöl ist das am weitesten verbreitete ätherische Öl. Bereits im Mittelalter kam Lavendel beim Wäschewaschen zum Einsatz, weshalb im Englischen die Wörter »launder« für waschen, »laundry« für Wäscherei und »lavenders« für Waschfrauen sogar direkt vom englischen Wort für Lavendel, lavender, abstammen.

Medizinische Eigenschaften

Lavendel beruhigt, hilft bei Schlaflosigkeit und lindert Kopfschmerzen. Außerdem vertreibt der Duft Insekten, und die Pflanze kann als Gewürz und als Tee verwendet werden.

Magische Eigenschaften

Lavendel eignet sich als Zutat in Selbstliebe- und Heilungszaubern, da er sie intimer und wirkungsvoller macht. Lavendel gibt deinem Zuhause neue Energie, wenn du den Duft mit einem Zerstäuber verteilst. Die Wirkung des Öls ist größer als die der getrockneten Zweige in einer Räucherung. Doch auch getrockneter Lavendel hat seine Berechtigung. Erholsamen Schlaf und friedliche Träume kannst du durch etwas getrockneten Lavendel in deinem Kopfkissen bekommen. Zugleich werden so Albträume abgewehrt. Man kann auch ein Glas kaltes Wasser mit getrockneten Lavendelblüten unter das Bett stellen. Die daraus über Nacht aufsteigenden Dämpfe verbreiten eine friedliche Atmosphäre und schützen vor Nachtgeistern.

Pflanzenweisheit

Wie keine andere Pflanze kann der Lavendel dir Achtsamkeit vermitteln. Er berührt den Geist, fördert tiefe Intuition und verbesserte Kommunikation. Lavendel erneuert die Gesundheit und Beziehungen und stellt den Frieden wieder her. Ein Traum von Lavendel symbolisiert unseren wilden, ungezähmten Geist, den wir so oft in uns einsperren. Der Lavendel will dir so mitteilen, dass dein Geist die Freiheit braucht, um sich auszuleben und kreativ zu sein.

LEBERBLÜMCHEN
Hepatica *(Liverwort)*

Wesentliche Eigenschaften

Schutz, Klarheit, Heilung

Die Gattung Leberblümchen hat ihren Namen von den Umrissen ihrer Laubblätter, die vage an die Umrisse einer Leber erinnern. Die kleinen azurblauen bis weißen Blumen wachsen im Schatten von Bäumen auf trocken-fruchtbaren Böden fast überall auf der Welt. Leberblümchen stehen in Deutschland unter Naturschutz.

Medizinische Eigenschaften

Früher glaubte man, dass Leberblümchen die Leberfunktion unterstützt, auch wenn es für diese Annahme bis auf die Form ihrer Blätter keinen weiteren Grund gibt. Aber immerhin wirken die Blätter adstringierend und sind folglich gut für die Haut oder können zu Zugsalbe verarbeitet werden. Außerdem ist das Leberblümchen ein Schleimlöser und wirkt antibakteriell. Die Blätter eignen sich nicht zum rohen Verzehr, da sie Magenirritationen verursachen können. Ein Aufguss ist sehr wirkungsvoll und hat keine unangenehmen Folgen.

Magische Eigenschaften

Achtung! Leberblümchen eignen sich nur für diejenigen, die wirklich nach ihrer Bestimmung suchen. Die Pflanze holt unterdrückte Emotionen und Wahrheiten an die Oberfläche und ermöglicht es dir, dich mit ihnen zu konfrontieren und sie zu überwinden. In dieser Hinsicht unterstützt die Pflanze den Schlaf, weil sie gerade jene tief verwurzelten Stressfaktoren beseitigt, die uns so gerne wach halten, ohne dass wir wissen, warum. Das Leberblümchen ist außerdem eine mächtige Schutzpflanze und wird sich allen entgegenstellen, die dir schaden wollen.

Pflanzenweisheit

Das Leberblümchen ist dein Pfadfinder, der deinen Weg beleuchtet, damit du dich auf deine eigentliche Reise begeben kannst. Das Schöne an dieser Pflanze ist, dass sie deine gegenwärtige Bestimmung ans Licht holt – sie zeigt dir, was du *genau jetzt* tun musst. Das ist wichtig! Wir denken oft über unser finales Ziel nach, obwohl die Reise dorthin in Wahrheit unsere Bestimmung ist. Leberblümchen helfen allen, die wenig Vertrauen in ihre Intuition haben und die eher das tun, von dem sie *meinen*, dass sie es tun *sollten*, statt dem, was sich für sie wirklich richtig *anfühlt*. Wenn du mit Leberblümchen eng zusammenarbeitest, dann werden sie sich in deinen Träumen bemerkbar machen – ich freue mich, sie in den meinen zu sehen, denn dann erstrahlen sie und glühen wie ein verzauberter Märchenwald, beleuchten für mich den Weg, den ich gehen soll.

LIEBSTÖCKEL

Levisticum officinale *(Lovage)*

WESENTLICHE EIGENSCHAFTEN

Liebe, Selbstliebe

Liebstöckel oder Maggikraut ist eine äußerst positive Pflanze. Alles am Liebstöckel ist essbar und lecker: Blüten, Früchte, Samen, Blätter und Wurzeln. Ihr Geschmack ähnelt dem von Petersilie, ist jedoch um einiges intensiver. Aus ihren Samen lässt sich ein Gewürz zubereiten, das Fenchelsamen ähnelt.

MEDIZINISCHE EIGENSCHAFTEN

Liebstöckel ist ein Diuretikum besonderer Art: Er wirkt zwar entwässernd, hält dabei jedoch die Elektrolyte im Körper. Dank dieser Eigenschaft ist er hervorragende für Reinigung und Entgiftung geeignet. Die Pflanze reinigt also bei einer Infektion die Harnwege und verhindert zugleich die Bildung von Nierensteinen. Außerdem reguliert sie die Monatsblutung, wehrt Migräne und Kopfschmerzen ab und beruhigt die Verdauung.

MAGISCHE EIGENSCHAFTEN

Magisch Interessierte behaupten oft, Liebstöckel könnte Liebe anziehen. Seine wahre Stärke besteht aber darin, dir zu helfen, dich selbst zu lieben. Liebstöckel wird mit allem in Verbindung gebracht, was mit Selbstliebe und Selbstfürsorge zu tun hat. Die Pflanze bringt nicht nur Liebe, sondern auch Schönheit und heilt den Geist, indem sie Wunden des Herzens kuriert und dein Selbstbewusstsein stärkt. Und während deine Selbstliebe immer weiter wächst und stärker wird, wirst du auch Liebe aus dem gesamten Universum anziehen.

PFLANZENWEISHEIT

Selbstliebe ist dein angeborenes Recht, Geschenk und deine angeborene Macht. Aber der Weg dorthin ist nicht leicht. Ich weiß, wie schwer es ist, sich selbst zu lieben in einer Welt, die immer nur deine »Fehler« hervorhebt und behauptet zu wissen, wie »wahre« Schönheit sein und wie sie aussehen sollte. Und unsere Aufgabe wird auch nicht leichter, wenn wir traumatische Erfahrungen gemacht haben. Aber jetzt kommt es: Selbstliebe ist Heilung, und es geht darum, wieder in Kontakt mit der Heiligkeit deiner Existenz, der einzigartigen Schönheit deines Selbst und deiner Wahrheit zu kommen. Liebstöckel wird sich an dein Herz hängen und es niemals wieder loslassen. Es wird dir sanft dabei helfen, den Drehungen und Wendungen deines Lebens mit bedingungsloser Liebe zu begegnen. Lade Liebstöckel in deine Träume ein, und es wird behutsame und intuitive Heilarbeit für dein Unterbewusstsein leisten. Liebstöckel ist wirklich die Königin der Herzen.

ECHTER LORBEER

Laurus nobilis *(Bay Laurel)*

WESENTLICHE EIGENSCHAFTEN

Fülle, Manifestieren, Kreativität, Weisheit

Weil viele Lorbeergewächse giftig sind, darf der Echte Lorbeer nicht mit ihnen verwechselt werden. Seine Blätter und Beeren sind getrocknet im Lebensmittelhandel erhältlich. Der lateinische Name des immergrünen Strauches bedeutet »edles Grün«, und seine Blätter und Zweige werden auch heute noch zur Herstellung von Sieger- und Ehrenkränzen verwendet.

MEDIZINISCHE EIGENSCHAFTEN

Lorbeer wirkt antibakteriell und antimykotisch und findet als Paste oder Breiumschlag zur Behandlung von Prellungen und Muskelkater Verwendung. Lorbeertee ist allgemein gut für die Gesundheit, insbesondere für die Verdauung. Lorbeerblätter im Badewasser unterstützen die Behandlung von Harnwegsentzündungen.

MAGISCHE EIGENSCHAFTEN

Lorbeer wurde früher so starke Heilkraft zugeschrieben, dass Ärzte bei der Arbeit Lorbeergirlanden trugen. Angeblich verwendete der römische Kaiser Tiberius einen Lorbeerkranz, um sich vor Gewitter zu schützen.

Lorbeer unter dem Kopfkissen kann prophetische Träume auslösen. Um verborgene Krankheit oder negative Energie zu vertreiben, kann man Lorbeerblätter verbrennen. Die Pflanze ist außerdem ein mächtiger Magnet um beruflichen Erfolg anzulocken. Eine Lorbeerpflanze an deinem Arbeitsplatz zieht entsprechende Energien an. Mir hilft sie insbesondere dabei, meine Kreativität zu verstärken, meinen Fokus und meine innere Weisheit zu vertiefen.

Pflanzenweisheit

Lorbeer bittet dich aus Respekt, direkt mit ihm zusammenzuarbeiten – wenn du dich selbst um eine entsprechende Pflanze kümmerst, hilft sie dir viel wirkungsvoller beim Manifestieren. Falls dir eine solche persönliche Beziehung nicht möglich ist, wird dich der Lorbeer trotzdem unterstützen. Aber du kannst dir vorstellen, dass er dabei mit den Augen rollt. Lorbeer liebt den direkten Kontakt, aber natürlich verstärkt letztlich die persönliche Beziehung die magische wie medizinische Wirksamkeit aller Pflanzen.

Falls es dir trotzdem nicht möglich ist, selbst einen Lorbeerstrauch zu versorgen, dann macht es das Gewächs auch schon glücklich, wenn du seine Blätter liebevoll berührst und dich bei ihm für die Zusammenarbeit bedankst. Ich meditiere gerne mit Lorbeer und lasse mich von ihm mit heilender Liebe und kreativer Inspiration durchdringen. Ein Traum, in dem Lorbeerblätter im Essen vorkommen, verkündet gute Gesundheit. Wenn du von der wild wachsenden Pflanze träumst, dann könnte beruflicher Erfolg und möglicherweise eine Gehaltserhöhung anstehen. Falls du ihre Blätter in einem Topf mit kochendem Wasser siehst, dann teilt dir der Lorbeer mit, dass dein Geist nach Heilung ruft.

LÖWENMAUL
Antirrhinum *(Snapdragon)*

WESENTLICHE EIGENSCHAFTEN

Schutz, Türöffner zwischen den Reichen

Das Löwenmaul ist eine Schönheit und dazu noch sehr nützlich: Seine Blüten, Blätter und Samen sind allesamt verwertbar. Gepresste Samen sind sogar eine Alternative zum Olivenöl. Ihren Namen verdankt es der Form seiner Blüte, die, vorsichtig zusammengedrückt, an ein Löwenmaul erinnert.

MEDIZINISCHE EIGENSCHAFTEN

Blüten und Blätter des Löwenmauls wirken entzündungshemmend und werden auch als Stimulans verwendet. Man kann sie zu einem Breiumschlag verarbeiten, um sie auf Tumore, Geschwüre und auf Hämorrhoiden aufzutragen. Zwar schmecken die Blüten bitter, aber sie sind reich an Vitaminen.

MAGISCHE EIGENSCHAFTEN

Früher hat man Löwenmaul rings um das Haus angepflanzt, um Hexerei und Zauberei abzuwehren. Mit dem Öl der Pflanze kannst du das Gleiche erreichen. Es ist außerdem möglich, mit Löwenmaul einen außer Kontrolle geratenen Zauber umzukehren, da die Pflanze dir die Wahrheit einer bestimmten Situation zeigen wird, insbesondere wenn du belogen wurdest. Außerdem kann diese einzigartige Pflanze Geister rufen, verstärkt Energien und ist auch sonst ein großartiger divinatorischer Gefährte. Wenn du während der Meditation in der Geistwelt unterwegs bist, dann arbeite mit frischem Löwenmaul. In getrockneter Form lässt sich mit dem Kraut Kommunikation herstellen. Gib getrocknete Blütenblätter vom Gänseblümchen in das »Maul« getrockneten Löwenmauls, und häng es an die Eingangstür, um das Böse fernzuhalten.

Pflanzenweisheit

Löwenmaul gibt deinen Intentionen eine eindeutige Richtung. Oft glauben wir zu wissen, was wir wollen, und wenn wir es dann bekommen, war es häufig doch nicht das Richtige. Löwenmaul wird dein Gefährte sein, wenn du deine Zukunft, deine Vorhaben und deine Zauber planst. Es lässt dich auch mehr sehen als nur das, was dein Verstand wahrnimmt – ohne Zweifel eine echte Supermacht. Gestatte ihm den Zugang zu deinen Träumen, und nimm ihn mit in deine Vergangenheit, wo du mit seiner Hilfe unbemerkte Botschaften entdecken kannst, um noch rückwirkend aus ihnen zu lernen.

LÖWENZAHN

Taraxacum *(Dandelion)*

Wesentliche Eigenschaften

Wünsche, Türöffner zwischen den Reichen, Resilienz

Die Widerstandsfähigkeit von Löwenzahn ist bemerkenswert – im Garten kommt er immer wieder, auch wenn du dich noch so sehr bemühst, ihn loszuwerden. Er hat eine unverwechselbare gelbe Blüte und eine lange Pfahlwurzel.

Gibt es irgendjemanden, der noch nie eine Pusteblume abgerissen, die Samen fortgeblasen und sich dabei etwas gewünscht hat? Wir alle bewahren solche Kindheitserinnerungen in unseren Herzen auf. Hältst du die Blüte unter dein Kinn und zeigt sich dann ein goldener Schimmer auf deinem Gesicht, dann ist es vorherbestimmt, dass du eines Tages reich sein wirst – auf solche »Weissagungen« vertraute man schon im Mittelalter.

Medizinische Eigenschaften

Der Löwenzahn ist zu mehr nütze als zur Wunscherfüllung. In der traditionellen Volksheilkunde wird Löwenzahnwurzel zur Behandlung von Magen- und Leberproblemen, Akne, Ekzemen, Diabetes eingesetzt, er kann einen erhöhten Cholesterolspiegel senken und hilft vielleicht sogar bei Krebs. Sein Milchsaft wirkt gegen Warzen, und seine Blätter fördern die Verdauung und sind eine besondere Zutat zu einem gemischten Salat. Zudem sind Löwenzahnblätter sehr nährstoffreich und enthalten wirkungsvolle Antioxidantien, lindern Entzündungen und bringen das Immunsystem in Gang.

Magische Eigenschaften

Wenn du Löwenzahn in einem Zauber verwenden willst, dann erinnere dich an seine Botschaft: Er ist so widerstandsfähig, dass er nahezu überall gedeihen kann. Deshalb eignet er sich hervorragend für jeglichen Zauber, der mit Fülle zu tun hat. Ein Tee aus seinen Blättern oder Wurzeln vor dem Schlafengehen fördert prophetische Träume. Eine Löwenzahnblüte in einem Medaillon oder eine getrocknete Pflanze in deinem Terminkalender oder Tagebuch hilft dir, fokussiert und produktiv zu bleiben.

Pflanzenweisheit

Falls es in deinem Leben irgendwelche Muster gibt, die du gerne durchbrechen würdest, dann bitte den Löwenzahn um Unterstützung. Er ist ein wunderbarer Transformator und hilft dir, deine Resilienz aufrechtzuerhalten, egal wie groß deine Belastungen sind. Von ihm lernst du, nicht aufzugeben und nicht nachzulassen. Ich bin eine Aktivistin, die sich für indigene Minderheiten einsetzt und als Beschützerin der Erde begreift. In meinem Umfeld ist Widerstandsfähigkeit gleichbedeutend mit Macht, und der Löwenzahn fördert diese Macht. Ich habe immer einen Löwenzahn bei mir, damit ich und die Menschen, die mit mir an einem Strang ziehen, stark bleiben. Ich kenne viele, die es genauso halten.

Ein Traum, in dem Löwenzahn vorkommt, symbolisiert einen Durchbruch. Wenn er dir im Traum begegnet, dann weißt du, dass er dich in Lebensphasen mit großen Veränderungen trösten und unterstützen will.

LUZERNE
Medicago sativa *(Alfalfa)*

WESENTLICHE EIGENSCHAFTEN

Heilung, Fülle, Manifestieren, Glück

Die Luzerne, auch Alfalfa oder Schneckenklee genannt, wird weltweit als Viehfutter angebaut. Sie ist eine Leguminose, die Stickstoff aus der Luft aufnehmen kann, und besitzt einen gemütlichen, aromatischen Duft. Luzerne spielt in der Ökologie eine wichtige Rolle, da sie das Zuhause für mehrere Insektenarten darstellt, und wird deshalb oft neben empfindlicheren Pflanzen wie etwa Baumwolle angebaut, um sie vor den Insekten zu schützen.

MEDIZINISCHE EIGENSCHAFTEN

Mit Luzerne kann man einen erhöhten Cholesterolspiegel senken, da sie den Darm an der Cholesterolaufnahme hindert. Außerdem ist sie nützlich bei Nierenproblemen, Asthma, rheumatoider Arthritis, allgemeinem Gelenkverschleiß und bei Diabetes. Sie ist ein häufig verwendetes Nahrungsergänzungsmittel, da sie viel Vitamin A, C, E und K sowie Kalium, Kalzium, Phosphor und Eisen enthält – ein echtes Multivitamin.

MAGISCHE EIGENSCHAFTEN

Nahrungsmittel in ausreichender Menge produzieren zu können war schon immer ein Zeichen für Wohlstand. Überleg dir, was Luzerne unseren Vorfahren bedeutet haben muss – sie bot die Möglichkeit, so viele Rinder zu halten, um Familien und Gemeinschaften zu ernähren. Auf der Basis dieser Zusammenhänge wird Luzerne gerne für Wohlstandszauber eingesetzt, um Reichtum einzuladen und zu bewahren. Ein Gefäß mit getrockneter Luzerne in der Küche sorgt dafür, dass deine Familie immer genug zu Essen hat; in deiner Hosentasche kann sie ein Glücksbringer sein.

Luzerne ist außerdem ein Kraftwerk für die Manifestierung deiner Wünsche und Träume. Wenn du gerne Traumcollagen oder Wunschmandalas anfertigst, befestige am Rand ein Büschel Luzerne. Wenn du zu den Menschen gehörst, die gerne Listen schreiben – auch hier ist die Pflanze nützlich. Luzerne verstärkt deine Manifestierungsintention.

Verbrenne bei Vollmond einige getrocknete Blätter, und bringe die Asche zu einem Fluss. Wenn du sie ins Wasser streust, bitte sie, deine Sorgen mitzunehmen und dich von dem zu befreien, was du loslassen willst. Du kannst sie auch auf dem Boden verteilen und dabei rufen, was du brauchst, wie beispielsweise Fülle.

Pflanzenweisheit

Luzerne ist eine wunderbare Begleiterin in der Meditation und in der Traumwelt. Falls es dir noch nicht gelungen ist, Kontrolle über deine Träume zu erhalten, dann solltest du mit dieser Pflanze meditieren. Setz dich hin und stelle dir vor, was du manifestieren willst, sei es Gesundheit, Glück in einer Prüfung oder in einem Gerichtsverfahren oder ganz allgemein im Leben. Die Visionsarbeit mit dieser Pflanze schafft die Energien herbei, die erforderlich sind, um das Ersehnte zu manifestieren oder um Träume zu verwirklichen.

Am glücklichsten ist Luzerne in der Nähe eines Fensters in deinem Zuhause. Die Brise, die durch ein geöffnetes Fenster hereinströmt, trägt ihre Energie hoch hinauf und bewirkt Schutz, Liebe und Frieden.

MAGNOLIE
Magnolia *(Magnolia)*

Wesentliche Eigenschaften

Reinheit, weibliche Energie

Diese einzigartigen, duftenden Bäume mit ihren prächtigen, üppigen Blüten sind mit die ersten Frühlingsboten. In der Erdgeschichte gehören sie zu den ältesten Gewächsen und existierten bereits vor den Bienen, weshalb sie überwiegend von Käfern bestäubt werden.

Medizinische Eigenschaften

Viele Magnolienarten haben essbare Blüten, die entweder eingelegt oder für die Teezubereitung genutzt werden. Auch die jungen Blätter und Blütenknospen können gegessen werden. Magnolien sind schon lange ein fester Bestandteil der chinesischen Medizin, in der etwa ihre Rinde verwendet wird, um Ängste abzuschwächen und Schlaf zu fördern. Es gibt auch wissenschaftliche Untersuchungen, laut derer einer der Inhaltsstoffe gegen Krebs schützt, insbesondere gegen Leukämie und Darmkrebs.

Magische Eigenschaften

Du kannst Magnolie nutzen, um zu deiner weiblichen Energie Zugang zu erhalten: Vermische zerstoßene Blütenblätter mit deinem Menstruationsblut, und habe die Mischung bei ritueller Magie in deiner Nähe, wozu auch Tanzen oder Beten gehört. Falls du Menstruationsblut nicht nehmen kannst, verwende deinen Speichel. Sowohl Frauen als auch Männer haben Zugang zu dieser Energie. Magnolie verschafft dir Selbstvertrauen, Fülle und Heilung und erneuert deine Verbindung mit der Erde und mit dir selbst.

Pflanzenweisheit

Die Kraft und Anmut der Magnolie verleiht ihr eine Energie, die sich im Einklang mit dem göttlichen Weiblichen befindet. Sie hat ein mütterliches Wesen und kann dir helfen, Zugang zu deiner eigenen weiblichen Energie zu finden. Arbeite mit ihr, um die Göttin in dir ans Tageslicht zu holen. Sie unterstützt dich und ermuntert dich zu strahlen – nimm sie dir als Vorbild. Sie hält gerne ein Schwätzchen, aber du darfst auf keinen Fall über andere Frauen herziehen – dafür ist sie nicht zu haben. Ihr Ziel ist es, alle Frauen zu stärken. Wie immer rate ich dazu, eine eigene Magnolie im Garten zu pflanzen. Falls das nicht möglich ist, kannst du auch nur die Blütenblätter in deiner Magiearbeit oder während der Meditation verwenden.

Wenn die Magnolie in deinen Träumen erscheint, dann weckt sie die schlafende Riesin in dir, die Energie, deren Existenz dir bisher nicht einmal bewusst war. Du hast ein unglaubliches Potenzial, und die Magnolie unterstützt dich darin, deine bisher ungenutzten Möglichkeiten zu entdecken.

MAJORAN
Origanum majorana *(Majoram)*

Wesentliche Eigenschaften

Liebe, Heilung

Majoran schmeckt ein bisschen wie zitroniges Oregano, während der Duft seines ätherischen Öls eher an Kampfer erinnert. Es heißt, dass Aphrodite, die Göttin der Liebe und Schönheit, Majoran angebaut habe, wodurch die Pflanze einiges von ihrem sinnlichen Wesen in sich aufnahm.

Medizinische Eigenschaften

Die Griechen der Antike nutzten Majoran, um Vergiftungen, Krämpfe und Wassersucht zu heilen. Du kannst sowohl Blätter als auch Blüten zu Heilzwecken einsetzen. Majoran bekämpft wirkungsvoll eine Schupfnase, lindert Stimmungsschwankungen (vor allem, wenn sie durch Hormone verursacht werden) und beruhigt die Nerven. Außerdem unterstützt er den Kreislauf und bei stillenden Frauen die Milchproduktion.

Magische Eigenschaften

Trage Majoran bei dir, wenn du zu einer Verabredung gehst, neue Kontakte knüpfst oder auch, wenn du nur über die sozialen Medien kommunizierst – Majoran wird alle fernhalten, die fragwürdige Intentionen haben. Wenn du herausfinden möchtest, ob jemand, für den du dich gerade zu öffnen beginnst, gut für dein Herz ist, dann lass dir von Majoran zusammen mit einem Weissagungsinstrument wie Tarot helfen. Falls es dir um intensive Heilarbeit am Herzen geht oder um einen Öffnungszauber, dann zeichne ein Herz, und streue getrockneten Majoran darüber. Bewahre die Zeichnung auf deinem Altar neben einer blauen Kerze auf.

Pflanzenweisheit

In der Trauerarbeit ist Majoran ebenfalls hilfreich. Wenn du seit Längerem traurig bist, weil du jemanden verloren hast, dir das Herz gebrochen wurde oder du ein Trauma verarbeiten musst, dann solltest du Majoran in deine Magiearbeit einbinden. Majoran wirkt als Barriere gegen Traurigkeit, gibt dir Raum zum Luftholen und damit die Gelegenheit, wieder zufriedener zu werden. Majoran im Traum bedeutet, dass sich eine Situation wiederholt. Präge dir den Traum also gut ein, um nicht den gleichen Fehler ein zweites Mal zu machen, insbesondere wenn es dabei um gebrochene Herzen geht.

MAULBEERBAUM

Morus *(Mulberry)*

Wesentliche Eigenschaften

Selbsterkenntnis

Der Maulbeerbaum – insbesondere die Weiße Maulbeere – wird für medizinische Zwecke, aber auch als Nahrungsquelle für Seidenspinnerraupen gezüchtet. Er wächst schnell und kann schon bald nach dem Pflanzen zum ersten Mal abgeerntet werden. Zwar sind weiße Maulbeeren nicht ganz so schmackhaft wie die schwarzen oder roten, aber dennoch aromatisch und nahrhaft.

Medizinische Eigenschaften

Die phytochemischen Bestandteile insbesondere der weißen Maulbeere senken den Blutzucker und wirken folglich gegen Diabetes, zu hohen Cholesterolspiegel und zu hohen Blutdruck. Mit weißen Maulbeeren kann man außerdem eine Erkältung, Arthritis, Schwindel und Tinnitus behandeln sowie Haarausfall und zu frühes Ergrauen der Haare verhindern.

Magische Eigenschaften

Die Magie des Maulbeerbaums wird vor allem sichtbar, wenn man sich sein Blühverhalten anschaut. Im Winter zieht er sich in sich selbst zurück, doch nach der Frostperiode explodiert der Baum und bekommt förmlich über Nacht, Blätter und Blüten und scheinbar von einem Tag auf den anderen auch Früchte.

Maulbeere hilft dir, dein volles Potenzial so zu nutzen, als stehe dir die Energie des gesamten Universums zur Verfügung. Jedes Blatt und jede Beere dieses Baumes repräsentiert einen Krümel kosmische Weisheit.

Pflanzenweisheit

Der Maulbeerbaum lehrt uns, die Jahreszeiten und die Zyklen des Lebens zu beachten. Wenn wir Ruhe brauchen, dann sollten wir das Tempo herunterfahren. Wenn wir Heilung brauchen, dann sollten wir loslassen. Und wenn wir uns ausbreiten wollen, dann ermutigt uns der Maulbeerbaum, genau das zu tun und unsere Blüten auszutreiben. Er hilft uns, gleichermaßen auf Körper und Geist zu achten, damit ein Gleichgewicht entstehen kann, das uns in allen Teilen fördert. Wenn dir der Maulbeerbaum in deinen Träumen erscheint, dann sagt er dir, dass es Zeit zum Entrümpeln und zum Loslassen unnötiger Dinge ist. Anschließend kannst du dich wieder auf eine neue Aussaat konzentrieren. Was willst du als Nächstes säen?

MEHLIGE ALETRIS
Aletris farinosa *(Ague)*

Wesentliche Eigenschaften

Schutz, übersinnliche Fähigkeiten

Die Mehlige Aletris, auch bekannt als Sternwurzel, Runzelwurzel oder Kolikwurzel, gedeiht überall in Nordamerika, insbesondere in Illinois, hat schmale Blätter und einen langen hohen Stängel, der mit winzigen glockenförmigen Blüten bedeckt ist.

Medizinische Eigenschaften

Die Wurzel der Pflanze sollte vor allem roh oder frisch nicht in zu großen Mengen eingenommen werden, da sie Störungen im Bauchraum und sogar Erbrechen verursachen kann. In kleinen Mengen eingenommen, regt sie die Verdauung an und lindert Blähungen. Allerdings schmeckt Aletris extrem bitter. Sie wirkt außerdem beruhigend, hilft bei Appetitlosigkeit, Angstzuständen und Depression. Ein Breiumschlag aus den Blättern der Pflanze lindert Rückenschmerzen.

Magische Eigenschaften

Pflanzenhexen mit einer medialen Begabung und übersinnlichen Fähigkeiten fühlen sich oft von der Mehligen Aletris sehr angezogen. Als Seherin arbeite ich nahezu wöchentlich mit der Pflanze. Sie hilft mir, mich in meinen Visionen zurechtzufinden, und beschützt mich besonders dann, wenn ich am verletzlichsten bin. Bei der Magiearbeit kann ein Tee aus getrockneter Aletris Visionen herbeiführen. (Doch auch hier gilt: Vorsicht! Frische Aletriswurzel ist ein Narkotikum!) Aletriswurzel dient dir außerdem als schützender Talisman, wenn du sie während der Magiearbeit oder beim Zaubern in deinen Kreis oder auf deinen Altar legst. Zu einer Paste vermahlen, kann die Wurzel einen Fluch brechen.

Pflanzenweisheit

Träume, in denen die Aletris vorkommt, sind äußerst aufschlussreich. Wenn du Aletris im Traum isst, dann bedeutet es, dass dich jemand verflucht hat oder dass du Blockierungen in deinem Leben überwinden musst. Wird dir im Traum Aletris als Speise serviert, dann ist das eine Aufforderung, dich zu reinigen und vor kommendem Übel zu schützen, gewöhnlich vor Eifersucht. Wenn du in einem Traum Aletris pflanzt, dann will sie dich dazu auffordern, mit ihr zu arbeiten.

Aletris gedeiht am besten draußen, wo sie wild und frei sein kann. Du kannst die benötigten Pflanzenbestandteile ernten, vergiss dabei aber niemals, sie erst um Erlaubnis zu bitten und dich anschließend bei ihr zu bedanken. Respektiere ihre Bestandteile, denn sie enthalten ihren Geist. Wenn du sie im Haus ziehst, dann wird sie es durchdringen und jeden noch so kleinen Winkel schützen.

HEIMSCHUTZRITUAL MIT MEHLIGER ALETRIS

Die Mehlige Aletris hilft dir, sowohl innen als auch außen einen wirkungsvollen Schutzschild zu errichten.

Was du brauchst

2 Stücke getrocknete Aletriswurzel, zerteilt
Salz
Chilipulver
1 Zwiebel, halbiert

Wie es geht

- Zermahle eines der Aletrisstücke, entweder mit dem Messer oder mit einem Mörser und Stößel.
- Verteile die zermahlene Aletris rund um dein Zuhause, denke währenddessen immer an das Ziel, dein Zuhause zu schützen. Falls du in einer Mietwohnung wohnst, kannst du das Aletrispulver in der Form eines Kreuzes, eines Sterns oder eines Kreises vor der Eingangstür verstreuen. Nimm das Symbol, das dir am geeignetsten erscheint.
- Lege das zweite Aletrisstück in ein großes Glas mit kaltem Wasser.
- Gib eine Prise Salz hinzu, eine Prise Chili und die eine Hälfte der Zwiebel.
- Lass das Glas auf dem obersten Brett eines Regals oder oben auf deinem Kühlschrank 3 Tage lang stehen, damit es alle Negativität aus deinem Zuhause herausfiltern und aufnehmen kann.
- Nach dem dritten Tag wirfst du das Aletrisstück und die Zwiebel in den Müll und gießt das Wasser in die Toilette. Bring den Müll sofort hinaus, und lass ihn nicht bei dir zu Hause stehen.

MINZE
Mentha *(Mint)*

Wesentliche Eigenschaften

Türöffner zwischen den Welten, übersinnliche Fähigkeiten

Die Pflanzengattung Minze umfasst sehr viele Arten, aber ich meine hier nur die Art Pfefferminze, aus der wir unseren Tee zubereiten, mit der wir kochen und die so munter in unseren Kräutergärten wächst.

Minze ist eine wunderbare Begleitpflanze, die schädliche Insekten von ihren Beetnachbarn fernhält und nützliche anzieht. Doch Vorsicht: Minze breitet sich schnell aus, und du möchtest nicht, dass sie ihren Nachbarn den Platz streitig macht.

Medizinische Eigenschaften

Minze beruhigt einen verstimmten Magen, lindert Kopfschmerzen und wird gerade mit Blick auf ihre Wirkung auf das Reizdarmsyndrom gründlicher erforscht. Natürlich kommt Minze auch wegen seiner stärkenden und klärenden Wirkung in der Aromatherapie weit verbreitet zur Anwendung.

Magische Eigenschaften

Minze stärkt übersinnliche Kräfte und Weissagungsfähigkeiten. Sie erleichtert deine Kommunikation mit dem Göttlichen, mit deinem höheren Selbst und mit den geliebten Menschen, die bereits verstorben sind – alles entscheidende Voraussetzungen, um Klarheit und Berufung zu finden. Minze verbindet dich mit deinen verstorbenen Ahnen, die dich mit erhellenden Botschaften leiten können. Vielleicht wächst Minze deshalb so wild wuchernd, weil deine Ahnen sich immer in deiner Nähe aufhalten. Minze erleichtert dir das Verständnis dafür, dass du niemals alleine bist und dass du deine Wahrheit in dem Wissen leben kannst, dass die höchsten Mächte dich führen.

Pflanzenweisheit

Minze hat eine starke Schutzfunktion und hält böse Geister fern, während du mit ihr arbeitest. Sie bietet dir eine tief in der Erde verwurzelte Weisheit an, die dir Zugang zu göttlicher Seelenheilung gewährt. Von Minze zu träumen stellt dir Harmonie und Gleichgewicht in Aussicht. Was auch immer du gerade tust, mach damit weiter. Die Minze unterstützt dich.

ECHTE MONDRAUTE

Botrychium lunaria *(Moonwort)*

Wesentliche Eigenschaften

Mondmagie, weibliche Energie, spirituelle Entwicklung

Die Echte Mondraute gehört zu den Rautenfarnen und trägt in Österreich den Namen »Eisenbrech« – ein Hinweis auf ihre besonderen Kräfte: Im 16. Jahrhundert glaubte man, sie könnte Eisen beeinflussen und so verriegelte Eisentüren öffnen und den Pferden Hufeisen von den Hufen ziehen. Der Legende zufolge habe der Herzog von Essex in England seine Pferde auf einer Weide grasen lassen, die voller Mondraute gewesen sei. Bis zum Abend hätten alle Pferde ihre Hufeisen verloren. In Deutschland gehört die Mondraute zu den bedrohten Pflanzenarten.

Medizinische Eigenschaften

Einige Rautenfarne sind essbar. Echte Mondraute eignet sich zum Auflegen auf eine frische Wunde, um die Heilung zu beschleunigen.

Magische Eigenschaften

Es ist naheliegend, dass sich die Mondraute besonders gut für Mondmagie eignet. Sie unterstützt die Intuition, Tod und Wiedergeburt sowie die spirituelle Entwicklung. Ihre weibliche Energie singt so laut, dass sie in jedem nachhallt, der mit ihr zusammenarbeitet. Mondraute hilft dir, den Weg zu deiner weiblichen Energie, deiner Heiligkeit zurückzufinden. Wenn du die Energie des Monds für deine Zaubersprüche nutzen willst, solltest du Mondraute dazuholen. Auch am Tag kannst du Echte Mondraute verwenden, um dir Mondmagie zugänglich zu machen. In Kombination mit

Unechter Rose von Jericho kannst du die Mondmagie zum Explodieren bringen.

Pflanzenweisheit

Mondraute bringt ans Licht, wer wir wirklich sind: Wir sind nicht nur eins, wir definieren uns nicht über unsere Namen und Titel, wir sind nicht unsere Berufe, und wir sind nicht die Entscheidungen, die wir im Leben treffen. Wir dehnen uns beständig aus, leuchten in allen Farben und Schattierungen. Wir verfangen uns leicht in der Vorstellung, dass wir nur eines verkörpern müssen – wenn wir Hexen sind, dann können wir nur »Hexendinge« tun, und wenn wir »wie Hexen aussehen« wollen, dann dürfen wir nur Schwarz tragen. Aber das ist natürlich Unsinn und nur eine kommerzialisierte Vorstellung von Hexen. Selbstverständlich darfst du Rosa mögen und Heavy Metal hören. Mondraute erinnert dich daran, du selbst und einzigartig zu sein und dass du nicht den Erwartungen anderer an dich gerecht werden musst. Wenn Mondraute in deinen Träumen auftaucht, dann arbeitet sie so mit dir, wie du mit Ton arbeiten würdest: Sie formt deine Energien zu einem harmonischeren Gleichgewicht.

MUSKATNUSS
Myristica fragrans *(Nutmeg)*

Wesentliche Eigenschaften

Klarheit, Stärke

Die Muskatnuss ist für viele Kartoffelgerichte ein unentbehrliches Gewürz und stammt von dem immergrünen Baum *Myristica fragrans*. Dieser wurde von portugiesischen Seefahrern von den »Gewürzinseln« (die bei Neuguinea gelegene Inselgruppe der Molukken) nach Europa mitgebracht. Der Baum liefert ein zweites Gewürz: den Samenmantel Macis, der ebenfalls aromantisch-harzig, aber milder schmeckt als die Nuss. Nuss und Macis wirken psychoaktiv, stellen jedoch in den von uns zum Würzen genutzten Mengen keine Gefahr dar.

Medizinische Eigenschaften

Die Muskatnuss wirkt beruhigend und unterstützt einen ruhigen Schlaf. Bereite für dich vor dem Zubettgehen eine warme Milch zu, süße sie mit Honig, und streue etwas frisch gemahlene Muskatnuss darüber für eine erholsame Nacht. Muskatnuss ist auch bei Verdauungsbeschwerden und zur Appetitanregung gut geeignet.

Magische Eigenschaften

Muskatnuss durchdringt dein magisches Handwerk mit Klarheit, Bestimmung und Fokus. Sie vergrößert deine persönliche Macht und öffnet dein übersinnliches Auge. Wenn du dir deiner Macht bewusst bist und sie auf einer klaren Vorstellung von deinen Zielen basiert, kannst du alles erreichen. Mit der Zeit vergrößert Muskatnuss deine Energie und führt dich zu größerer Fülle, Kreativität, Liebe und umfassendem Glück.

Pflanzenweisheit

Muskatnuss weiß, wie wichtig es ist, auf das Leben, deine Arbeit und deinen Geist zu vertrauen. Sie dämpft den Lärm um dich herum, damit du deine Intuition besser hören und klarer erkennen kannst, was für dich und was gegen dich arbeitet. Mit diesem Einblick verleiht dir Muskatnuss das nötige Selbstbewusstsein, um deinen Weg fortzusetzen in dem Wissen, dass du richtige Entscheidungen triffst. Nutze Muskatnuss in deinen Träumen als Mittel der Divination – du kannst ihr deine Bitten entweder als Gebet oder als Intention übermitteln. Sie wird dir erscheinen und alle Fragen beantworten, die du ihr stellen möchtest.

MUTTERKRAUT
Tanacetum parthenium *(Feverfew)*

WESENTLICHE EIGENSCHAFTEN

Kreativität, Heilung

Auch die Blüten des Mutterkrauts ähneln wie die Blüten der Kamille kleinen Gänseblümchen. Diese wunderschöne kleine Lieblingsblume stammt ursprünglich aus Eurasien, ist inzwischen aber überall auf der Welt heimisch.

MEDIZINISCHE EIGENSCHAFTEN

Mutterkraut lindert Periodenschmerzen und wirkt sogar vorbeugend gegen Migräne. Allerdings darf man sie nicht zu lange einnehmen, da sich sonst eine gegenteilige Wirkung einstellt und Kopfschmerzen sogar noch verschlimmert. Es hilft bei Schwindel und Höhenangst und Fieber, rheumatoider Arthritis, bei Verdauungsbeschwerden, Zahnschmerzen, Insektenstichen und Unfruchtbarkeit.

MAGISCHE EIGENSCHAFTEN

Mutterkraut lockt Ideen und kraftvolle Kreativität an die Oberfläche. Ernten soll man Mutterkraut bei Sonnenhöchststand, da dies ihre Kraft noch verstärkt. Binde ein Büschel Mutterkraut zusammen, und hänge es zum Trocknen in die frische Luft. Sobald es trocken ist, kannst du den Bund über deinem Arbeitsplatz befestigen. Am besten wirkt Mutterkraut, wenn du dich mitten hinein in ein Feld Mutterkraut setzen kannst. Dann kannst du spüren, wie ihre Leidenschaft durch die Erde hinauf in deine Wirbelsäule steigt. Lass dich beim Tagebuchschreiben, Meditieren, Zeichnen oder allgemein bei kreativen Tätigkeiten von Mutterkraut begleiten, und es wird dich inspirieren und deine Kreativität noch steigern. Das Kraut ist außerdem ein mächtiger Heiler des Geistes. Falls du gerade viel um die Ohren hast und dein Kopf schon dröhnt, kannst du dir von meiner Mutterkraut-Haarmaske helfen lassen.

Pflanzenweisheit

Mutterkraut erinnert uns daran, dass wir uns auf einer sich ständig verändernden Reise befinden. Es lässt uns die Kreisläufe des Lebens wertschätzen, während wir daran arbeiten, schöne Dinge in die Welt zu bringen. Dein kreativer Geist enthält viel Weisheit und Heilung. Falls du das vergessen hast, lass dich von Mutterkraut daran erinnern. Gewähre ihm Zugang zu deinen Träumen, damit es dich unterstützt und dich von den Begrenzungen befreit, die du dir selbst gezogen hast.

MUTTERKRAUT-HAARMASKE

Diese Maske ist nicht nur gut für die Haare (auch bei gefärbtem Haar). Durch sie sickern außerdem seine magischen Schwingungen in deine Aura, befreien deinen Kopf vom Lärm und helfen dir, Frieden und Klarheit zu finden.

Was du brauchst

½ Esslöffel Basilikum, frisch oder getrocknet
1 Esslöffel Mutterkraut, frisch oder getrocknet
1 Teelöffel getrocknetes Mutterkraut
½ Esslöffel Rosmarin, frisch oder getrocknet
½ Esslöffel Zitronengras, frisch oder getrocknet
½ Avocado
1 Ei
1 Esslöffel Olivenöl
1 Esslöffel Honig
1 weiße Kerze

Wie es geht

- Bring 500 ml Wasser in einem kleinen Topf zum Kochen.
- Füge Basilikum, 1 Esslöffel Mutterkraut, Rosmarin und Zitronengras hinzu, und lass die Mischung 5 Minuten lang kochen.

- Stell den Herd ab, und lass den Sud auf Zimmertemperatur abkühlen.
- Zerdrücke die Avocado und gib Ei, Olivenöl und Honig hinzu.
- Verdünne die Mischung mit 2 Esslöffeln des Kräuterwassers.
- Verteile die Mischung mit den Fingern in deinen Haaren, indem du an den unteren Enden beginnst und dich dann langsam bis hin zu den Haarwurzeln hocharbeitest.
- Lass die Maske 10–20 Minuten lang einwirken, und zünde während des Wartens die Kerze an, und bereite dir aus dem verbleibenden 1 Esslöffel getrocknetes Mutterkraut einen Tee zu.
- Entspanne dich an einem ruhigen Ort, an dem es weder Fernseher noch Telefon noch Computer gibt – nur dich und die Stille.

MYRTE
Myrtus communis *(Myrtle)*

Wesentliche Eigenschaften

Liebe, übersinnliche Eigenschaften

Dieser immergrüne Strauch hat kleine, duftende, weiße Blüten, die wie kleine Sterne aussehen. Die Myrte blickt auf eine jahrhundertelange Kulturgeschichte zurück und kommt insbesondere in der griechischen Mythologie häufig vor: Um sich vor den aufdringlichen Annäherungsversuchen des Gottes Apollo zu retten, verwandelte sich die Nymphe Daphne in einen Myrtenstrauch. In Griechenland und dem übrigen Mittelmeerraum wird Myrte häufig in der Küche verwendet. In Olivenöl werden Myrtenzweige gelegt, um ihm ein besonderes Aroma zu verleihen, aus den Beeren stellt man Liköre her oder verwendet sie in getrockneter Form als Pfefferersatz.

Medizinische Eigenschaften

Wie Weide enthält Myrtenrinde Salicylsäure, eine natürliche Form von Aspirin, die wirkungsvoll Schmerz und Fieber reduziert. Sehr hilfreich ist

Myrtenrinde auch bei der Bekämpfung von Nasennebenhöhlenentzündungen. Die Blätter der Myrte enthalten viel ätherisches Öl.

Magische Eigenschaften

Mit Myrte kannst du dein Drittes Auge öffnen und deine übersinnlichen Fähigkeiten entwickeln. Auch wenn es eine Reihe von Pflanzen gibt, mit denen du das erreichen kannst, wirkt Myrte vergleichsweise sanft. Sie mutet dir nur das zu, was du auch verkraften kannst, und eröffnet dir immer nur einen kleinen Schritt nach dem anderen. Deshalb ist Myrte für Anfänger und all jene geeignet, die sich vor der Öffnung für eine höhere Göttlichkeit scheuen.

Pflanzenweisheit

Myrte ist der Göttin Aphrodite heilig, und am 1. April badeten die griechischen Jungfrauen zu Ehren der Liebesgöttin in mit Myrtenöl aromatisiertem Wasser. Doch das liebevolle Wesen der Myrte ist auch schon anderen aufgefallen. In vielen indigenen Kulturen verspricht ein Bad in Myrtenwasser Liebe. Gerade für jemanden, der ein Trauma erlitten hat, ist Myrte eine wirkungsvolle und zugleich sanfte Heilerin des Herzens. Ihre wichtigste Botschaft ist Mitgefühl. Wir alle müssen mehr Mitgefühl geben und bekommen. Wir halten uns zwar gerne für mitfühlend, aber unsere Worte sind trotzdem manchmal unabsichtlich eher verletzend als heilend. Gewähre der Myrte Zugang zu deinen Träumen, um mehr über die wahre Bedeutung von Mitgefühl zu erfahren und wie du Mitgefühl mit dir selbst empfinden kannst.

NARZISSE

Narcissus *(Daffodil)*

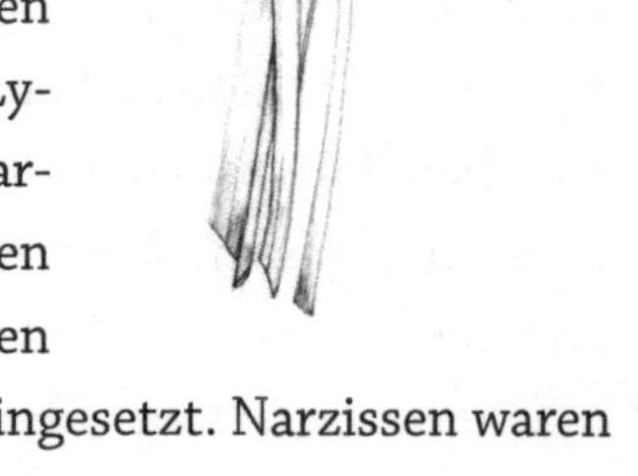

WESENTLICHE EIGENSCHAFTEN

Glück, Liebe, Fülle

Es heißt, dass nur an einem heiligen Ort wilde Narzissen wachsen. Und das könnte sehr wohl zutreffen, denn die leuchtend gelben Narzissen sind die ersten Frühlingsboten, und ihre Blütezeit fällt auf die Frühlingstagundnachtgleiche.

MEDIZINISCHE EIGENSCHAFTEN

Narzissen oder Osterglocken sind nicht für den Verzehr geeignet, weil sie den toxischen Stoff Lycorin enthalten. Äußerlich angewandt haben Narzissen eine adstringierende Wirkung und werden in der Behandlung von Wunden, Verbrennungen und von steifen oder schmerzhaften Gelenken eingesetzt. Narzissen waren die Basis einer antiken Wundsalbe namens Narcissimum.

MAGISCHE EIGENSCHAFTEN

Narzissen erzählen von neuem Leben und neuer Liebe, von Glück und Jugendlichkeit. Sie in deine Arbeit einzubeziehen versetzt sie in höhere Schwingungen. Wenn du Zauber für Liebe, Erfolg, Reichtum und Fülle wirkst, dann stelle einen Topf mit Narzissen auf deinen Altar. Überhaupt solltest du sie immer dann bei dir haben, wenn du Glück für eine Prüfung, beim Spielen oder für eine Verabredung brauchst (am besten bei allem, was nicht schiefgehen darf!). Narzissenzwiebeln so zu setzen, dass die Blumen für dich den Frühling einläuten, bringt dir ein Jahr Fülle.

PFLANZENWEISHEIT

Narzissen lehren dich, dir deine Jugendlichkeit in geistiger und spiritueller Hinsicht zu bewahren. Viel zu oft belastet uns die Hektik des Alltags, was uns die Magie der Welt um uns herum vergessen lässt. Auch du bist magisch! Nichts sollte unseren Geist unterdrücken dürfen. Osterglocken inspirieren uns, so fröhlich und unbeschwert wie Kinder zu sein und uns eine kraftvolle Bilderwelt zu gestatten, aus der wir uns bedienen dürfen, um uns die zauberhafteste aller Welten zu erträumen. Das ist die wichtigste Voraussetzung, um unsere innere Magie erblühen zu lassen. Ein Traum von Narzissen könnte ein Hinweis auf eine Schwangerschaft sein, entweder deine eigene, die schon begonnen hat oder kurz bevorsteht, oder auf die eines nahestehenden Menschen. Schwangerschaft kann jedoch auch im übertragenen Sinne gemeint sein: Es könnte sich um die Geburt einer neuen Richtung im Leben handeln oder um den Beginn eines neuen Projekts.

GEWÖHNLICHE NATTERNZUNGE

Ophioglossum vulgatum *(Adder's Tongue)*

WESENTLICHE EIGENSCHAFTEN

Heilung, Liebe, Kreativität, Schattenarbeit

Der Name dieses untypischen Farns leitet sich von seinem Sporen produzierenden Stängel ab, der wie eine Schlangenzunge aus der Erde wächst. Den größten Teil des Jahres verbirgt sich die Pflanze unter der Erde, doch zwischen Juni und August stößt sie aus Wiesen, Hängen und Sanddünen hervor.

MEDIZINISCHE EIGENSCHAFTEN

Die Wurzeln und Blätter der Natternzunge finden in der Wundheilung Verwendung und wirken keimtötend. Wie die meisten Farne ist auch die Natternzunge essbar, doch sollte man sie kochen, um die enthaltene Thiaminase zu zerstören, die das Vitamin B12 aus dem Körper auswaschen kann. Der Verzehr von Natternzunge unterstützt die Heilung von Blutergüssen.

Magische Eigenschaften

Der Natternzunge wird mit der Steigerung von Heilung, Liebe, spirituellem Wachstum und Kreativität verbunden. Wenn ich nur eine Pflanze für die Schattenarbeit wählen dürfte, dann wäre es sie. Sie führt ihr Leben überwiegend im Verborgenen und weiß mit den inneren Schatten umzugehen. Sie zeigt uns, dass man selbst aus den dunklen Momenten lernen kann, und verankert diese Weisheit tief in deinem Herzzentrum. Die Gewöhnliche Natternzunge sagt: »Hab keine Angst vor dem Unsichtbaren, denn mein Geist erkennt den deinen. Weil wir zusammen sind, bist du niemals allein.«

Du kannst die Pflanze verwenden, wenn du deine Kreativität steigern willst, insbesondere beim Schreiben. Beim Schreiben dieses Buches war sie immer neben mir. Ich habe gerne ein Exemplar bei meinem Computer, meinem Schreibsessel und meinem Terminkalender. Immer wenn du mit kreativem Schreiben beschäftigt bist, bewahre etwas getrocknete Natternzunge an deinem Arbeitsplatz auf.

Pflanzenweisheit

Die Gewöhnliche Natternzunge wird sich nicht in deine Träume drängen, es sei denn, du forderst sie dazu auf. Falls du ein altes Trauma heilen willst, Schattenarbeit leistest oder an der Vergrößerung deiner Kraft und Kreativität arbeitest, solltest du vor dem Zubettgehen mit ihr meditieren und sie bitten, dich in deinen Träumen zu besuchen. Teile ihr klar und deutlich mit, wo du ihre Hilfe brauchst, und arbeite möglichst nur an einem Thema. Achte beim Schlafengehen darauf, dass dein Schlafzimmer so dunkel wie möglich ist und dass es keinerlei Lichtquelle gibt – decke also auch die kleinen Kontrollleuchten deiner technischen Geräte ab. Je dunkler es ist, umso besser wird sie sehen.

Natternzunge wächst am besten wild, obwohl sie auch in einem Garten gut gedeiht. In getrockneter Form kannst du sie praktisch überall in deinem Haus haben, insbesondere dort, wo du sitzt und nachdenkst.

NIESWURZ
Helleborus *(Hellebore)*

WESENTLICHE EIGENSCHAFTEN

Heilung, Schutz, Frieden

Die Nieswurz oder Christ- beziehungsweise Schneerose ist eine der ersten blühenden Pflanzen im Jahr. Sie erweckt die dunklen Ecken deines Gartens zum Leben. Die Blüten ähneln entfernt Rosen, tatsächlich gehört die Nieswurz aber zu den Hahnenfußgewächsen. Der lateinische Namens bedeutet »tödliche Speise« und bezieht sich damit auf die Giftigkeit der Blüten. Der Legende nach erblühte die erste Nieswurz durch die Tränen eines Mädchens, das kein Geschenk für das Jesuskind hatte. Achtung, einige Nieswurzarten stehen unter Naturschutz!

MEDIZINISCHE EIGENSCHAFTEN

Im antiken Griechenland fand Nieswurz in der Behandlung von »Wahnsinn« Verwendung, allerdings ist die Pflanze so giftig, dass man sie ohne Handschuhe am besten nicht berühren sollte. Es wird vermutet, dass Alexander der Große an einer Nieswurzvergiftung starb.

MAGISCHE EIGENSCHAFTEN

Bist du introvertiert? Ich bin es. Wer sich von uns in Menschenansammlungen unwohl fühlt, profitiert von der Gegenwart von Nieswurz – sie hält die Energien von Menschengruppen im Zaum und sorgt dafür, dass sie uns nicht beeinträchtigen. Wenn du sie bei Treffen und Zusammenkünften bei dir trägst, dann erschafft sie eine Blase um dich herum und verbirgt dein Energiefeld. So bist du für die vorhandenen Energien, mit denen du nicht interagieren möchtest, unsichtbar. Die Pflanze tut damit auch den Menschen gut, die sehr empathisch sind und sich deshalb vor den Emotionen ihrer Mitmenschen schützen sollten. Nieswurz eignet sich ganz allgemein hervorragend für Unsichtbarkeitszauber – jemanden mit getrockneter Nieswurz zu bestreuen, während du deine Ziele festlegst, kann dafür sorgen, dass diese Person nicht gesehen wird.

Pflanzenweisheit

Das ruhige und mitfühlende Wesen der Nieswurz lindert geistigen und emotionalen Schmerz und die dazugehörigen Kämpfe. Schon ihre Anwesenheit erfüllt diese Stellen mit Heilung. Sie ist gut an deinem Arbeitsplatz aufgehoben, weil sie die Konzentration fördert. Ich habe sie gleich neben meinen Schreibtisch gestellt, außerdem in mein Badezimmer – damit ich ohne Gedankenkarussell baden und duschen kann – und in meinen geheiligten Raum, in dem ich Yoga und Atemübungen mache und wo ich andere Körper-Geist-Praktiken durchführe. Falls du Heilerin bist und es mit Kunden zu tun hast, deren Herz und Geist beruhigt werden müssen, dann halte Nieswurz in deiner Nähe, damit sie deine Tätigkeit unterstützen kann. Nieswurz im Traum weist dich darauf hin, dass du gesunde Grenzen ziehen musst.

ODERMENNIG

Agrimonia *(Agrimony)*

Wesentliche Eigenschaften

Schutz, Frieden

Die Pflanzenart Odermennig umfasst fünfzehn Unterarten, deren Wirkungen alle vergleichbar sind. Die Pflanzenart Odermennig ist ein holziges Kraut mit winzigen gelben Blüten und wächst überall in Nordamerika, Europa und Asien und verbreitet einen wunderbar zarten, aber zugleich würzigen Duft nach Aprikosen. Aus ihren Blüten kann man ein gutes gelbes Färbemittel herstellen.

Medizinische Eigenschaften

Die alten Griechen nutzten Odermennig zur Behandlung von Augen-, Nieren- und Leberproblemen. In England betrachtete man die Pflanzen als Aphrodisiakum, und laut Volksglauben ließ ein Sprössling unter dem Kopfkissen die Person so lange schlafen, bis man den Sprössling wieder entfernte. Auch wenn das eher unwahrscheinlich ist, kann ein Tee oder Sud aus Odermennig immerhin entspannend wirken. Heutzutage wird die Pflanze überwiegend in der Hautpflege verwendet, da sie gut gegen Pickel und Akne hilft.

Magische Eigenschaften

Odermennige sind Beschützer. Lege sie unter dein Kissen, wenn du Albträume und aufdringliche Geister abwehren willst. Du kannst Odermennig auch an den Außengrenzen deines Zuhauses oder Gartens vergraben, damit sie dich dauerhaft gegen böse Geister, Eindringlinge und Heimsuchungen beschützt. In schweren Zeiten unterstützt die Pflanze deine Meditation. Wenn du dich mit der Pflanze verbindest, dann hilft sie dir bei der Suche nach Überresten von Negativität, vertreibt das Gefundene und reinigt dich von innen nach außen. Außerdem fördert sie spirituelle Heilung, wofür ich sie am liebsten nutze. Dazu zerdrücke ich ein Mennigblatt, um seinen wunderbaren Duft freizusetzen und meine Sinne bei der Meditation von ihm einhüllen zu lassen. Was immer du suchst, bitte Odermennig um Hilfe, und vergiss nicht, dich am Ende bei ihm zu bedanken.

Ich verbrenne Odermennig mindestens einmal wöchentlich, um schlechte Schwingungen aus meinem Zuhause zu vertreiben. Wenn ich Gäste erwarte, streue ich außerdem eine Handvoll getrockneter, zerriebener Blätter in einer horizontalen Linie auf meine Türschwelle. So bin ich vor Geistern geschützt, die sich möglicherweise an meine Besucher angeheftet haben und sonst mit ihnen in mein Zuhause eindringen könnten.

Pflanzenweisheit

Wenn du von Odermennig träumst, dann teilt er dir auf diese Weise mit, dass er dich beschützt, und vermittelt dir so ein Gefühl von Frieden und

Ruhe. Aber wenn die Pflanze in deinem Traum blutet, dann warnt sie dich davor, dass Geister von deinem Geist Besitz ergreifen und ihn aussaugen können, wenn du deine Wahrheit nicht annimmst und verkörperst. Als ich vor vielen Jahren noch vor meiner Bestimmung davonlief, suchte mich dieser Traum viele Male heim. Wenn du möchtest, dass Odermennig zu dir in deinen Träumen spricht, dann bereite einen Tee aus einem Odermennigsprössling, einem Teelöffel Zitronenmelisse und einem Teelöffeln Baldrianwurzel zu.

ORANGE

Citrus sinensis *(Orange)*

Wesentliche Eigenschaften

Kreativität, Reinigen, Wahrheit

Der Orangenbaum hat seinen Ursprung im antiken China – 314 vor Christus werden der Baum und seine Früchte zum ersten Mal in der chinesischen Literatur erwähnt. Jeder Bestandteil des wunderbaren Gewächses ist nützlich und wertvoll. Seine Blüten verbreiten einen unbeschreiblichen Duft, sein Holz kann zum Räuchern und zum Würzen von Fleisch genommen werden. Aus den Blättern lässt sich Tee zubereiten und mit der Schale kochen.

Medizinische Eigenschaften

Orangen sind reich an Vitamin C, unterstützen die Funktion des Immunsystems, verhindern die Zelloxidation, sind gut für den Cholesterolspiegel, den Blutdruck und das Sehvermögen.

Magische Eigenschaften

Die Orange ist eine Verfechterin der Wahrheit und deckt verborgene Lügen auf. Ihr Schale kannst du in deinen Wahrheitszaubern verwenden, um herauszufinden, was dir vorenthalten wird. Auch in Kreativitätszaubern haben Schale und Saft der Frucht einen sinnvollen Platz: Beides gibt dem

Zauber Energie und Leidenschaft. Orange eignet sich außerdem ideal für jede Form von Reinigung; sie ist sinnvoll im Bodenwischwasser, als Badezusatz, Raumspray und in jeder anderen magischen Arbeit.

Pflanzenweisheit

Mit der Orange in Verbindung zu treten ist eine zutiefst intime Erfahrung. Dazu musst du keinen Kontkat zu einem Orangenbaum haben. Am besten förderst du eine Beziehung zwischen dir und der Frucht, indem du sie ganz bewusst isst. Halte sie in deinen Händen, und drehe sie langsam zwischen den Fingern hin und her. Mach dir ihre Beschaffenheit, Farbe und Form bewusst. Schäle sie langsam und achtsam. Wie fühlt es sich an, wenn du die Frucht von ihrer Schale befreist? Welchen Duft nimmst du wahr? Verirrt sich vielleicht ein Spritzer des Öls aus der Schale auf deine Hand oder Wange? Bevor du die erste Spalte in den Mund nimmst und genießt, danke der Orange für ihre Medizin. Nimm dir Zeit, und iss die Spalten langsam. Gestatte es den Stücken, auf deiner Zunge zu liegen, und dir, ihren Saft in deinem Mund zu spüren. Welche Gefühle löst das in dir aus? Hört sich doch ganz schön intim an, oder? Eine Verbindung zur Natur herzustellen ist eine intime Erfahrung und sollte mit dem ganzen Körper, mit allen Sinnen und bewusst erfahren werden.

Wenn Orangen in deinen Träumen vorkommen, dann bringen sie dir Nachricht von Fülle. Du darfst gute Neuigkeiten erwarten!

ORANGEN-KREATIVITÄTSSPRAY

Dieses Spray eignet sich gut für deinen Arbeitsplatz oder überall dort, wo du Inspiration brauchst. Es weckt deine Vorstellungskraft und bringt deine Kreativität in Fluss.

Was du brauchst

die Schalen von 2 Orangen
2–3 Rosmarinzweige
5–6 Tropfen ätherisches Olivenöl
2–3 Tropen ätherisches Lavendelöl
2–3 frische Minzblätter

Wie es geht

- Gib alle Zutaten in ein Gefäß, und fülle es mit demineralisiertem Wasser auf.
- Lasse die Mischung 1–2 Stunden ziehen; gieße sie dann durch ein Sieb, und fülle sie in eine Sprühflasche.
- Bereite dieses Raumspray frisch zu, weil es sich nicht besonders lange hält, und verbrauche es innerhalb von 1–2 Tagen.

ORCHIDEE

Orchidaceae *(Orchid)*

WESENTLICHE EIGENSCHAFTEN

Liebe, Schutz

Die Arten in dieser weitverbreiteten Pflanzenfamilie variieren wie sonst keine in ihrem Aussehen, sind aber immer als Orchideen erkennbar. In der griechischen Mythologie war Orchis der Sohn eines Satyrs und einer Nymphe und nicht gerade ein Musterknabe. Während einer Feier versuchte er eine Priesterin zu vergewaltigen und wurde dafür zum Tode verurteilt. Sein Vater betete für ihn um sein Leben, und Orchis wurde verschont, in gewisser Weise: Er durfte sein ewiges Leben als Orchidee weiterführen.

Medizinische Eigenschaften

In der chinesischen Volksmedizin werden Dendrobien eingesetzt (eine der zahlreichen Gattungen aus der Familie der Orchideen), um das Immunsystem zu stärken und das Sehvermögen zu verbessern. In der Türkei verarbeitet man die Wurzeln bestimmter Erdorchideen zu einem Tee, der gegen Halsschmerzen wirkt und die Verdauung fördert. Viele Orchideenarten werden als Aphrodisiaka betrachtet, insbesondere aber die Gewürzvanille. Alle senken Fieber und reduzieren Stress.

Magische Eigenschaften

Lass dich nicht von den Orchideen täuschen: Sie sind wunderschön, ja, aber sie lieben auch ihre Macht. Sie schützen ein Heim gegen Wesen aus anderen Reichen und kreischen beim Anblick eines Betrügers. Wenn du eine Orchidee genauer betrachtest, wird dir ihre sanfte Schönheit auffallen, aber auch ihr wildes kleines Gesicht in der Mitte – dieses kleine Gesicht vertreibt das Böse. Orchideen stehen gerne im Mittelpunkt eines Hauses, vielleicht am liebsten im Wohnzimmer. Sie lenken alle Schutzenergie, die durchs Haus fließt. Aber Vorsicht: Orchideen erwarten als Gegenleistung Liebe. Du musst wissen, wie sie zu pflegen sind, damit sie zufrieden sind und gedeihen können. Nur so können sie ihre Aufgabe erfüllen.

Wenn ich im Kontakt mit Geistwesen bin, dann lasse ich mich oft von Orchideen vor bösen Geister beschützen. Du kannst sie außerdem während eines Gewitters auf deinen Altar stellen, um an diesem Tag die Gewitterenergie in deine Zauberarbeit einzubeziehen und deine magische Kraft entsprechend zu verstärken. Und du möchtest Orchideen vielleicht an deinen geheiligten Ort stellen oder dorthin, wo du Sport treibst. Sie sorgen so dafür, dass du dich in deinem Körper präsent fühlst, und motivieren dich, dein Work-out oder deine Übungen bis zum Ende durchzuhalten.

Pflanzenweisheit

Die Botschaft der Orchideen ist Willenskraft und Wildheit. Orchideen sind hervorragende Trainer, die deinen Geist anspornen und deine negativen Gedanken aus dem Weg schieben, damit du die nötige Leistung erbringen kannst. Im Traum symbolisieren Orchideen inneren Widerstreit. Wenn dir also eine Orchidee in der Traumwelt begegnet, dann bemühe dich, öfter an die frische Luft zu gehen, mehr zu meditieren und allgemein für die Heilung deines Geistes zu sorgen.

OREGANO
Origanum vulgare *(Oregano)*

Wesentliche Eigenschaften

Reinigen, Schutz, energetische Reinigung

Im Griechischen bedeutet Oregano »Freude der Berge«. Im alten Griechenland glaubte man, dass wild wachsendes Oregano auf Gräbern geliebter Menschen ein sicheres Zeichen für das Glück dieser Menschen im Jenseits sei. Frischvermählte schmückten sich auch gerne mit Oreganokränzen, um das Eheglück zu festigen.

Medizinische Eigenschaften

Oregano fördert das Immunsystem, da er stark gegen Bakterien und Pilze wirkt. Er beruhigt eine Magenverstimmung und reguliert den Menstruationszyklus. Als Öl ins Zahnfleisch einmassiert, hilft er gegen Zahnschmerzen, und als Bestandteil eines Massageöls beruhigt er überanstrengte Muskulatur.

Magische Eigenschaften

Oregano erfreut uns nicht nur als Küchenkraut mit seiner starken Würzkraft, er ist auch auf der magischen Ebene potent. Das Kraut, das auf Deutsch auch »Echter Dost« heißt, wirkt reinigend und schützend – er beseitigt negative Energie, tröstet in Zeiten von Unglück und Trauer und wehrt schwarze Magie und Flüche ab. Oregano ist der ideale Verteidiger gegen alles, was auf einer niedrigeren Ebene schwingt; Vibrationen des unteren Spektrums schneidet er vollständig ab und gibt dir somit die Freiheit, inneren Frieden zu empfinden und glücklich zu sein.

Pflanzenweisheit

Oregano steht für die Reinheit von Herz und Seele. Seine Weisheit lehrt dich, wie man sein Ziel mit Freundlichkeit erreicht, und hebt deine Energie auf eine höhere, vor Licht vibrierende Ebene. Nutze Oregano, wenn du deine spirituelle Praxis vertiefen willst. Verbinde dich mit Oregano, wenn es dabei um Meditation, Yoga oder eine andere spirituelle Übungen geht.

Träumst du von Oregano in deinem Essen, dann symbolisiert er das Erwachen deines Geistes. Wenn du aber von ihm als lebendige Pflanze träumst, dann könnte es ein Hinweis auf die Notwendigkeit sein, deinen Geist zu befreien.

PAPPELFEIGE

Ficus religiosa *(Sacred Fig)*

Wesentliche Eigenschaften

Meditation, Erkenntnis, Schutz

Die Pappelfeige ist in einer ganzen Reihe von Religionen und magischen Praktiken überall auf der Welt heilig. Im Buddhismus, Jainismus und im

Hinduismus wird der Baum verehrt, wenn auch meist unter einem anderen Namen wie etwa als Ashvattha, Bodhibaum oder Mahabodhi. In der Santería kennt man ihn als Alamo. Die Blätter des Baums sind herzförmig und haben mit ihrer langen Träufelspitze einen hohen Wiedererkennungswert. Die Pappelfeige hat eine Lebenserwartung von neunhundert bis tausendfünfhundert Jahren.

MEDIZINISCHE EIGENSCHAFTEN

Im Ayurveda gilt die Pappelfeige als Aphrodisiakum. Außerdem hilft sie bei Erkältung und Husten, verbessert die Haut und beruhigt ein gestörtes Verdauungssystem Blätter und Rinde können zu einer Paste verrieben und auf die Haut aufgetragen werden; Aufgüsse aus den Wurzeln und der Rinde sind zum Trinken geeignet.

MAGISCHE EIGENSCHAFTEN

Unter einer Pappelfeige erlangte Buddha die Erleuchtung. Das zeigt, wie außerordentlich wirksam der Baum die Meditation und einen tranceartigen Zustand unterstützt und du so in Kontakt mit dir selbst treten kannst. Er schärft dein Bewusstsein für die umgebenden und deine eigenen Energien und schützt dich vor fremden Kräften. In diesem Baum wohnt die Weisheit unserer Ahnen, weshalb ich ihn oft bitte, mich bei der Frage nach meiner Bestimmung, bei schweren Entscheidungen über die besten nächsten Schritte auf meinem Lebensweg anzuleiten.

PFLANZENWEISHEIT

Falls dir die Pappelfeige im Traum begegnet, dann setz dich zu ihr. Falls du noch nicht mit luzidem oder intentionalem Träumen vertraut bist, dann wird dir das unmöglich erscheinen. Aber in der Gegenwart der Pappelfeige ist alles möglich, selbst für eine ungeübte Anfängerin. Oft erscheint die Pappelfeige mit einer Botschaft von deinem höheren Selbst. Diese Verbindung verleiht dir die Macht, dich frei in deinen Träumen zu bewegen.

Pflanze ein Exemplar dieser wunderschönen Seele in deinen Garten, damit du bei deinen Meditationen im Freien unter ihrem Blätterdach sitzen kannst. Falls du eine Pappelfeige als Zimmerpflanze hast, dann stelle sie am besten in deinen geheiligten Raum. Ich selbst habe sie auch gerne bei mir, wenn ich ein Bad nehme; gerade bei Vollmondbaderitualen kann die Pappelfeige eine großartige Unterstützung sein, da sich ihre Weisheit und Führung bei Vollmond vervielfacht. Ich rate davon ab, den Baum in einem hochfrequentierten Wohnzimmer aufzustellen – die Pappelfeige mag es ruhig.

PASSIONSBLUME
Passiflora *(Passionflower)*

WESENTLICHE EIGENSCHAFTEN
Liebe, Neuanfänge, Kreativität
Der Name der Passionsblume hat nichts mit Leidenschaft im Sinne von Lust zu tun, sondern verdankt ihren Namen christlichen Einwanderern, die sie als die Verkörperung der Passion Christi ansahen: Die zehn Blütenblätter symbolisierten in ihren Augen die Apostel (ohne Judas und Petrus), der Nektarinenkranz die Dornenkrone, die Staubgefäße die fünf Wunden Christi und die drei Griffel die Kreuznägel.

Medizinische Eigenschaften

Passionsblumentee kühlt den Körper und beruhigt die Gedanken. Trink ihn bei Stress, um dich besser entspannen zu können. Er ist so sicher wie Kamillentee und kann auch kleinen Kindern oder Älteren gegeben werden. Der Saft der Art *Passiflora edulis*, die hier besser als Maracuja bekannt ist, ist säuerlich, geschmacksintensiv und wird gerne in Säften und Marmeladen verarbeitet. Er ist vitaminreich und leistet außerdem einen Beitrag zur Regulierung der Schilddrüse.

Magische Eigenschaften

Passionsblume sorgt in einer Beziehung für neue Harmonie, Liebe und Leidenschaft und hilft, neue Kontakte zu knüpfen oder alte Beziehungen und Projekte wiederzubeleben. Nutze die Passionsblume um die Beziehung zu deiner Kreativität neu zu erwecken. Die Pflanze wird dir Ideen und Inspirationen für neue Projekte liefern, sowohl bei einfacheren Vorhaben, wie das Ausprobieren eines neuen Weges, als auch bei komplexeren Themen, wie eine vollständige Neuerfindung des eigenen Selbst. Ihre Führung hat ihren Ursprung in einem reinen Zustand und nicht im Materiellen. Du kannst also davon ausgehen, dass sie dich inspirieren wird, deinem Herzen und nicht deinem Geldbeutel zu folgen.

Pflanzenweisheit

Die Blüte und die Ranke der Passionsblume vibrieren mit einer fürsorglichen und anhaltend positiven Energie, die ihrer Wuchsform ähnelt. Sie streckt die Hand aus, umschließt dich in einer liebevollen Umarmung und tröstet dich mit ihrer heilenden Berührung. Sie lehrt dich, ohne Angst neue Wege zu gehen.

PELARGONIE

Pelargonium *(Geranium)*

Wesentliche Eigenschaften

Glücklichsein, Fülle

Diese freundlichen Blumen macht sich einfach perfekt in einem Korb neben dem Hauseingang. Die aus dem südlichen Afrika stammende Pelargonie ist anspruchslos, und einige Arten verfügen über einen intensiv-fruchtigen Duft. Arten mit einem rosenartigen Duft spielen eine Rolle in der Parfümherstellung. Die Blätter und Blütenblätter der Pelargonie sind essbar.

Medizinische Eigenschaften

Pelargonienaufgüsse heilen Nierenleiden, senken Fieber und lindern die Beschwerden bei Reizdarm. Eine Pelargoniensalbe kann äußerlich angewendet werden, um Infektionen zu bekämpfen, ihr ätherisches Öl wirkt stimmungsaufhellend.

Magische Eigenschaften

Pelargonie öffnet dich durch ihre bloße Anwesenheit für Zufriedenheit und Wohlstand. Stelle eine Pflanzschale neben deine Eingangstür, um diese Energien in dein Heim zu leiten. Die Präsenz dunkler Energien lässt sie aufschreien, deshalb kann man sie gut mit Rosmarin kombinieren, der ihre Warnung aufnehmen und die dunklen Energien vertreiben wird. In Kombination mit Kamille schärft Pelargonie im Badewasser deine Körperwahrnehmung auf einer tieferen Ebene. Dadurch spürst du, wo dein Körper zusätzliche Aufmerksamkeit benötigt. Falls du dich krank oder unwohl fühlst, du aber die Ursache nicht kennst, hilft dir Pelargonie. Sie eignet sich außerdem für Analogiezauber. Wenn du also einem anderen Menschen Gutes wünschst, dann kannst du die Pflanze nutzen, um deine Wünsche auszusenden. Das funktioniert insbesondere dann gut, wenn du die Erde und ihre Kinder beschützen willst.

Pflanzenweisheit

Pelargonien wollen, dass du glücklich bist; sie sind freundlich und wunderbar zu Menschen, die alleine leben und sich ungeliebt fühlen. Sie erzählen Geschichten von fröhlichen Kindern und lehren uns, dass wir alle dieses strahlende Kinderlachen noch in uns haben. Wenn du niedergeschlagen bist, dann nimm dir einen Moment, und atme ihren Duft ein – sie werden dich zu den Augenblicken zurückführen, in denen du reine Freude empfunden hast, und holen diese Freude in deinen Herzraum zurück. Gewähre der Pelargonie Zugang zu deinen Träumen, und sie schenkt dir guten Schlaf.

PERLENSCHNUR

Senecio rowleyanus *(String of Pearls)*

Wesentliche Eigenschaften

Manifestieren

Die Perlenschnur ist eine prächtige grüne Sukkulente aus Südwestafrika. Das Rankgewächs bringt kleine grüne Perlen hervor, die an einer sehr dünnen Sprossachse sitzen und einer Perlenkette ähneln. Wie die meisten Sukkulenten braucht auch die Perlenschnur sehr wenig Pflege, aber liebt es, beachtet zu werden. Sie gedeiht gut zusammen mit anderen Sukkulenten in einer Pflanzschale. Die Perlenschnur blüht im Sommer und bringt winzig kleine, gänseblümchenartige Blüten mit süßem würzigem und zimtartigem Duft hervor. Die Perlenschnur ist giftig und führt zu Erbrechen und Durchfall bei Verzehr.

Medizinische Eigenschaften

Diese Pflanze hat keine bekannten medizinischen Eigenschaften.

Magische Eigenschaften

Du kannst entweder ihre Blüten oder, besser noch, eine ganze »Perlenschnur« für einen Manifestierungszauber benutzen, indem du für jedes Blütenblatt beziehungsweise für jede Perle einen Wunsch formulierst. Sobald du deine Wünsche ausgesprochen hast, pflanze jede Perle einzeln in ein Töpfchen ein, und sorge damit für die Vermehrung der Pflanze. Mit ihrem Wachstum unterstützt sie die Verwirklichung deiner Wünsche.

Pflanzenweisheit

Die Perlenschnur ist eine liebe und goldige Pflanze, die aber auch mit anpackt. Sie verbindet ihre positive Grundeinstellung mit erdenden Schwingungen und ist ein Vorbild in Sachen Selbstvertrauen. Die Perlenschnur ist sich sicher, dass sie sich ausbreiten kann, weil sie über ein solides Fundament verfügt. Sie wurzelt tief und stark und ist bei ihren Forschungsabenteuern gut verankert. Ich meditiere und spreche mit meiner Perlenschnur, wenn sich bei mir neue Möglichkeiten ergeben, und lass mich von ihr beraten, ob diese Optionen mich in meinem Wachstum fördern werden oder nicht. Die Pflanze lehrt uns, auf göttliches Timing zu vertrauen und zu wissen, dass uns die Welt den Weg zum richtigen Zeitpunkt zeigen wird. Sie rät uns, bis dahin unser Fundament zu stärken und zu pflegen und uns so aufzubauen, dass wir spirituell auf alles vorbereitet sind, was uns auf unserer Reise begegnen mag. Das Universum würde es niemals zulassen, dass wir einen Weg gehen, dem wir nicht gewachsen sind. Nicht deshalb, weil wir nichts Großartiges verdienen, sondern weil die Liebe des Universums so gewaltig ist, dass wir auf sie vorbereitet sein sollten. Mithilfe der Perlenschnur machst du dich bereit!

Perlenschnur im Traum erinnert dich an deine vernachlässigten Ziele und teilt dir so mit, in Aktion zu treten. Wir wissen ja, dass wir unseren Beitrag leisten müssen, wenn wir wollen, dass Dinge geschehen. Du musst also auch mit anpacken.

PERUANISCHE AMBROSIA

Ambrosia peruviana *(Altamisa)*

WESENTLICHE EIGENSCHAFTEN

Reinigen, Türöffner zwischen den Reichen

Peruanische Ambrosia gehört zu den Traubenkräutern, die in Südamerika weit verbreitet sind, und hat große Ähnlichkeit mit Beifuß. Sie wächst auf feuchten Böden und kann an besonders nassen, sumpfigen Standorten die Größe von Büschen erreichen. Ihr Duft ist fast unangenehm stark, und sie schmeckt äußerst bitter.

MEDIZINISCHE EIGENSCHAFTEN

Peruanische Ambrosia wirkt entzündungshemmend und stimuliert das Verdauungssystem. Sie regelt die Menstruation, reduziert Schwellungen in den Beinen und hilft bei Atembeschwerden wie Asthma. Sie hat zudem eine beruhigende Wirkung und reduziert Stress und Unruhe.

MAGISCHE EIGENSCHAFTEN

Die Inkas haben ihre Toten mit Peruanischer Ambrosia einbalsamiert, um ihnen einen leichten Übertritt in die nächste Existenz zu ermöglichen. Das Verbrennen von Ambrosia reinigt deinen Altar oder deinen heiligen Raum und fördert deine Fähigkeit, während der Meditation dein Bewusstsein auf die Reise zu schicken. Ein rituelles Bad mit Peruanischer Ambrosia heiligt den Geist der Schöpfung, des Wassers und der Mutterschaft.

Als Standort bevorzugt Ambrosia einen heiligen Platz wie deinen Altar, Meditationsraum oder ansonsten einen ruhigen Raum mit viel Licht. Sie setzt einen Energiefluss in Gang, der Offenheit fördert. Wo immer du sie platzierst, du wirst die Vibration ihrer positiven Energie und ihre Reinheit spüren.

PFLANZENWEISHEIT

Bei der Arbeit mit Peruanischer Ambrosia ist großer Respekt erforderlich. Bitte sie immer erst um Erlaubnis, wenn du sie berühren oder mit ihr sprechen willst: »Ambrosia, können wir bitte miteinander reden?« Schließ deine Augen, und versuch ihre subtile Energie wahrzunehmen. Wenn du sie in deinem Hals spürst, dann ist das als Zustimmung zu einem Gespräch zu deuten. Wenn du die Energie irgendwo anders in deinem Körper spürst, insbesondere im Bauch, dann lautet ihre Antwort »jetzt nicht«. Wer sie ohne ihre Zustimmung in seine Arbeit einbezieht, macht häufig die Erfahrung, dass Intentionen nach hinten losgehen oder gar nicht zur Umsetzung kommen. Die Peruanische Ambrosia ist keine Diva, hat aber zweifellos etwas von einer Göttin.

Ein Bad mit Peruanischer Ambrosia öffnet deinen Geist. Ein Bad vor dem Schlafengehen öffnet Türen und ermöglicht Traumreisen, gewährt dir vielleicht sogar den Kontakt zu deinen Ahnen oder hilft dir, mit Geistern in Beziehung zu treten. Sie erscheint nicht in deinen Träumen, lediglich ihre Energie. Allerdings braucht man viel Übung, um sie richtig zu nutzen.

REINIGENDES TRAUMBAD MIT PERUANISCHER AMBROSIA

Dieses Bad befreit deinen Körper von negativer Energie und Feindseligkeit, öffnet dich für Visionen und für den Zugang zu anderen Reichen.

Wie es geht

1 Esslöffel getrocknete Peruanische Ambrosia
1 Esslöffel getrocknete Weinraute
1 Esslöffel getrocknete Zitronenmelisse
1 Esslöffel getrocknete Rosenblätter
eine weiße Kerze

Was du brauchst

- Bringe Wasser zum Kochen, gib alle Zutaten bis auf die Kerze hinein, und lass den Sud 10–15 Minuten ziehen.

- Gieße den Sud durch ein Sieb, lass ihn ein wenig abkühlen und gib ihn dann in dein Badewasser.
- Lösche das Licht, und zünde die weiße Kerze an. Bleibe mindestens 15 Minuten lang in deinem Badewasser.

PETERSILIE

Petroselinum crispum *(Parsley)*

WESENTLICHE EIGENSCHAFTEN

Türöffner zwischen den Reichen, Schutz, Stärke

Petersilie wird schon lange Zeit mit dem Tod in Verbindung gebracht – im Griechenland der Antike hat man sie als Begräbnis- und Grabsteinschmuck verwendet. Sie wurde nicht gegessen, aus Angst, dass sie einen umbrachte. Doch heute macht ihr typisches Aroma die Petersilie zu einer weltweit gerne genutzten Würzpflanze.

MEDIZINISCHE EIGENSCHAFTEN

Mit Petersilienöl kann man Läuse bekämpfen oder mit Wasser verdünnt als Haarspülung verwenden. Petersilientee wirkt gegen Harnwegsinfekte, mit Breiumschlägen behandelt man Insektenbisse und Schwellungen. Schon im alten Rom nutzte man Petersilie als Dekoration auf dem Teller – einerseits, um Ungeziefer abzuschrecken, und andererseits zur Erfrischung des Atems nach dem Essen.

MAGISCHE EIGENSCHAFTEN

Dieses weitverbreitete Küchenkraut wird mit dem Leben nach dem Tod und mit der Kontaktaufnahme zu geliebten Verstorbenen in Verbindung gebracht. Petersilie kann auch für ein symbolisches Begräbnis stehen, etwa für eine Trennung oder das Abstellen schlechter Angewohnheiten. So betrachtet, repräsentiert sie sowohl Ende als auch Neuanfang. In einigen Kulturen findet Petersilie Verwendung, um die Toten zu ehren und sie sicher ins Jenseits zu befördern. Das Kraut unterstützt dich in schweren Zeiten und gibt dir die Kraft, damit du nach plötzlichen und unerwarteten Veränderungen deinen Weg fortsetzen kannst.

Pflanzenweisheit

Der Lieblingssatz der Petersilie lautet: »Alles wird gut, mein Kind.« Petersilie bringt viel Heilung – sie unterstützt uns beim Loslassen und fördert die Erkenntnis, dass nichts jemals wirklich verloren oder endgültig weg ist. Wenn du deinen Engeln und Geistführern näherkommen willst, dann solltest du Petersilie in deine Träume einladen.

PETERSILIEN-SCHOKOLADENKUCHEN FÜR DIE GEISTERKOMMUNIKATION

Falls es einen bestimmten Geistführer, Engel oder Ahnen gibt, mit dem du in Verbindung treten möchtest, dann kann dir dieser Kuchen als Opfergabe dienen, die zum Gespräch mit dir einlädt.

Was du brauchst:

1 Packung für Fertig-Schokoladenkuchen und alle dazugehörigen Zutaten
1 Teelöffel getrocknete Petersilie
1 Teelöffel getrockneter Beifuß
½ Sternanisschote, zu Pulver vermahlen
Orangen- oder Vanilleglasur
1 Teelöffel getrockneter Basilikum (wahlweise)

Wie es geht

- Backe deinen Kuchen nach den Angaben auf der Packung, und füge Petersilie, Beifuß und Sternanis mit den Eiern hinzu.

- Sobald der Kuchen abgekühlt ist, verziere ihn entweder mit der Orangen- oder mit Vanilleglasur. Solltest du dich für Vanille entscheiden, dann kannst du die Glasur vor dem Auftragen mit dem getrockneten Basilikum vermischen.
- Ritze den Namen deines Geistführers in die Glasur.
- Schneide ein Stück von dem Kuchen ab, stell es als Gabe auf deinen Altar, und iss selbst auch ein Stück. Bitte deinen Engel oder Führer bei jedem Bissen durchzukommen.

PFEILWURZ

Maranta leuconeura *(Prayer Plant)*

Wesentliche Eigenschaften

Heilung, Weisheit, Türöffner zwischen den Reichen, Vertrauen

Pfleilwurz stammt aus dem lichtarmen Unterholz des tropischen Regenwalds von Mittel- und Südamerika. Ihren Namen verdankt die Pflanze der Annahme, dass sie als Gegenmittel gegen das von Indigenen eingesetzte Pfeilgift wirke. Im englischen Sprachraum heißt sie »Prayer Plant«, weil sie zur Nacht ihre Blätter zusammenklappt und damit die Assoziation betender Hände weckt.

Medizinische Eigenschaften

Diese Pflanze hat keine bekannten medizinischen Eigenschaften.

Magische Eigenschaften

Bei intensiver Zusammenarbeit mit deinen Ahnen stelle einen Topf mit Pfeilwurz auf deinen Ahnenaltar. Die Pflanze wird dafür sorgen, dass die Verbindung stark bleibt. Wenn der Schleier zwischen den Reichen am dünnsten ist, wie etwa zu Samhain (31. Oktober/1. November) beziehungsweise am Día de los Muertos (2. November), kannst du dir die

Macht von Pfeilwurz zunutze machen, um dich für die Kommunikation mit der Geistwelt zu öffnen. Die Macht der Pfeilwurz kann man noch verstärken, indem man Kristalle in ihren Topf legt. Ich empfehle Anhydrit, Lepidolith, Bergkristall oder Orthoklas.

Pflanzenweisheit

Pfeilwurz braucht keine mysteriösen Erklärungen, da ihre Gegenwart für sich selbst spricht. Sie ist von Grund auf vertrauensvoll: vertrauensvoll gegenüber der Erde, der Sonne und dem Mond. Mit ihren am Abend sich schließenden Blättern betet sie für uns alle und sendet Heilung in die Welt aus. Sie wird deinen Raum mit Heilenergie füllen und ist daher am hilfreichsten, wenn du krank bist oder du dich von chaotischen Energien bedrängt fühlst. Ich selbst habe sie am liebsten in meinem Schlafzimmer, weil sie mir friedliche Träume verschafft und mir hilft, Sorgen und Ängste beiseitezuschieben. Ich habe außerdem für jedes Mitglied meiner Familie eine eigene gewidmete Pfeilwurz, damit diese Pflanze meine Gebete für dieses Familienmitglied transportiert. Lade Pfeilwurz in deine Träume ein, wenn du Unterstützung dabei brauchst, einen verstorbenen geliebten Menschen loszulassen. Sie hilft dir, den Verlust zu überwinden.

PFINGSTROSE
Paeonia *(Peony)*

Wesentliche Eigenschaften

Schutz, Fülle, Türöffner zwischen den Reichen

Die unglaublichen Blütenbälle der Pfingstrosen sind so vollgepackt mit Blütenblättern, dass sie schier zu platzen scheinen. Man nimmt an, dass Päonien ihren Namen von dem griechischen Götterarzt Paian haben, der die Götter Ares und Hades mit seinen Pfingstrosenheilmitteln versorgte. Einem Aberglauben zufolge soll man beim Pflücken der Blüten vorsichtig sein, damit einem der Specht nicht die Augen auspickt.

Medizinische Eigenschaften

Blätter und Blüten der Pfingstrose werden nicht gegessen, da sie Übelkeit verursachen können. Die Wurzeln spielen in der asiatischen Küche allerdings eine so wichtige Rolle, dass Konfuzius gesagt haben soll: »Ich esse nichts ohne eine Soße aus Pfingstrosenwurzeln.« In der chinesischen Medizin sind die Wurzeln zudem wegen ihrer wundheilenden Wirkung geschätzt. Sie eigenen sich als Hustenmittel und beruhigen Nerven- und Kopfschmerzen. Mit Pfingstrosenwurzeln kann man außerdem Menstruationsschmerzen lindern und eine gesunde Schwangerschaft fördern – doch sei vorsichtig, und informiere dich gut über die richtige Dosierung.

Magische Eigenschaften

Pfingstrosen sind etwas ganz Besonderes. Wenn man sie hegt und pflegt, können sie hundert Jahre alt werden. Entsprechend gut eigenen sie sich als Unterstützung für jeden Langlebigkeitszauber. Außerdem kannst du sie in Zauber einbeziehen, die möglichst lange anhalten sollen. Für diese Art von Magie verwendest du am besten die Wurzel oder die Samen.

Päonien unterstützen Stabilitäts-, Erdungs- und Schutzzauber. Sie wollen, dass wir geschickter vorgehen, und nicht, dass wir mehr Mühe einsetzen. Wenn für dich der Zeitpunkt gekommen ist, kürzerzutreten und dich besser zu organisieren, dann ist die Pfingstrose die beste Partnerin für dich. Besonders gerne füge ich dann die Blüten und Wurzeln meinem Badewasser zu, wenn ich das Bedürfnis habe, mich zu erden – im Wasser geben sie mir ein ruhiges, angenehmes Gefühl. Als Schutz kannst du Pfingstrosensamen links und rechts von deiner Eingangstür oder in den Ecken eines Zimmers auslegen – diese Methode wende ich gerne in den Schlafzimmern meiner Kinder an.

Pflanzenweisheit

Die Pfingstrose will dir dabei helfen, mit deinen Ahnen in Kontakt zu treten, denn sie weiß, wie wichtig das von Generation zu Generation weitergereichte Wissen ist. Für einen Tee übergießt du Blüten und Wurzeln mit kochendem Wasser und lässt die Mischung zehn bis fünfzehn Minuten lang ziehen. Der resultierende Tee kann als Tor zum Jenseits auf deinem Altar stehen – er wird die Ahnen zu dir hereinbitten und ein sicheres Kommunikationsumfeld schaffen. Pfingstrosen in deinen Träumen teilen dir mit, dass Glück auf dem Weg zu dir ist.

PFINGST-VEILCHEN

Viola sororia *(Violet)*

Wesentliche Eigenschaften

Spirituelle Entwicklung, Liebe

Veilchen gibt es in zahlreichen Arten, und sie wachsen so wild und frei, dass manche sie für Unkraut halten. Das tue ich natürlich nicht! Veilchen sind viel zu nützlich, und sie werden auch schon seit Jahrhunderten für ihren Duft und ihr Aroma sehr geschätzt. Veilchen haben einen sicheren Platz in der Parfümherstellung und schmecken auch gut im Salat. Süßigkeiten mit Veilchengeschmack werden inzwischen allerdings meistens mit synthetischen Duftstoffen aromatisiert.

Medizinische Eigenschaften

Es sollte niemanden überraschen, dass das Veilchen in enger Beziehung zur Liebe stehen, wo seine Blätter wie Herzen geformt sind. Nutze die Blätter und Blüten für wirksame Liebeszauber und -tränke, aber vergiss nicht, dass es gegen die Naturgesetze unserer Welt verstößt, jemanden zu Liebe zwingen zu wollen – meistens werden dabei am Ende alle Beteiligten verletzt. Es ist besser, mit Veilchen eine bereits bestehende Liebe noch weiter wachsen zu lassen.

Pflanzenweisheit

Die Weisheit des Veilchens richtet sich auf spirituelle Hingabe. Gib ihm einen Platz in deinem Leben, um deinen Geist zu befeuern und um die Liebe zu deinen spirituellen Praktiken neu zu erwecken. Es hilft dir, größere Hingabe zu entwickeln, und erinnert dich an deine eigene Verantwortung für deine spirituellen Praktiken. Wir alle brauchen das Veilchen in unserem Leben! Wenn du von Veilchen träumst, dann ist das eine starke Botschaft von deinen Geistführern, also sieh dich im Traum nach Hinweisen und Zeichen um. Versuche noch im Traum mit dem Veilchen zu sprechen, möglicherweise ist es selbst der Führer, der Verbindung mit dir aufnehmen will.

PIMENT

Pimenta dioica *(Allspice)*

Wesentliche Eigenschaften

Erfolg, Mut, Glück, Fülle

Geschmacklich ist Piment eine Mischung aus Pfeffer, Nelken, Zimt und Muskatnuss und findet deshalb weltweit als Gewürz Verwendung, insbesondere aber in Jamaika, im Nahen Osten, in Deutschland und Portugal. Nelkenpfeffer, wie Piment auch genannt wird, ist die pfefferkerngroße getrocknete Beere des immergrünen Baums gleichen Namens, der sehr hoch wachsen kann.

Medizinische Eigenschaften

Piment enthält das Öl Eugenol, das Keime abtötet und schmerzlindernd wirkt. Früher wurde Pimentöl bei Zahnschmerzen ins Zahnfleisch massiert. Es enthält außerdem wirkungsvolle Antioxidantien und wirkt gut gegen Viren, Pilze und als Entzündungshemmer. In Zentralamerika und in der Karibik verwendet man Piment, um Periodenkrämpfe zu lösen sowie Muskel- und Gelenkschmerzen zu lindern.

Magische Eigenschaften

Piment zieht Reichtum und Erfolg an. Es wird mit dem Element Feuer assoziiert, der brennenden Kraft der Kreativität und Zerstörung. Es ist also Vorsicht im Umgang mit der Pflanze geboten. Sie ist in der Lage, deinen Mut und deine Kraft zu steigern.

Ein paar Körner Piment im Portemonnaie zieht Geld an, und auf dem Altar neben oder in einer Kerze sorgt es für Wohlstand und Fülle. Ich habe eine Pimentpflanze in der Küche, wo sie allgemein die Energien des Raumes stärkt. Wenn ich koche, verbinden sich ihre Energien mit den zubereiteten Speisen und bringen Fülle in mein Zuhause.

Pflanzenweisheit

Wenn du träumst, dass du eine mit Piment gewürzte Speise isst, dann solltest du deine Finanzen überprüfen. Gib dein Geld nicht für Unsinniges aus, und versuche zu sparen. Piment im Traum spiegelt deine Sorgen im Hinblick auf das, was dir fehlt, und bringt dir die Erkenntnis, für das dankbar zu sein, was du bereits hast.

PIMENT-FUSSBAD FÜR FÜLLE

Ein Fußbad mit Piment schafft für dich Hindernisse aus dem Weg und bereitet Fülle den Weg.

Was du brauchst

60 g ganze Pimentkörner
5–6 Lorbeerblätter

Wie es geht

- Bringe 1,5 Liter Wasser zum Kochen.
- Gib die Pimentkörner und die Lorbeerblätter in das kochende Wasser, reduziere die Hitze, und lass die Mischung 10 Minuten lang köcheln.

- Lass die Flüssigkeit ausreichend abkühlen, und gib sie dann durch ein Sieb in eine Schüssel, die groß genug für deine Füße ist.
- Lass deine Füße 5 Minuten lang in der Schüssel ziehen. Nimm dann einen Waschlappen, und reibe auch deine Fußknöchel und Waden mit dem duftenden Wasser ein.

POLEI-MINZE
Mentha pulegium *(Pennyroyal)*

Wesentliche Eigenschaften

Schutz, Verstärkung, Geheimnisse

Polei-Minze wird seit Jahrhunderten als Heilkraut verwendet, um beispielsweise Frauen beim Gebären zu unterstützen oder um eine Fehlgeburt auszulösen. Eine griechische Gynäkologin namens Metrodora schreibt über ein Gemisch aus Polei-Minze und Wein, mit dem Frauen entweder ihre Menstruation oder einen Abort herbeiführen können. Polei-Minze ist in großen Mengen giftig und in Deutschland stark gefährdet beziehungsweise vom Aussterben bedroht.

Medizinische Eigenschaften

Polei-Minztee löst nicht nur die Menstruation aus, er reguliert außerdem den Blutzucker. Das Kraut sollte allerdings nicht über längere Zeit in hohen Dosierungen eingenommen werden. Bitte informiere dich gründlich, bevor zu experimentieren beginnst.

Magische Eigenschaften

Um magisch zu arbeiten, müssen wir von irgendwoher unsere Energie beziehen. Natürlich steht uns dazu immer unsere eigene zur Verfügung, doch das kann außerordentlich anstrengend sein und wird deshalb von erfahrenen Hexen vermieden. Polei-Minze kann deiner Arbeit den nötigen Anschub geben. Nimm ein Bad mit Polei-Minze, um deine Aura zu reinigen und sie mit Energie aufzuladen, bevor du mit der Zauberarbeit beginnst.

Polei-Minze unterstützt dich mit allem, was du brauchst. Du kannst sie auf ein Foto von dir oder von einem geliebten Menschen legen, um Böses zu vertreiben oder um Gesundheit, Liebe, Glück oder Ähnliches anzuziehen. Getrocknete Polei-Minze über deinem Spiegel hat ebenfalls eine gute Wirkung, du musst allerdings darauf achten, deinen Spiegel einmal im Jahr mit Polei-Minztee zu putzen, um ihn auf diese Weise in einen reflektierenden Beschützer zu verwandeln. Wenn du vor ihm stehst, dann bitte die Polei-Minze, ihren Schutz auf dich zu spiegeln, und stell dir dabei vor, wie sie ihr helles Licht auf dich überträgt.

Pflanzenweisheit

Polei-Minze lehrt uns, über uns selbst hinauszuwachsen, nach den Sternen zu greifen und niemals aufzugeben. Bitte sie, dich in deinen Träumen zu besuchen, um mit ihr über das zu sprechen, was im diesseitigen Reich nicht ausgesprochen werden darf – du kannst deine größten Geheimnisse schützen, indem du sie mit ihr in der Traumwelt besprichst. Sie wird sie sicher hüten.

PRUNKWINDE
Ipomoea *(Morning Glory)*

Wesentliche Eigenschaften

Neuanfänge, energetische Reinigung

Die Blüten der Prunkwinde sind zart und atemberaubend schön – farblich variieren sie von dunklem Lila bis hin zu niedlichem Rosa. Ihre trichterförmigen Blüten öffnen sich mit der Morgensonne und schließen sich bereits nach wenigen Stunden wieder. Falls du dich entscheidest, Prunkwinde in deinen Garten zu pflanzen, wird dich ihre Gegenwart segnen. Aber lass sie nicht aus den Augen, da sie sonst deinen Garten übernimmt.

Medizinische Eigenschaften

Der latexartige Saft mancher Arten kann für die Gummiherstellung verwendet werden, und die Samen bestimmter Arten wirken abführend. Einige Prunktwindearten sind essbar – man kennt sie unter dem Namen »Wasserspinat« – andere sind wirkungsvolle Halluzinogene.

Magische Eigenschaften

Prunkwinde kann dich durch ihren täglichen Prozess von Erneuerung und Neustart inspirieren. Wenn du etwas hinter dir lassen willst und einen Neuanfang brauchst, dann ist dir die Unterstützung der Prunkwinde gewiss. In deinem Badewasser vermittelt sie dir die Energien, die dir die Neuausrichtung deiner Aura gestatten – besonders wichtig für diejenigen von uns, die überdurchschnittlich viel Empathie oder Intuition aufbringen. Lass die Prunkwinde allen Ballast entfernen, und freue dich über ein von ihr gereinigtes und belebtes Energiefeld. Statt eines Ganzkörperbades empfehle ich dir ein Fußbad mit ihren Blütenblättern – aus den Füßen kann sie negative Energie besonders gut ableiten, da sie ja auch von oben nach unten die Energie der Sonne anzieht. Sie dort aufzustellen, wo du normalerweise deine magische Arbeit machst, lässt dich den Platz zurücksetzen, ohne deine Zauberarbeit unterbrechen zu müssen. Ein Büschel getrocknete Prunkwinde auf deinem Fensterbrett befördert Licht, Zufriedenheit und allgemein gute Schwingungen zu dir in deine Wohnung.

Pflanzenweisheit

Falls du Rat suchst für den Umgang mit einer Situation, für ein bevorstehendes Gespräch oder für ein Problem, hilft dir die Prunkwinde hilft gerne weiter. Sie spricht lieber direkt mit dir – über die Traumwelt Verbindung aufzunehmen ist nicht ihre Stärke. Ist sie allerdings der Meinung, dass sie dir im Traum helfen muss, dann wird sie dir dort erscheinen. Und falls ihr eine enge Freundschaft zueinander habt, dann wird sie dich ohnehin in deinen Träumen besuchen, wenn du einmal krank bist.

PRUNKWINDEN-REINIGUNGSFUSSBAD

Dieses Fußbad befreit dich von aller Negativität, die du möglicherweise in dir angesammelt hast, und erfüllt dich mit positiver Energie.

Was du brauchst

eine große Schüssel oder Plastikwanne
eine Handvoll Prunkwindenblütenblätter
200 g Meersalz
1 Teelöffel Odermennig, frisch oder getrocknet
3 Lorbeerblätter
reinigende Räuchermischung
Kerzen

Wie es geht

- Achte darauf, dass die Schüssel so groß ist, dass deine Füße hineinpassen und vollständig von Wasser bedeckt sind. Fülle die Schüssel mit einer für dich angenehm warmen Temperatur, und gib alle Zutaten bis auf die Räucherung und die Kerzen hinein.
- Während du dein Fußbad vorbereitest, richtest du deine Gedanken auf Liebe und Frieden. Bitte jede Zutat eigens darum, dich von negativer Energie zu befreien.
- Wenn du damit fertig bist, entzündest du die Räucherung und die Kerzen, um die besten Voraussetzungen zu schaffen.
- Stelle deine Füße mindestens 15 Minuten lang in das Fußbad. Schließe deine Augen, und entspanne dich. Sei still und im Inneren ruhig.

RAINFARN
Tanacetum vulgare *(Tansy)*

WESENTLICHE EIGENSCHAFTEN

Glücklichsein, Heilung

Diese Pflanze mit ihren gelben Blütenköpfen sieht fröhlich aus und ist doch auch sehr mächtig. Im Europa des Mittelalters verwendete man Rainfarn in Einbalsamierungsritualen, um Würmer abzuschrecken. Deshalb ist er auch heute noch oft Bestandteil von Trauerkränzen und Grabschmuck. In der im Viktorianischen England üblichen Blumensprache kam Rainfarn einer Kriegserklärung gleich.

Die Rainfarnblüten, die man der keltischen Göttin von Tod und Wiedergeburt in Ritualen als Kranz dargeboten hat, wurden im Spätsommer geerntet und getrocknet. So konnten sie später zu Imbolg für die Rituale der Wintersonnenwende und der Frühlingstagundnachtgleiche zur Verfügung stehen, um den Frühling willkommen zu heißen.

MEDIZINISCHE EIGENSCHAFTEN

Rainfarn hält nicht nur Mücken fern, sondern im Kartoffelacker auch den Kartoffelkäfer. Im Mittelalter wurden mit einem Tee aus Rainfarn Wurmerkrankungen behandelt. Ich rate allerdings aufgrund der starken Wirkung von Rainfarn von derartigen Tees ab; in größeren Mengen eingenommen, wirkt die Pflanze giftig.

MAGISCHE EIGENSCHAFTEN

Wenn deine Aura gereinigt werden muss, dann streiche mit einem Büschel Rainfarn deinen Körper ab. Beginne beim Kopf, und arbeite dich bis zu den Füßen vor – zahlreiche Kulturen verwenden Pflanzen auf diese

Weise. Hinterher solltest du den Büschel verbrennen, damit die von ihm aufgenommenen negativen Energien auch wirklich beseitigt sind. Braucht deine Aura Heilung, weil du eine Pechsträhne hattest und du dich festgefahren fühlst, würde dir ein Reset sicher guttun. Hilfreich ist dann, die beschriebene Reinigung an sieben aufeinanderfolgenden Tagen zu wiederholen. Achte darauf, dass du in dieser Zeit genug trinkst, und meide für die Dauer die Benutzung technischer Geräte und Social Media. Nimm dir die Zeit, um auszuruhen und zu heilen.

Pflanzenweisheit

Rainfarn erfüllt deine Seele mit Licht und Freude – allein schon seine Nähe wirkt aufbauend. Stell die Pflanze in den Raum, in dem Menschen am häufigsten zusammenkommen. Ich habe ihn am liebsten auf dem Küchentisch, um Harmonie in meine Familie zu bringen. Falls jemand krank oder traurig ist, stell dieser Person einen Topf Rainfarn ins Zimmer, und die Pflanze wird ihre Heilenergie mit ihr teilen.

Von Rainfarn zu träumen heißt, dass der Tod bevorsteht – entweder tatsächlich oder im übertragenen Sinn bezogen auf eine Lebensphase. Im Anbetracht des strahlend hellen Lichts des Rainfarns erscheint uns dieser Zusammenhang düster, doch wo Licht ist, ist eben immer auch Schatten.

RÖMISCHE KAMILLE
Chamaemelum nobile *(Chamomile)*

Wesentliche Eigenschaften

Frieden, Fülle, Liebe, Selbstliebe, Heilung

Die Römische und die Echte Kamille (*Matricaria chamomilla*) sind die beiden am weitesten verbreiteten Arten dieser Pflanzengattung. Beide wirken als Arzneipflanzen gleich gut. Sie haben einen süßen, apfelartigen Duft und bezaubernde kleine weiß-gelbe Blüten, die an die viel kleineren Gänseblümchen erinnern.

Medizinische Eigenschaften

Wir alle kennen die beruhigende Wirkung, die eine Tasse Kamillentee hat. Wenn sich dieses Gefühl von Frieden in uns breitmacht, dann können wir uns von allem befreien, was uns belastet: negative Energien, Alltagsstress, Kopfschmerzen oder Erkältungen. Kamille ist ausgezeichnet für die Haut, befreit von Ekzemen und hilft bei Pickeln oder einem ungleichmäßigen Hautton. Sie unterstützt die Verdauung und lindert Magenkrämpfe und Menstruationsschmerzen.

Magische Eigenschaften

Badewasser mit getrockneter Kamille holt Liebe in dein Leben. Wenn du einen Tee aus Kamille zubereitest und ihn in dein Badewasser gibst, dann sind dir Glücksgefühle sicher. Der Einsatz von Kamille ist ideal für alle, die mit Stress und Ängsten kämpfen. Sie dämpft erdrückende Emotionen, und es ist ratsam, getrocknete Kamille in der Hand zu halten, wenn du Affirmationen oder Gebete sprichst, die dir Erleichterung bringen sollen.

Pflanzenweisheit

Falls du Kamille im Topf oder im Garten ziehen kannst, dann formuliere deine Ziele im Hinblick auf Fülle in Sachen Geld oder Liebe oder was immer du dir wünschst, und wiederhole diese Wünsche immer wieder, während du sie gießt.

Kamille ist so fürsorglich und liebevoll. Setzt du sie neben eine Pflanze, die schon einen kümmerlichen Eindruck macht, päppelt die Anwesenheit der Kamille sie wieder auf. Wenn du das Kraut aus den Samen ziehst und sie mit deinen Heilintentionen besprichst, dann verbindet ihr euch auf eine äußerst wirkungsvolle Weise. Indem du die Pflanze versorgst, versorgst du dich selbst. Platziere Heilkristalle um sie herum, um ihre Fülle bewirkenden Energien zu verstärken.

Kamille zeigt sich gerne in Träumen, normalerweise verbunden mit Erinnerungen an die Kindheit und häufig auch Menschen, die ein schweres Leben hatten, eine traumatische Kindheit und/oder nur mühsam schwanger werden. Sie tröstet das Herz und versorgt deine Seele mit heilender Liebe.

ROSE
Rosa *(Rose)*

WESENTLICHE EIGENSCHAFTEN

Schutz, Liebe, Intuition

Fossile Funde zeigen, dass die Rose fünfunddreißig Millionen Jahre alt ist. Es gibt mehrere Hundert Rosenarten, und abgesehen von ihrer dekorativen Funktion wurden ihre verschiedenen Bestandteile im Laufe der Geschichte in Nahrungsmitteln, Getränken und in Medizin verwendet. Rosen werden von Menschen seit mehr als fünftausend Jahren kultiviert und mit Liebe und Freundschaft in Verbindung gebracht.

MEDIZINISCHE EIGENSCHAFTEN

Aus den Kernen der Hagebutte, den Früchten der Rose, kann man ein Öl gewinnen, das weithin in der Hautpflege Verwendung findet. Rosen sind eine wichtige Vitamin-C-Quelle und deshalb für die Haut sehr gut. Bestimmte Rosenarten werden in der chinesischen Medizin genutzt, um stagnierte Energie in Bewegung zu setzen, Schmerz zu lindern und die Verdauung zu unterstützen.

MAGISCHE EIGENSCHAFTEN

Meine *abuela* hat immer gesagt, dass man mit Rosen im Garten einen magischen Schutzschild für das Leben errichtet. Rosen sind wild, und ihr beschützendes Wesen wird oft unterschätzt. Bei den Häusern von Hexen wachsen oft Rosenbüsche, insbesondere bei den indigenen *brujas*, die genau aus diesem Grund seit Jahrhunderten Rosen züchten.

Wenn du selbst Rosen in deinen Garten pflanzt, dann kannst du jeder eine eigene Aufgabe zuordnen – eine für Schutzmagie, eine andere für Liebesmagie, die nächste für das Öffnen des Dritten Auges, wieder eine andere zur Unterstützung deiner Kreativität und so weiter. Hol dir für deine magische Arbeit jeweils eine Blüte vom jeweiligen Busch – die vertiefende Wirkung auf deine Magie wird so groß sein, dass du die gesteigerte Vibration in deinen Knochen spürst. Doch du kannst Rosen auch dann nutzen, wenn du keinen Garten hast – kaufe frisch geerntete Rosen, und stell sie in eine Glasvase. Verbinde beim Befüllen der Vase das Wasser mit deiner Intention. Auch hier kannst du mehrere Vasen mit unterschiedlichen Rosen und jeweils anderen Intentionen kombinieren. Wenn du Rosenparfüm trägst (achte aber darauf, ob es auch wirklich echte Rose enthält!) und deine Kleidung mit Rosenwasser besprühst, dann bist du den ganzen Tag beschützt. Deine Intuition kannst du verstärken, indem du dir einen Tropfen Rosenöl auf die Stirn tupfst.

Pflanzenweisheit

Rosen sind Königinnen. Sie sind opulent und schlau und in vielen Kulturen von großer Bedeutung. Ich könnte ein eigenes Buch nur über Rosen schreiben! Sie lehrt uns, unsere Augen für die Schönheit der Welt zu öffnen – für die Schönheit aller Dinge und aller Lebewesen. Die Bedeutung von Rosen im Traum hängt von ihren Farben ab, doch im Allgemeinen gilt, dass sie kommen, um Glück anzukündigen.

ROSMARIN

Salvia rosarminus *(Rosemary)*

Wesentliche Eigenschaften

Gedächtnis, Schutz

Rosmarin ist ein mehrjähriger immergrüner Halbstrauch. Wie viele magische Kräuter ist auch er ein Mitglied der *Nepetoideae*. Er kann als Gewürz oder in Räucherwerk verwendet werden und ist außerdem Bestandteil einiger Reinigungs- und Shampooprodukte.

Medizinische Eigenschaften

Seit Jahrhunderten wird Rosmarin genutzt, um Muskelkater zu lindern, das Gedächtnis zu verbessern, das Immunsystem zu stärken und das Haarwachstum zu fördern. Eine Rosmarinsalbe vertreibt Insekten. Zu viel Rosmarin kann Übelkeit, Koma und Lungenödeme bewirken – also Vorsicht!

Magische Eigenschaften

Rosmarin ist ein Kraut des Erinnerns – er fördert sowohl das physische Gedächtnis als auch die Erinnerung an geliebte Verstorbene. Rosmarin hilft dir, dich an deine Träume zu erinnern, an frühere Leben und, was vielleicht am wichtigsten ist, an die Liebe, die du für andere empfindest. Rosmarin gehört zu den besten Beschützern. Er bekämpft böse Geister und wird in vielen Kulturen bei Exorzismen eingesetzt. Er eignet sich ideal für jede Form von Verteidigungszauber.

Pflanzenweisheit

Verbinde dein inneres Wissen mit Rosmarin. Er wird Wissen in dir zutage fördern, das seit deiner Geburt in dir ruht. Wenn dir Rosmarin im Traum erscheint, dann will er dich warnen und dich auffordern, dich zu beschützen, weil etwas Böses in deinem Leben lauert.

ROT-ULME
Ulmus rubra *(Slippery Elm)*

Wesentliche Eigenschaften

Schutz, Liebe

Zweige und Blätter der Rot-Ulme sind leicht behaart, und die Innenseite ihrer Rinde ist schleimig. Wenn im Frühjahr die Blattknospen aufbrechen, dann haben sie einen deutlich sichtbaren roten Schimmer, daher der Name des Baumes.

Medizinische Eigenschaften

Die essbare Innenseite der Rinde wirkt reizlindernd, weil sie eine dünne Schutzschicht auf der Schleimhaut bildet. Diese Wirkung hält nicht lange – höchstens eine halbe Stunde –, aber in dieser Zeit lindert sie Schmerzen von starken Halsschmerzen oder Aphten. Rot-Ulme kann auch die Symptome von Reizdarm verringern.

Magische Eigenschaften

Arbeite mit Rot-Ulme, um dein Halschakra zu öffnen und um deine Stimme zu finden. Falls du ein kreativer Mensch bist, aber dich in deiner Arbeit nicht wirklich wiederfindest, dann verbinde dich mit Rot-Ulme.

Pflanzenweisheit

Die Rot-Ulme sieht die Wahrheit von allem, aber im tiefsten Inneren ihres Herzens ist sie eine Romantikerin. Sie erzählt gerne Liebesgeschichten, insbesondere von Seelengefährten und von ewiger, unsterblicher Liebe. Wenn du dich zu ihr setzt, dann kann sie dir sagen, ob du und dein Liebster Seelengefährten und füreinander bestimmt seid – das tut sie, indem sie plötzlich ohne äußeren Anlass ihre Blätter erzittern und rascheln lässt. Bitte sie in deine Träume, damit sie dir hilft, in dir deine Wahrheit und dein wahres Selbst und damit deine reinste Weisheit zu finden.

WAHRHEITSZAUBER MIT ROT-ULME

Das besondere Spezialgebiet der Rot-Ulme ist das Aufdecken der Wahrheit, insbesondere dann, wenn es mit Menschen in Zusammenhang steht, die Böses gegen dich im Schilde führen.

Was du brauchst

eine schwarze Kerze
eine Handvoll Rot-Ulme
eine kleine Schale

Wie es geht

- Zünde deine Kerze an, und reibe sie mit deinem Speichel ein, bis sie vollständig von einer dünnen Schicht überzogen ist.
- Gib die Pflanzenbestandteile der Rot-Ulme in die Schale neben deiner Kerze, und bitte sie, dir die Menschen zu offenbaren, die böse

Absichten haben. Lösche die Kerze, nachdem du dich bei der Rot-Ulme für ihre Hilfe bedankt hast. Innerhalb der nächsten 2–3 Wochen wirst du jede dieser Personen eine nach der anderen erwischen.

SAFRAN
Crocus sativus *(Saffron Crocus)*

WESENTLICHE EIGENSCHAFTEN

Mondmagie, Fülle, Blutmagie, Liebe

Die Griffel in der Blüte einer ganz bestimmten Krokusart (*Crocus sativus*) werden für Safran verwendet, der als das weltweit kostbarste Gewürz gehandelt wird. Um ein Gramm Safran zu gewinnen, muss man hundertfünfzig bis zweihundert Krokusblüten abernten. Safran schmeckt in etwa wie metallisches, honigsüßes Heu. Doch das Gewürz hat nicht nur ein unverwechselbares Aroma und einen hervorstechenden Duft, sondern ist auch sehr stark pigmentiert und erzeugt eine wunderbare orangelbe Farbe. Als Färbemittel ist Safran natürlich viel zu teuer, aber immerhin verleiht es Gerichten nicht nur seinen interessanten Geschmack, sondern auch eine intensive Farbe. Der Krokus wird überwiegend im Iran angebaut, darüber hinaus aber auch im Mittelmeerraum und in geringen Mengen sogar in Deutschland.

MEDIZINISCHE EIGENSCHAFTEN

Safran ist ein wirkungsvolles Antioxidant und verbessert die Stimmung, beseitigt Ängste und lindert prämenstruelle Symptome. Er wirkt außerdem als Aphrodisiakum.

MAGISCHE EIGENSCHAFTEN

Safran ist ein mächtiger Liebesmagnet und auch hilfreich bei Zaubern für Reichtum und Fülle. Ich verstreue gerne Safran, wenn ich an einem Füllezauber arbeite, da er positive Energien anzieht und so den Erfolg meiner kreativen Projekte unterstützt. Verwende Safran beim Kochen, und setze dir dabei deine Ziele für die Liebe – deine Speisen werden dieses Gefühl in der Person auslösen, der du sie vorsetzt – vorausgesetzt natürlich, dein Zauber dient allen Beteiligten. Am häufigsten verwende ich Safran jedoch in der Blutmagie. Ich binde oft die Macht meines heiligen Menstruationsbluts in meine Heilarbeit, meine spirituelle Entwicklung und in die Kommunikation mit meinen Ahnen ein. Die Fähigkeit von Safran, sich mit dem Mond zu verbinden, macht ihn zum idealen Partner bei jeder Mondmagie, unser weiblicher Zyklus ist ebenfalls fest mit den Phasen des Mondes verbunden.

Pflanzenweisheit

Safran ist im Pflanzenreich ein Alleskönner – er wird mit jeder Bitte zurechtkommen. Ich lasse meine Safran-Krokusse draußen wachsen, damit sie die Mondenergien aufnehmen können, und hole sie herein, wenn ich die Unterstützung ihrer Blüten benötige. Die Blüten der Pflanze sorgen dafür, dass dein Zuhause sich heilsam und friedlich anfühlt und ein echter Rückzugsort sein kann.

Träume mit Safran sind sehr intensiv. Er zeigt dir alles das, was du unter dem Deckel hältst und dem du dich nicht stellen willst. Er will, dass du dich mit deinen Problemen konfrontierst und sie durcharbeitest, damit sie dich nicht mehr länger bremsen. Safran verspricht, dir dabei zu helfen.

SAFRAN-BLUTMAGIE ALS REINIGUNGSRITUAL

Dieses Ritual eignet sich hervorragend als magische Tiefenreinigung und zum Abbauen giftiger Energie. Es hilft dir, dich von allem zu befreien, was dich nicht weiterbringt. Die durch dieses Ritual ausgelösten Erfahrungen können recht intensiv sein, und die Auswirkungen werden möglicherweise erst nach einer Woche in ihrer ganzen Tragweite sichtbar. Möglicher-

weise stehen dir viele Tränen und Lebensveränderungen bevor, sei also darauf eingestellt. Für dieses Ritual brauchst du Menstruationsblut. Falls es dir jedoch nicht zur Verfügung steht, kannst du dich auch in den Finger piksen oder deinen Speichel verwenden. Zwar wird dann dein Zauber nicht ganz so kraftvoll sein, aber noch ausreichend wirksam.

Was du brauchst

Räucherwerk aus Zeder oder Weihrauch
mehrere Handvoll Salz
eine Schüssel mit Wasser
eine Schüssel mit einer kleinen Menge Salz
3 rote Kerzen
½ Esslöffel Lapacho
1 Esslöffel Tabak
eine Handvoll Rosenblütenblätter
1 Esslöffel Safran
ein paar Tropfen Menstruationsblut (oder Blut aus deinem Finger beziehungsweise Speichel)

Wie es geht

- Reinige deinen Raum, und hebe den Energiepegel deiner Umgebung an, indem du Zeder oder Weihrauch in einer Räucherung verbrennst. Lass sie weiterbrennen, während du dein Ritual abhältst.
- Zieh mit Salz einen Kreis auf dem Boden, der groß genug ist, damit du darin sitzen kannst. Während du das Salz ausstreust, formuliere die Intentionen, die deinem Schutz dienen sollen.
- Stell die Schüsseln mit dem Wasser und dem Salz in die Mitte.
- Zünde deine drei roten Kerzen an, und stell sie ins Innere des Salzkreises. Ordne sie in einem Dreieck an, wobei sich die erste direkt vor dir, die zweite rechts hinter dir und die dritte links hinter dir befinden sollte.
- Sitze einen Moment lang still, und entspanne deinen Geist und Körper. Visualisiere vor deinem inneren Auge das, wovon du dich be-

freien willst. Wenn du dir unsicher bist, dann bitte die anwesenden Pflanzen (Lapacho, Tabak, Rose und Safran) um Rat, und lass dir von ihnen den Weg weisen.

- Gib Lapacho, Tabak und die Rosenblütenblätter in die Schüssel mit dem Wasser. Danke jeder Zutat dafür, dass sie hier bei dir ist.
- Gib den Safran hinzu, und bitte ihn um Führung. Danke ihm für seine Hilfe.
- Nimm das Gefäß mit deinem Blut oder Speichel in die Hände. Durchdringe es mit deiner Liebe. Bitte dein Blut, dir beim Reinigen und Loslassen zu helfen. Gieße das Blut ins Wasser, und gib danach ein wenig Salz aus der Schüssel hinzu.
- Hebe die Schüssel mit dem Wasser auf die Höhe von deinem Herz. Atme tief ein und spüre, wie Heilung, Liebe und Feuer in deinen Körper fließen. Hebe die Schüssel zum Himmel auf und sage: »Ich rufe meine Führerinnen und Führer, Ahnen und Engel auf, zu mir durchzukommen und mir dabei zu helfen, mich meiner eigenen Heilung hinzugeben.« Du kannst diesen Satz deinen persönlichen Bedürfnissen anpassen.
- Stell die Schüssel zurück auf den Boden, und sitze still in deiner Meditation. Fühle, spüre, schmecke, sieh und höre, wie die Geister um dich herum und in dir in Bewegung sind.
- Wenn du fertig bist, lösche die Kerzen, und gieße das Wasser über der Erde aus. Sobald du aufgeräumt hast, trink etwas Kamillen- oder Yerba-Buena-Tee, um deinen Geist zu beruhigen.

ECHTER SALBEI

Salvia officinalis *(Sage)*

WESENTLICHE EIGENSCHAFTEN

Heilung, Weisheit

Salbei wird schon seit Langem als Gewürz- und Heilpflanze verwendet und war schon im alten Ägypten wegen seiner heilenden und magischen Wirkung bekannt. Er gehört wie viele Küchenkräuter zur Familie der Lippenblütler und kann, je nach Bedarf, als Gewürz, als Heiltee oder im Bund als Räucherung zum Einsatz kommen.

MEDIZINISCHE EIGENSCHAFTEN

Salbei erfüllt zahlreiche medizinische Aufgaben, er wird aber besonders als Förderer geistiger Klarheit und als allgemeines Stärkungsmittel geschätzt. Salbei ist ein Diuretikum, ein topisches Betäubungsmittel und wirkt sowohl desinfizierend als auch blutstillend. Während Pflanzenhexen und andere Kräuterkundige den Wert von Salbei seit Jahrhunderten kennen, hinkt die moderne Medizin noch immer hinterher: Neueste wissenschaftliche Forschungsergebnisse zeigen den positiven Einfluss, den Salbei auf die Mentalfunktion des Menschen nimmt.

MAGISCHE EIGENSCHAFTEN

Salbei wird seit Langem mit Weisheit (der englische Name *sage*, der »Weiser/weise« bedeutet, stellt diesen Zusammenhang sichtbar her) und Entschlusskraft in Verbindung gebracht. Er hilft dir, auch auf die schwierigsten Fragen klare Antworten zu finden. Salbei ist ein Suchender und wird dich unterstützen, um deine Bestimmung zu finden und Geheimnisse aufzudecken. Er ist außerdem ein wirkungsvolles Werkzeug der physischen und spirituellen Heilung.

PFLANZENWEISHEIT

Salbei ist eine heilige Pflanze, insbesondere für indigene Kulturen in Nordamerika, die die Pflanze seit Jahrhunderten schätzen. Salbei ist mit unendlicher Weisheit ausgestattet, und er hat für jeden Menschen, mit dem er zusammenarbeitet, eine individuelle Botschaft. Er fördert dich in zahlreichen Bereichen: von der Herstellung des Kontakts zu den Ahnen bis hin zu spiritueller Tiefenheilung. Um etwas Besonderes und Einzigartiges mit der Pflanze zu erleben und zu erfahren, bittet sie dich jedoch darum, dir genug Zeit für die Zusammenarbeit mit ihr zu nehmen. Träume von Salbei kommen nur selten vor, doch wenn du Heilung brauchst oder dich oder dein Zuhause von Traurigkeit befreien willst, dann lade Salbei in deine Träume ein und bitte ihn, deinem Geist ihre heilende Kraft zu geben.

SANDDORN
Hippophae *(Sea Buckthorn)*

WESENTLICHE EIGENSCHAFTEN
Fluch brechend, Schutz, Glück, energetische Reinigung
Der Sanddorn bringt orangegelbe Beeren hervor, die seit Jahrhunderten als Nahrung, Arznei und in der Hautpflege verwendet werden. Diese Pflanze ist außerordentlich widerstandsfähig und in der Lage, Temperaturen bis –43° Celsius zu tolerieren. Manchmal als heilige Frucht des Himalaja bezeichnet, kann Sanddorn direkt auf die Haut aufgetragen oder gegessen werden.

MEDIZINISCHE EIGENSCHAFTEN
Im Ayurveda und in der Traditionellen Chinesischen Medizin wird Sanddorn bei Arthritis, Geschwüren und Gicht eingesetzt. Es gibt Hinweise darauf, dass die Pflanze auch altersbedingtem Gedächtnis- und Konzentrationsverlust vorbeugen kann. Sie unterstützt die Gesundheit des Herzens und der Leber, hemmt Diabetes und Magengeschwüre, schützt die Haut und eignet sich für zahlreiche weitere äußere wie innere Anwendungen.

Magische Eigenschaften

Einer Legende zufolge soll man einen Kreis mit Sanddornzweigen ziehen und bei Vollmond darin tanzen, um eine Elfe anzulocken, die der Tänzerin einen Wunsch erfüllt. Sanddornzweige an der Haustür und an den Fenstern schützen vor magischen Angriffen und bringen den Hausbewohnern Glück. Es lohnt sich außerdem, Sanddorn bei Zaubern in Rechtsangelegenheiten einzusetzen, da er das Glück auf deine Seite holt. Du musst nur ein paar Blätter in dein Portemonnaie legen oder ein wenig Rinde zu deinen Mischungen hinzugeben.

Pflanzenweisheit

Seltsamerweise ist Sanddorn nicht so tough, wie er vielleicht wirkt. Dies merkt man ihm an, wenn er spricht. Er ist sanft und verständnisvoll und strahlt eine liebevolle Weisheit aus. Er lehrt dich, wie du dich verteidigen und schützen kannst, und legt dir Selbstfürsorge ans Herz, denn du bist bei deiner Reise die Person, die vom ersten bis zum letzten Tag dabei ist. Sanddorn bestätigt dir deinen Wert und dein Leistungsvermögen. Im Traum seine Beeren zu essen bedeutet spirituelles Wachstum. Den Busch im Traum zurückzuschneiden oder gar zu fällen heißt jedoch, dass dunkle Magie gegen dich gerichtet wurde.

SANDDORN-GLÜCKSSPRAY

Du kannst dieses Glücksspray immer dann einsetzen, wenn du an einem Glückszauber arbeitest. Versprühe es auf deinem Altar oder vor dem Gebäude, in dem du ein Vorstellungsgespräch oder eine Prüfung hast, oder auch vor einem Restaurant, wenn du dich dort mit jemandem zu einer ersten, vielversprechenden Verabredung triffst.

Was du brauchst

250 ml Wasser
2 Teelöffel Sanddorn
1 Teelöffel Meersalz
1 Orangenschale
1–2 Tropfen ätherisches Zitronengrasöl
eine Sprühflasche

Wie es geht

- Bring das Wasser zum Kochen, und gib dann alle Zutaten hinzu bis auf das ätherische Öl.
- Lass den Sud 10–15 Minuten köcheln.
- Gieß ihn durch ein Sieb, und lass ihn auf Zimmertemperatur abkühlen, dann gib das ätherische Öl dazu.
- Fülle die Mischung in deine Sprühflasche. Wenn du sie anwenden möchtest, dann sprüh einfach in die Luft, und sag dabei: »Möge mich das Glück hier finden.«

SANDELHOLZBAUM
Santalum *(Sandalwood)*

Wesentliche Eigenschaften

Übersinnliche Fähigkeiten, Weisheit

Der Sandelholzbaum hat viele gute Eigenschaften, die sich in medizinischen, magischen und aromatischen Zusammenhängen einsetzen lassen. Der Baum ist sehr geschätzt, weil sein Duft jahrzehntelang anhalten kann und unverwechselbar warm und geradezu sahnig ist.

Medizinische Eigenschaften

Sandelholzöl hat seit Langem im Ayurveda und in der Traditionellen Chinesischen Medizin einen festen Platz und hilft gegen Erkältungen, Harnwegsinfekte, Verdauungsbeschwerden und Muskelschmerzen, unterstützt die geistige Gesundheit, die Leber und die Gallenblase und bekämpft Hämorrhoiden. Sandelholzöl spielt außerdem eine wichtige Rolle in der Aromatherapie insbesondere bei der Herbeiführung innerer Ruhe. Darüber hinaus wirkt Sandelholz antibakteriell, bekämpft innere Unruhe und stimuliert den weiblichen Zyklus.

Magische Eigenschaften

Sandelholz ist eine der bekanntesten und hochwirksamsten Pflanzen und wird deshalb seit Jahrhunderten für Heilzwecke und Magie verwendet. Es hilft dir, die Fesseln der Vergangenheit abzustreifen und dich von allem zu befreien, was dir nicht mehr länger nützt. Er wirkt erdend, zeigt dir die aus verschiedenen Situationen gelernten Lektionen und hilft dir, deinen Weg im inneren Frieden zu gehen. Außerdem unterstützt Sandelholz die Entwicklung übersinnlicher Fähigkeiten und persönliches Wachstum.

Pflanzenweisheit

Wir alle haben immer wieder die gleichen Fehler gemacht und die gleichen schlechten Ergebnisse erhalten. Warum lernen wir unsere Lektionen so schwer? Oft liegt es daran, dass wir nicht im Einklang mit dem Geist sind, wie es für uns am besten wäre. Das Leben stellt sich unseren guten Vorsätzen in den Weg. Die Zusammenarbeit mit Sandelholz ist so, als blättere man in alten Schulheften und öffne sich nun zum ersten Mal für das darin enthaltene Wissen, für das man bisher zu beschäftigt war. Sandelholz bringt dich dazu, dich auf den Hosenboden zu setzen und jetzt endlich die Lektionen aus der Vergangenheit zu lernen. Gewähre ihm nach der Meditation mit ihm den Zugang zu deinen Träumen, dann verstärkt und entwickelt er deine Gaben.

SAUERKLEE
Oxalis *(Oxalis)*

Wesentliche Eigenschaften

Liebe, übersinnliche Fähigkeiten, Türöffner zwischen den Reichen

Sauerklee ist eine eigene Pflanzengattung, die überall auf der Welt vorkommt, insbesondere aber in Mittelamerika und Südafrika. Die Blätter bilden kleine Büschel, die an Klee erinnern, weshalb Sauerklee oft mit Klee verwechselt wird. Allerdings sehen die Blüten des Sauerklees vollkommen anders aus und wachsen als glockenförmige Dolden. In Wäldern bildet die Pflanze ihre Blüten früh aus und ist daher eine Frühlingsbotin.

Medizinische Eigenschaften

Sauerklee dient seit Jahrhunderten als Nahrung. Einige Indigene in Nordamerika nutzen traditionell die Blätter und Knollen für die Behandlung von Aphthen, Krämpfen, Fieber und Übelkeit.

Magische Eigenschaften

Sauerklee fördert Visionen und unterstützt die Entwicklung deiner übersinnlichen Begabungen. Falls du selbst Sauerklee anbauen kannst, dann halte in deinem Garten eine Fläche dafür frei, die große genug ist, damit du dich in den Sauerklee hineinlegen und darin meditieren oder träumen kannst. Ich würde nicht dazu raten, diese Fläche zu mähen, doch wenn sie blüht, könntest du mit der Erlaubnis des Sauerklees einige der Blüten für Wahrheits- und Liebeszauber, übersinnlichen Schutz und Verstärkung verwenden. Du musst die Blüten nicht alle auf einmal verbrauchen, denn sie sind so wirksam, dass du sie in einem kleinen Glas aufbewahren und für Zeremonien, Rituale oder Zauber bei Vollmond hervorholen kannst. Sie werden dir helfen, die mächtige Mondmagie für dich nutzbar zu machen und zehnfach in deine Arbeit einzubringen.

PFLANZENWEISHEIT

Ich war noch ein Teenager, als ich Sauerklee zum ersten Mal in meiner Arbeit nutzte. Seine einzigartige Weisheit ist intensiv und eindringlich, wovon ich sehr überrascht wurde. Sauerklee berührte meine Psyche so geschickt, dass ich in seiner Nähe sofort Visionen hatte. Es war unglaublich. Sauerklee im Haus oder im Garten zu haben schafft Platz für liebevolle Energien – nicht für jene leidenschaftliche Liebe, sondern für eine kindliche und fröhliche, leichte und sorgenfreie Liebe. Für eine Art Liebe also, wie man sie zu Beginn einer Beziehung empfindet, wenn man im Bauch noch die Schmetterlinge spürt.

Lass den Sauerklee in deine Träume, falls du mit der Feenwelt arbeiten willst – wie eine Reihe anderer Pflanzen lockt auch der Sauerklee magische Wesen an und zieht für dich außerdem sichere Grenzen. Nicht alle Feen sind gut, also ist Vorsicht geboten. Sauerklee wird dir helfen, ihre wahre Intentionen zu erkennen.

GEMEINE SCHAFGARBE
Achillea millefolium *(Yarrow)*

WESENTLICHE EIGENSCHAFTEN

Übersinnliche Fähigkeiten, Klarheit

Die Blätter der Gemeinen Schafgarbe erinnern an Farn. Ihre Blüten setzen sich aus zahllosen, zu Schirmen zusammengefassten Einzelblüten zusammen, deren Farben von Weiß bis Dunkelrosa reichen. Sie blüht vom

Frühsommer bis in den Herbst. Die Pflanze sieht der Wilden Möhre ähnlich und kann leicht mit ihr verwechselt werden. Die ursprünglich für Eurasien und Amerika typische Pflanze ist inzwischen fast kosmopolitisch verbreitet.

Medizinische Eigenschaften

Blätter und Blüten der Schafgarbe senken Fieber, lindern Heuschnupfen und lösen den Beginn der Menstruation aus (Vorsicht also, wenn du meinst, vielleicht schwanger zu sein). Schafgarbe hilft außerdem gegen Erkältung, Durchfall und Magenprobleme; das Kauen der frischen Blätter verringert Zahnschmerzen.

Magische Eigenschaften

Schafgarbe auf dem Sarg oder dem Grab hilft dem Verstorbenen, loszulassen und ins Jenseits hinüberzugehen. Steckst du Schafgarbe in dein geflochtenes Haar, wird ein Energiefeld um deinen Kopf erzeugt, das dir den Zugang zu deiner inneren Weisheit erleichtert. Die Zusammenarbeit mit Schafgarbe hilft dir bei der Entwicklung deiner übersinnlichen Begabung. Gieße dir eine Tasse Schafgarbentee auf, und rühre ihn mit einer Zimtstange um, um deine Knochen zu wärmen, verborgene Wahrheiten freizusetzen und etwas Neues über dein Sein zu erfahren.

Pflanzenweisheit

Wenn du dein Herz oder dein Drittes Auge öffnen willst, kann die Schafgarbe deinen Blick und deine Wahrnehmung schärfen, um Liebe und Fürsorge besser anzunehmen. Mit Hilfe der Pflanze kannst du dich leichter von der Dunkelheit und den Geistern befreien, die du in deinem Innersten verbirgst, und alles loslassen, was dir den Blick auf deine Wahrheit verstellt. Weder Loslassen noch Hingabe fallen uns leicht, doch die Schafgarbe hilft dir, dich deiner Wahrheit hinzugeben, deiner Bestimmung und deiner Gegenwart hier auf dieser Erde. Wenn du von ihr träumst, dann führt sie dich zu deiner wahrsten Form und eröffnet dir eine Reihe von Aha-Erlebnissen, die dich durch dein Leben führen.

SCHEIDENBLATT
Spathiphyllum *(Peace Lily)*

Wesentliche Eigenschaften

Selbstliebe, Frieden, Heilung, Besinnung

Scheidenblatt ist auch unter den Namen Einblatt oder Friedenslilie bekannt und eignet sich ausgezeichnet für die Arbeit an Selbstliebe und innerer Heilung. Ihre Namen verdankt sie dem dekorativen einzelnen weißen Blütenblatt, das an die Friedensfahne der Kapitulation erinnert. Wenn du Hilfe brauchst, dich nach innen zu wenden, alles abzuwerfen, was dir nicht mehr länger dient, und dich selbst zu deiner Priorität zu machen, dann ist das Scheidenblatt perfekt für dich geeignet. Es ist zugleich sanft und mächtig und findet sich in deinem Geist zurecht, ohne versehentlich Chaos anzurichten. Das Scheidenblatt lehrt uns, uns darauf zu besinnen, was uns wirklich daran hindert, uns selbst zu lieben, unsere Wahrheit auszusprechen und uns selbst zu heilen.

Medizinische Eigenschaften

In Innenräumen filtert das Scheidenblatt Verschmutzungen aus der Atemluft und verhindert Schimmelbildung. Die Pflanze ist überall im Haus gut aufgestellt. Sie befeuchtet die Luft und sorgt dafür, dass andere Pflanzen gesund und zufrieden bleiben. Ich habe selbst gesehen, wie heilsam das Scheidenblatt für andere Pflanzen ist, die ich bis dahin erfolglos zu retten versucht habe – sie holt sie aus ihrer Traurigkeit und inspiriert sie dazu, über sich selbst hinauszuwachsen. Stell sie nachts neben dein Bett, damit sie für guten Schlaf sorgen, schlechte Stimmungen auflösen, Stress mildern und dein Gedankenkarussell bremsen kann. Wenn du krank bist, dann stellt sich das Scheidenblatt gerne als deine pflanzliche Krankenschwester zur Verfügung.

Magische Eigenschaften

Das Scheidenblatt geht ein, wenn es nicht ausreichend gegossen wird, und hört auf zu wachsen, wenn es am falschen Standort aufgestellt wird. Allein damit zeigt die Pflanze uns schon, wo man Grenzen ziehen und dass unsere Umgebung so gestaltet sein muss, dass sie unser Wachstum unterstützt. Sie macht deutlich, dass es falsch ist, sich immer nur den äußeren Gegebenheiten anzupassen.

PFLANZENWEISHEIT

Falls du dich zum Scheidenblatt hingezogen fühlst, dann bist du eine natürliche Suchende, die sich nach Bestimmung und innerer Heilung sehnt. Träumst du von einem Scheidenblatt, das die Blätter und seine Blüte verliert, dann ist dies ein Hinweis auf das gestörte Gleichgewicht von Körper, Geist und Seele. Deine Sehnsucht nach Liebe und Anschluss wird im Traum durch ein Scheidenblatt symbolisiert, das du als Geschenk erhältst. Kannst du seinen Blütenduft riechen, dann darfst du eine Botschaft erwarten: Ein Geistführer oder Ahne versucht gerade, Verbindung mit deinem Geist aufzunehmen. Falls du die Botschaft selbst im Traum nicht finden kannst, dann meditiere mit dem Scheidenblatt nach dem Aufwachen, um Klarheit zu erhalten.

SCHLAFBEERE

Withania somnifera *(Ashwagandha)*

WESENTLICHE EIGENSCHAFTEN

Heilung, Stärke, Verstärkung

Die Schlafbeere ist außerdem als Winterkirsche, Indischer Ginseng oder unter dem Sanksritnamen Ashwagandha bekannt, der »Duft des Pferdes« bedeutet. Tatsächlich verströmen die Wurzeln der Pflanze einen pferdeähnlichen Geruch. Bereits seit Jahrhunderten ist dieses Nachtschattengewächs ein fester Bestandteil der ayurvedischen Medizin.

Medizinische Eigenschaften

Die Schlafbeere kann fast alles. Als Adaptogen unterstützt sie dich bei der Bewältigung von Alltagsstress und passt ihre Heilfähigkeit deinem Bedarf an. Außerdem hilft sie gegen Gelenkentzündung, Beklemmungen, Depression, Fibromyalgie, Schlaflosigkeit, Menstruationsbeschwerden, Lebererkrankungen und Asthma. Sie verbessert die Mentalfunktion und wirkt als Aphrodisiakum. Die Wurzel wird in der Regel oral eingenommen, kann jedoch auch zu einem Breiumschlag verarbeitet und äußerlich auf Verletzungen und bei Hauterkrankungen aufgetragen werden.

Magische Eigenschaften

Jeder sollte etwas von der Anwendung der Schlafbeere verstehen, denn sie ist in spiritueller wie in medizinischer Hinsicht sehr wirkungsvoll. Ihre Anwesenheit in deinem Leben erweckt Lebensenergie und führt dir ständig Kraft und Heilung zu. Wenn möglich, besorge dir eine Pflanze und sorge für sie; ansonsten kannst du auch mit den getrockneten Wurzeln arbeiten.

Die Schlafbeere ist dann besonders sinnvoll, wenn du Erdung brauchst. Wir alle wünschen uns von Zeit zu Zeit eine bessere Verbindung an unsere Mutter Erde, vor allem dann, wenn wir uns mit magischen Zaubern beschäftigen. Wenn du eine Schlafbeerenwurzel beim Meditieren oder beim Trinken von Schlafbeerentee in der Hand hältst, dann wirst du dich sofort geerdet fühlen. Ein Bad in mit Schlafbeerenextrakt angereichertem Wasser reinigt deine Aura. Dein ganzes Sein wird von ihrer Heilkraft ausgefüllt, solange du im Badewasser liegst. Schlafbeerenwurzel auf deinem Altar oder als Bestandteil deiner Zauberarbeit vergrößert die Langlebigkeit und die Wirksamkeit deiner Magie.

Pflanzenweisheit

Die Schlafbeere ist eine heilige Pflanze. Ihre Weisheit bezieht sie aus dem Geist der Verbundenheit. Sie richtet dich sowohl auf dein höheres Selbst als auch auf die Erde unter deinen Füßen aus. Sie hilft dir, schwere Zeiten durchzustehen, flüstert dir Ermutigung zu und leitet sanft deine nächsten Schritte an. Ashwagandha lehrt dich, wie du in dir die benötigte Kraft mobilisierst und auch noch die schwierigsten Aufgaben überwindest. Du lädst die Pflanze in deine Träume ein, indem du vor dem Schlafengehen ihren Tee trinkst. Bitte sie, sich dir anzuschließen, und sie erfüllt dich im Schlaf mit tiefer Heilung.

SCHLEHDORN
Prunus spinosa *(Blackthorn)*

Wesentliche Eigenschaften

Erkenntnis, Schutz, Schattenarbeit

Der Schlehdorn hört auch auf die Namen Schwarzdorn, Sauerpflaume oder Deutsche Akazie. Die Schlehe ist die »dunkle Mutter des Waldes« und ein Mitglied der Rosengewächse, deren Früchte Heidelbeeren ähneln. Wegen ihres herben, beißenden Geschmacks werden die Beeren gerne zu Schnaps, Wein und Marmelade verarbeitet. Die Pflanze hat große Dornen und ist daher eine sichere Hecke, die alle Eindringlinge fernhält. Dickere Stämme sind sehr stabil und geben gute Spazierstöcke ab.

Medizinische Eigenschaften

Ein Sirup aus den Beeren hilft gegen Halsschmerzen und Husten, wenn man ihn zum Gurgeln nutzt. Mit den Blüten, die man direkt auf die Haut legt, kann man Ausschlag behandeln. Zu Tee verarbeitet, beruhigt Schlehdorn den Magen, wirkt jedoch auch stark harntreibend und ist bei vorsichtiger Anwendung ein gutes Entgiftungsmittel.

Möchte man die Schlehen roh essen, sollte man auf den ersten Frost warten, dann verwandelt sich die enthaltene Gerbsäure in Zucker. Allerdings ist auch dann darauf zu achten, nicht zu viele Kerne zu verzehren, da sie in größeren Mengen giftig sein können. Babys und Kleinkinder bekommen vorsichtshalber gar keine rohen Schlehen.

Magische Eigenschaften

Das Holz des Schlehdorns eignet sich nicht nur als Spazierstock, sondern auch für die Herstellung von Zauberstäben. Dem irischen Volksglauben nach wird Schlehdorn für so kostbar gehalten, dass ein ganzes Feenvolk zum Schutz der Sträucher abgestellt ist. Diese sogenannten Launatsidhe verfluchen jeden, der zwischen den Festtagen von Samhain und Beltane Holz in den Schlehdornhecken schneidet.

Das Verbrennen von trockenem Holz oder Dornen vertreibt Negativität, oder aber man trägt ein Stück Schlehdornholz oder -dornen als Talisman gegen Missgeschicke bei sich. Schlehdorn ist ein Tor zum Unsichtbaren und hilft, uns all dessen bewusst zu bleiben, was wir im Alltag gerne übersehen.

Pflanzenweisheit

Schlehdorn ist am wirkungsvollsten, wenn er bei Schutz vor Bösem und zur Abgrenzung zwischen anderen, der unsichtbaren Welt und dir selbst zum Einsatz kommt. Er unterstützt dich darin, dich mit deiner dunklen Seite zu konfrontieren, damit du direkt durch die Schatten auf das schauen kannst, was im Inneren lauert. Aus diesem Grund kommt Schlehdorn auch bei Exorzismen zum Einsatz. Die Schlehe ist die Königin der Unterwelt, und man ist gut beraten, wenn man sich mit ihr zusammentut. Mit ihr kannst du an den eigenen Schatten arbeiten, tief sitzende Traumatisierungen heilen oder die Angst vor den eigenen Begabungen abbauen. Setz dich zu ihr, oder halte ein Stück Schlehenholz oder einen Zweig in der Hand, wenn du meditierst oder magisch arbeitest. Falls du es wünschst, dass sie in deinen Träumen auftaucht, dann befestige vor dem Schlafengehen einen Schlehenzweig über deinem Kopf.

SCHWARZE TOLLKIRSCHE

Atropa belladonna *(Belladonna)*

Wesentliche Eigenschaften

Schutz, übersinnliche Fähigkeiten, Selbsterkenntnis

Die Schwarze Tollkirsche bringt eine wunderschöne rötlich-grüne, glockenförmige Blüte hervor. Allerdings ist sie so giftig, dass sie auch »tödlicher Nachtschatten« genannt wird, und diese Bezeichnung muss man durchaus ernst nehmen. Die Tollkirsche ist so giftig, dass sie Fieber und Halluzinationen – deshalb *Toll*kirsche – auslösen und sogar zum Tod führen kann. Achte also darauf, sie keinesfalls dort zu pflanzen, wo Kinder, Haustiere oder auch Wildtiere Zugang zu ihr haben.

Medizinische Eigenschaften

Lange Zeit hat die Tollkirsche eine wichtige Rolle als Betäubungsmittel für Operationen gespielt. Doch sie wurde auch für kosmetische Zwecke verwendet: Kleopatra nutzte sie, um ihre Pupillen zu weiten und so »verführerischer« zu wirken. Offenbar wurde sie jahrhundertelang dazu benutzt, obwohl die übermäßige Anwendung im Auge zu dauerhafter Blindheit führt.

Magische Eigenschaften

Unter keinen Umständen solltest du jemals Tollkirsche essen. Es gibt ausreichend andere Möglichkeiten, um mit ihr zusammenzuarbeiten. Aber auch dann solltest du immer größte Sorgfalt walten lassen und dir grundsätzlich die Hände waschen, wenn du etwas von der Pflanze berührt hast. Getrocknete Tollkirsche in einem kleinen Stoffbeutel oder in einem fest verschlossenen Glas (Beschriftung nicht vergessen!) kann bei der Meditation deinem Geist helfen, über seine gewohnten Bereiche hinauszugehen, und dir Zugang zu neuen Welten verschaffen.

Kaufe keine fertige Hexensalbe mit Tollkirsche, denn es gibt zu viele Faktoren, die berücksichtigt werden müssen, wie etwa Herkunft, Mengenverhältnisse, andere Inhaltsstoffe und so weiter. Solche Produkte sind gefährlich und richten häufig mehr Schaden an, als zu nützen. Auch wenn du deiner Quelle restlos vertraust, eine Pflanzenhexe weiß, dass Stolperfallen kein Hexenwerk sind, sondern das Gegenteil. Verbrenne lieber etwas Beifuß.

PFLANZENWEISHEIT

Unsere Arbeit mit Tollkirsche ist voreingenommen, weil so viel Schindluder mit ihr getrieben wurde. Tatsächlich ist sie sehr effektiv und schützt ausgesprochen gut. Sie fordert dich auf, dein ganzes Selbst anzunehmen – inklusive deines Schattens! – und in ihm präsent zu sein. Was du dazu von ihr brauchst, ist nur ihre Energie – du musst sie nicht einmal berühren. Sie begleitet dich auf deiner Reise, wenn du sie in deine Träume einlädst oder mit ihr meditierst. Am besten ist es, du liebst sie so, wie sie ist, dann hilft sie dir, dir selbst auf die gleiche Weise zu begegnen.

SCHWARZER HOLUNDER
Sambucus nigra *(Elder)*

WESENTLICHE EIGENSCHAFTEN

Türöffner zwischen den Reichen, Heilung, Schutz

Der Schwarze Holunder gehörte lange Zeit zur Familie der Geißblattgewächse, bevor er schließlich den Moschuskrautgewächsen zugeordnet wurde. Beeren, Borke und Blüten dieses großen, baumartigen Strauches sind ein echtes Geschenk an die Welt. Der Holunder ist einer ganzen Reihe alter Kulturen heilig und spielt eine wichtige Rolle in ihrer spirituellen Praxis.

MEDIZINISCHE EIGENSCHAFTEN

Die Früchte des Schwarzen Holunders sind bedeutende Heiler, und der weithin bekannte »Fliederbeersaft« hilft bei Halsschmerzen, Erkältungen und lindert Grippesymptome – während der Wintermonate wird er in vielen Haushalten regelmäßig getrunken, um Atemwegserkrankungen vorzubeugen. Man sollte jedoch darauf achten, wirklich nur Schwarzen

Holunder zu verwenden, da einige der anderen Holunderarten giftig sind. Holunderwein und Holunderholz sind weitere Möglichkeiten, die positiven Eigenschaften der Pflanze zu nutzen.

Magische Eigenschaften

Schwarzer Holunder hat ein Doppelwesen: Er schützt dich, aber unter bestimmten Umständen kann er auch böse Geister zu dir bringen. Die Pflanze ist eine Türöffnerin zwischen den Reichen und kann eingesetzt werden, um Geschöpfe unterschiedlichster Art zu rufen, insbesondere Feen. Außerdem ist Holunder ein großer Heiler, und als Wohnsitz der germanischen Göttin Freya ist er ein Beschützer mit mächtiger magischer Kraft.

Zerdrücke ein paar Früchte, verreibe sie in deinen Handflächen, und halte sie dann über den Körperteil, den du heilen willst. Mit dem Fruchtsaft kannst du einen Kreis auf deiner Stirn ziehen und meditieren, damit dich die Pflanze in andere Reiche begleitet. Doch bitte sei vorsichtig, und sorge dafür, dass noch andere Pflanzen anwesend sind, die dich vor bösen Geistern beschützen können.

Pflanzenweisheit

Wenn du keine Freude an Gedichten hast, dann können die Nachrichten des Schwarzen Holunders für dich vielleicht schwer zu interpretieren sein – denn er ist sehr poetisch veranlagt und spricht gerne in Reimen. Am besten nimmt man seine Botschaft auf, indem man seiner Vibration nachspürt – und sich klarmacht, wie viel Weisheit zugänglich wird, wenn man sich gerade mit denen verbindet, die schwer zu verstehen sind. Vibrationen und Energien sind eine universelle Sprache, an die wir alle uns gewöhnen sollten. Sobald du eine Verbindung zu ihm hergestellt hast, liebt es Holunder, dich in deinen Träumen zu besuchen. Falls du im Schlaf weite Reisen unternimmst, wird der Schwarze Holunder dir Gesellschaft leisten und dich daran erinnern, dass du im wirklichen Leben Erdung brauchst.

SCHWERTLILIE

Iris *(Iris)*

WESENTLICHE EIGENSCHAFTEN

Selbsterkenntnis, Intuition, spirituelle Entwicklung

Diese unverwechselbare Pflanze hat drei Kelchblätter, die auch als »Hängeblätter« bezeichnet werden. Die Fleur-de-Lys im Wappen der französischen Bourbonen ist eine stilisierte Schwertlilie und steht für die drei Tugenden Glaube, Weisheit und Tapferkeit. Die Farbenvielfalt der Schwertlilie spiegelt sich in ihrem wissenschaftlichen Namen wider, der auf die griechische Göttin des Regenbogens zurückgeht: *Iris*. Zwar findet die Iriswurzel (siehe Seite 209) noch häufiger Verwendung als die Blüte, aber dennoch erfreut sich Letztere einer weitverbreiteten Anwendung in Parfüms und bei der Aromatisierung von Gin.

MEDIZINISCHE EIGENSCHAFTEN

Von dieser Pflanze sind keine medizinischen Eigenschaften bekannt.

MAGISCHE EIGENSCHAFTEN

Ich spreche unheimlich gerne über Schwertlilien. Sie hat mir geholfen, mich selbst zu finden, auf mich zu vertrauen und ein besserer Mensch zu werden. Sie kann auch dich mit deinem höheren Selbst verbinden, mit jener göttlichen Weisheit, die in jedem von uns schlummert. Sie lässt dich dabei glauben, nichts und niemand könnte dich je bremsen. Sieh dir nur ihre Farbgebung und ihre Muster an, und du wirst spüren, wie sie mit ihrer Gegenwart deinen Geist nach innen lenkt und dich an die Schönheit erinnert, die die Welt zu bieten hat. Wenn das Leben dich hart trifft und du positiven Ansporn brauchst, um dich an die Magie des Lebens zu erinnern, dann hole die Schwertlilie an deine Seite.

PFLANZENWEISHEIT

Viele von uns durchlaufen Ereignisse, die unser Leben verändern und unser spirituelles Wachstum ermöglichen. Danach müssen wir die Person, zu der wir geworden sind, erst wieder neu kennenlernen. Die Schwertlilie wird dich beschützen, bis du wieder eins mit dir bist, und dir helfen, deine neue Identität zu finden.

Erscheint sie dir in deinen Träumen, will sie dir mitteilen, dass du eine wichtige Mission hier auf der Erde zu erledigen hast. Die Schwertlilie kommt zu dir, um dich daran zu erinnern, dass du deinen Weg fortsetzen, wachsen und dich ausbreiten musst.

SONNENBLUME
Helianthus annuus *(Sunflower)*

WESENTLICHE EIGENSCHAFTEN

Intuition, Glücklichsein

Die Sonnenblume ist besonders für ihr helles, fröhliches Gemüt bekannt. Die großen gelborangen Blüten erinnern an die Sonne, weshalb Sonnenblumen häufig mit Sonnengöttern in Verbindung gebracht werden. Aber wusstest du auch, dass die Pflanze selbst eine richtige Sonnenanbeterin ist? Die Knospen sind heliotrop, das heißt, sie wenden sich immer direkt dem Sonnenlicht zu und folgen ihm; nachts kehren sie an den Ausgangspunkt zurück. Vollständig aufgeblühte Sonnenblumen sind nicht mehr heliotrop und bleiben auf den Sonnenaufgang ausgerichtet.

MEDIZINISCHE EIGENSCHAFTEN

Die Sonnenblume ist ein Fruchtbarkeitssymbol, und Frauen wird zum Verzehr von Sonnenblumenkernen geraten, wenn sie schwanger werden wollen. Während die Kerne zahlreiche kulinarische und gesundheitserhaltende Anwendungen kennen, ist Sonnenblumenöl eine sehr gastfreundliche Grundlage für Heilpflanzen und andere heilende Öle und Salben. Wenn du Sonnenblumen in deinem Garten pflanzt, werden sie Giftstoffe und Schwermetalle aus dem Boden ziehen – allerdings darfst du die Sonnenblumenkerne dann natürlich nicht selbst essen, da sie mit den Giftstoffen angereichert sind. Nutze Sonnenblumenblätter, um aus ihnen Tee mit adstringierender, harntreibender und schleimlösender Wirkung zuzubereiten, der dir in der Erkältungszeit gute Dienste leisten wird. Du kannst die Blätter auch zu einem Breiumschlag verarbeiten, um damit Wunden, Schwellungen, Schlangen- und Spinnenbisse zu behandeln.

Magische Eigenschaften

Sonnenblumen haben für unterschiedliche Menschen die unterschiedlichsten Bedeutungen, aber ich schätze sie vor allem wegen ihrer Hingabe an ihre innere Führung. Die Pflanze lehrt uns, dass sich jeder Einzelne von uns auf einer Reise befindet, die manchmal anstrengend und sogar beängstigend ausfallen kann. Doch sie erinnert uns auch daran, dass wir immer die Fähigkeit haben, aus der Dunkelheit heraus und ins Licht zu gehen. Ihr Gesicht ist dem Licht zugewandt; sie ist ihrem Weg ergeben und kommt nie von ihm ab. In ihrem Vertrauen auf sich selbst kann sie uns ein Vorbild dafür sein, dass unsere Selbsterkenntnis uns zuletzt den richtigen Weg weisen wird. Wir können uns darauf verlassen, dass es keine Fehler gibt, sondern nur Lektionen und Vorbereitungen.

Pflanzenweisheit

Die Sonnenblume steht stolz und hoch aufgerichtet da – die Authentizität in Person. Mit ihrer Haltung verkündet sie, dass auch wir unsere Wahrheit verkörpern sollen. Lass dir von ihr helfen, um zu einer ähnlich stolzen Haltung, zu finden, und sie führt dich zu deinem authentischen Selbst. Gib Sonnenblumenbestandteile in dein Badewasser, in deinen Tee, in deine Zauber – du kannst ihr Öl sogar zum Backen nutzen. Die Sonnenblume hat allgemein kein allzu großes Interesse an Auftritten in Träumen, doch sie kommt zu dir, wenn du einen lieben Menschen verloren hast oder wenn sie eine Botschaft aus der Geisterwelt für dich hat.

SONNENHUT
Echinacea *(Echinacea)*

Wesentliche Eigenschaften

Heilung, Fülle, Verstärkung

Sonnenhüte oder Igelköpfe kommen wild und in Gärten vor und sind ursprünglich im östlichen und zentralen Nordamerika beheimatet.

Medizinische Eigenschaften

Sonnenhut ist seit Urzeiten als Heilpflanze bekannt und kommt in Tinkturen, Tabletten, Salben, Kapseln und Extrakten vor. Besorge dir für die Erkältungszeit Sonnenhut- beziehungsweise nach Echinaceatee, denn er ist ein Kraftwerk im Kampf gegen Grippe. Sonnenhut zeichnet sich durch Antioxidantien sowie entzündungs- und virenhemmende Eigenschaften aus, die Hals- und Kopfschmerzen, Erkältungen und Bronchitis sowie andere Erkrankungen der oberen Atemwege abwehren.

Magische Eigenschaften

Sonnenhut gehört zu den verstärkenden Pflanzen, die ganz allgemein die Wirksamkeit eines Zaubers und seiner Zutaten steigern. Ihn in deine Magiearbeit einzubeziehen oder einfach eine Tasse Sonnenhuttee zu trinken, bevor du dich in die Arbeit stürzt, verstärkt allgemein deine Wirksamkeit. Außerdem zieht Sonnenhut Fülle an und beschützt dich vor Armut. Deshalb ist er eine gute Wahl, wenn es um den Wunsch nach mehr Erfolg und guten Gelegenheiten geht. Er wirkt aufheiternd und gleichzeitig beruhigend und unterstützt dich in fast allem, was du anpackst. Sonnenhut in deinem Garten anzubauen oder einen Strauß in deinem Wohnzimmer aufzustellen hellt deine Energie auf und zieht Wohlstand in dein Heim.

Pflanzenweisheit

Was Sonnenhut zu sagen hat, ist so wunderschön, dass ich jedes Mal zu Tränen gerührt bin, wenn ich ihm zuhöre. Ich habe immer eine große Verbindung zu ihm empfunden, und er hat mir immer das Gefühl gegeben, mein Bruder zu sein – für ihn sind wir alle Familienmitglieder: miteinander verbunden, eins. Falls du auf der spirituellen Suche nach Wahrheit und Sinn bist, dann wird er dir eine Perspektive anbieten, die Worte nicht beschreiben können.

Der Sonnenhut besucht diejenigen im Traum, die häufig mit ihm arbeiten, insbesondere Heilerinnen und Heiler. Die Energie von Heilenden ist oft chaotisch und durch die Arbeit mit ihren Klienten erschöpft, da tut Sonnenhut genau das Richtige, wenn er deine Aura erneuert, neu ausrichtet und reinigt.

STÄNGELLOSE SCHLÜSSELBLUME
Primula vulgaris *(Primrose)*

Wesentliche Eigenschaften

Türöffner zwischen den Reichen

Dieser früh blühende Klassiker des Bauerngartens wächst nah am Boden und hat die bezauberndsten Blüten, die bei manchen Arten auch duften. Der Geschmack ihrer Blätter und Blüten variiert zwischen salatartig und recht bitter. Die Stängellose Schlüsselblume steht in Deutschland auf der Roten Liste gefährdeter Arten.

Medizinische Eigenschaften

Die Blätter und Wurzeln der Schlüsselblume dienen der Schmerzbekämpfung, helfen bei Muskelkrämpfen und wirken schleimlösend. Die Pflanze kann außerdem bei Rheumatismus und Gicht eingesetzt werden. Eine Tinktur aus ihren Blättern und Wurzeln mindert Ängste und Schlaflosigkeit.

Magische Eigenschaften

Die Schlüsselblume ist der Schlüssel zur Elfenwelt, und wenn du zu ihr einen Zugang suchst, dann solltest du diese Pflanze unbedingt in deinen Garten setzen. Sie kann zu allen Arten von Naturgeistern eine Verbindung für dich herstellen, da sie als Brücke zwischen unserem alltäglichen Leben und der wunderbaren Magie dient, die Mutter Erde uns Tag für Tag bereithält. Wenn du dich in deiner Arbeit oder in anderen Pflichten verloren hast, dann hilft dir die Schlüsselblume, dich neu mit der Natur zu verbinden.

Pflanzenweisheit

Die Stängellose Schlüsselblume ist ein wenig redselig. Erzähl ihr deine Geheimnisse also lieber nicht, sonst kennt sie früher oder später das ganze Pflanzenreich. Aber du darfst ihr das nicht übel nehmen; es liegt an ihrer engen Verbindungen zu allen anderen Pflanzengeistern in der Welt, weil sie ständig mit ihnen Weisheiten austauscht und von ihnen lernt. Die Schlüsselblume ist tatsächlich ein Wissensknotenpunkt und kann dir schnell jegliche Informationen beschaffen, die du benötigst. Das macht sie für Herbalisten, Heiler und alle, die konkret mit Naturheilmitteln, Tränken und Zaubern arbeiten, zu einem so herausragenden Partner. Wenn du dir bei einer Zutat nicht sicher bist oder sie nicht so leicht beschaffen kannst, dann wird dir die Schlüsselblume einen guten Ersatz vorschlagen. Du musst nur mit ihr meditieren und sie dazu um Rat fragen. Anfangs wird dir die Antwort als Intuition übermittelt, dann wie ein sanfter Schubser, und schließlich kaut die Pflanze dir ein Ohr ab. Von Schlüsselblume zu träumen bedeutet Fruchtbarkeit und Fülle.

STECHÄPFEL
Datura *(Datura)*

Wesentliche Eigenschaften

Frieden, Schattenarbeit, Türöffner zwischen den Reichen

Stechäpfel oder Datura sind Nachtschattengewächse wie die Schwarze Tollkirsche und die Engelstrompeten, deren trompetenförmige Blüten von oben nach unten wachsen (von Himmel herunter), während die der Stechäpfel von unten (von der Hölle) nach oben ausgerichtet stehen. Alle Stechäpfel enthalten Alkaloide, insbesondere die Samen und Blüten, sind giftig, wirken betäubend und halluzinogen. Ihr Saft ruft Hautirritationen und Ausschläge hervor, daher ist es wichtig, beim Umgang mit der Pflanze Handschuhe zu tragen. Überhaupt solltest du dich sehr genau über diese Pflanze informieren, bevor du mit ihr arbeitest.

Medizinische Eigenschaften

Trotz der starken Giftigkeit von Stechäpfeln sind sie Bestandteil von Ayahuasca-Pflanzensuden und in Cannabis-Rauchmischungen enthalten. In der Naturheilkunde, insbesondere im Ayurveda, werden Stechäpfel gegen Asthma und bei Herzleiden eingesetzt und bei der Behandlung von Knochenbrüchen. Stechäpfelblätter helfen allgemein bei Schmerzen, insbesondere Kopfschmerzen und rheumatischer Arthritis.

Magische Eigenschaften

Ausgebildete Schamanen nutzen seit der Aztekenzeit Stechäpfel für Seelenreisen. Doch ich rate von Selbstversuchen ab. Du kannst ihre Kräfte auch auf ungefährliche Weise und ohne sie einzunehmen, nutzen. Allein schon ihre Anwesenheit wird dich beruhigen, zu besserem Schlaf führen und dich für prophetische Träume öffnen. Wenn du es ihnen gestattest, dann können sie dir bei der Erforschung dem Teil deines Selbsts helfen, dem du dich in der Regel nicht so gerne stellst: deinem Schattenselbst. Sie werden dich führen, für deine Sicherheit sorgen und dir helfen, dich deinen inneren Monstern zu stellen und zu erkennen, dass sie letztlich vielleicht doch gar nicht so schlimm sind. Stechäpfel helfen dir, dich von deinen Monstern zu befreien.

PFLANZENWEISHEIT

In vielen nativen Kulturen (wie meiner eigenen) werden giftige Pflanzen als mächtige Verbündete in der spirituellen Arbeit empfunden. Meine Mutter hatte ihr Leben lang Stechäpfel und viele andere giftige Pflanzen in ihrem Garten gezogen, und ich fühle mich mit diesen Pflanzenwesen immer ganz besonders vertraut. Stechäpfel ermöglichen Geist und Verstand spirituelle Reinigung und befreien beide von allem, was dir nicht mehr guttut. Der Datura ist es egal, ob du diese Eigenschaften oder Merkmale als giftig erkannt hast, sie beseitigt sie einfach, ob du darauf vorbereitet bist oder nicht. Sie geht dabei auch keineswegs sanft vor, vielmehr schlägt sie zu wie eine Schlange und macht kurzen Prozess mit allem Bösen. Wenn du erst einmal mit ihr gearbeitet hast, dann wird es dir in Zukunft schwerfallen und wehtun zu ignorieren, was sie für dich an die Oberfläche befördert hat. Nimm dir ausreichend Zeit zu reflektieren, für Schattenarbeit und alles, was für dich heilsam ist.

Der Stechapfel erscheint nicht gerne in Träumen, aber wenn du mit ihm meditierst und ein paar seiner getrockneten Blätter unter dein Kopfkissen legst, wird er dich sanft in eine Vision oder in einen Traumzustand lenken.

STECHENDER MÄUSEDORN

Ruscus aculeatus *(Butcher's Broom)*

WESENTLICHE EIGENSCHAFTEN

Verbannen, übersinnliche Fähigkeiten, Schutz, Heilung

Der Stechende Mäusedorn ist ein immergrüner Strauch mit strahlenden roten Beeren. Seine steifen Zweige und Blätter wirken antibakteriell und wurden daher gerne als Besen genutzt.

Medizinische Eigenschaften

Tatsächlich strotzt der Stechende Mäusedorn nur so vor medizinischen Eigenschaften. Er wirkt abführend und harntreibend, und die Griechen der Antike meinten, er könne Nierensteine auflösen, wenn man ihn Wein hinzufügt. Er verringert außerdem Schwellungen und unterstützt die Heilung gebrochener Knochen. Der Mäusedorn fördert den Blutkreislauf insbesondere bei Patienten mit orthostatischer Hypotension, hilft bei Hämorrhoiden, Gallensteinen, Wadenkrämpfen, Krampfadern, geschwollenen Beinen und noch so vielem mehr.

Magische Eigenschaften

Das Verbrennen von Mäusedorn sorgt bei Mensch und Tier für eine beruhigte Atmosphäre. Er unterstützt die Fokussierung und verstärkt deine übersinnlichen Fähigkeiten. Wenn man die Zweige der Pflanze in die Luft wirft, dann beschwört man Windböen herauf, verstreut man hingegen die Asche der Pflanze, sorgt man dafür, dass der Wind weiterzieht. Ich selbst nutze Mäusedorn vor allem als Schutz und Bannmittel. Setzte einen Topf mit Wasser auf und warte, bis es kocht, dann gib eine Handvoll Mäusedorn hinzu. Lass den Sud fünfzehn bis zwanzig Minuten köcheln, gieß ihn dann durch ein Sieb, und lass ihn abkühlen. Nutze die Flüssigkeit in deiner magischen Schutz- und Bannarbeit. Ich gebe sie außerdem gern in mein Badewasser, wenn ich merke, dass mich negative Energien bedrücken.

Pflanzenweisheit

Träume vom Fegen mit einem Besen aus dieser Pflanze sind ein Hinweis auf ein schweres Herz und einen schwermütigen Geist. Vielleicht hat man dir das Herz gebrochen, oder du hast jemanden verloren. Wenn ich daran arbeite, meine eigenen Kindheitstraumata zu heilen, dann träume ich oft, dass ich in einem Fluss ertrinke, in dem überall um mich herum Mäusedorn schwimmt. Ich habe gelernt, die Pflanze in meine Heilarbeit einzubeziehen, sie zu verbrennen oder einen Aufguss auf meinen Altar zu stellen, damit ich während des Heilungsprozesses Ruhe bewahren kann. Mäusedorn teilt dir mit, dass du bereit bist – für den Schmerz, das Lachen, das Gute und das Hässliche.

EISWÜRFEL-BANNZAUBER MIT STECHENDEM MÄUSEDORN

Diesen Zauber kannst du nutzen, wenn du Ereignisse oder Menschen aus deinem Leben verbannen willst. Durch diesen Zauber kannst du sehr konkret sein.

Was du brauchst

500 ml Wasser
2 Esslöffel getrockneten Stechenden Mäusedorn
1 Teelöffel Schwarzen Pfeffer
1 Teelöffel Echten Baldrian
7 Kaffeebohnen
eine Eiswürfelform
Salz

Wie es geht

- Bring Wasser zum Kochen, gib alle Zutaten hinzu bis auf die Kaffeebohnen und das Salz, und lass den Sud 10–15 Minuten lang ziehen.
- Lass den Sud abkühlen; du kannst ihn anschließend durch ein Sieb gießen, doch das ist nicht zwingend erforderlich.
- Lege die Kaffeebohnen einzeln in die Fächer der Eiswürfelform, und verbinde dabei jede mit einer festen Vorstellung davon, was du ver-

bannen oder wovon du dich befreien willst. Sei ganz konkret, und bring deine jeweilige Intention klar und in allen Einzelheiten zum Ausdruck.

- Gieß den Sud auf die Bohnen in den Eiswürfelbereiter, und stelle ihn für drei Tage ins Tiefkühlfach.
- Am vierten Tag nimmst du einen Eiswürfel heraus, bestreust ihn mit etwas Salz und sagst dabei: »Ich banne dich« oder »Ich befreie mich von dir«. Vergrabe den Eiswürfel in der Erde oder spüle ihn in der Toilette herunter.
- Wiederhole das Ritual täglich, bis du alle sieben Eiswürfel mit Kaffeebohnen für deinen Bannzauber genutzt hast.

STECHPALME
Ilex *(Holly)*

WESENTLICHE EIGENSCHAFTEN

Schutz, Schattenarbeit, Neuanfänge, Widerstandsfähigkeit

Die Stechpalme gehört mit vierhundert weiteren blühenden Arten zur Familie der Stechpalmengewächse. Die meisten Menschen denken bei ihrem Anblick an Feiertage, da die Stechpalme in der christlichen Symbolik durch ihre Stacheln an den Blättern die Dornenkrone Jesu repräsentiert, die roten Beeren die Blutstropfen.

MEDIZINISCHE EIGENSCHAFTEN

Die überwiegende Mehrheit der Stechpalmenarten ist nicht essbar, doch gibt es eine, aus der man Tee machen kann: den Mate-Strauch (*Ilex paraguariensis*). Seine Blätter senken Fieber, vor allem weil sie schweißtreibend wirken, sie sind schleimlösend und ein gutes allgemeines Stärkungsmittel.

Magische Eigenschaften

Beziehe die Stechpalme mit ein, wenn du Schattenarbeit machen oder deine Widerstandsfähigkeit stärken willst. In deinem Zuhause schützt dich die Stechpalme vor den Schatten, die die Erde durchstreifen, vor allem in den Wintermonaten. Und falls du in deinem Leben gerade entscheidende Veränderungen durchläufst, dann wird dir die Stechpalme eine gute Partnerin sein – sie hilft dir, dein altes Leben hinter dir zu lassen, damit du in ein neues hineingeboren werden kannst.

Pflanzenweisheit

Die Stechpalme führt dich zu deinem besseren Selbst, auch wenn du dich noch so sehr dagegen wehrst. Deine Entschuldigungen und Ausreden interessieren sie nicht, und das kann zu deinem Besten sein. Manche von uns brauchen nicht nur eine liebevolle, sondern auch eine feste Hand, damit wir erkennen können, dass unsere Komfortzone nicht zwangsläufig das Richtige für uns ist. Wir sind Wesen, die sich entwickeln und ständig weiter ausbreiten sollen, und genau daran erinnert die Stechpalme. Lass dir von ihr helfen, wenn du an deiner persönlichen Entwicklung arbeitest, und sei vorbereitet auf eine einzigartige Reise. Die Stechpalme im Traum bedeutet, dass du vermutlich zu den Menschen gehörst, die sofort wieder aufstehen, wenn sie hingefallen sind. Die Stechpalme weiß deine Widerstandsfähigkeit zu schätzen und will dazu beitragen, dass deine Reise etwas weniger schmerzhaft ausfällt – sie führt dich an einen Ort, an dem du ein wenig Frieden empfindest.

ECHTER STERNANIS
Illicium verum *(Star Anise)*

Wesentliche Eigenschaften

Übersinnliche Eigenschaften, Gleichgewicht

Der Begriff Anis bezeichnet zwei unterschiedliche Pflanzen. Wir kennen den Anis (*Pimpinella anisum*), ein krautiges Gewächs mit weißen Doldenblüten, und den Echten Sternanis, um den es hier geht, ein immergrüner Baum, der vor allem in China wächst. Beide Arten von Anis duften und schmecken nach Lakritz und werden in vielen Gerichten als Gewürz verwendet.

Medizinische Eigenschaften

Diese Pflanze hat keine bekannten medizinischen Eigenschaften.

Magische Eigenschaften

Die sternförmige Frucht des Sternanis hat meist acht Spitzen. Diese regelmäßige Form bringt bereits die ausgleichende Wirkung der Pflanze zum Ausdruck: Sternanis kann die Kräfte in dir ins Gleichgewicht bringen und dich zu einem echten Verständnis von dem führen, was für dich wirklich richtig ist. Die Balance, die du mit ihm findest, macht dich ruhig und ermöglicht es dir, über das hinauszuschauen, was dich blockiert. Sternanis weckt deinen Geist und verstärkt deine Arbeit mit übersinnlicher Intuition und innerem Wissen. Leg die Frucht auf deinen Altar, wenn du an deinem spirituellen Wachstum arbeiten willst, und binde sie in deine magischen Arbeit ein, wenn es um Reichtum und Glück geht. Sternanis an den vier Ecken deines Zuhauses wirkt schützend und erschafft einen sicheren Raum, den Feen und Engel gerne betreten. Die von Sternanis gezogenen Grenzen halten Feindseligkeit fern, wirken jedoch für alle positiven Energien als Einladung.

Pflanzenweisheit

Das Träumen und Meditieren mit Sternanis ist äußerst wirkungsvoll. Wenn ich mit ihm zusammenarbeite, dann verstärkt er meine Gaben über meine Vorstellungskraft hinaus und versetzt mich in Zustände geometrischer Heiligkeit. Doch Achtung! Sternanis ist niemals nachsichtig, nicht einmal mit Anfängern. Sei also vorbereitet auf aufschlussreiche Wahrheiten.

GEWÖHNLICHE STOCKROSE

Alcea rosea *(Hollyhock)*

Wesentliche Eigenschaften

Kreativität, Fülle, Neuanfänge

Der wissenschaftliche Name der Stockrose, *Alcea*, leitet sich aus dem griechischen Wort für »Heilung« ab. Tatsächlich ist die Heilfähigkeit der Stockrosen von ungewöhnlicher Art. Stockrosen werden seit langer Zeit mit dem Lebenszyklus in Verbindung gebracht: Eine Ausgrabung im Irak brachte neun Neandertalerskelette zutage, die etwa sechzig- bis achtzigtausend Jahre alt waren. Es gab Hinweise auf eine elaborierte Zeremonie, bei der auch Stockrosenpollen verwendet worden waren. Auch die Ägypter der Antike nutzten Stockrosen, um sie als Kranzgebinde mit ihren mumifizierten Toten zu vergraben.

Medizinische Eigenschaften

Die Stockrose lindert bei maßvollem Gebrauch Wehenschmerzen, und eine aus den Blüten gefertigte Salbe ist gut für die Haut. Ihre Wurzeln enthalten viel Zucker und können gegessen oder zu Sirup verarbeitet werden. Aus ihren Blüten wird ein Heiltee zubereitet, der bei Atem- und Verdauungsbeschwerden hilft. Manche legen Stockrose direkt auf die Haut, um Geschwüre und schmerzhafte entzündliche Schwellungen zu behandeln.

Magische Eigenschaften

Stockrosen schlagen eine Brücke in die Anderswelt und helfen dir, sicher hinüber- und wieder zurückzukommen. Sie stehen hoch aufgerichtet da und strecken sich, ohne sich zu schämen, nach dem Himmel. Sie leiten verirrte Seelen, die ziellos auf der Erde herumwandern, zu ihrer nächsten Reise. Wer Geister sehen und mit ihnen kommunizieren kann, fühlt sich von Stockrosen angezogen. Ich rate dazu, sie im Vorgarten zu pflanzen, damit sich Geister auf Besuch willkommen geheißen fühlen. Du kannst auch einen Kranz aus Stockrosen binden und ihn von Oktober bis November an deine Eingangstür hängen, in dieser Zeit ist der Schleier zwischen den Welten besonders dünn. So kannst du unerwünschte Geister von deinem Heim fernhalten und sie ermutigen, ins Jenseits zu gehen.

Als ich ein kleines Mädchen war, hat meine Mutter Stockrose in meine Strümpfe gesteckt oder in mein Haar geflochten, damit ich bei meinen Streifzügen über den Friedhof nicht in Gefahr geriet.

Die Stockrose übt eine Anziehungskraft auf Fülle und Fruchtbarkeit aus. Falls du versuchst, schwanger zu werden, oder einen Analogiezauber für jemanden wirkst, der es werden möchte, dann hilft dir Stockrose mit ihrer Energie. Außerdem fördert sie finanzielle Unabhängigkeit und lässt dich und alles in deinem Leben wachsen, was du dir wünschst.

Pflanzenweisheit

Die Stockrose rückt die Bedeutung deiner Liebe zu den Menschen in deinem direkten Umfeld in die richtige Perspektive – sie erinnert dich daran, das Leben nicht als selbstverständlich zu nehmen und mehr Zeit mit deiner Familie zu verbringen. Sie meldet sich bei denjenigen, die sich einsam fühlen und keine Angehörigen haben. Aus diesem Grund bringe ich oft einen Strauß mit Stockrosen in das örtliche Obdachlosenasyl, wo sie das Gefühl von Zugehörigkeit und Liebe verbreiten kann.

ECHTES TAUSENDGÜLDENKRAUT

Centaurium erythraea *(Centaury)*

Wesentliche Eigenschaften

Übersinnliche Eigenschaften, Heilung, Schutz, Verbannen

Das Echte Tausendgüldenkraut wächst in Wiesen und auf Waldlichtungen. Seine Blüten öffnen sich am Nachmittag und schließen sich in der Nacht. Ihren lateinischen Namen hat die Pflanze von der griechischen Sage um den Zentauren Chiron. Dieser war durch einen in das Blut der vielköpfigen Hydra getauchten Pfeil vergiftet worden und heilte seine Wunde mit Tausendgüldenkraut. In Deutschland steht das Echte Tausendgüldenkraut unter Naturschutz.

Medizinische Eigenschaften

Tausendgüldenkraut wurde zur Behandlung von Schlangenbissen verwendet, um Würmer abzutöten und zur Blutreinigung. Die Einnahme der Pflanze über einen längeren Zeitraum soll den Appetit regulieren und bei der Gewichtsreduktion helfen. Außerdem kann man es zur Behandlung von Geschwüren, bei Magenentzündung und Lebererkrankungen nutzen. Tausendgüldenkraut wirkt gut gegen Fieber, da es die Schweißbildung anregt.

Magische Eigenschaften

Die mittelalterlichen Hexen verbrannten Tausendgüldenkraut, um ihre übersinnlichen Fähigkeiten zu verstärken und Visionen herbeizuführen. Außerdem vertreibt das Kraut Schlangen – die echten wie die menschlichen. Tausendgüldenkraut in deiner Jackentasche gibt dir Sicherheit, wenn du dich auf öffentlichen Plätzen aufhältst oder dich mit Menschen triffst, mit denen du dich unwohl fühlst. Außerdem kannst du es beim Telefonieren in der Hand halten, um deine Aura vor negativen Einflüssen zu schützen. In deinem Garten pflanzt du es am besten neben Rosmarin, um den Schutz deines Heims zu verstärken.

Pflanzenweisheit

Das Tausendgüldenkraut ist eine gutherzige Pflanze. Falls du Heilerin bist oder wenn dein Herz der Heilung bedarf, dann trage ein Büschel des Krautes bei dir, damit es Traurigkeit lindert und Freude bringt. Es ist still und kommuniziert über Berührungen. Wenn Tausendgüldenkraut in deinen Träumen auftaucht, dann will es dir mitteilen, dass sich dein Herzzentrum im Ungleichgewicht befindet.

Tausendgüldenkraut-Bannzauber

Dieser Bannzauber hilft dir, alle unerwünschten Emotionen zu vertreiben.

Was du brauchst

1 Lorbeerblatt
500 ml Wasser
25 g getrocknetes Echtes Tausendgüldenkraut
1 Esslöffel Himalajasalz (es geht auch einfaches Tafelsalz)
1 Teelöffel Pfeffer

Wie es geht

- Schreibe auf das Lorbeerblatt mit Bleistift das Gefühl, von dem du dich befreien willst.
- Bringe das Wasser zum Kochen, gib erst das Lorbeerblatt und anschließend das Tausendgüldenkraut, Salz und Pfeffer hinein.
- Lass den Sud 3–5 Minuten kochen. Halte dabei die Augen geschlossen, und stelle dir vor, wie die Emotion deinen Körper verlässt.
- Wenn du fertig bist, gießt du das Wasser in den Ausguss. Falls du weitere Emotionen verbannen willst, dann wiederhole den Vorgang für jede Emotion neu. Diesen Zauber kannst du so oft wiederholen, wie es dir erforderlich erscheint.

ECHTER THYMIAN

Thymus vulgaris *(Thyme)*

WESENTLICHE EIGENSCHAFTEN

Schutz, Mut, Neuanfänge

Im antiken Griechenland glaubte man, dass die hellgrünen Triebe der Pflanze ihren Ursprung in den Tränen der geraubten Helena haben. Die Ägypter nutzten Thymian zum Einbalsamieren, und im Mittelalter gaben Frauen den Kriegern und Rittern kleine Thymianbüschel, damit sie mutig in die Schlacht ziehen.

MEDIZINISCHE EIGENSCHAFTEN

Thymian ist als Antimikrobiotikum so wirkungsvoll, dass Ärzte vor Penizillin und der Erfindung der Antibiotika Wunden mit Thymian behandelt haben. Heute ist Thymian noch in vielen Mundspülungen enthalten.

MAGISCHE EIGENSCHAFTEN

Thymian ist ein bekanntes Küchengewürz, gehört aber auch zu den Pflanzen, die das Tor zwischen den Welten öffnen – besonders einladend wirkt es auf Feen. Außerdem hat Thymian eine große Schutzwirkung und vertreibt alle negativen Energien, die sich vielleicht an dich angeheftet haben. Thymian kann Orte außerdem von Trauer und Wut befreien. Die Arbeit mit dem Kraut verfeinert deine Praxis und schenkt dir das nötige Selbstvertrauen, um an deine magische Wirksamkeit zu glauben.

PFLANZENWEISHEIT

Die wirkungsvollen Schwingungen von Thymian dringen bis zu deinen Knochen vor und inspirieren dich dazu, Magie geschehen zu lassen. Ein Traum mit Thymian deutet auf Unruhe hin – irgendetwas bereitet dir Sorgen. Doch der Thymian lässt dich wissen, dass das Chaos, die Reise und das Timing ihren Zweck erfüllen. Die Pflanze ermutigt dich, Geduld und Vertrauen zu haben.

TILLANDSIEN

Tillandsia *(Air Plants)*

WESENTLICHE EIGENSCHAFTEN

Reinigen, Gleichgewicht, Sorglosigkeit

Die im Englischen als »Luftpflanze« bezeichnete Art gedeiht tatsächlich praktisch in der Luft hängend. Die mehrjährigen Gewächse mit ihren silberigen Blättern und eindrucksvollen Blüten sind mit Saugschuppen bedeckt, die es den Tillandsien ermöglichen, Feuchtigkeit direkt aus der Luft statt mit den Wurzeln aus der Erde aufzunehmen. Sie wachsen auf Bäumen, Dächern, Felsen oder Kakteen.

MEDIZINISCHE EIGENSCHAFTEN

Von dieser Pflanze sind keine medizinischen Eigenschaften bekannt.

MAGISCHE EIGENSCHAFTEN

Diese sorglosen Pflanzen können dich zu einer vergleichbaren Leichtigkeit des Geistes inspirieren. Sie gedeihen auf Unsicherheiten, da sie nicht immer wissen, wie sie die benötigte Feuchtigkeit erlangen. Trotzdem sind sie unabhängig und glücklich, die äußeren Umstände spielen für sie keine Rolle. Wenn Merkur rückläufig ist, dann hole ich meine Tillandsien heraus und hänge sie überall bei mir zu Hause auf. Sie bewirken einen auf einzigartige Weise sorglosen Fluss von fast göttlicher Einigkeit. Damit ich bei meiner Arbeit nicht zu verkopft bin oder mich nicht von Stress blockieren lasse, habe ich außerdem eine Tillandsie direkt bei meinem Arbeitsplatz aufgestellt. Sie steigert meinen kindlichen Geist und fördert meine Vorstellungskraft, ermöglicht es mir, zu entspannen, Nervosität zu reduzieren und dass ich mir keine Gedanken um Kleinigkeiten mache.

Pflanzenweisheit

Du wünschst dir einen Traum, in dem du fliegen kannst? Dann befestige eine Tillandsie über dem Kopfende deines Bettes, und bitte sie vor dem Schlafengehen, dich in den Himmel mitzunehmen. Am besten gelingt es bei Vollmond. An Neumond solltest du dies eher meiden, da der Geist dann gerne ins Unbekannte reist. Das Fliegen bei Vollmond ist für Anfänger geeignet, die sich gerade erst mit der Pflanze verbinden oder zum ersten Mal im Traum fliegen, da die Erfahrung dann friedlicher und fröhlicher ist.

Tillandsien können überall leben! Doch ich habe sie am liebsten in den Zimmern meiner Kinder, da sie so die Reinheit ihrer Herzen bewahrt. Tillandsien helfen ihnen, sich nach einem langen Schultag zu entspannen, und stärken ihre Vorstellungskraft.

TRAUBEN-SILBERKERZE
Actaea racemosa *(Black Cohosh)*

Wesentliche Eigenschaften

Schutz, Stärke, Manifestieren

Die Trauben-Silberkerze ist unter vielen anderen Namen bekannt, unter anderem als Schwarze Schlangenwurzel, Staudiges Christophskraut oder als Frauenwurzel. Ihre Blüten haben keine Blütenblätter dafür aber spektakulär angeordnete Staubgefäße, und wachsen direkt aus dem hohen schmalen Stängel heraus.

Medizinische Eigenschaften

Traditionell verwendeten Indigene in Nordamerika Trauben-Silberkerze, um Schlangenbisse zu behandeln und Schmerzen bei der Geburt zu reduzieren. Heute wird von der Verwendung abgeraten, weil die Trauben-Silberkerze Übelkeit, Schwindel und eine niedrigere Herzfrequenz verursachen kann. Trotzdem enthält das Kraut sekundäre Pflanzenstoffe, die ähnlich wie Östrogen wirken, was es zu einem nützlichen Mittel für die Menopause macht.

Magische Eigenschaften

Trauben-Silberkerze findet Verwendung in Schutzzaubern, weil sie jede zu dir geschickte negative Energie auflösen kann. Außerdem verleiht sie dir die Kraft, dich gegen übersinnliche Angriffe zur Wehr zu setzen. Die Wurzeln der Pflanze enthalten wirksame Weisheit und Magie, die dir aber nur zugänglich sind, wenn du die Pflanze selbst aus dem Samen ziehst. Während du der Trauben-Silberkerze beim Wachsen zusiehst, setzt du deine Vorsätze, und die Pflanze wird dich in deinen magischen Praktiken leiten. Nur wenn du sie wirklich brauchst, darfst du die Wurzeln verwenden. Eine Wurzel ist mehr als genug für einen Zauber, also pflanze das Gewächs wieder zurück in die Erde, und pass auf, dass du sie nicht umbringst.

Pflanzenweisheit

Ein Feld mit Trauben-Silberkerze in deinen Träumen ist mit einer brennenden Geburtstagskerze vergleichbar, die du auspusten darfst: Du darfst dir etwas wünschen. Wenn du von einer einzelnen Trauben-Silberkerze träumst, dann erzähle ihr von den Dingen, nach denen du dich sehnst und die du manifestieren möchtest. Wenn du selbst eine Trauben-Silberkerze ziehst, dann setz dich gelegentlich zu ihr, und berichte ihr aus deinem Leben, erzähl ihr von deinen Gefühlen und von deinen Zielen. Die Pflanze wirkt als Verstärker und macht deine Wünsche für das Universum unüberhörbar.

RITUELLES MANIFESTIERUNGSBAD MIT TRAUBEN-SILBERKERZE

Dieses Baderitual weckt die Trauben-Silberkerze, damit sie dich in ihren Manifestierungskräften baden kann.

Was du brauchst

2 Esslöffel getrocknetes Trauben-Silberkerzen-Pulver
1 Esslöffel getrocknete Engelwurzwurzel
1 Esslöffel getrockneter Rosmarin
1 aufgeschnittene frische Orange
eine Handvoll frisches Gipskraut
eine Handvoll frische Rosenblütenblätter
eine rote Kerze

Wie es geht

- Fülle deine Wanne mit Wasser in deiner bevorzugten Temperatur.
- Gib die Kräuter in das Badewasser, und schalte das Licht aus.
- Zünde die rote Kerze an, und benenne dabei die Ziele, die du verwirklichen willst.
- Liege mindestens 15 Minuten lang im heißen Badewasser.

ULME
Ulmus *(Elm)*

WESENTLICHE EIGENSCHAFTEN
Frieden, Gleichgewicht, Kunstmagie
Ulmen oder Rüster gehören in Europa und Nordamerika trotz des Ulmensterbens noch immer zu den am weitesten verbreiteten Bäumen. Die-

ser Baum hat einen sehr hohen Stellenwert, da sich sein Holz zu nahezu allem verarbeiten lässt.

Medizinische Eigenschaften

Mit Ulmenrinde kann man Hustenreiz und Verdauungsbeschwerden lindern. Sie wirkt adstringierend und reinigt offene oder eiternde Wunden.

Magische Eigenschaften

Die Ulme sorgt für Frieden und Glück, weshalb wir auch so entspannt sind, wenn wir in ihrem Schatten liegen. Der beste Ort zum Schreiben und Lesen befindet sich für mich unter einer Ulme. Sie vertreibt Negativität, weckt die Vorstellungskraft und erlaubt es mir uneingeschränkt zu träumen. Sie lockt kreative Projekte hervor und hat sogar Lösungen für Probleme, mit denen man sich vielleicht schon endlos lang herumgeschlagen hat.

Die Ulme weckt deine Kreativität und erfüllt deine Kunstmagie mit Kraft. Genau, Kunst ist magisch, vor allem wenn du selbst die Künstlerin bist. Welcher Kunst du dich auch hingibst, unter einer Ulme zu sitzen hebt deine Arbeit auf eine höhere Schwingungsebene und erfüllt sie mit einer Heilkraft, die Menschen zu deiner Kunst führt – und das aus gutem Grund, denn deine Arbeit ist voll von der Art Energie, die wir alle in unserem Leben brauchen. Wenn du deine Ziele auf das ausrichtest, was du erschaffen kannst, dann sorgt die Ulme dafür, dass diese Energie für immer aus deinem Kunstwerk strahlt. Falls es dir nicht möglich ist, unter einer Ulme zu arbeiten, dann bewahre ein Stück ihrer Rinde in der Nähe deines Arbeitsplatzes auf.

Pflanzenweisheit

Nutze die Ulme, um das wirkliche Leben zu verlassen und für eine Weile in deine Fantasie zu flüchten, oder einfach, um dich in eine friedliche ruhige Abgeschiedenheit zurückzuziehen. Falls dir Meditation schwerfällt, könntest du es mit der Unterstützung von Ulme versuchen, und du wirst sehen, dass du sie als leichter und viel angenehmer empfindest. Ulme in deinen Träumen kann mehrere Bedeutungen haben: Vom Baum herabfallende Äste sind ein Hinweis darauf, dass der Tod vor der Tür steht – entweder tatsächlich für jemanden in deinem Umfeld oder im übertragenen Sinne für einen Weg, ein Projekt oder etwas Ähnliches, das zum Abschluss kommt. Kletterst du im Traum auf eine Ulme, dann weist sie dich darauf hin, dass du etwas in deinem Leben hinter dir zurücklassen musst – wahrscheinlich befindest du dich in einer für dich schädlichen Situation oder einer toxischen Beziehung, in einem dich ausbremsenden Job oder in einer wenig förderlichen Umgebung. Der Traum von einer friedlich sich wiegenden Ulme ist eine Botschaft von Mutter Erde, die dir Liebe sendet.

UNECHTE ROSE VON JERICHO
Selaginella lepidophylla *(Rose of Jericho)*

WESENTLICHE EIGENSCHAFTEN

Neuanfänge, Fülle, Glücklichsein

Diese erstaunliche Wüstenpflanze ist ein Moosfarngewächs und kann bis zu zwei Jahre lang ohne Wasser auskommen, um dann innerhalb eines Tages wieder auszutreiben. Deshalb gehört sie zu den sogenannten Auferstehungspflanzen. Sie darf jedoch nicht mit der Echten Rose von Jericho (*Anastatica hierochuntica*) verwechselt werden, denn nur der Moosfarn hat magische Eigenschaften.

Medizinische Eigenschaften

Mit der Unechten Rose von Jericho kann man Unfruchtbarkeit, insbesondere bei Frauen, und Störungen der Lunge und des Verdauungssystems behandeln. Sie lindert den Schmerz der Geburt; früher einmal tauchten Hebammen die Pflanze während einer Geburt ins Wasser, damit sie im gleichen Moment wie das Kind (wieder-)geboren würde.

Magische Eigenschaften

Die Unechte Rose von Jericho ist eines der faszinierendsten Gewächse des Pflanzenreichs, da sie in ihrem Verhalten der Seele ähnelt. Wie die Seele kann die Pflanze lange inaktiv oder unterdrückt sein, doch sobald sie die richtige Nahrung bekommt, zeigt sie sich in der wunderbarsten Ausprägung von Licht und Liebe. Die Unechte Rose von Jericho zieht alles an, was deine Seele zum Gedeihen braucht. Sie symbolisiert Wiedergeburt, aber auch das erleichternde Glücksgefühl, wenn man dem eigenen Geist den richtigen »Dünger« gibt, den er zum Entfalten seiner ganzen Schönheit braucht.

Pflanzenweisheit

Arbeite mit der Unechten Rose von Jericho, um dein altes Ich zu befreien und um wiedergeboren aufzuerstehen. Sie öffnet dir die Tür zu einem neuen Ich oder zu einem Neuanfang. Sie lehrt uns, dass wir unser Ich der Zukunft nicht kennen können, da wir uns ständig verändern. Doch der Moosfarn zeigt uns, wie wir feiern können, wer wir im gegenwärtigen Augenblick sind. Steige aus der Asche, und werde mit der Unechten Rose von Jericho wiedergeboren. Nur wer eine lange Zusammenarbeit mit der Pflanze plant, wird von ihr und ihrer Weisheit im Traum besucht.

USAMBARAVEILCHEN
Saintpaulia ionantha *(African Violet)*

Wesentliche Eigenschaften

Selbstliebe, Schutz

Das Usambaraveilchen stammt aus dem gleichnamigen Gebirge in Tansania. Ihre leuchtend blauen Blüten bringen Farbe und Leben in jeden Raum, allerdings erfordert diese Zimmerpflanze viel Pflege und Aufmerksamkeit.

Medizinische Eigenschaften

Blüten und Blätter des Usambaraveilchens sind essbar und reich an Vitamin A und C. Ihre Blätter kann man zu einem Breiumschlag zur Behandlung von Prellungen und Wunden verarbeiten, und auch als Bestandteil eines Hustensafts zeigen sie gute Wirkung.

Magische Eigenschaften

Usambaraveilchen sind die Diven des Pflanzenreichs. Ihnen ist es sehr wichtig, dass du zu deinem besten Selbst wirst. Arbeite mit Usambaraveilchen, wenn du sowohl in physischer als auch in spiritueller Hinsicht auf die nächsthöhere Stufe gelangen willst. Von der Pflanze lernen wir, dass wir uns immer wieder neu erfinden und keine Angst davor haben sollen, uns von allem zu verabschieden, was uns nicht mehr weiterbringt, denn nur so können wir Wachstum und neue Fülle in unser Leben lassen.

Pflanzenweisheit

Dem Usambaraveilchen ist Selbstliebe besonders wichtig, und es will, dass wir es uns gut gehen lassen. Es erinnert uns daran, die Schönheit in allen Dingen zu sehen und jede Minute unseres Lebens zu genießen. Es ist der Meinung, dass du es verdienst, dir etwas Gutes zu tun, und das solltest du auch so sehen. Ein Mittel der Selbstfürsorge ist es, gesunde Grenzen zu ziehen. Das Usambaraveilchen lässt dich sorgfältig drauf achten, toxische Menschen und Situationen aus deinem Leben auszuschließen. Der Pflanze an dich lautet: »Du bist heilig, und deshalb ist die eigene Wertschätzung der ultimative Akt der Liebe.« Gewähre der Pflanze Zutritt zu deinen Träumen, damit du das Leben klarer sehen kannst – sie wird deinen Blick auf die Bereiche lenken, auf die du achten musst.

VENUSFLIEGENFALLE
Dionaea muscipula *(Venus Flytrap)*

WESENTLICHE EIGENSCHAFTEN

Schutz, Manifestieren, Verbannen

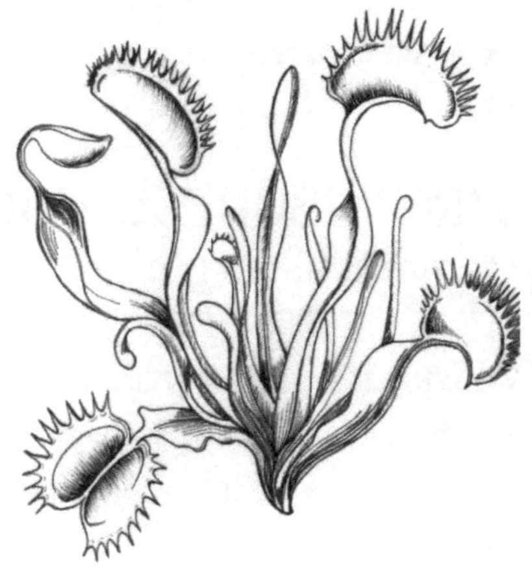

Die berühmte fleischfressende Pflanze aus der Familie der Sonnentaugewächse fängt ihre Beute, indem sie ihr wie Fangeisen geformtes Fangblatt schnell zusammenklappt. Sie sondert einen süß duftenden Nektar ab, mit dem sie Insekten anlockt. Sobald ihre Auslöseborsten berührt werden, schlagen die Blatthälften der Falle zusammen – in einer Geschwindigkeit von einer Zehntelsekunde! In den USA gilt die Venusfliegenfalle nicht als bedroht, aber als schützenswert. In der EU steht sie, wie alle Sonnentaugewächse, auf der roten Liste.

MEDIZINISCHE EIGENSCHAFTEN

Ein Saft aus der Venusfliegenfalle stimuliert das Immunsystem. Derzeit wird geforscht, ob die Pflanze in der Krebsbehandlung, insbesondere bei der Hodgkin-Krankheit und Morbus Hodgkin, eine Rolle spielen könnte.

MAGISCHE EIGENSCHAFTEN

Füttere die Venusfliegenfalle mit Insekten, und denke dabei an eine negative Emotion oder Erfahrung, die dich verfolgt. Während du das Insekt in eine ihrer Fallen hältst, setzt du die Negativität aus deinem Geist frei und überlässt sie der Pflanze. Stell die Pflanze auf deinen Altar oder neben dich, wenn du dich mit Manifestierungszaubern zu den Themen Geld, Glück oder Liebe beschäftigst. Von einem Fensterplatz aus schützt die Venusfliegenfalle dein Heim vor unerwünschten Energien und Menschen.

Pflanzenweisheit

Die Venusfliegenfalle frisst Negativität, nimmt sie in sich auf und ersetzt sie durch Gelassenheit und Ausgeglichenheit. Nutze keinen Teil von ihr, den sie nicht von sich aus anbietet, nutze ihre einzigartige Bereitschaft, Ungeziefer zu fressen, um Negativität aus deinem Leben herauszufiltern.

VIRGINISCHE ZAUBERNUSS

Hamamelis virginiana *(Witch Hazel)*

Wesentliche Eigenschaften

Türöffner zwischen den Reichen

Die Virginische Zaubernuss oder Hexenhasel ist ein großer Strauch oder kleiner Baum. Sie hat duftende Blüten, die in der Sonne wie Bernstein glühen. Ihre biegsamen Zweige wurden als Holz für Wünschelruten verwendet, um unterirdische Wasseradern zu finden. Der Name »Hexenhasel« kam durch eine Verwechslung kombiniert mit einer falschen Übersetzung zustande und geht nicht auf ihre magischen Eigenschaften zurück, wie man erwarten würde. Im Englischen wurde die Pflanze mit der »Wych Elm« (der Bergulme) verwechselt und dann als »Wych Hazel« bezeichnet. Im Deutschen wurde die falsche Verwandtschaft (Wych) übernommen und noch falsch übersetzt: Hexenhasel.

Im Englischen selbst hat sich inzwischen die Schreibweise »witch« statt »wych« eingebürgert.

Medizinische Eigenschaften

Weil die Zaubernuss gegen Mikroben und Bakterien wirkt, macht sie sich ausgezeichnet in einem Gesichtstonikum. Falls du Akne hast, solltest du sie ausprobieren. Sie ist außerdem gut bei empfindlicher Kopfhaut und nützlich bei der Behandlung kleiner Verletzungen, von Kratzern und Insektenstichen.

Magische Eigenschaften

Die Zaubernuss macht sich die Energie der Sonne zunutze, weshalb du am besten mit ihr arbeitest, wenn du feurige Energien verstärken oder ein Feuerelement brauchst. Diese sind vor allem in Zaubern zu den Themen Liebe, Leidenschaft, Selbstliebe, Kreativität und Kraft wichtig. Am liebsten beziehe ich die Zaubernuss in meine Kerzenmagie mit ein. Außerdem kann die Pflanze dir helfen, dich mit deiner Mitte, deinem Wesenskern, zu verbinden. Dort konzentrieren sich mächtige Energien, was leider oft ignoriert wird und Unruhe, diffuse Gedanken und sogar gesundheitliche Beschwerden auslösen kann. Lass dir von der Zaubernuss helfen, um Zugang zu diesem Raum zu erlangen, und du kannst lernen, wie du die dort versammelte Energie für spirituelle Arbeit und sogar für Zauber einsetzen kannst. Die Energie aus deiner Mitte wirkt erdend und unterstützt daher sehr gut die Manifestierung von Geld, guter Gesundheit, Erfolg und Heilung.

Pflanzenweisheit

Sobald du ein paar Monate lang mit der Zaubernuss zusammengearbeitet hast, wird sie dir Energien geben, die Türen zum Geisterreich, zum Reich der Feen und zu den Halbgöttern öffnen. Mit der Unterstützung der Zaubernuss wird es dir sehr viel leichter fallen, zu einer der Entitäten aus diesen Reichen durchzudringen. Die Virginische Zaubernuss erscheint nicht in Träumen, aber du kannst entweder über Meditation oder über die Zusammenarbeit in deiner magischen Arbeit eine Beziehung zu ihr entwickeln.

VIRGINISCHER TABAK
Nicotiana tabacum *(Tobacco)*

Wesentliche Eigenschaften

Heilung, Verbannen

Tabak war ursprünglich in Nord- und Südamerika heimisch. Angeblich habe der englische Kolonialist John Rolfe den Tabak »entdeckt«, aber das ist natürlich nicht richtig. Wie bei vielen anderen Pflanzen auch, nutzten native amerikanische Völker schon Tabak, lange bevor die Kolonialisten ihr Land überfielen. In vielen Kulturen und Religionen ist Tabak heilig und wird eingesetzt, um Ruhe und Frieden herzustellen oder um allgemein die Kommunikation und speziell den Kontakt zu den Ahnen zu fördern. Unverarbeiteter Tabak ist häufig Bestandteil von Zeremonien und Heilpraktiken.

Medizinische Eigenschaften

Obwohl Tabak überall auf der Welt geraucht wird, kann es fatale Folgen haben, wenn er falsch oder zu oft aufgenommen wird. Tatsache ist aber auch, dass Tabak vorübergehend Schmerz und Ängste verringert und dass er in vielen Kulturen für die Wundversorgung genutzt wird. Außerdem hilft das Kauen von Tabak gegen Zahnschmerzen.

Magische Eigenschaften

Man muss Tabak nicht rauchen, um ihn für die magische Arbeit zu nutzen. Mit vor der Tür verstreutem Tabak kannst du dein Zuhause schützen. Tabakblätter unter deinem Bett laden Geister in deine Träume ein. Meditiere mit Tabak, indem du dich hinlegst und Tabakblätter auf deinem Unterleib ausbreitest. Sie werden dich zurück zu deinen Wurzeln führen und dich durch eine tiefe Heilerfahrung leiten.

Pflanzenweisheit

Obwohl Tabak ein wesentlicher Bestandteil der kulturellen Traditionen indigener Völker ist, kannst du ihn für deine Arbeit nutzen, auch wenn du diesen Völkern nicht angehörst – vorausgesetzt, du nutzt ihn respektvoll.

Aus Respekt bitte ich dich, Tabak nicht einzusetzen, um eine Verbindung zu den Ahnen herzustellen – außer das ist in deiner Kultur traditionell üblich. Du kannst Tabak in deine Bann- und Schutzmagie einbinden, ohne dass du fürchten musst, die Pflanze oder jemanden damit zu beleidigen.

TABAK-REINIGUNGSSPRAY

Dieses einfache und wirkungsvolle Spray kannst du einsetzen, um Eingänge wie deine Wohnungstür zu schützen oder um deinen Altar nach der Magiearbeit zu reinigen.

Was du brauchst

1 Esslöffel losen Tabak
1 Esslöffel zermahlenen Salbei
1 Orangenschale, zerkleinert
1 Teelöffel Meersalz
Schraubglas für 250ml
eine Sprühflasche

Wie es geht

- Gib alle Zutaten in dein Schraubglas. Gieße mit heißem Wasser auf, und lass den Sud abkühlen, ohne ihn abzudecken.
- Sobald die Flüssigkeit Raumtemperatur erreicht hat, schraube das Glas mit dem Deckel zu, und stelle es in deinen Kühlschrank.
- Wenn du das Mittel anwenden willst, dann gieße es durch ein Sieb in die Sprühflasche und versprühe es dort, wo Reinigung erforderlich ist.

VOGELBEERE
Sorbus aucuparia *(Rowan)*

Wesentliche Eigenschaften

Schutz, übersinnliche Fähigkeiten, Fülle

Der Vogelbeerbaum, auch Eberesche genannt, wird überall auf der Welt in zahlreichen unterschiedlichen Kulturen als kraftvoller Beschützer wahrgenommen. Die meisten Bestandteile des Baumes sind essbar und bei einer Reihe von Beschwerden hilfreich. Ihre knallroten Beeren erinnern an die Früchte von Stechpalmen, sind jedoch im Gegensatz dazu ungiftig. Die Vogelbeere gilt als Hexenbaum und »Baum der Kraft«, weil man in seinen Beeren ein kleines Pentagramm erkennen kann.

Medizinische Eigenschaften

Die Beeren des Vogelbeerbaums werden seit Jahrhunderten bei Magenproblemen und Blutung eingesetzt. Ihre Blätter helfen bei Asthma, Erkältungen, Arthritis und entzündeten Augen. Es wird angenommen, dass ihre Heilwirkung auf den adstringierenden Eigenschaften von Beeren und Borke beruht.

Magische Eigenschaften

Die Meditation mit der Eberesche sorgt für Ruhe und Wohlbefinden. Falls du selbst keinen Zugang zu einem Baum hast, kannst du Rinde, Blätter und Beeren für Schutz- und Füllezauber nutzen. Halte beim Meditieren ein Stück Rinde in der Hand, oder verarbeite die Beeren in deinen Mahlzeiten, um Frieden und Fülle anzuziehen.

Pflanzenweisheit

Die Eberesche ist ohne Zweifel ein äußerst magischer und heiliger Baum. Ein Exemplar in der Nähe des Hauses zu haben bietet guten Schutz. Der Vogelbeerbaum ist auf gute Weise besitzergreifend: Er ist stolz auf das Land, auf dem er steht, und wird es sein Leben lang beschützen. Er ist außerdem ein guter Zuhörer. Du kannst dich also zu ihm setzen und mit ihm besprechen, womit du im Unreinen bist. Vielleicht hattest du eine Pechsträhne oder kommst bei einem Projekt nicht weiter. Falls dem so ist, lege deine Hände an den Baum, und bitte ihn, das zu Negative beseitigen, was sich an dich geheftet hat. Die Eberesche ist sogar fähig, deine Aura von Negativität zu befreien.

Von ihr zu träumen heißt, sich einer Tür in die Anderswelt bewusst zu werden, die dich zu einer Reise ins Unbekannte einlädt. Gehe im Traum zu ihr, und berühre sie mit deinen Händen – sie wird dich auf eine besondere Reise mitnehmen.

VOGELBEER-MARMELADE FÜR DAS DRITTE AUGE

Diese Marmelade öffnet das Dritte Auge und kann zu jedem Gericht gegessen und in jeder magischen Arbeit verwendet werden. Ich esse sie gerne auf einem Cracker oder einem Toastbrot zu einer Tasse Tee und genieße dann die Stille, während ich meditiere, in mein Tagebuch schreibe oder magisch arbeite.

Bedarf

1 Kilo getrocknete Vogelbeeren (gewaschen und ohne Stiel)
1 Kilo Äpfel (geschält, entkernt und geviertelt)
4–5 Rosmarinzweige
1 Teelöffel frischer, gehackter Basilikum
1 Lorbeerblatt
1 Seihtuch
100 g Zucker (z. B. brauner Zucker, Rohrzucker oder Kokosnussblütenzucker)
Schraubgläser

Vorgehensweise

- Gib Vogelbeeren, Apfelstücke, Rosmarin, Basilikum und Lorbeerblatt in einen Topf, der ausreichend groß ist, damit du gut rühren kannst.
- Bedecke alles mit kaltem Wasser. Bring die Mischung bei mittlerer Hitze zum Kochen, dann reduziere die Temperatur, und lass den Topfinhalt 15–20 Minuten köcheln, bis die Früchte weich sind.
- Lass das Ganze 5–10 Minuten abkühlen, und fülle es dann in ein Seihtuch. Hänge es über Nacht oder wenigstens für elf Stunden über eine Schüssel zum Abtropfen. Drücke den Brei in dem Seihtuch nicht aus, sondern lass die Flüssigkeit auf natürliche Weise abfließen.
- Anschließend gibst du das Mus zurück in den Topf und vermischst es mit dem Zucker. Lass es bei geringer Hitze 10–15 Minuten köcheln, bzw. bis sich der Zucker aufgelöst hat.
- Sobald der Zucker geschmolzen ist, dreh die Flamme hoch, und bring den Topfinhalt zum Kochen. Lass ihn 5 Minuten lang kochen oder bis das Mus ausreichend dick ist, fülle es dann in Gläser, und schraube sie fest zu.

GEWÖHNLICHE VOGELMIERE
Stellaria media *(Chickweed)*

WESENTLICHE EIGENSCHAFTEN

Gleichgewicht, Verstärkung, Liebe, Stärke

Die Gewöhnliche Vogelmiere ist eine außergewöhnlich widerstandsfähige Pflanze. Sie wird oft als »Unkraut« betrachtet, da es schwer sein kann, sie aus dem eigenen Garten zu vertreiben, doch ehrlich gesagt weiß ich gar nicht, warum das nötig sein sollte. Sie ist im Allgemeinen umgänglich, aber auch willensstark, wenn sie deinen Garten also nicht komplett übernimmt, schenkt sie ihm Energie und Schutz.

Medizinische Eigenschaften

Vogelmiere ist essbar und wird traditionell während des japanischen Frühlingsfestes Nanakusa verzehrt. Die Blätter wirken gegen Juckreiz, Verstopfung sowie gegen Magen- und Verdauungsbeschwerden. Das Kraut enthält viel Eisen und Vitamin C und hilft bei Blut- und Lungenkrankheiten.

Magische Eigenschaften

Gewöhnliche Vogelmiere wächst gerne in Gruppen, angeschmiegt an andere Pflanzen. Sie hilft dir, dich selbst nicht aus dem Blick zu verlieren, während du an deinen Beziehungen mit deinen Mitmenschen arbeitest. Sie ist sehr ausdauernd und kann dich deshalb in schwierigen Zeiten zu Stärke und Beständigkeit inspirieren. Vogelmiere zieht neue Liebe an oder kann eine vorhandene Liebe stärken. Gib dazu etwas Vogelmiere in ein Glas, fülle es mit kaltem Wasser auf und stelle es unter dein Bett auf die Seite, auf der dein Partner oder deine Partnerin schläft.

Pflanzenweisheit

Die vorrangige Kraft von der Vogelmiere besteht darin, dir alle Bereiche deines Lebens, wie Liebe, Heilung, Wohlstand und Beziehungen, ins Gleichgewicht zu bringen. Sie ist der Lebenscoach der Pflanzenwelt. Sie wächst überall auf der Erde und hat durch ihre Beobachtung des Menschen und seines Verhaltens viel gesehen und gelernt. Ihr Wissen ist heilig, und ich wende mich an sie, als gehöre sie zu den Ältesten. Sie beharrt darauf, alle Facetten einer Situation zu betrachten, und ruft uns ins Gedächtnis, wie oft wir ein Brett vorm Kopf haben. Sie hilft dir, diese Blockaden zu bekämpfen, und verstärkt deine innere Gurupräsenz. Vogelmiere erscheint nicht in Träumen, doch wenn du mit ihr meditierst, führt sie dich weit über die uns vertraute Welt hinaus.

GEMEINER WACHOLDER

Juniperus communis *(Juniper Berry)*

WESENTLICHE EIGENSCHAFTEN

Schutz, Türöffner zwischen den Reichen, Reinigen

Wachholderbeeren sind als Gewürz besonders in Europa sehr beliebt. Ihr harziges Aroma rundet den Geschmack von Schweinebraten, Kohl, Sauerkraut und Wildgerichten ab und spielt auch bei der Ginherstellung eine unverzichtbare Rolle. Gemeiner Wacholder ist pflegeleicht, und er wächst sogar weit verbreitet in Parks und öffentlichen Anlagen. Solltest du dort sofort auf Beutezug gehen wollen, achte darauf, wirklich nur diese Art abzuernten, da alle anderen zum Essen zu bitter sind. In zu großer Menge können Wacholderbeeren außerdem giftig sein.

MEDIZINISCHE EIGENSCHAFTEN

Früher wurden Wacholderbeeren zur Empfängnisverhütung eingesetzt. Heutzutage werden sie für die Behandlung von Arthritis und zur Reinigung des Verdauungssystems genutzt. Wacholder wirkt energetisierend, und sorgt in einem Krankenzimmer dafür, dass keine weiteren Krankheiten hinzukommen. Außerdem vertreibt Wacholder Insekten.

MAGISCHE EIGENSCHAFTEN

Wacholder ist eine der besten Reinigungspflanzen überhaupt. Er schützt vor niederfrequenten Vibrationen, Flüchen und übersinnlichen Angriffen. Die Pflanze ist eine häufig verwendete Zutat in Zaubern, die vor schwarzer oder dunkler Magie und böswilligen Geistern schützen. Wacholder hilft dir außerdem bei der Lösung von Problemen, insbesondere dann, wenn sie durch starke Emotionen oder giftige Energie verursacht wurden.

Wacholder bei Vollmond zu verbrennen oder eine schwarze, mit Wacholder gesalbte Kerze anzuzünden errichtet eine Brücke in andere Reiche. Der Wacholder wird dich aber nicht in Reiche gelangen lassen, denen du seiner Meinung nach noch nicht gewachsen bist.

PFLANZENWEISHEIT

Die Arbeit mit Wacholder stärkt deinen Geist und hilft dir, verantwortungsbewusst zu reisen. Du wirst schnell die Zeichen und Botschaften, die diese Reiche für dich parat halten, bewusster und intuitiver wahr- und aufnehmen. Träumst du von Wachholder, dann ist Vorsicht angesagt! Er warnt dich vor unglücklichen Ereignissen, die dir bevorstehen. Pass gut auf, denn er gibt dir auch entsprechende Hinweise, wie du die drohende Katastrophe abwenden kannst.

WACHOLDER-BEERENDRECK ZUR ABWEHR VON BÖSEM

Dieser »Dreck« nutzt die Macht der Erde und durchdringt sie mit den schützenden Energien des Wacholders.

Was du brauchst

5–10 Wacholderbeeren

1 Teelöffel Raute, frisch oder getrocknet

250 g »Dreck« bzw. Erde (nicht vom Friedhof, denn das wäre für diesen Zweck nicht richtig; wenn möglich von einem Flussufer)

2 Esslöffel Salz

1 Teelöffel Zaubernuss

Wie es geht

- Während du die Intention visualisierst, dich vor dem Bösen und vor negativer Energie zu schützen, vermahlst du alle Zutaten in einem Mörser oder einer Schüssel mit einem Holzlöffel, um alles zu zerkleinern und zu vermischen.
- Wenn du fertig bist, verteilst du den »Dreck« an den Ecken deiner Haustür und an jeder Tür, die geschützt werden soll.

- Du kannst auch deinen Namen auf einen Zettel schreiben, ihn mit dem »Dreck« bedecken und in der Erde vergraben – so bist du beschützt.

WACHSBLUME

Hoya *(Hoya)*

WESENTLICHE EIGENSCHAFTEN

Schutz, übersinnliche Fähigkeiten, Intuition

Die Wachsblume kommt als Liane oder Halbstrauch ursprünglich aus Asien. Ihr charakteristisches Merkmal sind die wächsernen Blüten, die sich aus zahlreichen kleinen Einzelblüten zusammensetzen, die gemeinsam einen hübschen Schirm bilden und leicht bis intensiv süß duften. Wachsblumen gedeihen gut in Innenräumen und können auch an einem schattigeren Standort stehen. Sie blühen aber nur, wenn sie etwas mehr Licht abbekommen.

MEDIZINISCHE EIGENSCHAFTEN

Diese Pflanze hat keine bekannten medizinischen Eigenschaften.

MAGISCHE EIGENSCHAFTEN

Die Einzelblüten der Wachsblume haben eine Sternform, manche sehen aus wie kleine Pentagramme, dehnen sich nach außen und symbolisieren das Göttliche.

Die Blüten stärken deine Intuition und deine übersinnlichen Wahrnehmungen, allerdings musst du sie immer erst um Erlaubnis bitten, bevor du sie pflückst, und deine Wünsche im Vorhinein äußern.

Wachsblumenranken eignen sich am besten für Schutzmagie. Du kannst sie aber auch anderer Zauberarbeit hinzufügen oder sie einfach um ihre Unterstützung bitten. Allerdings musst du genau formulieren, wofür du ihren Schutz brauchst. Am häufigsten bitte ich sie, mich *und* meine kreative Arbeit zu beschützen. Leider wirst du feststellen müssen, dass du als erfolgreiche Hexe praktisch all deine Leistungen vor Neidern oder solchen Menschen schützen musst, die sich gerne mit fremden Federn schmücken.

Pflanzenweisheit

Die Wachsblume hält negative Energien von deinem Heim fern und errichtet ein Schutzfeld in jedem Raum, in dem sie sich befindet. Sie in den Windfang zu stellen oder neben die Eingangstür schafft eine Grenze, die Eindringlinge, feindselige Geister und verirrte Seelen nicht überwinden können. Nur selten erscheint die Wachsblume in Träumen – ich habe in meinem ganzen Leben nur eine Handvoll Träume von ihr gehabt. Und jedes Mal geschah es nach einer Entfaltung, einem Erwachen oder einer Art spiritueller Einstimmung. Sie half meinem physischen Körper, sich auf meinen veränderten Geist auszurichten. Je mehr du mit ihr arbeitest, umso deutlicher spürst du ihre Gegenwart, denn sie öffnet deinen Geist und gestattet es dir, tiefer zu empfinden.

GEMEINE WEGWARTE
Cichorium intybus *(Chicory)*

Wesentliche Eigenschaften

Entblockung, Türöffner zwischen den Reichen, Fülle

Die Gemeine Wegwarte ist eine imposante Pflanze mit faszinierenden blaulila Blüten. Sie ist seit Jahrtausenden bei vielen Kulturen ein Bestandteil der Nahrung und würzt Salate oder Kaffee.

Medizinische Eigenschaften

Ein Brei aus Wegwartenblättern direkt auf die Haut aufgetragen, wirkt gegen Schwellungen und Entzündungen. Die Gemeine Wegwarte eignet sich außerdem zur Behandlung von Bluthochdruck und Herzversagen. In vielen indigenen Kulturen Nordamerikas wird sie außerdem bei Bauchschmerzen und Verstopfung angewandt. Weltweit kommt sie zudem bei Leber- und Gallenbeschwerden sowie in der Krebsbehandlung zum Einsatz.

Magische Eigenschaften

Die Wegwarte kann Genügsamkeit erhalten. Falls du Geldsorgen hast und bereits mit Pflanzen daran arbeitest, Wohlstand und Fülle anzuziehen, dann solltest du die Wegwarte dazuholen, um das Geld, das dir zur Verfügung steht, beisammenzuhalten. Sie kann und wird dir dabei helfen, Blockaden aus dem Weg zu räumen und die Türen zu günstigen Gelegenheiten im Leben zu öffnen. Der Volksmund besagt, dass ihre Wirksamkeit am höchsten ist, wenn man sie schweigend bei Mondlicht erntet.

Pflanzenweisheit

Die Wegwarte eignet sich nicht nur hervorragend, um Blockierungen aufzulösen und neue Wege zu eröffnen, sondern ist auch eine herausragende Kommunikatorin mit der Geisterwelt. Ich nutze sie als eine Art Mikrofon, wenn ich mit meinen Ahnen in Verbindung treten will. Gerne stelle ich eine mit Wasser gefüllte Schüssel neben sie, um das Flüstern der von ihr gerufenen Geister zu verstärken.

Du kannst die Wegwarte bitten, dich in deinen Träumen zu besuchen, doch ich warne dich vor: Diese Träume sind möglicherweise sehr schräg! Es könnte zum Beispiel sein, dass du gerade eben noch durch die Luft fliegst, und schon im nächsten Moment läufst du durch einen sich drehenden geometrischen Tunnel. Solche Träume machen uns stark und furchtlos und erinnern uns an die Kräfte, die in allen Menschen wohnen und uns allen zur Verfügung stehen.

WEIDE

Salix *(Willow)*

WESENTLICHE EIGENSCHAFTEN

Heilung, energetische Reinigung, Schutz

Die Weide bildet einen beeindruckenden Kreis, der sich vom Stamm über ihre zur Erde heruntergebeugten Äste und Zweige schließt. Ein einzelner Weidenast, den man in feuchte Erde steckt, schlägt aus und wird zu einem neuen Baum. Weidenzweige geben hervorragende Wünschelruten ab und helfen, unterirdische Wasser- oder Energieadern zu finden.

MEDIZINISCHE EIGENSCHAFTEN

Weidenrinde enthält Salizylsäure, der dem Grundstoff im Aspirin ähnelt. Tatsächlich wurde Weidenrinde vor der Erfindung von Aspirin als wirkungsvolles Schmerz- und Fiebermedikament genutzt und wird auch heute noch von Naturheilpraktikern eingesetzt.

MAGISCHE EIGENSCHAFTEN

Du kannst dein Zuhause von unerwünschten Entitäten befreien, indem du es spirituell mit einem Besen aus Weidenzweigen auskehrst. Für ein besonders heilsames Wannenbad kannst du Weidenblätter auskochen und den gewonnenen Sud in dein Badewasser geben – wahrscheinlich wirst du weinen müssen und dich so von seit Langem verdrängten Gefühlen befreien. Sammle deine Tränen in einem Schraubglas, das du während des abnehmenden Halbmonds auf das Fensterbrett stellst. Die Mondenergie wird deine Tränen in ihr Licht tauchen und sie heilen. Danach kannst du deine Tränen für sehr mächtige Selbstliebe- oder allgemeine Heilzauber verwenden.

PFLANZENWEISHEIT

Weide ist mein absoluter Lieblingsbaum. Auf dem Friedhof aus meiner Kindheit stand eine Weide, und wenn ich Unterstützung brauchte, dann war sie für mich wie ein Elternersatz. Unter einem Weidenbaum wirst du von ihren Zweigen wie von einem Mantel schützend eingehüllt. Ihre Äste sind die Arme, mit denen sie dich umarmt. In diesem Reich kann dich niemand stören. Ich richtete mir im Schutz ihrer Zweige einen Altar ein, und sie lehrte mich, wie ich für meine Sicherheit sorgen und spirituelle und physische Eindringlinge fernhalten kann. Wenn es dir nicht gut geht, nimmt sie dich in ihre Arme und schafft einen sicheren Ort für dich. Du kannst ihre Zweige auf deinen Altar legen, über deinem Bett oder überall dort aufhängen, wo du aufdringliche Menschen fernhalten willst. Die Weide hilft dir außerdem, zumindest vorübergehend deinen Schmerz zu vergessen, damit du ein paar Augenblicke des Friedens und der Liebe hast.

In Träumen erscheint die Weide vor allem bei Kindern, die Verletzungen, Schmerzen und Traumata durchstehen müssen, aber auch bei Erwachsenen, die Ähnliches erfahren haben. Sie besucht außerdem Menschen, die sich selbst verletzen, und bringt Heilung, aber auch eine Art erholsame Weltflucht. Sie lässt dich von einem glücklicheren Leben träumen, verspricht bessere Zeiten und erinnert dich daran, wie wichtig du für die Erde bist. Die Weide versteht deinen Schmerz und hilft dir, nicht aufzugeben.

WEIHNACHTSSTERN
Euphorbia pulcherrima *(Poinsettia)*

WESENTLICHE EIGENSCHAFTEN

Vertrauen, Wünsche

Der Weihnachtsstern (oder auch Poinsettia) hat seine Heimat in Mittelamerika, insbesondere in einem Gebiet namens Taxco del Alarcón im südlichen Mexiko, wo die Pflanze in den Wintermonaten blüht. Bei den Azteken hieß sie *cuetlaxochitl*, aber wir assoziieren sie heute natürlich mit Weihnachten, wenn die Weihnachtssterne in jedem Supermarkt und Gartencenter zu sehen sind. Und das aus gutem Grund: Der Weihnachtsstern symbolisiert die Rückkehr der Sonne nach der Wintersonnenwende und das Versprechen des kommenden Frühlings und neuen Lebens.

Medizinische Eigenschaften

Entgegen einer weitverbreiteten Fehlannahme sind Weihnachtssterne nicht tödlich für Mensch und Tier, sondern lediglich leicht giftig. Der Verzehr löst Übelkeit, Erbrechen und Durchfall aus, also ist es besser, die Finger davon zu lassen. Der Saft der Pflanze wird dennoch gelegentlich verwendet, um Bakterien zu töten und Schmerz zu lindern, und manche verwenden die ganze Pflanze, um Fieber zu bekämpfen und die Milchproduktion stillender Frauen anzukurbeln.

Magische Eigenschaften

Glaubst du an die Macht von Wünschen? Ich tue es. Nimm eines der roten Hochblätter der Poinsettia, formuliere einen Wunsch, und lege das Blatt in den Schnee. Falls kein Schnee liegt, kannst du das Blatt auch in der Wintererde vergraben. Dein Wunsch wir wachsen und im Frühling erblühen.

Pflanzenweisheit

Die Poinsettia hat in vielen Kulturen und Religionen eine lange Tradition – kein Wunder, wo sie als Verkörperung von Glauben, Gebet und Andacht gesehen wird. Ich habe oft den Eindruck, dass es uns generell an Andacht mangelt – wir lassen uns so sehr vom Alltag in Beschlag nehmen, dass alles Spirituelle zu kurz kommt. Der Weihnachtsstern lehrt uns, dass auch unser Alltag spirituell sein kann, vorausgesetzt, wir sind achtsam und leben im Jetzt. Er dient uns als Führer, als eine Art Berater in spirituellen Angelegenheiten. Arbeite mit ihm in den Wintermonaten, in denen wir uns ja ohnehin nach innen wenden und die Welt sich unter langen Schatten verbirgt. Es gelingt ihm, den Schleier zwischen dir und der geistigen Welt noch ein wenig dünner zu machen, damit du Zugang finden und gehört werden kannst, aber dabei auf der sicheren Seite bleibst.

Die Poinsette kann dir helfen, wenn du kein Vertrauen mehr in dich selbst oder in die Welt zu haben glaubst, du bezweifelst, ob deine Gebete überhaupt gehört werden, wenn du von der Magie enttäuscht bist oder nicht sicher bist, ob sie überhaupt real ist (wir alle haben solche Phasen von Zeit zu Zeit). Sie wird deine Zweifel auflösen.

Ein Traum vom Weihnachtsstern kann bedeuten, dass Engel mit dir sprechen und dir eine göttliche Botschaft übermitteln wollen – also sei aufmerksam!

WEINRAUTE

Ruta graveolens *(Rue)*

WESENTLICHE EIGENSCHAFTEN

Schutz

Die Weinraute wird seit Urzeiten als Arzneipflanze genutzt. Die intensiv riechende immergrüne Pflanze wächst wild in Feldern überall in Europa und Nordamerika. Sie blüht in kleinen gelben Einzelblüten und lässt die Welt so aussehen, als bestehe sie ausschließlich aus Sonnenschein.

MEDIZINISCHE EIGENSCHAFTEN

Weinraute wird für medizinische Zwecke angebaut und als Stärkungsmittel und gelegentlich als Schutz vor Insekten verwendet. Sie hilft bei Menstruationsbeschwerden und stimuliert die Gebärmutter. Äußerlich angewandt dient sie der Behandlung von Arthritis, Zerrungen, Beulen, Zahnschmerzen, Kopfschmerzen, Tumoren und Warzen. Sie wirkt gegen Pilze und Läuse. Wenn du sie jedoch auf die Haut aufträgst, kann sie bei längeren Aufenthalten in der Sonne Sonnenbrand verursachen. Der Verzehr in zu großen Mengen kann zu Magenbeschwerden führen und sogar tödlich sein.

MAGISCHE EIGENSCHAFTEN

Weinraute beschützt dich vor negativen äußeren Einflüssen, die dich zu Handlungen verführen können, die du später bereust. Weinraute hilft dir, dich gegen solche Einflüsse abzugrenzen, damit du besser zu deinem eigenen Wesenskern zurückkehren kannst. Weinraute beschützt dich außerdem gegen Zauber, Flüche und böse Kräfte. Ihr etwas scharfer Geruch soll bösartige Entitäten vertreiben.

Pflanzenweisheit

Weinraute ist eine Beschützerin, und sie bewahrt dich nicht nur vor der Außenwelt, sondern auch vor dir selbst. Wenn du schlechte Angewohnheiten, Selbstverletzungen und Selbstsabotage loswerden möchtest, dann verbinde dich mit der Weinraute: Lass sie deine vernachlässigten oder verborgenen Anteile spiegeln – alle wunderbaren Eigenschaften. Wenn du sie allerdings nicht beachtest, vernachlässigst du auch deine Selbstfürsorge. Die Begegnung mit Weinraute im Traum kann sehr magisch sein – sie verschafft dir ein Gefühl von Frieden, das ich nur schwer in Worte fassen kann. Es ähnelt dem Ergebnis einer erfolgreichen Meditation.

WEINREBE

Vitis *(Grape)*

Wesentliche Eigenschaften

Kreativität, Neuanfänge, Fülle, Verstärkung, Wünschen

Die Weinrebe ist seit Jahrhunderten ein fester Bestandteil vieler Kulturen überall auf der Welt. Aus den Beeren der Pflanze werden Wein, Traubenkernöl und Essig hergestellt, beziehungsweise kann man sie auch frisch oder getrocknet in Form von Rosinen essen. Die Pflanzen sind anspruchslos und produzieren rote, schwarze, orangefarbene, blaue, rosafarbene, grüne und sogar weiße Weinbeeren.

Medizinische Eigenschaften

Das in Trauben – insbesondere in roten – enthalten Resveratrol senkt den Cholesterinspiegel, wirkt allgemein gegen Herzkrankheiten, stärkt das Immunsystem und die kognitiven Funktionen. Weinbeeren helfen außerdem bei Diabetes und Allergien. Eine durchgeschnittene halbe Weinbeere, die man auf das Gesicht reibt, wirkt adstringierend und reinigt die Haut etwa von Akne. Traubenkernöl verbessert den Kreislauf, stärkt die Knochen, die geistige Widerstandsfähigkeit und die Nierenfunktion und verringert das Krebsrisiko.

Magische Eigenschaften

Es gibt unendlich viele Einsatzmöglichkeiten für Trauben. Du kannst einige Früchte halbieren, sie in eine Sprühflasche geben, mit demineralisiertem Wasser auffüllen und für die Reinigung deines Zuhauses nutzen.

Um Trauben in der Manifestierungsarbeit einzusetzen, formulierst du für jede Beere an einer Rispe einen eigenen Wunsch oder ein eigenes Ziel. Du kannst auch eine Traube an deine Traumcollage hängen oder zu den Notizen eines kreativen Projekts, an dem du gerade arbeitest, oder auf deinen Terminkalender legen, damit sie dir hilft, einen Traum zu verwirklichen. Weinreben sind besonders wirkungsvoll, wenn es darum geht, deine Zauberarbeit auf die nächste Stufe zu heben. Zerschneide die Rispen in kleine Stücke, und verwende sie als Verstärker in deiner Magiearbeit.

Pflanzenweisheit

In meiner Kultur hält man Weinbeeren für transformierend. Sie tragen dazu bei, einen neuen Weg im Leben zu manifestieren, und werden deshalb als heilig angesehen. Trauben entfalten ihre ganze Kraft in der Fruchtbarkeits- und Füllearbeit, und ihre Energie ist so liebevoll, dass es bereits ausreicht, eine Schale mit Trauben auf den Tisch zu stellen, um ein Heim zu segnen. Ich rate dazu, jeden Tag eine Schale mit Weintrauben frisch auf den Tisch zu stellen – durch dieses kleine Ritual kann ihre Energie eine geheiligte Atmosphäre im Raum verbreiten. Ich habe immer eine kleine Schüssel Trauben auf meinem Altar.

WEISSDORN
Crataegus *(Hawthorn)*

Wesentliche Eigenschaften

Heilung, Liebe

Der Weißdorn ist ein Strauch oder kleiner Baum, der auch als Hagapfel, Mehldorn oder als Heinzelmännerchen bekannt ist. Für viele indigene Völker überall auf der Welt stellt er seit Jahrhunderten eine heilige Pflanze dar. Weißdorn hat kleine säuerliche Beeren und bildet wunderschöne weiße bis rosafarbene Blüten rings um die Dornen aus. In Märchen und Sagen werden ihm vielerlei mythische und rituelle Bedeutungen zugesprochen.

Medizinische Eigenschaften

Aus den essbaren und leckeren Beeren des Weißdorns, seinen Blüten und Blättern kann man ein medizinisches Herztonikum herstellen. Als nährstoffreiche Pflanze heilt er beschädigtes Herzgewebe und reguliert den Blutdruck. Weißdorn unterstützt die Gelenke, Venen, Sehnen und Gelenkbänder, wirkt positiv auf den Blutkreislauf und verbessert den Blutfluss zu den Extremitäten. Die Wirkweise des Weißdorns ist sanft, und ein aus ihm zubereiteter Tee oder eine entsprechende Tinktur kann über lange Zeit als Stärkungsmittel für Herz und Kreislauf eingenommen werden.

Magische Eigenschaften

Weißdorn heilt und öffnet wie keine andere Pflanze das Herz. Er heilt dein Herz in physischer wie in spiritueller Hinsicht und löst Blockaden auf. Ein vertrautes Verhältnis zu diesem Strauch kannst du herstellen, indem du entweder mit ihm meditierst oder dich regelmäßig in seiner Nähe aufhältst. Einen guten Beitrag zur Festigung einer solchen Beziehung leistet die beschriebene Tinktur.

Pflanzenweisheit

Weißdorn ist einer unserer wichtigsten Ältesten, und wie alle Ältesten teilt er seine Weisheit und Liebe tiefgründig und zielgerichtet. Seine Liebe ist sowohl streng als auch sanft – er zeigt dir, was du heilen musst, und hilft dir dann, den Schmerz zu kanalisieren. Nie lässt er dich mit deiner Aufgabe allein. Weißdorn ist äußerst gründlich, du kannst dich auf eine umfassende Reise zur Heilung deines Herzens einstellen, wenn du mit ihm arbeitest.

WEISSDORN-MEDITATIONSTRANK

Grundsätzlich kannst du dieses Rezept auf alle essbaren Beeren in diesem Buch anwenden. Nimm täglich eine Dosis von circa 2 Teelöffeln ein. Diese Tinktur mit Weißdorn wird das hervorholen, woran du dich klammerst und was du bisher vor der Welt und vielleicht auch vor dir selbst verborgen hast.

Was du brauchst

120 g getrocknete Weißdornbeeren
1 Glas mit Schraubverschluss
½ Liter mindestens 80-prozentigen Rum oder Wodka (man kann auch Apfelessig oder als Nahrungsmittel zugelassenes Glyzerin verwenden)
1 Esslöffel Honig oder Ahornsirup (wahlweise)

Wie es geht

- Gib die Beeren in das Schraubglas, und bedecke sie mit Alkohol, Essig oder Glyzerin. Schraub den Deckel gut fest.
- Beschrifte das Glas mit Inhalt und Datum. Bewahre es mindestens 3–4 Wochen an einem kühlen, dunklen Ort auf, und schüttle es jeden Tag ein wenig, um den Saft aus den Beeren zu lösen.
- Nach der Zeit gießt du die Mischung durch ein Sieb und bewahrst dann den Trank entweder im gleichen Glas auf oder in einer braunen lichtgeschützten Flasche. Falls du Apfelessig als Basis des Tranks verwendet hast, bewahre ihn im Kühlschrank auf.
- Wenn du mit Weißdorn meditieren möchtest, dann such dir einen ruhigen und bequemen Ort, an dem du ungestört sitzen kannst.
- Bevor du den Trank einnimmst, sprich zum Weißdorn! Teile ihm mit, dass du bereit bist, dein Herz zu heilen, und danke ihm für seine Bereitschaft, dich auf deiner Heilreise zu begleiten und zu führen.
- Gib einen Tropfen des Tranks auf deine Zunge, und werde still. Gestatte es deinen Sinnen, die Regie zu übernehmen. Achte auf

Emotionen, Gedanken, Visionen oder Bilder, die in dir aufsteigen. Weißdorn nutzt für seine Arbeit deine »heilenden Wasser«, halte deine Tränen also nicht zurück, wenn sie kommen. Lass sie frei fließen.

WEISSWURZ
Polygonatum *(Solomon's Seal)*

WESENTLICHE EIGENSCHAFTEN

Schattenarbeit, Selbsterkenntnis, Blutmagie

Die Weißwurz ist eine Pflanzengattung, die auf viele verschiedene Weisen in der Medizin und in der Magie Verwendung findet.

Die Vielblütige Weißwurz (*Polygonatum multiflorum*) und das Echte Salomonssiegel (*Polygonatum odoratum*) gehören zu den am weitesten verbreiteten oder bekanntesten Arten. Das Salomonssiegel hat seinen Namen erhalten, weil auf seinem Rhizom ein Abdruck zu sehen ist, der an König Salomons Siegel erinnert. In China werden die Rhizome der Weißwurz in Tees verwendet oder in Zucker und Honig gebraten und als Süßigkeit gereicht. In Hungerzeiten hat die Weißwurz den Menschen in China geholfen zu überleben.

MEDIZINISCHE EIGENSCHAFTEN

Weißwurz wirkt gegen Schmerzen, Fieber, Entzündungen, Atembeschwerden, Allergien und Schwächegefühle. Sie kann als Aphrodisiakum eingesetzt werden, aber besser nur unter Aufsicht eines erfahrenen Heilpraktikers. Es heißt, dass sie nach einer anstrengenden Periode oder Stressphase die geistige Lebendigkeit wiederherstellt. Äußerlich kann Weißwurz gegen blaue Flecke, Furunkel, Hämorrhoiden und Hautrötungen zum Einsatz kommen.

Magische Eigenschaften

Die Weißwurz ist eine der nützlichsten Pflanzen im Hexengarten. Sie hilft dir, lästige Gewohnheiten abzustellen und schwierige Entscheidungen zu treffen. Ein Stück Weißwurzrhizom in deinem Terminkalender lässt dich deine Ziele und Pläne fokussiert angehen und bewahrt dich davor, gute Gewohnheiten wieder aufzugeben. Sie legt die Ursachen deines selbstzerstörerischen Verhaltens frei und zeigt dir auch, was du dagegen tun kannst. Neue Triebe sind von dunkelroter Färbung, und aus diesem Grund wird die Weißwurz vor allem mit Blutmagie in Verbindung gebracht, aber auch mit Neuanfängen, dem Abstreifen des alten Ichs und mit der Kontaktaufnahme mit deinen Ahnen.

Pflanzenweisheit

Schattenarbeit ist die Spezialität der Weißwurz. Sie leuchtet die dunklen Ecken aus, macht darin die »guten« und die »schlechten« Anteile sichtbar, die wir gerne verbergen, und hilft uns, uns als Ganzes zu sehen. Und sobald wir es geschafft haben, ein vollständiges Bild von uns wahrzunehmen, unterstützt sie uns dabei, die Anteile zu heilen, die Aufmerksamkeit brauchen. Von der Weißwurz lernen wir uns selbst vollständig anzunehmen, sogar die Bereiche, die uns Angst einjagen.

Lade die Weißwurz in deine Träume ein, um mit ihrer Hilfe einen Zugang zu deiner Innenwelt zu finden. Bei mir hat es eine Weile gedauert, bis ich damit erfolgreich war, aber nach ein paar Jahren der Zusammenarbeit besuchte sie mich in meinen Träumen und zeigte mir mein Inneres – und ich kann dir sagen, das war eine mächtige Erfahrung! Sie brachte mich auf den richtigen Weg, mir meine Macht immer besser zu erschließen und meine Wahrheit auszuleuchten.

WERMUTKRAUT

Artemisia absinthium *(Wormwood)*

Wesentliche Eigenschaften

Schutz, Verstärkung, übersinnliche Fähigkeiten

Diese uralte silbrige Schönheit soll auf dem Weg zuerst gewachsen sein, auf dem die Schlange das Paradies verließ. Wermutkraut wird aufgrund ihrer Ähnlichkeit mit Salbei leicht mit ihm verwechselt. Am bekanntesten ist sie ohne Zweifel für den aus ihrem Öl hergestellten Absinth, der Visionen herbeiführen kann.

Medizinische Eigenschaften

Wermutkraut kann bei der Behandlung von Fieber, Verdauungsproblemen, Lebererkrankungen, Depressionen, Appetitlosigkeit, Muskelkater und Gedächtnisverlust zum Einsatz kommen. Außerdem wirkt es gegen Morbus Crohn und, wenn es zu einer Salbe verarbeitet wird, auch gegen das Jucken von Insektenstichen. Doch Wermutkraut kann bei übermäßiger Anwendung und langem Gebrauch (länger als zwei Wochen am Stück) gefährlich und sollte von schwangeren Frauen gemieden werden.

Magische Eigenschaften

Wermutkraut ist eine äußerst vielseitige magische Pflanze. Wenn sie mehrere Tage lang in Wein gezogen hat, kann sie Visionen auslösen, ermöglicht Astralprojektionen und Prophezeiungen. Legt man das Kraut für drei Mondzyklen in Olivenöl, Traubenkernöl oder Avocadoöl ein, wird es zu einem kostbaren Salböl, das Zauber umkehren, schützen und die Kommunikation mit Geistern ermöglichen kann. Lege eine Blüte in den Kofferraum deines Autos. Dadurch hindert sie dich daran, in gefährliche Gegenden zu fahren, und schützt dich vor Stalkern. Wermutkraut kann auch verwendet werden, um böse Magie zurück an den Absender zu schicken. Als Kommunikationsbrücke in die Geistwelt dient es, wenn es gemeinsam mit Beifuß, Lorbeer oder Blauem Lotus als Räucherwerk verbrannt wird.

Pflanzenweisheit

Am liebsten arbeite ich mit Wermutkraut, um mein übersinnliches Empfindungsvermögen einzustellen – durch das Kraut kann ich mich in meinen Visionen bewegen, Dinge berühren und umstellen, nach Mitteilungen suchen und so weiter. Als ich noch jünger war, fiel mir so etwas sehr schwer, weshalb mir meine Mutter Wermutkraut unter mein Kopfkissen legte. Dadurch konnte ich mich in meinen Visionen besser zurechtfinden und durch das Berühren von Gegenständen noch mehr Informationen erhalten. Lässt du Wermutkraut in deine Träume, kannst du dich in der Traumwelt noch zielgerichteter bewegen, vor allem in Zeiten, in denen du schlecht schläfst.

Die Mitteilung von Wermutkraut an dich lautet: »Der Geist triumphiert über die Materie.« Es erinnert dich daran, dass es für deine Macht keine Grenzen gibt, solange du wirklich glaubst, deine Arbeit tust und die erforderlichen Risiken eingehst, auch wenn du Angst hast.

WILDE MÖHRE
Daucus carota *(Queen Anne's Lace)*

Wesentliche Eigenschaften

Neuanfänge, Türöffner zwischen den Reichen

Die Wilde Möhre, deren Kulturform die Karotte ist, wächst, wie der Name schon andeutet, gerne wild an Wegen oder Feldern. Sie stammt ursprünglich aus Europa und Asien, ist aber inzwischen weltweit verbreitet. Ihre charakteristische schirmartige Blütendolde ballt sich zu einer Kugel, um ihre Samen zu verteilen. Ihre junge Wurzel ist ebenso essbar wie die Blüte, die frittiert am besten schmeckt. Es ist jedoch Vorsicht geboten, weil die Wilde Möhre leicht mit dem giftigen Schierling verwechselt werden kann.

Medizinische Eigenschaften

Die Wilde Möhre wird seit Jahrhunderten in der Naturheilkunde insbesondere gegen Verdauungsbeschwerden und bei Nieren- oder Blasenproblemen eingesetzt.

Magische Eigenschaften

Wenn du dich verloren fühlst und Hoffnung brauchst, dann hilft dir, Wilde Möhre bei dir oder am besten an dir zu tragen, insbesondere ihre Blüten. Du kannst vor der Meditation einen aus ihr zubereiteten Tee trinken, und sie wird dir Visionen von der Manifestierung der Dinge schicken, die du dir wünschst, und dir die Energie geben, um den Wunsch in Wirklichkeit zu verwandeln.

Pflanzenweisheit

Lass dich von der Zartheit der gefiederten Blätter der Wilden Möhre nicht täuschen – diese Pflanzenschönheit ist stark, fleißig und ein sehr spirituelles Wesen. Sie übermittelt Botschaften der Hoffnung und unterstützt dich bei der Kommunikation mit verstorbenen geliebten Menschen. Transformierende Energie ist in ihr stark ausgeprägt – nicht umsonst fühlen sich Schmetterlinge besonders von ihr angezogen. Die Energie von Wiedergeburt und Transformation der Schmetterlinge ist eng mit der Wilden Möhre verbunden. Nutze ihre Hilfe, wenn es dir um Wandel, Transformation und Veränderung geht. Am besten klappt das draußen in der Natur, wo sich Magie ohnehin wie von selbst ergibt. Du kannst aber auch die frischen oder getrockneten Blüten der Wilden Möhre in deine Wohnung und dorthin holen, wo du magisch arbeitest. Wenn du meinst, nicht der Mensch zu sein, der du sein solltest – sei es in physischer, emotionaler, mentaler oder spiritueller Hinsicht –, dann wird sie dich auf deiner transformierenden Reise begleiten, dir Hoffnung und Frieden geben und dir versprechen, dass du nicht allein bist. Lade sie in deine Träume ein, wenn deine geplante Transformation besonders schwer oder vielleicht auch ein wenig Furcht erregend ist.

Geistbelebendes Bad mit Wilder Möhre

Die Wilde Möhre kann dir die Botschaften der Geister in deine Seele zuflüstern. Dieser Badezauber wird deine Verbindung zu deinen liebsten Verstorbenen stärken, sodass ihre Mitteilungen an dich laut und klar verständlich bei dir ankommen.

Was du brauchst

125 ml Milch
3 Esslöffel Honig
2 Esslöffel Lavendel, frisch oder getrocknet
3 Tropfen ätherisches Rosenholzöl
Weihrauch
200 g rosafarbenes Himalajasalz
3 Lorbeerblätter
50 g Wilde Möhre, frisch oder getrocknet
eine weiße Kerze

Vorgehensweise

- Erhitze die Milch mit dem Honig auf dem Herd, und rühre die Milch, während du deinen Geist beruhigst.
- Lass dir eine Wanne einlaufen, und gib Lavendel, Rosenholzöl und Salz hinzu.
- Gieße die Milch mit dem Honig hinein, und lege dabei deine Ziele für die Geister fest, mit denen du kommunizieren willst.
- Gib die Lorbeerblätter zum Badewasser, und sprich laut den Namen des Geistes aus, während du die Wilde Möhre hinzufügst.
- Zünde die Kerze und den Weihrauch an, entspanne dich und lausche.

YERBA BUENA

Clinopodium douglasii *(Yerba Buena)*

WESENTLICHE EIGENSCHAFTEN

Reinigen, Frieden, Klarheit

Yerba Buena ist eine kriechwüchsige pfefferminzartige Pflanze mit anmutigen kleinen Blüten, die im Nordwesten Nordamerikas zu Hause ist. Tatsächlich werden einige Pflanzen als Yerba Buena bezeichnet, weil es übersetzt einfach »gutes Kraut« bedeutet. Achte auf den lateinischen Namen, damit es nicht zu Verwechslungen mit anderen Kräutern kommt.

MEDIZINISCHE EIGENSCHAFTEN

Yerba Buena hilft gegen Schmerzen, insbesondere gegen Kopf-, Zahn- und Gelenkschmerzen. Als Tee wirkt es beruhigend auf den Geist und das Nervensystem. Seit Langem wird Yerba Buena außerdem eingesetzt, um Magenschmerzen, Koliken und Durchfall zu lindern und um die Verdauung zu fördern.

MAGISCHE EIGENSCHAFTEN

Wenn Yerba Buena verbrannt wird, dann wirkt es reinigend und klärend. Solltest du eine Vorliebe für Antiquitäten haben, dann vertreibe ihre stagnierten Energien mit Yerba Buena, bevor du sie in deine Wohnung stellst. Falls das nicht möglich ist, empfehle ich dir, die Fenster weit zu öffnen, dann die Möbel mit Yerba Buena auszuwischen und die Fenster im Anschluss noch eine halbe Stunde offen stehen zu lassen, bevor du im Anschluss mit Wacholder neue friedliche Energie hineinbringst.

PFLANZENWEISHEIT

Yerba Buena kann man immer auf Vorrat haben, um die Energien nach einem Streit aufzulösen und Frieden einzuladen. Ich binde gerne einen Zweig Yerba Buena mit Eukalyptus und Beifuß zusammen an meinen Duschkopf – der durch sie aufgeladene Dampf öffnet mein Drittes Auge, während ich die heilende Wirkung des heißen Wassers genieße.

Ein Traum von Yerba Buena symbolisiert einen Weg, der sich deutlich vor dir ausbreitet, und lässt dich wissen, dass die nächste Etappe nicht mehr ganz so holperig ausfällt wie die zurückliegende. Falls du träumst, dass du Yerba Buena als Geschenk erhältst, dann verweist es auf eine bevorstehende Reinigung, auf Loslassen oder auf die nötige Hingabe.

KLARHEITSBAD MIT YERBA BUENA

Dieses Bad reinigt Geist, Körper und Seele und verspricht dir Klarheit, da dein dadurch geöffnetes Drittes Auge die Tiefen deiner Seele scharf in den Blick nimmt.

Was du brauchst

1 Liter Wasser
1 Esslöffel Yerba Buena, frisch oder getrocknet
1 Teelöffel getrocknetes Yerba Buena
1 Teelöffel getrockneter Liebstöckel
eine weiße Kerze

Wie es geht

- Bring das Wasser zum Kochen, und gib einen Esslöffel frisches oder getrocknetes Yerba Buena hinzu. Lass den Sud 10 Minuten lang kochen.
- Lass die Mischung abkühlen, während du dir die Badewanne einlaufen lässt, dann gieße sie durch ein Sieb in dein Badewasser.
- Vermische den einen Teelöffel getrocknetes Yerba Buena mit dem einen Teelöffel Liebstöckel.
- Zünde die Kerze an, und nutze sie, um damit deine getrockneten Kräuter anzuzünden.
- Atme den Rauch ein, während du dich in der Badewanne entspannst; überlege dir dabei, was du erkennen willst.

YSOP

Hyssopus officinalis *(Hyssop)*

Wesentliche Eigenschaften

Reinigen, Schutz, Heilung, Klarheit

Ysop ist eine hochgewachsene Staude mit blauen oder lilafarbenen Blüten. Ihr einladender Duft ist süß und warmherzig und hebt die Stimmung an. Vor langer Zeit hielt man Ysop für ein Mittel gegen die Pest. Er wird wegen seiner reinigenden Wirkung auf den Geist sogar in der Bibel erwähnt.

Medizinische Eigenschaften

Ysop wirkt stark desinfizierend. Die Pflanze ist außerdem schleimlösend und daher gut gegen Husten oder Erkältung und als Mundspüllösung geeignet. Als Tee hilft Ysop bei Magenbeschwerden wie Blähungen, Völlegefühl und Entzündung. Er fördert äußerlich angewendet die Heilung von Prellungen und Vernarbungen.

Magische Eigenschaften

Ysop wird seit Langem in der Magiearbeit eingesetzt. Er beseitigt negative Energien jeglicher Art, egal ob es sich um die stagnierende Energie nach einem Streit handelt oder um einen boshaften Geist, der nicht verschwinden will. Ysop bringt Klarheit in schwierigen Situationen und hilft dir, ruhig zu bleiben, wenn die Dinge außer Kontrolle zu geraten drohen oder dich überfordern.

Um aus deiner Wohnung stagnierende Energien in Bewegung zu bringen, kannst du Ysop verbrennen und den Rauch sorgfältig über die Möbel und Gegenstände darin verteilen.

Du kannst mit Ysop auch fegen. Binde ein paar frische oder getrocknete Zweige zusammen, und fege die Luft dicht über dem Boden ab (nicht den Boden direkt!) und die dort gespeicherte Energie aus der Haustür heraus. Entsorge das Ysopbüschel, und hänge ein frisches über deine Haustür, um die Energie an der Rückkehr in deine Räume zu hindern.

Pflanzenweisheit

Ysop verkörpert Heilung – etwas, das wir alle in unserem Leben brauchen. Er kann jegliche abgestandene und eingelagerte Energie entfernen, die du vielleicht ungewollt mit dir herumträgst – und das ist wunderbar, kann aber auch sehr intensiv und emotional werden. Du musst mit vielen Tränen rechnen, wenn du mit Ysop arbeitest. Am besten setzt du dich hin, machst eine Ysopräucherung und hörst seiner beruhigenden Stimme zu, während er auf dich wirkt. Er wird deine Innenwelt erschüttern und alte Energie aus deinem Körper lösen. Bleib einfach ruhig, und lass ihn seine Arbeit tun. Falls du in einem noch intensiveren Vorgang dein Herz und deinen Geist reinigen möchtest, dann lade Ysop in deine Träume ein.

ZEDER
Cedrus *(Cedar)*

Wesentliche Eigenschaften

Energetische Reinigung, spirituelle Entwicklung, Schutz, Heilung

Die Zeder hat einen würzigen, harzigen Duft und kommt in den Bergen des westlichen Himalajas und im Mittelmeerraum vor. Sie ist für ihren Duft und ihre etwas launische Präsenz sehr bekannt und wird in Parfüms und in der Aromatherapie gerne verwendet. Ihr wird die Eigenschaft zugeschrieben, zu bewahren und vor den Elementen zu schützen.

Medizinische Eigenschaften

Zeder stellt nicht nur einen natürlichen Mottenschutz dar, sondern wirkt außerdem antibakteriell und pilzhemmend. Ihr Öl verhindert Schuppenbildung und lindert den Schmerz von Gelenkentzündungen. Ihr Duft wirkt wie ein natürliches Beruhigungsmittel und bringt dir guten Schlaf. Seine beruhigende Wirkung gibt vielen die nötige Klarheit, um sich von allen ablenkenden Gedanken zu befreien und sich zu konzentrieren.

Magische Eigenschaften

Die Zeder wird für ihre Fähigkeit geschätzt, aus jedem Raum einen Ritualraum machen zu können und ihn zu weihen. Als Räucherwerk vertreibt Zeder Negativität und verwandelt auch noch den banalsten Ort (etwa dein unaufgeräumtes Schlafzimmer, den Park in der Nachbarschaft oder sogar dein Auto) in eine heilige Stätte. Da der Baum zudem ein Symbol für Langlebigkeit ist, eignen sich seine Bestandteile für Heilzauber. Du kannst auch ein Stück Zedernholz bei dir tragen oder platzierst es irgendwo in deinem Heim, um ein gutes, langes und gesundes Leben zu fördern. Wenn du das Holz außerdem über deiner Eingangstür befestigst, dann hält es Negativität und vor allem böse Geister fern. Das Verbrennen von Zedernholz hebt bei der Meditation den bewussten Geist auf eine Frequenz, die übersinnliche Fähigkeiten verstärkt. Bei der Kommunikation mit deinen Ahnen ist Zeder eine ausgezeichnete Partnerin, weil sie die Verbindung verstärkt und schützt.

Pflanzenweisheit

Die Zeder wurde lange mit dem Tod in Verbindung gebracht: Früher hat man die Köpfe von in der Schlacht getöteten Feinden mit Zedernöl konserviert, aus dem Holz Särge gebaut und es außerdem zur Kommunikation mit den Toten genutzt. Der Baum hat diese Verbindung mit dem Tod zwar akzeptiert, doch entspricht sie nicht seinem eigentlichen Wesen. Tatsächlich repräsentiert er das Leben – Fülle, Freude, Frieden. Seine Schwingung unterstützt dich darin, dich mit deinem höheren Selbst, mit Geist und mit der Erde zu verbinden. Ich betrachte die Zeder daher als Dreifachgöttin des Pflanzenreichs. Bitte sie nur dann, in deine Träume zu kommen, wenn sich tatsächlich eine Zeder in deinem Umfeld befindet. Nur im direkten Gespräch lässt sie sich einladen. Sobald sie dir erschienen ist, wird sie für immer bleiben und dir lebhafte Träume voller Mitteilungen schenken.

ZEDRACHBAUM
Melia azedarach *(Chinaberry)*

WESENTLICHE EIGENSCHAFTEN

Verbannen, Reinigen, energetische Reinigung

Dieser Baum ist auch unter den Namen Persischer Flieder, Chinesischer Holunder oder Paternosterbaum bekannt. Er wächst überall auf der Welt, von Indien über Afrika bis Hawaii. Das Holz des Baumes kann sehr vielseitig verwendet werden, und aus seinen Steinkernen werden Rosenkränze hergestellt, daher auch der Name »Paternosterbaum«.

MEDIZINISCHE EIGENSCHAFTEN

Die Früchte des Zedrachbaums sind für Menschen giftig, aber die Blätter, die ebenfalls giftig sind, schützen Obst und Gemüse vor Insekten. Mit dem entsprechenden Vorwissen und guter Kenntnis hilft eine Infusion aus den Blättern bei Braxton-Hicks-Kontraktionen.

MAGISCHE EIGENSCHAFTEN

Du kannst Zedrachbaumblätter zusammenbinden und mit dem Büschel dein Haus fegen, um es von bösen Geistern und stillstehender Energie zu befreien. Die gleiche Vorgehensweise kannst du auch bei dir selbst anwenden: Indem du mit den Blättern über deinen Körper fährst, streichst du ab, was auch immer sich an dich festgeklammert hat. Nimm Bestandteile des Baumes in deinen Bannzauber auf, oder nutze sie, wenn du das Bedürfnis hast, Grenzen zu ziehen. Wähle deine Ziele, während du die Blätter in den Händen hältst, und vergrabe sie danach in der Erde.

PFLANZENWEISHEIT

Bestandteile des Zedrachbaums kommen in zahlreichen Kulturen und Praktiken zur Anwendung. Sie eignen sich besonders gut zum Bannen, Reinigen und Grenzenziehen, da der Baum dir die Wichtigkeit von spiritueller Reinigung und einer gesunden Verbindung zwischen dir und der Geisterwelt aufzeigt. Es ist nicht leicht, den Baum kennenzulernen, denn er braucht die Gewissheit, dass du ihm ergeben bist. Eine gute Beziehung musst du dir zu ihm erarbeiten. Beginne mit der Kontaktaufnahmetechnik von Seite 35, und führe sie ein paar Wochen lang durch, bevor du mit ihm zusammenarbeitest. Er muss sich sicher sein, dass du deine Arbeit ernst meinst und ihn nicht nur benutzt. Ich meditiere häufig mit dem Zedrachbaum und verwende ihn so oft wie möglich in meinen Praktiken. Einen Auftritt in Träumen gestattet sich der Baum nur bei den Menschen, mit denen er seit Längerem zusammenarbeitet, diese Träume sind dann lebhaft und voller Weisheiten.

ECHTER ZIMTBAUM

Cinnamomum verum *(Cinnamon)*

WESENTLICHE EIGENSCHAFTEN

Erfolg, Liebe, Fülle, spirituelle Entwicklung

Das würzige Aroma und der warme Duft von Zimt haben ihren Ursprung in der inneren Rindenschicht des Echten Zimtbaums, auch als Ceylon Zimtbaum bekannt. Früher war Zimt so kostbar, dass er Königen oder Göttern vorbehalten war und die Bäume von Statuen geflügelter Schlangen beschützt wurden. Im Ägypten der Pharaonen nutzte man Zimt zur Einbalsamierung von Mumien, und in Europa war Zimt als Gewürz so wertvoll, dass sein Ursprung lange Zeit geheim gehalten wurde. Man stellte sich deshalb vor, dass Zimt aus dem Nil gefischt wurde oder vielleicht aus den Nestern von »Zimtvögeln« geholt werden musste. Ursprünglich stammt der Zimtbaum aus Indien, Sri Lanka und Myanmar, doch inzwischen wurde er in vielen tropischen Ländern kultiviert.

MEDIZINISCHE EIGENSCHAFTEN

Zimt ist reich an Antioxidantien, hemmt Entzündungen und hilft bei Blutzuckerproblemen, da er die Insulinresistenz verringert und die Glukoseaufnahme ausgleicht. Zimt wird außerdem eine gute Wirkung bei neurodegenerativen Erkrankungen und als Schutz gegen Krebs nachgesagt. Er hilft bei Infektionen durch Bakterien und Pilze.

Magische Eigenschaften

Die wärmenden und belebenden Eigenschaften von Zimt machen den Baum zu einer äußerst energetisierenden Pflanze und zu einer guten Ergänzung für jeden Zauber, da Zimt die Schwingungen der anderen Zutaten steigert. Zimt wird auch als das Gewürz der Liebe bezeichnet und findet daher schon seit Jahrhunderten Verwendung in Liebeszaubern. Das Salben einer Kerze mit Zimtöl kann eine wunderbare Ergänzung für Erfolgs- oder Geldzauber sein. Zimt hilft dir außerdem bei der Entwicklung deiner übersinnlichen Gaben und deiner Intuition, beispielsweise als Zugabe in Räucherungen.

Pflanzenweisheit

Die Weisheit von Zimt hat ihren Ursprung direkt im Baum. Daher schenkt dir das Sitzen und Meditieren unter einem Zimtbaum zusätzliche Energie und inspirierende Kreativität. Ein Schläfchen im Schatten des Baums bereichert dein ganzes Wesen durch und durch mit den Schwingungen der Liebe und Heilung. Zimtrinde unter deinem Kissen bringt dir lebhafte Träume oder, falls du seherische Gaben besitzt, sogar Visionen.

ZITRONENGRAS

Cymbopogon citratus *(Lemongrass)*

Wesentliche Eigenschaften

Übersinnliche Fähigkeiten, Verstärkung

Zitronengras hat einen belebenden, würzigen Geschmack, der sowohl an Ingwer als auch an Zitrone erinnert. Es wird in vielen ostasiatischen Kulturen zum Würzen von Speisen verwendet. Die Pflanze mit ihren langen, schilfartigen Blättern ist anspruchslos und muss klein geschnitten oder püriert werden, um sie beim Kochen zu verwenden. Du kannst aber auch ein großes Stück mitkochen, das du vor dem Servieren wieder entfernst.

Medizinische Eigenschaften

Zitronengras fördert die Entstehung einer neuen Gefühlslage, bringt einen Energieschub und kann entweder als Aphrodisiakum oder als Ablenkung und damit zum Vertreiben von Ängsten genutzt werden. Es schützt gegen Insekten und ist sowohl als Gewürz wie auch als Tee zu genießen. An den vier Ecken des Grundstücks gepflanzt, schützt es dich vor falschen Menschen. Allerdings verträgt Zitronengras keinen Frost.

Magische Eigenschaften

Zitronengras ist für alle Bereiche übersinnlicher Arbeit nützlich, weil es sich von allem Hellseherischen besonders angezogen fühlt. Es öffnet das Dritte Auge und erleichtert das Empfangen von Botschaften und spiritueller Führung. Insbesondere während des Neumonds kann Zitronengras dein Drittes-Auge-Chakra öffnen. Koche dazu zwei Esslöffel gehacktes Zitronengras zehn bis fünfzehn Minuten lang in gut einem Liter Wasser. Lass den Aufguss abkühlen, und verwende ihn, um deine Fußböden, insbesondere um deinen geheiligten Raum aufzuwaschen. Du kannst auch etwas davon in dein Badewasser geben und während deinem Bad Zitronengrastee trinken und Zitronengrasöl in deiner Duftlampe verbrennen. Indem du dich so intensiv auf Zitronengras fokussierst, wirkt es stärker und tiefer. Sei also darauf vorbereitet, dass deine Sinne sich ausweiten und belebt werden – eine gute Gelegenheit, um Tagebuch zu schreiben. Halte alle deine Empfindungen fest, insbesondere die Visionen oder Botschaften, die du vielleicht empfängst.

Pflanzenweisheit

Zitronengras ist fröhlich und unbeschwert und wird mit Ausstrahlung und Lebenskraft in Zusammenhang gebracht. Erlaube Zitronengras den Zutritt zu deinen Träumen, damit du leichter Zugang zu deinem eigenen gegenwärtigen Leben findest und es von außen betrachten kannst – diese ungewohnte Perspektive wird dir helfen, Lektionen als Leben verändernde Weisheiten anzunehmen.

ZITRONENMELISSE
Melissa officinalis *(Lemon Balm)*

WESENTLICHE EIGENSCHAFTEN

Glücklichsein, Fülle

Zitronenmelisse oder Echte Melisse ist mit der Minze verwandt und verbindet in sich den Duft von Zitrone und Minze. Ihr Name »Melisse« ist ein Hinweis auf ihre Attraktivität für Bienen – *mélissa* ist das griechische Wort für Honigbienen. Auf Menschen wirkt ihr Duft ebenfalls anziehend, weshalb Zitronenmelisse auch in der Aromatherapie und für Parfüm eingesetzt wird.

MEDIZINISCHE EIGENSCHAFTEN

Melissenöl ist der Hauptinhaltsstoff von »Klosterfrau Melissengeist« – ein alkoholisches Destillat, das noch heute erhältlich ist und gegen Kopfschmerzen und innere Unruhe hilft. Das Destillat aus dem 19. Jahrhundert basiert auf einer spätmittelalterlichen Rezeptur der Karmeliten.

Die Zitronenmelisse wird für ihre Wirksamkeit gegen Depression, ihre ausgleichende Wirkung auf Emotionen und ihre schlaffördernde Eigenschaft geschätzt.

MAGISCHE EIGENSCHAFTEN

Zitronenmelisse fördert wie keine andere Pflanze emotionales Wohlbefinden. Sie unterstützt dich zu Beginn einer Beziehung, indem sie Liebe und Freundschaft anzieht. Aber sie tröstet dich auch am Ende einer Beziehung, indem sie dich beruhigt und dir hilft, einen Schlusspunkt zu setzen. Sie unterstützt dich in allen Lebenslagen und während aller Herausforderungen und Veränderungen. Weil Zitronenmelisse spirituelles Wachstum ankurbelt, ist sie ideal für selbstbestimmte magische Arbeit geeignet.

Ihre hohe, fröhliche und heilende Schwingung macht Zitronenmelisse zu einer wirkungsvollen, Fülle verstärkende Pflanze. Als Bestandteil deiner Füllezauber kann sie deren Energie auf die höchste Ebene heben. Hast du sie beim Meditieren, Beten oder bei jeglicher Form spiritueller Arbeit an deiner Seite, wird sie auch die Energie im Raum und in dir steigern. Zitronenmelisse in deinem Badewasser entfernt negative Energien aus deiner Aura und leitet sie ins Wasser.

PFLANZENWEISHEIT

Zitronenmelisse spricht leise und überbringt sanft ihre Botschaften, du musst also ruhig und still sein, sonst überhörst du ihre weisen Worte. Sie drängt dich, dir mehr zu zutrauen und deinen Träumen zu folgen. Wenn du von Zitronenmelisse träumst, dann stehen große Schritte bevor – oftmals sieht man sie im Traum am Rande eines Abgrunds oder bei einem Sturz aus großer Höhe, in dem Augenblick, wenn man sich plötzlich ein Herz fasst, die Flügel ausbreitet und fliegt.

EINE SEGNUNG

Vergiss nicht, wir sind
mehr als Fleisch.
Mehr als Knochen. Mehr.
Besser, als wir meinen.
Besser, als wir glauben. Besser.
Stärker, als wir hoffen.
Stärker, als wir sagen. Stärker.

Die Fortsetzung deiner Reise

Als ich mich hinsetzte, um diese Zeilen zu schreiben, flog ein Falke über meinen Kopf mit einer Botschaft für dich, liebe Leserin und Hexenkollegin. Der Falke will dich daran erinnern, dass wir alle den Herzschlag von Mutter Erde in uns tragen. Die Magie, die du in der Welt siehst, ist eine Spiegelung der Magie, die in dir wohnt.

Dies ist deine Reise, deine spirituelle Praxis, und dies ist dein Leben. Achte bei deiner Arbeit mit der Pflanzenmagie darauf, dass du nur das tust, was sich für dich richtig anfühlt. Ich versuche hier lediglich, dich zu inspirieren und dich auf deinen ersten Schritten deines Wegs zu begleiten, auf dem du schon bald durch das Tor zu deiner eigenen Weisheit gehen wirst.

Du bist absolut dazu in der Lage, selbst Zugang zu all der Magie zu erlangen, die in dieser Welt existiert – und das gelingt dir, indem du deine eigenen Praktiken entwickelst. Es gibt keine Regeln oder Verfahrensweisen, an die du dich halten musst; deine Magie gehört dir allein. Deine Vorgehensweisen werden sich vervielfältigen und erweitern, indem du eine Beziehung zu deiner Magie zur Entfaltung bringst und herausfindest, wie sie individuell und nur für dich funktioniert.

Denk an die Anfänge. Denk zurück an die Zeit, als unsere Vorfahren nichts anderes hatten als die Erde, die Sterne, die Tiere und sich selbst. Und sie waren mächtig! Sie brauchten nichts anderes, weil sie die Macht kannten, die in allem wohnt. Alles hat Geist, alles hat eine Stimme, und alles transportiert eine Botschaft … auch du. Du bist die Trägerin einer Botschaft, die die Welt hören muss. Sprich sie laut und deutlich aus.

Deine Botschaft findest du, indem du nach innen lauschst. Die Welt da draußen ist nicht die einzige Welt, die es gibt. Sei still. Verbinde dich mit deinem Geist, und gestatte es dir, einen Zugang zu deiner anderen Welt zu entdecken, zu deiner Innenwelt, zu der Welt, in der deine Wahrheit lebt. Unternimm einen Spaziergang nach innen, und suche die Räume auf, die du bisher noch nicht erforscht hast.

Vielleicht stößt du dort auf Dinge, die du lieber nicht sehen willst – wir alle haben unsere Schatten. Aber so kannst du heilen und wachsen, um andere an deinen Lektionen teilhaben zu lassen. Die Verletzungen, der Schmerz, die Abstürze, die Hindernisse und vor allem die Fähigkeiten, die du heraufbeschworen hast, um alles durchzustehen, all das *ist Magie*. Entscheide dich für Geist, nicht die Angst, für das Gebet, nicht die Sorge und für dein Licht, nicht das Zerbrechen. Du bist für die Welt eine gute Kraft.

Bete für die Erde, bete für unsere Schwestern und Brüder, bete dafür, dass sich die Liebe über die Schatten erhebt, die den Himmel verdunkeln. Bete dafür, dass die Wasser eine Stimme erhalten, dass die Bäume heftig hin und her schwanken, dass unsere Berge die Echos des Bauches unserer Mutter wecken. Du trägst in dir das Licht, die Medizin, die Weisheit, die Magie und das Blut unserer Vorfahren – alles das lebt unüberhörbar in dir. Zeige dich, für unsere Erde, für unser Volk und, was am wichtigsten ist, für dich selbst mit Mitgefühl, Liebe und in deiner Gesamtheit. Erinnere dich an die alten Lieder, die unseren Geist erzittern lassen.

Liste der Pflanzen nach ihren wesentlichen Eigenschaften

Besinnung: Breitblättriger Rohrkolben, Scheidenblatt

Blutmagie: Safran, Weißwurz

Beugt Diebstahl vor: Echter Kümmel, Beinwell

Energetische Reinigung: Dieffenbachie, Engelwurz, Eukalyptus, Florida-Wasserdost, Geigen-Feige, Grünlilie, Oregano, Prunkwinde, Sanddorn, Weide, Zeder, Zedrachbaum

Entblockung: Australischer Teebaum, Florida-Wasserdost, Gemeine Wegwarte, Ingwer, Jalape, Katzenkralle

Erfolg: Echter Zimtbaum, Goldene Efeutute, Goldfruchtpalme, Klee, Piment

Erkenntnis: Echter Lavendel, Erlenblättriger Schneeball, Indianischer Hanf, Pappelfeige, Schlehdorn

Fluch brechend: Sanddorn

Freundschaft: Gänseblümchen, Geldbaum

Frieden: Echter Hopfen, Echter Lavendel, Helmkraut, Hibiskus, Huflattich, Kolbenfaden, Kurkuma, Nieswurz, Odermennig, Römische Kamille, Scheidenblatt, Stechäpfel, Ulme, Yerba Buena

Fülle: Ahorn, Alraune, Apfel, Banane, Basilikum, Beinwell, Bergamotte, Birke, Breitblättriger Rohrkolben, Echter Zimtbaum, Dill, Drachenbaum, Echter Lorbeer, Fingerkraut, Gagelstrauch, Geigen-Feige, Geldbaum, Gemeine Wegwarte, Gewöhnliche Stockrose, Gewürznelkenbaum, Grünlilie, Honduras-Stechwinde, Jalape, Java-Schamblume, Kaladie, Katzenkralle, Kiefer, Köstliches Fensterblatt, Luzerne, Narzisse, Pelargonie, Pfingstrose, Piment, Römische Kamille, Safran, Sonnenhut, Unechte Rose von Jericho, Vogelbeere, Weinrebe, Zitronenmelisse

Gedächtnis: Rosmarin

Geheimnisse: Ctenanthe, Große Brennnessel, Polei-Minze

Gleichgewicht: Ahorn, Alokasie, Calathea, Dreiblättriger Feuerkolben, Echter Sternanis, Elefantenfuß, Gewöhnliche Vogelmiere, Großes Hexenkraut, Kalmus, Tillandsien, Ulme

Glück: Benediktenkraut, Echte Katzenminze, Erlenblättriger Schneeball, Geldbaum, Jalape, Kaladie, Klee, Kolbenfaden, Luzerne, Narzisse, Piment, Sanddorn

Glücklichsein: Benediktenkraut, Copal, Echte Katzenminze, Elefantenfuß, Gänseblümchen, Garten-Ringelblume, Geigen-Feige, Große Brennnessel, Honduras-Stechwinde, Java-Schamblume, Kornblume, Lapacho, Pelargonie, Rainfarn, Sonnenblume, Unechte Rose von Jericho, Zitronenmelisse

Heilung: Augentrost, Breitblättriges Pfeilkraut, Echter Eibisch, Echter Lavendel, Echter Salbei, Echtes Tausendgüldenkraut, Engelwurz, Eukalyptus, Geflecktes Lungenkraut, Gewöhnliche Natternzunge, Gewöhnliches Hirtentäschel, Herzblume, Hibiskus, Hickory, Hortensie, Kaktee, Kiefer, Klette, Landnelke, Lapacho, Leberblümchen, Luzerne, Majoran, Mutterkraut, Nieswurz, Pfeilwurz, Rainfarn, Römische Kamille, Scheidenblatt, Schlafbeere, Schwarzer Holunder, Sonnenhut, Stechender Mäusedorn, Virginischer Tabak, Weide, Weißdorn, Ysop, Zeder

Intuition: Echter Farn, Echter Lavendel, Echtes Herzgespann, Fingerkraut, Ginkgo, Rose, Sanddorn, Schwertlilie, Sonnenblume, Wachsblume

Klarheit: Augentrost, Calathea, Echtes Johanniskraut, Einjähriges Silberblatt, Eukalyptus, Gemeine Wegwarte, Goldfruchtpalme, Indianischer Hanf, Kaktee, Knoblauch, Leberblümchen, Muskatnuss, Yerba Buena, Ysop

Kontrolle: Kalmus

Kreativität: Ahorn, Augentrost, Banane, Damiana, Echter Jasmin, Echter Lorbeer, Eukalyptus, Gewöhnliche Natternzunge, Gewöhnliche Stockrose, Java-Schamblume, Köstliches Fensterblatt, Kurkuma, Mutterkraut, Orange, Passionsblume, Weinrebe

Kunstmagie: Ulme

Leistungsfähigkeit: Goldfruchtpalme

Liebe: Avocado, Basilikum, Birke, Breitblättriger Rohrkolben, Damiana, Dill, Drachenblut, Echte Katzenminze, Echter Jasmin, Echter Kümmel, Echter Zimtbaum, Fingerkraut, Garten-Ringelblume, Gewöhnliche Natternzunge, Gewöhnliche Vogelmiere, Gewürznelkenbaum, Goldrute, Herzblume, Hibiskus, Himbeere, Iriswurzel, Kaladie, Kanadische Blutwurz, Klee, Köstliches Fensterblatt, Kornblume, Kurkuma, Liebstöckel, Majoran, Myrte, Narzisse, Orchidee, Passionsblume, Pfingst-Veilchen, Römische Kamille, Rose, Rot-Ulme, Safran, Sauerklee, Weißdorn

Manifestieren: Apfel, Bergamotte, Breitblättriger Rohrkolben, Dill, Dolden-Winterlieb, Echter Lorbeer, Großes Hexenkraut, Haarästige Rispenhirse, Luzerne, Perlenschnur, Trauben-Silberkerze, Venusfliegenfalle

Meditation: Pappelfeige

Mondmagie: Echte Mondraute, Einjähriges Silberblatt, Safran

Mut: Alokasie, Borretsch, Breitblättriges Pfeilkraut, Echter Thymian, Fenchel, Geflecktes Lungenkraut, Kanadische Blutwurz, Piment

Neuanfänge: Birke, Echter Thymian, Efeu, Gewöhnliche Stockrose, Gewürznelkenbaum, Großes Hexenkraut, Jalape, Japanische Blütenkirsche, Passionsblume, Prunkwinde, Stechpalme, Unechte Rose von Jericho, Weinrebe, Wilde Möhre

Reinheit: Magnolie

Reinigen: Australischer Teebaum, Copal, Echter Baldrian, Fädige Palmlilie, Fenchel, Gemeiner Wacholder, Lapacho, Orange, Oregano, Peruanische Ambrosia, Tillandsien, Yerba Buena, Ysop, Zedrachbaum

Schattenarbeit: Gewöhnliche Natternzunge, Königskerze, Schlehdorn, Stechäpfel, Stechpalme, Weißwurz

Schutz: Ahorn, Akazie, Alraune, Amerikanische Weiß-Eiche, Australischer Teebaum, Basilikum, Beifuß, Besenheide, Birke, Blauer Eisenhut, Blauer Lotus, Breitblättriges Pfeilkraut, Dieffenbachie, Dill, Drachenblut, Dreiblättriger Feuerkolben, Echte Aloe, Echter Baldrian, Echter Farn, Echter Kümmel, Echter Thymian, Echtes Herzgespann, Echtes Johanniskraut,

Echtes Tausendgüldenkraut, Engelwurz, Erlenblättriger Schneeball, Fädige Palmlilie, Fenchel, Fingerhut, Fingerkraut, Gemeiner Wacholder, Gewöhnliches Hirtentäschel, Gewürznelkenbaum, Gladiole, Große Brennnessel, Haarästige Rispenhirse, Heckenkirsche, Himbeere, Iriswurzel, Kaktee, Klee, Klette, Knoblauch, Königskerze, Kornblume, Kroton, Leberblümchen, Löwenmaul, Mehlige Aletris, Nieswurz, Odermennig, Orchidee, Oregano, Pappelfeige, Petersilie, Pfingstrose, Polei-Minze, Rose, Rosmarin, Rot-Ulme, Sanddorn, Schlehdorn, Schwarze Tollkirsche, Schwarzer Holunder, Stechender Mäusedorn, Stechpalme, Trauben-Silberkerze, Usambaraveilchen, Venusfliegenfalle, Vogelbeere, Wachsblume, Weide, Weinraute, Wermutkraut, Ysop, Zeder

Selbsterkenntnis: Echter Farn, Glücksfeder, Ingwer, Kanadische Blutwurz, Maulbeerbaum, Schwarze Tollkirsche, Schwertlilie, Weißwurz

Selbstliebe: Avocado, Basilikum, Borretsch, Ctenanthe, Liebstöckel, Römische Kamille, Scheidenblatt, Usambaraveilchen

Sorglosigkeit: Tillandsien

Spirituelle Entwicklung: Apfel, Echte Mondraute, Echter Zimtbaum, Enzian, Flieder, Glücksfeder, Goldene Efeutute, Hickory, Pfingst-Veilchen, Schwertlilie, Zeder

Stärke: Alokasie, Amerikanische Weiß-Eiche, Australischer Teebaum, Benediktenkraut, Birke, Breitblättriges Pfeilkraut, Calathea, Fenchel, Gewöhnliche Vogelmiere, Hickory, Ingwer, Kaktee, Muskatnuss, Petersilie, Schlafbeere, Trauben-Silberkerze

Tiermagie: Echter Hopfen

Türöffner zwischen den Reichen: Akazie, Amerikanische Weiß-Eiche, Apfel, Echter Baldrian, Fingerhut, Garten-Ringelblume, Gemeine Wegwarte, Gemeiner Wacholder, Gladiole, Japanische Blütenkirsche, Kiefer, Löwenmaul, Löwenzahn, Minze, Peruanische Ambrosia, Petersilie, Pfeilwurz, Pfingstrose, Sauerklee, Schwarzer Holunder, Stängellose Schlüsselblume, Stechäpfel, Virginische Zaubernuss, Wilde Möhre

Übersinnliche Fähigkeiten: Beifuß, Blauer Lotus, Borretsch, Echter Eibisch, Echter Sternanis, Echtes Johanniskraut, Echtes Tausendgüldenkraut, Elefantenfuß, Flieder, Gemeine Wegwarte, Ginkgo, Goldrute, Hasel, Heckenkirsche, Huflattich, Katzenkralle, Kornblume, Mehlige Aletris, Minze, Myrte, Sandelholzbaum, Sauerklee, Schwarze Tollkirsche, Stechender Mäusedorn, Vogelbeere, Wachsblume, Wermutkraut, Zitronengras

Verbannen: Amerikanische Weiß-Eiche, Dolden-Winterlieb, Echtes Tausendgüldenkraut, Erlenblättriger Schneeball, Haarästige Rispenhirse, Heckenkirsche, Japanische Blütenkirsche, Kroton, Stechender Mäusedorn, Venusfliegenfalle, Virginischer Tabak, Zedrachbaum

Verstärkung: Drachenblut, Gewöhnliche Vogelmiere, Landnelke, Polei-Minze, Schlafbeere, Sonnenhut, Weinrebe, Wermutkraut, Zitronengras

Vertrauen: Pfeilwurz, Weihnachtsstern

Wahrheit: Orange

Weibliche Energie: Drachenbaum, Echte Mondraute, Echter Jasmin, Himbeere, Klette, Magnolie

Weisheit: Ahorn, Akazie, Amerikanische Weiß-Eiche, Echter Lorbeer, Echter Salbei, Fingerkraut, Flieder, Glücksfeder, Hasel, Kiefer, Pfeilwurz, Sandelholzbaum

Wetterbeeinflussung: Besenheide

Widerstandsfähigkeit: Löwenzahn, Japanischer Sagopalmfarn, Stechpalme

Wohlstand: Goldene Efeutute

Wünschen: Löwenzahn, Weihnachtsstern, Weinrebe

Über die Autorin

Juliet Diaz ist eine Seherin und eine indigene Taíno aus Kuba. Auf beiden Seiten ihrer Familie ging ihr eine lange Tradition von *curanderos* (Heilern) und *brujas* (Hexen) voraus. Sie ist die *bohuiti* (Heilerin) ihres Stammes der Higuayagua. Sie ist außerdem die Mutter zweier Söhne und sorgt für drei Katzen und für über vierhundert Pflanzen.

Als Juliet drei Jahre war, zeigten sich die Anfänge ihrer Begabung für kosmisches Channeling, Hellsehen, Pflanzenmagie, Heilen, Energiedeutung und für die Kommunikation mit Geistern und anderen Reichen. Sie ist davon überzeugt, dass die Magie in uns allen lebt, und sie ist leidenschaftlich daran interessiert, andere Menschen zur Identifikation mit ihrer eigenen Wahrheit zu inspirieren. Juliet hat ihr Leben der Aufgabe verschrieben, anderen Menschen die erforderliche Unterstützung zu geben, damit sie ihren Geist mit Licht, Medizin und Magie verweben können, und hat Tausenden Menschen geholfen, zu sich selbst zurückzufinden und zu heilen. In Sacred Soul Healing führt sie alle ihre Begabungen und die unterschiedlichen Heilverfahren zusammen, die sie von ihren Vorfahren, Ältesten und Geistführern gelernt hat. Juliet Diaz ist die Gründerin von Sagrada Collective, einer virtuellen Zufluchtsstätte.

Juliet Diaz hat einen Universitätsabschluss in Pflanzenheilkunde und zahlreiche Zertifizierungen in einer ganzen Reihe von Heilverfahren. Sie hat an wichtigen Druckwerken wie »National Geographic«, »The Atlantic«, »Wired« und »Spirit and Destiny UK« mitgewirkt und ist außerdem die Autorin des Buches *Witchery: Entdecke die Hexe in dir. Die Schule der Weißen Magie*, das bei Ansata erschienen ist.

Claire

Uraltes Hexenwissen neu entdeckt

Im Lauf vieler Jahrhunderte ist unsere heimische Volksmagie mit Einflüssen aus fernen Ländern zu einer überaus spannenden magischen Tradition verschmolzen, die wohl weltweit ihresgleichen sucht. Diese magischen Kräfte unserer Vorfahren stecken bis heute in unseren Genen, wir müssen sie nur wiederentdecken!

Ob geheimnisvolle Rituale für Glück in der Liebe, alte Zauber für finanziellen Erfolg, Heilkräuteranwendungen für Gesundheit und Wohlbefinden, Orakeltechniken für den Blick in die Zukunft oder schützende Amulette gegen negative Energien: mit vielen praktischen Übungen und Tipps aus dem reichen Fundus der heimischen Magie zeigt Claire, wie wir jeden Bereich unseres Lebens mit einer kleinen Prise Zauberkraft spürbar verbessern können.

978-3-7787-7561-5